Lições da advocacia empresarial

Ligia Maura Costa
Paulo Eduardo Lilla
(Orgs.)

Lições da advocacia empresarial

Estudos em homenagem a Fabio de Campos Lilla

FGV EDITORA

Direitos desta edição reservados à
FGV EDITORA
Rua Jornalista Orlando Dantas, 9
22231-010 | Rio de Janeiro, RJ | Brasil
Tel.: 21-3799-4427
editora@fgv.br | www.editora.fgv.br

Impresso no Brasil | *Printed in Brazil*

1ª edição – 2023

Preparação de originais: Sandra Frank
Editoração eletrônica: Abreu's System
Revisão: Aline Duque Erthal
Capa: Estúdio 513

Dados Internacionais de Catalogação na Publicação (CIP)
Ficha catalográfica elaborada pela Biblioteca Mario Henrique Simonsen/FGV

Lições da advocacia empresarial : estudos em homenagem a Fabio de Campos Lilla / Ligia Moura Costa, Paulo Eduardo Lilla (orgs.). – Rio de Janeiro : FGV Editora, 2023.
380 p.

Inclui bibliografia.
ISBN: 978-65-5652-180-0

1. Lilla, Fabio de Campos. 2. Direito comercial – Brasil. I. Costa, Ligia Maura. II. Lilla, Paulo Eduardo. III. Fundação Getulio Vargas. IV. Título.

CDD – 342.2

Elaborada por Márcia Nunes Bacha – CRB-7/4403

Sumário

1. Fabio Lilla: mentor e amigo

Eduardo Secchi Munhoz

Fabio Lilla foi meu mentor e amigo. As histórias que vivi ao seu lado não me permitiriam escrever um artigo jurídico neste livro, que presta justa homenagem a uma pessoa inesquecível.

Conheci o Fabio (sem acento no "a", à italiana) num fim de tarde de domingo, no saudoso Pandoro. Estava tomando um caju amigo com minha namorada e amigos, quando meu colega de faculdade Tonico (Antonio Carlos Monteiro da Silva Filho) insistiu que gostaria de me apresentar a uma pessoa, com quem estava sentado numa mesa ao lado. Era o Fabio. Já naquele primeiro encontro foi possível saber que ali se iniciava um período crucial da minha vida.

Fabio tinha vindo de um *spa*. Para compensar o final de semana de restrições, decidiu, bem ao seu estilo, ir direto ao Pandoro para degustar algumas coxinhas, empadinhas de camarão, entre outros quitutes.

Ao longo de uma hora e meia, do alto dos meus 22 anos, logo após minha formatura na Faculdade de Direito, conversei com o Fabio sobre o Brasil, o mundo e o significado da advocacia. Apesar da diferença de experiência e idade, Fabio conversava como se fôssemos da mesma geração. Esse era um jeito especial dele de lidar com os jovens, de ultrapassar toda e qualquer barreira que a diferença de idade pudesse trazer.

Bem por isso, no seu escritório, Fabio sempre exerceu a função de *coordenador dos estagiários*, que considerava de importância fundamental. Fabio foi um grande descobridor de talentos, capaz de ver, antes e melhor que qualquer um, o que pode fazer de alguém uma excelente pessoa e um grande advogado, características que, para ele, eram inseparáveis. E que prazer ele tinha em descobrir e se aproximar dessas pessoas, tornando-se delas um amigo leal e incondicional. Ser amigo do Fabio era contar com seu apoio incondicional sempre.

Essa verdadeira vocação fez com que o Fabio formasse uma legião de pessoas que o admiram, que não se cansam de contar como ele foi importante para suas vidas. Tenho a felicidade de, graças ao Fabio, ter conhecido muitas dessas pessoas e delas me tornar amigo para toda a vida.

Mas, voltando ao Pandoro, onde tudo se iniciou, lembro que vivíamos um momento importante para o país. Era o início de 1994. O Brasil vinha de mais de uma década de estagnação econômica e de alta inflação, mas havia esperança de que o Plano Real pudesse nos levar à desejada, mas nunca alcançada, estabilidade macroeconômica e, a partir daí, para um novo ciclo de desenvolvimento econômico e social.

Fabio estava animado, porque, aos 47 anos, exatamente a minha idade ao escrever estas páginas, havia fundado o Lilla, Huck, Malheiros, que reunia, nas palavras do Lilla, um *dream team* da advocacia.

O escritório, inspirado profundamente na visão do Fabio, adotava um modelo revolucionário, muito distinto do que se via nos escritórios de advocacia brasileiros da época. A começar pelo fato de que todos os advogados eram sócios, e ganhavam em função dos lucros gerados pelo escritório. E pela crença na ética, na integridade e na meritocracia. Para fazer parte do escritório, mais do que idade, títulos, cargos ou influência de família, importava o conhecimento e a dedicação ao trabalho.

Aquelas ideias, ditas pelo Fabio entre as empadinhas e o meu caju amigo, provocaram em mim espanto e encantamento. Nos quatorze anos seguintes em que trabalhei no escritório, após aceitar o convite que recebi do Fabio, pude viver na pele como era verdadeira minha intuição inicial de que aquele era o caminho a ser seguido. Depois de deixar o escritório e seguir novos passos na minha vida profissional, pude avaliar ainda melhor como eram sábias as convicções do Fabio.

Ele estava décadas à frente do seu tempo.

Infelizmente, ao que eu saiba, Fabio nunca levou adiante o plano de escrever a crônica que, segundo ele, bem definiria sua vida. O título seria algo como "Entre almôndegas e polpetas". Fabio pretendia mostrar como foi ser filho de um casamento entre a filha de uma família quatrocentona brasileira e um italiano, cujo pai emigrou para o Brasil de Polignano a Mare. Ah, as festas de São Vito, com o Fabio...

Segundo Fabio, sua mãe tornou-se uma verdadeira *mamma* italiana, para incompreensão do seu avô materno, que não entendia como a filha se transformara numa grande cozinheira, a preparar os pratos da família. As almôndegas da família Campos, na melhor tradição brasileira, certamente não eram preparadas por nenhum membro da família.

Essa dualidade entre a família tradicional brasileira e a italiana, que veio para o Brasil e conquistou sucesso a partir do trabalho na indústria (a Companhia Lilla de Máquinas), sempre esteve muito presente na vida do Fabio.

Fabio sempre contava que, ao dizer ao pai que pensava em ser advogado, ouviu como resposta: "Vai fazer o quê? Pretende ser bêbado na praça da Sé?".

Era o profundo desprezo do pai pela profissão de advogado, num país em que o estado de direito nunca prevaleceu, sempre cedendo espaço às relações patrimonialistas. Para o Lilla pai, importava, sim, ser engenheiro, mas não advogado. Depois, evidentemente, ao ver o filho como grande advogado e professor, o pai do Fabio orgulhava-se muito dele.

Sobre essa visão do pai, Fabio tinha uma reflexão precisa. Ele sempre dizia que a profissão de advogado somente é valorizada em países nos quais prevalece efetivamente o estado de direito, ou seja, o domínio da lei e a impessoalidade na tomada das decisões.

Por isso, Fabio entendia que, no Brasil, tirando a admiração pelo bacharelismo bem própria da cultura brasileira (está lá o nosso Lima Barreto a nos explicar, em seu *O homem que sabia javanês*), a profissão de advogado não tinha historicamente assumido o mesmo valor, por exemplo, do que se via nos Estados Unidos.

Fabio acreditava, porém, que a evolução da sociedade brasileira, na direção de um autêntico estado de direito, levaria a uma progressiva valorização do papel do advogado. Isso se traduziria na possibilidade de os escritórios de advocacia cobrarem honorários adequados de seus clientes, baseados no trabalho efetivamente realizado. E permitiria que o trabalho do advogado fosse exercido de forma íntegra e ética, baseado no valor do conhecimento e na dedicação, e não em relações patrimonialistas com empresários, políticos ou membros do Judiciário.

Fabio acreditava, como ninguém, no valor da dedicação, do estudo e do conhecimento. Dizia que a única riqueza que não se pode tirar de alguém é o conhecimento adquirido. Essa sua admiração irrestrita pelo conhecimento fazia com que Fabio não ligasse a mínima para as diferenças de idade ou para os títulos. Um jovem dedicado, inteligente e com conhecimento profundo das coisas valia muito mais do que alguém que tivesse experiência, títulos ou cargos, mas que pouco tivesse a oferecer no campo das ideias.

Esse pensamento se expressa bem numa das máximas do Fabio que, para mim, era especialmente saborosa e importante. Ele sempre dizia que "sabedoria é igual à inteligência menos a vaidade". Sábias palavras, Fabio Lilla.

Também por isso Fabio atribuía grande peso ao *valor* do trabalho. Dizia que os honorários de advogado nunca eram *caros*, mas *valiosos*. Acreditava que o cliente saberia reconhecer esse valor, se o trabalho fosse bem-feito. E acreditava que, para o cliente, a pior punição, em caso de não pagamento de honorários, por exemplo, era perder a oportunidade de contar com o trabalho do escritório.

Essas eram convicções, muito fortes e genuínas, que transformavam as negociações de honorários com o Fabio em uma verdadeira sala de aula para aprender a valorizar seu trabalho perante o cliente. Isso o Fabio sabia fazer como ninguém, justamente por estar absolutamente convencido e seguro do valor do seu trabalho e da sua equipe.

Fabio era admirador do sistema de fixação de honorários com base em horas trabalhadas. Na sua visão, era uma contrapartida perfeita ao tempo dedicado pelo advogado ao trabalho para o cliente. Fabio, porém, acreditava na pureza desse sistema. Assim, ao que eu saiba, apesar da insistência de muitos clientes, nunca em sua vida apresentou uma estimativa de quantidade de horas a serem trabalhadas, nem jamais aceitou definir um teto de valor para a cobrança do trabalho.

Pode parecer exagero, dado que essa é uma prática comum nas negociações de honorários. Mas não há exagero algum: Fabio não fazia estimativa de horas, nem aceitava tetos, tão simples quanto isso.

Dizia que o cliente tinha plena liberdade para, a qualquer tempo, deixar o escritório, devendo pagar apenas as horas trabalhadas até então. Por isso, o cliente não deveria ter receio quanto ao sistema de horas. A cada mês, ao pagar os honorários, faria seu julgamento sobre a adequação da remuneração e poderia tomar a decisão de seguir adiante, ou não, num processo contínuo de avaliação de sua satisfação com o trabalho do escritório.

Na formação das equipes, Fabio buscava sempre o melhor. Era hábil ao escolher os advogados certos para cada tipo de caso e para cada tipo de cliente. O padrão mínimo aceitável era o da excelência. Assim, os clientes do Fabio sempre foram os mais fiéis que já conheci. Criavam uma verdadeira *Lilla dependência*. Muitos não davam um passo sem antes consultar o Fabio Lilla.

E como ele cultivava com prazer e dedicação essas relações, elas muitas vezes transcendiam um profissionalismo ascético. Fabio se apaixonava pelos casos, pelas causas, e colocava sua inteligência racional e emocional na definição das estratégias e na condução do trabalho.

Em matéria de estratégia, aliás, Fabio era um verdadeiro mestre. Sabia antecipar os movimentos da parte contrária. Tinha coragem para dizer não, e muitas vezes para seguir caminhos ousados e não usuais. Tinha sempre o pulso correto do caso e rarissimamente errava. O comum, entre os membros da equipe de trabalho, era dizer ao final de um caso: "Não é que o Fabio tinha razão?"; "Não é que a estratégia deu certo? Confesso que, por um momento, acreditei que estávamos no caminho errado". Muito comum esse sentimento ao trabalhar com o Fabio em um caso importante, que exigisse muito pensamento estratégico e tomada de riscos.

Fabio era um observador arguto das pessoas. Por isso, tão bom estrategista.

Numa ocasião, ao redor da mesa da sala 1, que dava sorte (assim como uma certa gravata azul e uma pasta preta; sim, Fabio era extremamente supersticioso), reuniram-se mais de 20 pessoas. Era um domingo, logo após o almoço. Advogados de Londres e de Nova York em seus ternos azul-marinho. Fabio de camisa polo branca, com respingos de molho de tomate. Vinha certamente de um excelente almoço. Também presente o cliente, cuja família de industriais era atendida pelo Fabio havia muito tempo.

O tema era uma arbitragem internacional de valores altíssimos iniciada em Londres contra o cliente. Depois de horas de discussão entre os insignes advogados, pela primeira vez, Fabio deixa seu olhar de enfado e pede a palavra para perguntar ao cliente: "A empresa continua no Tatuapé? O patrimônio da empresa e da família, em São Paulo?". Sabia que a resposta era sim. "Então", ele disse, "vamos encerrar a reunião, porque não reconheceremos como válida a citação para a arbitragem, nem aceitaremos a sua validade. No Tatuapé, a decisão de Londres não vale." Depois dessa frase, acabou a reunião e todos foram embora. Era a solução perfeita, num tempo em que os tribunais brasileiros ainda não aceitavam a possibilidade de tutela específica da cláusula compromissória arbitral.

A ligação do Fabio com seus clientes e amigos sempre transcendia o utilitarismo. Num caso *pro bono*, defendemos o saudoso Giovanni Bruno, na tentativa de recuperar seu nome, utilizado pela Cantina do Giovanni Bruno Ltda., de que já não era sócio havia muito tempo. Era uma questão de honra para o Giovanni recuperar seu nome, e o de seu neto, como gostava de dizer. A causa se baseava numa bela discussão sobre o conflito entre nome da sociedade e nome de família, além de aspectos atinentes ao direito do consumidor e de concorrência desleal.

Tivemos uma vitória histórica em primeira instância, mas perdemos numa votação apertada no Tribunal de Justiça de São Paulo e, depois, no Superior Tribunal de Justiça. Foi, porém, uma vitória na prática, pois o nome Giovanni Bruno foi retirado do restaurante que, então, havia se transformado em um rodízio de carnes. Mas o proprietário do restaurante queria uma indenização, pois, ao final, ganhara a causa. Fabio Lilla, amigo do Giovanni, sem que ele soubesse, negociou o acordo e pagou, ele próprio, a indenização. Assim era o Fabio, na condução dos casos e na proteção incondicional de seus amigos.

Em outra ocasião, na mesma histórica sala 1, ao redor da mesma mesa (sim, ela realmente dava sorte), novamente mais de 20 pessoas e muitos pratos de salgadinho da Ofner (coxa-creme e rissoles). Sempre havia os salgadinhos nessas reuniões, porque o Fabio sabia que aquele cliente adorava. De repente, no auge de uma discussão difícil e complexa, Fabio me diz baixinho: "Está vendo ali aquele gordo? [Fabio também era gordo, de modo que nenhuma ofensa ou preconceito na fala – bom que se esclareça nos tempos politicamente corretos de hoje.] Ele será o último a se servir do prato de salgadinhos que está à frente dele, mas, depois que comer o primeiro, não para mais. E o prato será o primeiro a ficar vazio". Mais alguns minutos e, dito e feito, aconteceu exatamente o que o Fabio disse. Perguntei como ele sabia disso. Ele disse que conhecia os gordos. E que o problema, em geral, não é a comida em si, mas o estímulo visual. Por isso, Fabio gostava de dizer que era um *voyeur* de comida.

Um *voyeur*, mas com muito conhecimento da prática. Quantos almoços aos domingos na casa do Fabio reuniram os advogados do escritório. Aperitivos vindos da Basilicata, negronis feitos pelo Fabio e, como prato principal, um inesquecível *orecchiette*, que só vinha para a mesa depois de o Fabio examinar se a massa estava no ponto. Esses almoços eram momentos sagrados.

Fabio dizia que poderia ir para a cama com alguém de quem não gostasse, mas que jamais se sentava à mesa senão com amigos. Esses almoços de domingo, mais tarde, foram complementados pelos almoços às sextas-feiras, no Grêmio Luso-Brasileiro, na Brigadeiro Luiz Antônio.

Nesses almoços, falava-se de tudo. Fabio era um profundo conhecedor de história, política e economia. Um leitor voraz, que transformou seu apartamento em uma biblioteca, indo morar em outro apartamento que comprou no mesmo prédio, alguns andares acima. Conhecia como ninguém a história e a política norte-americanas. Fazia sempre paralelos inteligentes entre a realidade norte-americana e a brasileira. Um desses paralelos, que inspirou a organização do escritório fundado pelo Fabio, era o de que o Brasil ainda engatinhava na experiência capitalista, ainda não tendo superado a fase de um feudalismo próprio das colônias. Nosso capitalismo ainda seguia o modelo das capitanias hereditárias.

Fabio dizia que não existe capitalismo sem distribuição de riqueza e acreditava fortemente na meritocracia. Para ele, se alguém tinha mérito, deveria compartilhar o fruto econômico do seu trabalho. No capitalismo, todos deveriam ganhar dinheiro, e não apenas alguns poucos, proprietários do capital. Por isso, Fabio não acreditava em advogado que fosse empregado. Para ele, isso era incompatível com o exercício da profissão. Dizia que o advogado deveria compartilhar os lucros, o resultado do seu trabalho.

Daí a regra implantada, desde o início do seu escritório, de que todos os advogados seriam sócios, e que nenhum receberia salários, ou remuneração fixa. Todos, absolutamente todos, eram sócios e ganhavam em função das horas trabalhadas. Fabio também não acreditava em advogado que não sabia conquistar clientes. Era algo, na sua visão, inerente à capacidade de demonstrar o valor do seu trabalho.

A inexistência de advogados empregados sempre foi uma regra de ouro para o Fabio, que ele jamais admitiu modificar. Esse modelo de escritório foi muito criticado por diversos pares. Diziam que o Fabio poderia ganhar muito mais se não dividisse tanto o bolo e que havia advogados muito jovens ganhando dinheiro em excesso. Fabio respondia a essas críticas com a sua visão de que, no capitalismo verdadeiro, todos devem ganhar.

Num mundo de escritórios, na década de 1990, em que havia os "donos", titulares das quotas sociais, que ficavam com os lucros, e os advogados empregados, que ganhavam salários, pode-se imaginar como foi revolucionária a fundação do então chamado Lilla, Huck, Malheiros.

Nos anos seguintes, todos os escritórios acabaram tendo de se curvar a variações do modelo defendido pelo Fabio, passando a aumentar o número de seus sócios e a adotar estruturas de divisão de lucros não baseadas na propriedade das quotas sociais, mas no desempenho e no trabalho dos advogados.

Fabio amava Nova York, e seu modelo de capitalismo e de advocacia era claramente o norte-americano. Em uma época de sua vida, fazia duas ou três viagens por ano, sempre para Nova York, ficando no Regency Hotel, na Park Avenue com a rua 61. Tive o prazer de estar com o Fabio em algumas dessas viagens que, para ele, eram verdadeira terapia.

O dia começava com uma conversa no café da manhã do hotel. Lembro de conversas entre o Fabio e o garçom, ex-boxeador, que se tornara seu amigo. Em seguida, uma visita a um *trailer* de comida de rua, onde o proprietário, grego, ao ver o Fabio a distância, gritava com forte sotaque: "*Mr. Lilla! How great to see you!*". Mais adiante, um *cannoli* na Bela Ferrara em Little Italy.

O que me faz lembrar, por conta da frase "*Leave the gun, bring the cannoli*", de *O poderoso chefão*, que o Fabio adorava. Uma das frases do poderoso chefão, sempre lembradas pelo Fabio, era a de que mais vale um advogado com sua pasta de trabalho do que muitos capangas fortemente armados.

Um dos momentos mais difíceis para mim, nessa história de admiração e amizade, foi aquele em que disse ao Fabio que eu deixaria o escritório. Foi uma conversa difícil, mas que o Fabio logo transformou em algo positivo. Sua amizade era mesmo incondicional, e, apesar de estar triste com a minha decisão, disse que me apoiaria em tudo e que estaria sempre ao meu lado. Alguns anos mais tarde, quando fundei meu escritório atual, cai em lágrimas ao receber, em 8 de maio de 2015, um *e-mail* do Fabio, que reproduzo aqui, para ficar para sempre o registro:

> Caríssimo Eduardo;
>
> Estou muito feliz com a inauguração do seu Escritório.
>
> No final da década de 90, em NY, eu previ no horizonte a law firm Munhoz Advogados, hoje uma realidade.
>
> Tenho certeza que o querido amigo alcançará ainda mais sucesso no novo empreendimento profissional. É a mesma coisa, para mim, que o Paulinho estivesse abrindo o próprio escritório.
>
> Tudo o que eu puder contribuir, de qualquer forma, tenha certeza, para o seu sucesso, o farei.
>
> Receba o abraço do amigo e admirador
>
> Fabio Lilla.

Seis meses depois, Fabio me deu o prazer de ir ao meu escritório para falar aos advogados e estagiários sobre a advocacia. Ele falou por cerca de uma hora e meia, num resumo que a todos encantou, sobre sua visão do que é ser advogado e de como deve ser um escritório de advocacia. Tiramos fotos dos pontos anotados pelo Fabio para organizar sua exposição. Seguem, abaixo, com a sua letra inesquecível. Aquela letra tão presente na minha vida, ao vê-la nas revisões de petições, cartas e contratos, sempre registrada com caneta preta.

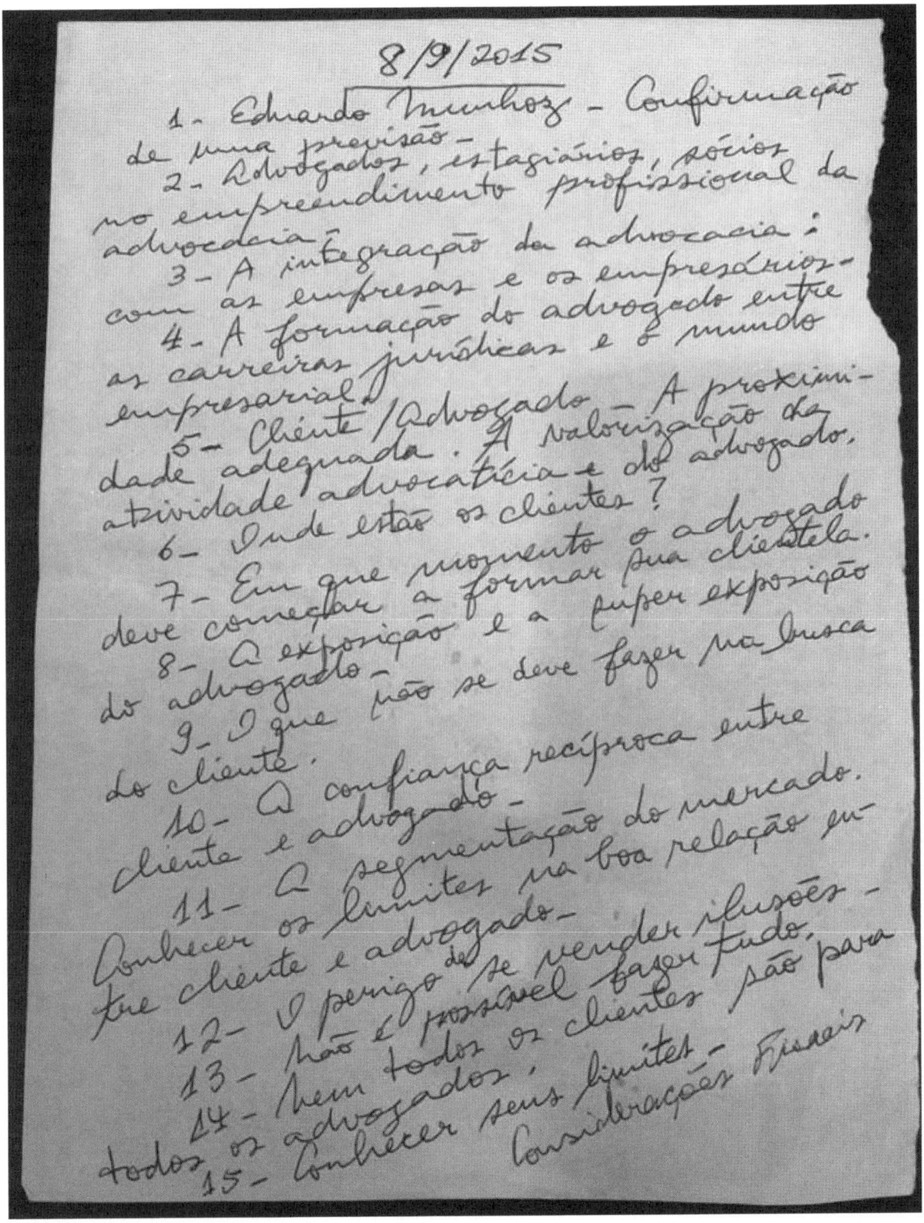

8/9/2015

1- Eduardo Munhoz - Confirmação de uma previsão -
2- Advogados, estagiários, sócios no empreendimento profissional da advocacia -
3- A integração da advocacia: com as empresas e os empresários -
4- A formação do advogado entre as carreiras jurídicas e o mundo empresarial.
5- Cliente/Advogado - A proximidade adequada. A valorização da atividade advocatícia e do advogado.
6- Onde estão os clientes?
7- Em que momento o advogado deve começar a formar sua clientela.
8- A exposição e a super exposição do advogado -
9- O que não se deve fazer na busca do cliente.
10- A confiança recíproca entre cliente e advogado -
11- A segmentação do mercado. Conhecer os limites na boa relação entre cliente e advogado -
12- O perigo de se vender ilusões - não é possível fazer tudo.
13- Nem todos os clientes são para todos os advogados.
14- Conhecer seus limites -
15- Considerações Finais

Em 19 de junho de 2017, recebi o convite, a seguir transcrito, para um almoço na casa do Fabio:

> Caros Amigos;
>
> No último dia útil deste Semestre, sexta-feira, 30 de junho, às 13 horas promoverei um almoço em homenagem a vocês, no meu apartamento, para comemorarmos nossa amizade e nosso trabalho durante esse meio ano.
>
> Escolhi a sexta-feira em razão de termos nos reunido em várias delas, para degustarmos o feliz convívio nos churrascos na casa da Tatinha e do Alexandre, excelentes anfitriões, que nos proporcionaram mais ocasiões para o cultivo de nossa fraterna amizade.
>
> Farei um almoço com massas, vinhos italianos e alguma carne, não tão boa quanto a dos citados churrascos. Tudo regado ao nosso lema SEMPRE JUNTOS e a nossa amizade.
>
> Conto com a presença de todos.
>
> Fabio Lilla.

Eu fui ao almoço, mas fiquei pouco tempo, porque tinha uma reunião de trabalho logo em seguida. Como me arrependo de não ter ficado todo o tempo do mundo. Foi o último almoço com o Fabio e seus amigos. Ele já sabia, muito provavelmente, do caminhar da sua saúde, mas mantinha o espírito elevado e a vontade de desfrutar a vida com seus amigos. Eu, porém, não sabia...

O Fabio partiu, para minha enorme tristeza, poucos meses depois. Mas o lema *Sempre juntos* continua bem forte em tantas pessoas que tiveram suas vidas marcadas pelo Fabio Lilla. Não pretendo enumerá-las neste texto, porque certamente cometeria injustiças ao eventualmente deixar de mencionar algumas. É impressionante, porém, o número de pessoas que tiveram sua formação fortemente influenciada pelo Fabio e que puderam, no escritório fundado por ele, ou seguindo outros passos profissionais, alcançar grande sucesso e destaque no cenário nacional.

Fabio Lilla deixou um legado sólido e inesquecível. E continua muito presente nas conversas desses fraternos amigos, que nunca o esquecerão. Um legado forte em seu filho, Paulo Lilla, uma pessoa excepcional e grande advogado, de quem o Fabio certamente está muito orgulhoso.

Uma memória que segue muito viva para mim ao, por exemplo, receber, no Natal, o panetone de cinco quilos importado da Itália, agora não mais pelo

Fabio, mas pelo Luís Gustavo Haddad. Sem o perfume desse panetone, os natais ficariam irreconhecíveis. E como me fez bem, recentemente, voltar para um almoço de sexta-feira no Grêmio Luso-Brasileiro, tradição que segue firme com os amigos e sócios do Fabio.

Nessa mesa, local que para ele sempre foi sagrado, Fabio sempre estará presente ao nosso lado. *Sempre juntos.*

Esse é, para mim, o querido e inesquecível Fabio Lilla. Não consegui trazer neste texto, porém, mais que um retrato esmaecido do grande homem que ele foi. Alguém que nos deixou tantas lições e tamanha saudade.

2. Reflexões sobre advocacia empresarial: lições que aprendi com dr. Fabio Lilla

Juliana Krueger Pela

Ausência

Por muito tempo achei que a ausência é falta.
E lastimava, ignorante, a falta.
Hoje não a lastimo.
Não há falta na ausência.
A ausência é um estar em mim.
E sinto-a, branca, tão pegada, aconchegada nos meus braços,
que rio e danço e invento exclamações alegres,
porque a ausência, essa ausência assimilada,
ninguém a rouba mais de mim.

(Carlos Drummond de Andrade, *Corpo*, 1984)

Introdução: vivendo a presença na ausência

Não é tarefa simples redigir um artigo em homenagem ao querido dr. Fabio Lilla. Desde fevereiro de 2000, quando me entrevistou para o cargo de estagiária de direito no escritório que fundou e do qual foi sócio[1] até janeiro de 2018, quando tão cedo nos deixou, dr. Fabio esteve presente diariamente em minha vida profissional. Foram 18 anos de convívio intenso e, para mim, de muito aprendizado.

1 Atualmente denominado Huck, Otranto e Camargo Advogados.

O convívio, porque interrompido, deixa saudades profundas, que me fazem sentir, a cada novo dia de trabalho, a ausência de dr. Fabio.

Por isso simplesmente não consigo homenageá-lo escrevendo um artigo técnico sobre um tema jurídico. Peço desculpas aos leitores, mas me parece que nenhum texto que eu pudesse produzir, por mais interessante e inovador, estaria à altura de uma homenagem póstuma a ele.

Acredito que a mais autêntica maneira de prestar uma homenagem ao dr. Fabio seja tratar, em forma de um depoimento, da profissão que ele me ensinou a trilhar juntamente com seus sócios:[2] a advocacia. É exercendo a advocacia todos os dias que celebro a passagem do dr. Fabio pela minha vida e procuro preservar seus ensinamentos.

Assim vivo a presença na ausência. Não uma ausência qualquer, mas uma "ausência assimilada", para emprestar as palavras de Drummond.

"Ninguém a rouba mais de mim", diz o poeta. É verdade: as marcas do advogado que dr. Fabio foi já fazem parte da advogada que hoje me tornei. Mas essa "ausência assimilada" tampouco me pertence.

Desde o falecimento do dr. Fabio acredito que é meu dever manter e difundir seu legado, para que novos estagiários e outros advogados possam também conhecer sua particular forma de exercer a profissão e praticar seus elevados valores.

Com este singelo artigo, começo a cumprir tal objetivo.

A valorização do estágio em direito

Durante anos, dr. Fabio Lilla foi responsável pela seleção e contratação de estagiários no escritório. Mesmo tendo diversas outras importantes atribuições e obrigações, inclusive a docência na Escola de Administração de São Paulo da Fundação Getulio Vargas, dr. Fabio dedicava-se incansavelmente a identificar os estudantes com perfil para a advocacia empresarial. Uma vez contratados, os estagiários tinham contato direto com dr. Fabio, que os envolvia nos casos,

---

2 Ensinar uma profissão a alguém talvez seja, como espécie do gênero educação, a mais nobre e generosa forma de contribuir para a transformação social e para a emancipação dos sujeitos. Sou para sempre grata ao dr. Fabio Lilla e a seus sócios por terem sido (e continuarem sendo) meus mestres. É um privilégio poder participar de um grupo de pessoas que exerce seu ofício com seriedade, comprometimento e satisfação.

dos mais complexos aos mais simples. Ele tinha o hábito, então incomum nos escritórios paulistas, de convidar estagiários para participar das reuniões com os clientes. Ao mesmo tempo que valorizava enfaticamente os acertos e a dedicação dos aprendizes de advogado, dr. Fabio era bastante rigoroso com os erros cometidos e, talvez até mais, com a falta de comprometimento.

Esse entusiasmo, combinado com o rigor, desempenhava papel fundamental na formação dos estagiários. Eles se sentiam envolvidos pelo trabalho, reconhecidos por sua dedicação e também desafiados a sempre melhorar, seja na qualificação técnica seja em outros aspectos (talvez menos objetivos, mas igualmente importantes para a boa prestação de um serviço advocatício).

Ao conviver com dr. Fabio e com seus sócios, e observar o exercício da profissão, o estagiário construía uma referência, projetava sua própria imagem no tempo, figurando o advogado que ele próprio poderia ser, e, com isso, desenvolvia-se.

A valorização do estágio, da juventude, era uma das caraterísticas de dr. Fabio. Ele e seus sócios jamais acharam a pouca idade um demérito. Ao contrário, viam nela a criatividade e o vigor que poderiam contribuir para a solução dos casos mais complexos, para afastar o comodismo das respostas jurídicas padronizadas. Visão rara na advocacia, deve-se admitir, conhecida por seu conservadorismo e tradicionalismo.

O domínio da técnica e a singularidade do caso

Dr. Fabio acreditava na meritocracia. E por isso reconhecia e incentivava o aprimoramento técnico, os esforços acadêmicos, o estudo sério e rigoroso. Inúmeras vezes me aconselhou a prosseguir no curso de doutorado (e não foram poucas as vezes em que duvidei de minha capacidade de terminar a tese), a assumir a docência também como profissão, que, dizia ele, era compatível com a advocacia e complementar a ela.

Dr. Fabio entendia que o primeiro instrumento do advogado para a defesa dos interesses do seu cliente é a técnica. Somente com o completo domínio da técnica, o advogado pode aconselhar com segurança seu cliente, especialmente para dizer o que ele não quer ouvir (o risco jurídico do negócio, que justifica sua não realização, ou a adoção de uma estratégia diversa em um litígio, por exemplo).

E o domínio da técnica, para dr. Fabio, somente era alcançado com transpiração: estudo e trabalho constantes e árduos. Não havia fórmula alternativa ou atalhos a serem tomados. Nesse sentido, posso dizer que dr. Fabio era um adepto (e praticante) do primeiro mandamento de Couture (1951:23) aos advogados: "Estuda. O direito está em constante transformação, se não o acompanhas, será cada dia menos advogado". Ele acompanhava mensalmente as novas publicações de livros jurídicos (e não jurídicos também) e se esmerava em manter atualizada sua biblioteca, que com generosidade franqueava aos àqueles que demonstrassem interesse em consultas e aprofundamentos.

E dr. Fabio era cada dia mais advogado. E nos ensinava a ser. Não porque ele próprio conseguisse estudar tudo o que era necessário para prestar um competente serviço jurídico. Seria humanamente impossível. Mas porque sabia reconhecer o conhecimento profundo e especializado dos assuntos jurídicos. E ao identificar esse saber passava a confiar, muito, naqueles que estudaram. Assim construía as equipes, sob medida para cada caso. Ele tinha a profunda convicção de que a força da advocacia estava na capacidade de atuar com um time entrosado.

Mas dr. Fabio Lilla não se guiava somente pela técnica jurídica: havia uma sabedoria prática única, mais abrangente e sofisticada, que sempre orientou sua forma de resolver os problemas jurídicos. Talvez por sua experiência como professor de administração, dr. Fabio conhecia o mundo dos negócios e as *personae* dos empresários. Talvez por ler vorazmente, conhecer história, cultura e artes, dr. Fabio pudesse observar privilegiadamente a sociedade e antever comportamentos. Talvez por sua personalidade, dr. Fabio sabia – como uma vez disse com precisão Luís Gustavo Haddad – "ler as pessoas".[3] E com isso conseguia colocar a perfeita solução jurídica à prova: testando se ela funcionaria para aquele específico caso, naquela específica família, sob aquelas circunstâncias. Não poucas vezes, sua orientação inicial me surpreendeu – não porque contrária à boa técnica, jamais, mas porque diferente do que era o mais usual em casos semelhantes no mercado. Passado pouco tempo, a solução "diferente" se revelava a única opção adequada para aquele cliente, naquelas circunstâncias. Ele seguia atentamente uma espécie de *primado da realidade*, em que o conhecimento

---

3 Homenagem a Fabio de Campos Lilla (item 6). Disponível em: <www.lhoc.com.br/escritorio/uma-pequena-homenagem-%e2%80%a8ao-dr-fabio-de-campos-lilla/>. Acesso em: ago. 2022.

servia à necessidade, e as necessidades não ficavam mal-atendidas, em prol da afirmação de verdades prévias.

A ausência dessa sofisticada e inigualável sabedoria prática é a mais difícil de ser assimilada, para retomar as palavras de Drummond. Atuar assim depende de uma fina percepção que só ele tinha. Mas ficou para mim a lição de ter em conta outros aspectos, que não são ensinados na faculdade de direito, para combinar com a solução técnica. A preocupação de observar, de sentir, de refletir antes de aplicar friamente a técnica. Talvez assim eu pudesse dar uma interpretação "assimilada" ao segundo mandamento aos advogados enunciado por Eduardo Couture (1951:27): "Pensa, o direito se aprende estudando, porém se pratica pensando". O que dr. Fabio me ensinou foi ir além do pensar e não se limitar a ele. A dedicação aos problemas era ininterrupta, mas ele se acautelava em evitar a precipitação e a mudança constante de rumos, por vezes gerada por respostas apressadas. Dr. Fabio não sonegava ao cliente as percepções e ideias que apenas a reflexão mais detida e aprofundada, e suficientemente estendida no tempo, poderia alcançar.

A humildade e a independência

Para dr. Fabio Lilla, além do domínio da técnica, o advogado deveria ter humildade e independência. Diariamente. Incessantemente.

Humildade para reconhecer que não sabe determinado assunto e que precisará estudá-lo, diretamente ou cercar-se de quem o estudou. Humildade para submeter seu trabalho a revisão e contestação (dos colegas de profissão, como membros da mesma equipe ou como partes contrárias, dos juízes, dos árbitros e do próprio cliente). Humildade para conviver com as imperfeições das soluções jurídicas, com as dificuldades da profissão e, ainda assim, não deixar de acreditar na dignidade da advocacia e de seu papel essencial na administração da justiça e preservação do estado de direito.

Independência para não se curvar a interesses alheios, para colocar a defesa dos interesses do cliente que representa em primeiro lugar, em detrimento inclusive de seus próprios interesses de advogado. Por ser uma relação de extrema confiança, a relação advogado-cliente requer, dizia dr. Fabio, que o advogado receba a causa sem reservas, comprometa-se com ela, guarde sigilo das informações que receber e atue com lealdade em relação ao seu cliente.

Mas, para ele, a independência também significava ascendência sobre o cliente. O advogado deveria ser também capaz de dizer o que o cliente não quer ouvir e, por vezes, desagradá-lo. Eu o vi fazer isso inúmeras vezes. E também vi clientes agradecerem e dizerem que sempre que fizeram algo diverso do que ele orientou, voltaram a ele em uma situação ainda mais difícil. O advogado, dizia ele, não pode curvar-se a todos os pedidos do cliente, comprometer a boa técnica ou contrariar deveres éticos por receio de perder receitas de honorários. A retidão, a integridade e a dignidade da profissão de advogado são os valores mais importantes, que jamais podem ser comprometidos.

Outra vertente da independência digna de nota, cultivada e ensinada pelo dr. Fabio, é a discrição. Conquanto munido de uma extraordinária capacidade de comunicação, a discrição era um valor que merecia cuidadosa atenção, mostrando-se incompatível com quaisquer arroubos de autopromoção.

Dr. Fabio Lilla *advocatu*

Na faculdade de direito, aprendemos que a palavra advogado origina-se do latim *advocatu* (Machado, 1967:122) e significa "aquele que é chamado". A origem etimológica é a mesma da palavra vocação. Não é à toa. A mesma verdade que fundamenta o chamamento vocacional é o pilar do chamamento que caracteriza a função do advogado.

Felizmente, pude testemunhar essa verdade na trajetória de dr. Fabio Lilla, a quem nunca consegui chamar sem o vocativo "doutor". Talvez porque – para mim – não fosse possível distinguir ou separar o advogado da pessoa. A dedicação e a entrega com que ele exerceu a profissão me mostraram que o trabalho não deve ocupar um compartimento da vida, ao lado de tantos outros. Para as pessoas que abraçam sem ressalvas seu ofício – como ele – trabalho e vida se integram e se confundem, em um rico e complexo amálgama.

Pessoas autenticamente vocacionadas, como dr. Fabio, nos fazem muita falta.

Espero que essas linhas tenham conseguido trazê-lo mais perto e mais presente, ainda que diante da inevitável ausência.

Referências

COUTURE, Eduardo J. *Los mandamientos del abogado*. Buenos Aires: Editoral de Palma, 1951.

MACHADO, José Pedro. *Dicionário etimológico da língua portuguesa*. 2. ed. Lisboa: Confluência, 1967.

3. Ensinamentos sobre a vida e o direito

Carolina Lilla

"Minha sobrinha, afilhada, princesinha..." Assim meu querido tio Fabio, que tanto influenciou minha vida, me apresentava a seus conhecidos, desde alunos, amigos até colegas e importantes figuras do meio jurídico. Quando passei a morar em Genebra, o adjetivo "que mora em Genebra" foi acrescentado com orgulho ao final da frase.

Desde muito nova, sempre tive muito carinho e admiração especial pelo meu tio, padrinho, mentor, dr. Fabio Lilla. Não por acaso, quando me formei no colegial (era esse o nome na época), optei por fazer administração de empresas na Fundação Getulio Vargas (FGV).

Na FGV, comecei a me acostumar com a pergunta "você é parente do dr. Fabio Lilla?", que até hoje ouço em pelo menos uma a cada três reuniões de que participo. Durante o primeiro ano na FGV, comecei a me interessar pelo direito e, mais uma vez seguindo seus passos, ingressei na PUC-SP.

Passei muitos almoços regados a pastéis e salpicão conversando com meu tio sobre qual caminho seguir profissionalmente. Ainda interessada por direito, sempre tive aversão a disputas – principalmente as familiares – e não conseguia me imaginar em meio a tribunais. Dr. Fabio, que sabia como ninguém ganhar ou evitar disputas, me apresentou ao mundo do direito consultivo.

Talvez por isso tenha optado desde muito cedo pela área de planejamento patrimonial para pessoas físicas. Minha aversão a disputas familiares aliada ao conhecimento jurídico poderia, quem sabe, evitar que o patrimônio fosse causa ou combustível de brigas entre irmãos.

Estando fora do Brasil há 10 anos, vejo como questões envolvendo planejamento sucessório têm crescido em importância. No início da minha carreira, apenas casos envolvendo famílias internacionais ou filhos com necessidades específicas abriam as portas para esse tipo de discussão. Hoje, os próprios clientes têm levantado proativamente essa questão.

Existe uma série de alternativas envolvendo o planejamento sucessório internacional. A escolha da mais adequada depende da situação específica da família, patrimônio envolvido e jurisdições pertinentes.

O que é importante lembrar é que o juiz brasileiro não tem jurisdição para transmitir o patrimônio no exterior aos herdeiros, e, normalmente, a jurisdição estrangeira também tem processos específicos que devem ser observados.

Caso o detentor original do patrimônio no exterior não se preocupe em preparar o mesmo para a sucessão, muitas vezes será necessário aguardar o formal de partilha brasileiro para iniciar o processo de transferência do patrimônio estrangeiro. Em uma situação em que há disputa local, por exemplo, tal processo pode levar anos ou até décadas para ser concluído.

Dessa forma, tal ativo (que muitas vezes é visto como um "colchão" ou poupança para momentos difíceis e poderia ser utilizado como fôlego aos herdeiros durante um eventual longo processo de inventário no Brasil) passa a ficar bloqueado, possivelmente inclusive em termos de gestão, até que concluído o inventário no Brasil e o processo na jurisdição estrangeira – seja ele também um inventário ou um processo interno de instituições financeiras no exterior.

Os mecanismos adequados para o planejamento no exterior são variados, dos mais simples, como possíveis soluções corporativas de propriedades conjuntas ou classes de ações, passando pelo conhecido testamento (registrado na jurisdição estrangeira, não sendo suficiente o testamento no Brasil), até complexas estruturas fiduciárias como os *trusts*. Apesar de estes carregarem uma má fama no *Jornal Nacional*, dependendo da situação familiar (em especial se tratando de filhos com necessidades específicas, residentes nos Estados Unidos, ou de preservação do patrimônio entre gerações), eles podem ser as mais eficientes estruturas para alcançar um sofisticado planejamento sucessório.

Meu tio conhecia como ninguém os mecanismos de planejamento sucessório e tributário no Brasil e no exterior. Digo que até em seus últimos dias continuou me ensinando e inspirando nesse e em outros campos, da vida e do direito.

Hoje, me resta lembrar dos seus ensinamentos e responder com carinho à pergunta de uma em cada três reuniões: "O que você é do dr. Fabio Lilla?". Sobrinha, afilhada e com muitas saudades.

4. *Timing mismatch* na tributação de ganho de capital e o Tratado Brasil-Portugal para evitar a dupla tributação da renda

José Artur Lima Gonçalves

Agradeço o convite dos professores Paulo Eduardo de Campos Lilla e Ligia Maura Costa e passo a me desincumbir da tarefa de homenagear o grande amigo professor Fabio de Campos Lilla.

Fabio era exímio advogado, muito estudioso, leitor voraz, intelectual de primeira linha, humilde e sério. Seu interesse não se limitava à leitura de livros técnicos da ciência jurídica; devorava livros sobre diversos assuntos, especialmente os de história. E prezava muito as amizades e o convívio com os amigos. E como eu tinha o privilégio de sua amizade, aceitei esse amável convite para homenageá-lo.

Para essa tarefa, vou usar como pretexto dois assuntos que tangenciam temas dos quais ele gostava muito: o imposto sobre a renda e as relações do Brasil com Portugal.

Sem a pretensão de esgotar a matéria, vamos dar notícia, aos que não o conhecem, de um fenômeno de *timing mismatch* que surge em decorrência da aplicação das normas dos ordenamentos jurídicos internos do Brasil e de Portugal, em confronto com as disposições do tratado internacional celebrado entre Brasil e Portugal para evitar a dupla tributação internacional da renda, promulgado no Brasil pelo Decreto Presidencial nº 4.012/01 (*DOU* de 14 de novembro de 2001), doravante simplesmente DTT Brasil-Portugal.

A legislação interna de Portugal prevê que a tributação dos ganhos de capital havidos por indivíduos não residentes em seu território ocorre por meio de ato de lançamento praticado pela administração tributária com base em informações prestadas pelo contribuinte, no primeiro semestre do ano subsequente àquele em que o ganho ocorreu.

O residente no exterior que tem um ganho de capital em Portugal deve entregar uma declaração às autoridades fiscais locais, na qual constam os seguintes elementos: (1) a indicação de que o contribuinte é não residente (dado necessário para definição da alíquota aplicável ao ganho); (2) o valor de realização da venda; (3) o valor de aquisição do bem (custo/preço de compra); e (4) o valor de despesas e encargos (correspondentes, no caso, aos impostos pagos no momento da compra, valores empregados, por exemplo, com obras no imóvel ou com a mediadora imobiliária, caso tenham ocorrido etc.).

Com base nas informações assim prestadas, a administração tributária portuguesa efetua o ato de lançamento e o contribuinte recolhe o tributo devido.[1]

A seu turno, a legislação interna brasileira, como se sabe, determina que o ganho de capital havido, em bases universais, por pessoas físicas residentes fiscais no Brasil seja objeto do chamado autolançamento e tributado pelo imposto sobre a renda no mês subsequente àquele em que o ganho ocorreu.

---

1 Relativamente às disposições da legislação de Portugal que tratam do pagamento do imposto sobre a renda sobre o ganho de capital, elas encontram-se no Código do IRS, aprovado pelo Decreto-Lei nº 442-A/1988, de 30 de novembro, nos seguintes termos: "Artigo 1º. Base do imposto. 1 – O imposto sobre o rendimento das pessoas singulares (IRS) incide sobre o valor anual dos rendimentos das categorias seguintes, mesmo quando provenientes de atos ilícitos, depois de efetuadas as correspondentes deduções e abatimentos: [...] Categoria G – Incrementos patrimoniais; [...] Artigo 9º. Rendimentos da categoria G. 1 – Constituem incrementos patrimoniais, desde que não considerados rendimentos de outras categorias: a) as mais-valias, tal como definidas no artigo seguinte. Artigo 10º. Mais-valias. 1 – Constituem mais-valias os ganhos obtidos que, não sendo considerados rendimentos empresariais e profissionais, de capitais ou prediais, resultem de: a) *alienação onerosa de direitos reais sobre bens imóveis*; [...] 4 – O ganho sujeito a IRS é constituído: a) pela diferença entre o valor de realização e o valor de aquisição, líquidos da parte qualificada como rendimento de capitais, sendo caso disso, nas situações previstas nas alíneas a), b), c) e i) do nº. 1; [...]. Artigo 18º. Rendimentos obtidos em território português. 1 – Consideram-se obtidos em território português: [...] h) os rendimentos respeitantes a imóveis nele situados, incluindo as mais-valias resultantes da sua transmissão; [...] Artigo 72º. Taxas especiais. 1 – São tributados à taxa autónoma de 28%: a) as mais-valias previstas nas alíneas a) e d) do nº 1 do artigo 10º auferidas por não residentes em território português que não sejam imputáveis a estabelecimento estável nele situado; [...] Artigo 57º. Declaração de rendimentos. 1 – Os sujeitos passivos devem apresentar, anualmente, uma declaração de modelo oficial, relativa aos rendimentos do ano anterior e a outros elementos informativos relevantes para a sua concreta situação tributária, nomeadamente para os efeitos do artigo 89º-A da lei geral tributária, devendo ser-lhe juntos, fazendo dela parte integrante os anexos e outros documentos que para o efeito sejam mencionados no referido modelo. Artigo 60º. Prazo de entrega da declaração. 1 – A declaração a que se refere o nº 1 do artigo 57º é entregue, por transmissão eletrónica de dados, de 1 de abril a 30 de junho, independentemente de este dia ser útil ou não útil. [...] 3 – Nas situações em que o sujeito passivo aufira rendimentos de fonte estrangeira relativamente aos quais tenha direito a crédito de imposto por dupla tributação internacional, cujo montante não esteja determinado no Estado da fonte até ao termo do prazo previsto no nº 1, o prazo nele previsto é prorrogado até ao dia 31 de dezembro desse ano [grifo meu]".

Como veremos em seguida, o DTT Brasil-Portugal assegura o crédito do imposto sobre a renda pago em um Estado contratante para compensar o imposto devido no outro Estado, sobre o mesmo fato imponível ou tributário.

O problema é que o DTT Brasil-Portugal assegura o crédito, em um Estado contratante, do *imposto pago* e não do *imposto devido* no outro Estado contratante.

E como o imposto português sobre a renda incidente sobre o ganho de capital havido na alienação de bens localizados em Portugal é devido e pago no ano subsequente ao da ocorrência da alienação, ao passo que o imposto sobre a renda brasileiro incidente sobre o ganho de capital havido na alienação desses mesmos bens localizados em Portugal é devido no mês subsequente ao da ocorrência da alienação que gera o ganho, o fato é que o contribuinte brasileiro ficará sujeito ao pagamento do imposto sobre a renda no Brasil sem a prerrogativa de utilizar o crédito do imposto português para satisfazer sua obrigação tributária no Brasil, posto que o imposto português, que gera o seu direito ao crédito no Brasil, ainda não foi recolhido (só será no ano seguinte) no momento em que o imposto brasileiro é devido (no mês subsequente ao da ocorrência do ganho de capital).

Essa disfunção sistêmica é conhecida como *timing mismatch*, que se caracteriza quando a eficácia de alguma(s) das disposições de convenções internacionais celebradas para evitar a dupla tributação internacional da renda é comprometida por circunstâncias relacionadas ao aspecto temporal da hipótese de incidência tributária (ou ao prazo de recolhimento dos tributos para aqueles que entendem que este prazo não compõe a hipótese de incidência) estabelecida nos ordenamentos jurídicos dos Estados signatários da convenção em questão.

O modelo de convenção para evitar a dupla tributação internacional da renda elaborado e sugerido pela OCDE contém regras para evitar a dupla tributação internacional da renda por meio de dois mecanismos, a saber: (1) isenções, segundo as quais o rendimento ou ganho de capital havido em um Estado contratante simplesmente não fica sujeito à tributação no outro Estado; ou (2) crédito do imposto devido no outro Estado contratante, assegurando-se que, no Estado contratante de residência, o imposto devido no Estado contratante de situação do bem possa ser utilizado como crédito para a satisfação do imposto devido sobre esse mesmo ganho ou rendimento, conforme for o caso. Essas disposições têm o seguinte teor:

Chapter V
METHODS FOR ELIMINATION OF DOUBLE TAXATION

ARTICLE 23 A EXEMPTION METHOD

1. Where a resident of a Contracting State derives income or owns capital which, in accordance with the provisions of this Convention, may be taxed in the other Contracting State, the first-mentioned State shall, subject to the provisions of paragraphs 2 and 3, exempt such income or capital from tax.

2. Where a resident of a Contracting State derives items of income which, in accordance with the provisions of Articles 10 and 11, may be taxed in the other Contracting State, the first-mentioned State shall allow as a deduction from the tax on the income of that resident an amount equal to the tax paid in that other State. Such deduction shall not, however, exceed that part of the tax, as computed before the deduction is given, which is attributable to such items of income derived from that other State.

3. Where in accordance with any provision of the Convention income derived or capital owned by a resident of a Contracting State is exempt from tax in that State, such State may nevertheless, in calculating the amount of tax on the remaining income or capital of such resident, take into account the exempted income or capital.

4. The provisions of paragraph 1 shall not apply to income derived or capital owned by a resident of a Contracting State where the other Contracting State applies the provisions of this Convention to exempt such income or capital from tax or applies the provisions of paragraph 2 of Article 10 or 11 to such income.

ARTICLE 23 B CREDIT METHOD

1. Where a resident of a Contracting State derives income or owns capital which, in accordance with the provisions of this Convention, may be taxed in the other Contracting State, the first-mentioned State shall allow: a) as a deduction from the tax on the income of that resident, an amount equal to the income tax paid in that other State; b) as a deduction from the tax on the capital of that resident, an amount equal to the capital tax paid in that other State. Such deduction in either case shall not, however, exceed that part of the income tax or capital tax, as computed before the deduction is given, which is attributable, as the case may be, to the income or the capital which may be taxed in that other State.

2. Where in accordance with any provision of the Convention income derived or capital owned by a resident of a Contracting State is exempt from tax in that State, such State may nevertheless, in calculating the amount of tax on the remaining income or capital of such resident, take into account the exempted income or capital.

O DTT Brasil-Portugal, por sua vez, acolhendo a sugestão contida nessas disposições do modelo OCDE, contém as seguintes regras:

Artigo 13º
Mais-Valias ou Ganhos de Capital

1. Os ganhos que um residente de um Estado Contratante aufira da alienação de bens imobiliários considerados no Artigo 6º e situados no outro Estado Contratante podem ser tributados nesse outro Estado.
[...]

Capítulo IV
Disposições para Eliminar as Duplas Tributações
Artigo 23º
Método

1. Quando um residente de um Estado Contratante obtiver rendimentos que, de acordo com o disposto nesta Convenção, possam ser tributados no outro Estado Contratante, o primeiro Estado mencionado deduzirá do imposto sobre os rendimentos desse residente uma importância igual ao imposto sobre o rendimento pago nesse outro Estado. A importância deduzida não poderá, contudo, exceder a fração do imposto sobre os rendimentos, calculado antes da dedução, correspondente aos rendimentos que podem ser tributados nesse outro Estado. [...]

Na hipótese aventada, de alienação, por um residente fiscal no Brasil, de um ativo localizado em Portugal, e formulando a necessária proposição descritiva, o DTT Brasil-Portugal prescreve que Portugal (enquanto Estado de localização do ativo) tem poder de tributar o ganho imobiliário cumulativamente com o Brasil (enquanto Estado da residência), conforme artigo 13º, nº 1, mas o mesmo DTT Brasil-Portugal, no artigo 23º, nº 1, exige que o Brasil conceda um crédito pelo imposto pago em Portugal, incidente sobre o mesmo ganho, assegurando ao contribuinte residente no Brasil, Estado da residência, o direito de extinguir o crédito tributário devido no Brasil, por meio de compensação, com o valor do tributo devido, sobre o mesmo ganho, em Portugal, Estado de localização do bem alienado.

Por outra perspectiva, podemos dizer que, na verdade, a consideração sistemática dessas prescrições normativas determina que quando um residente de um Estado contratante (no caso, o Brasil) obtiver ganhos de capital que, de acordo com o disposto na convenção (no caso, o artigo 13º, nº 1), possam ser tributados no outro Estado contratante (no caso, Portugal), o primeiro Estado mencionado (o Brasil) compromete-se a assegurar a dedução, do imposto sobre a renda devido no Brasil por esse residente, de uma importância igual ao imposto sobre a renda que onerará esse ganho nesse outro Estado (Portugal).

Comprometer essa lógica é desconsiderar toda a coerência interna do sistema de equalização tributária que a convenção, para evitar a dupla tributação internacional da renda, cria e assegura aos contribuintes dos Estados signatários.

Em face dessa desfuncionalidade sistêmica, voltamos às disposições do DTT Brasil-Portugal em busca de alternativas e concluímos que é possível submeter a situação do caso concreto à Receita Federal do Brasil, a fim de tentarmos buscar uma solução.

O artigo 25º dessa mesma convenção dispõe o seguinte:

> Artigo 25º
> Procedimento Amigável
>
> 1. Quando um residente de um Estado Contratante considerar que as medidas tomadas por um Estado Contratante ou por ambos os Estados Contratantes conduzem ou poderão conduzir, em relação a si, a uma tributação não conforme com a presente Convenção, poderá, independentemente dos recursos estabelecidos pela legislação nacional desses Estados, submeter o seu caso à apreciação da autoridade competente do Estado Contratante de que é residente. [...]
> 2. Essa autoridade competente, se a reclamação se lhe afigurar fundada e não estiver em condições de lhe dar solução satisfatória, esforçar-se-á por resolver a questão através de acordo amigável com a autoridade competente do outro Estado Contratante, a fim de evitar a tributação não conforme com a Convenção.

> O acordo alcançado será aplicado independentemente dos prazos estabelecidos no direito interno dos Estados Contratantes.
> 3. As autoridades competentes dos Estados Contratantes esforçar-se-ão por resolver, através de acordo amigável, as dificuldades ou as dúvidas a que possa dar lugar a interpretação ou a aplicação da Convenção.
> 4. As autoridades competentes dos Estados Contratantes poderão comunicar diretamente entre si a fim de chegarem a acordo nos termos indicados nos números anteriores.

Assim, com base nessas disposições, é possível pleitear junto à repartição competente da Receita Federal do Brasil, a instauração de procedimento amigável, nos termos da Instrução Normativa nº 1.846/2018 (que regulamenta a matéria), expondo a situação do caso concreto, esclarecendo que, por força do disposto no DTT Brasil-Portugal, se não for assegurado o direito à compensação do imposto de renda devido em Portugal aos residentes fiscais no Brasil, eles ficarão sujeitos à dupla tributação do ganho de capital, em ofensa frontal às disposições da referida convenção.

Deve ser salientado, outrossim, que essa consequência também geraria uma discriminação, igualmente vedada pelo artigo 24º do DTT Brasil-Portugal, entre os residentes dos dois Estados contratantes, pois os residentes no Brasil estarão sujeitos a uma carga tributária mais gravosa do que os residentes em Portugal que apurem ganho de capital decorrente da alienação de imóveis localizados no Brasil (já que estes têm assegurado o direito à compensação do imposto pago no Brasil), solicitando uma solução satisfatória.

É que, mantida essa anomalia, o residente no Brasil que apura ganho de capital na alienação de imóvel em Portugal sujeitar-se-á a 15% (e, progressivamente, a até 22,5%) de imposto sobre a renda no Brasil, já no mês subsequente àquele em que o ganho foi havido, e mais 28% de imposto sobre a renda em Portugal (já que não poderia compensar no Brasil o imposto que será pago em Portugal apenas no ano subsequente), enquanto o residente em Portugal que apura ganho de capital na alienação de imóvel no Brasil sujeitar-se-á a 15% (e, progressivamente, a até 22,5%) de imposto sobre a renda no Brasil, cujo valor será integralmente utilizado como *tax credit* para satisfação do imposto sobre a renda devido em Portugal, sobre o mesmo ganho de capital, no exercício financeiro subsequente àquele em que ocorreu o ganho de capital.

Em Portugal, no caso da situação inversa e se houver algum questionamento, para além desse procedimento fundamentado no artigo 25º do DTT Brasil-Portugal, é possível apresentar uma reclamação administrativa, ou uma contestação em juízo invocando diretamente a convenção, já que o mesmo prevalece sobre a lei interna portuguesa, a exemplo do que ocorre no Brasil (nos termos do art. 98 do Código Tributário Nacional: "Os tratados e as convenções internacionais revogam ou modificam a legislação tributária interna, e serão observados pela que lhes sobrevenha"), onde as mesmas opções de questionamento, administrativo e judicial, estão à disposição do contribuinte.

Não logramos identificar a existência de nenhum precedente normativo sobre esse tema, seja no Brasil seja em Portugal.

Aliás, na ótica portuguesa, e tendo em conta que Portugal, sob o DTT Brasil-Portugal, pode tributar o ganho em questão, o mais provável é que, se algum pedido for feito às autoridades locais, elas deverão manter posição favorável a Portugal, afirmando que o ordenamento jurídico português não é o responsável pela dificuldade, que na verdade decorre das normas brasileiras aplicáveis, que pretendem que a tributação da renda, nessa hipótese, ocorra em bases correntes.

É que, na perspectiva portuguesa, não há falta de reciprocidade, já que, em princípio, o crédito de imposto seria efetivamente concedido em Portugal. Aliás, a lei e os formulários da declaração de renda portugueses preveem não só que, se o caso fosse ao contrário, um residente em Portugal poderia obter o crédito de imposto na declaração de renda a entregar no ano seguinte até dia 31 de maio, como, nas situações em que o montante do crédito de imposto por dupla tributação internacional ainda não esteja definitivamente determinado, constituído, ainda assim seria possível entregar a declaração de imposto sobre a renda mais tarde (até o dia 31 de dezembro desse ano).

O problema, na verdade, decorre do desprezo do ordenamento jurídico tributário brasileiro pela noção de período, que é inerente à noção de renda.

No açodamento de tentar antecipar a arrecadação, as normas brasileiras atropelam, e às vezes até comprometem completamente, a noção de período, como acontece, por exemplo, nas retenções na fonte em caráter exclusivo e definitivo (aquelas que não se limitam a estabelecer a antecipação do tributo, prevendo, outrossim, que o evento econômico intermediário seja considerado como fato imponível ou tributário autônomo, sendo desprezado no processo de constatação de ocorrência e quantificação da renda, que tem lugar no encerramento do período de apuração anual).

Já nos manifestamos sobre o descalabro de tratar da noção de renda sem considerar a noção de período, nos seguintes termos: "Finalmente, impõe-se a análise da ideia de (iii) período. É necessário considerar-se um período de tempo dentro do qual serão consideradas as entradas e saídas relevantes. Sobre a imprescindibilidade da noção de período para cálculo da renda, veja-se, também, Narciso Amorós Rica, que sustenta o mesmo entendimento" ("O período e o nascimento da relação tributária no imposto espanhol sobre a renda da pessoa jurídica". In: *Princípios tributários no direito brasileiro e comparado*. Rio de Janeiro: Forense, 1988, p. 518).

Trata-se do lapso de tempo compreendido entre (1) um dado marco inicial e (2) um dado marco final. No (1) marco inicial, parte-se (a) de uma situação patrimonial prévia, para confronto, e (b) começam a ser juridicamente relevantes as entradas e saídas. No (2) marco final, procede-se ao confronto (a) entre as entradas e saídas – juridicamente relevantes – ocorridas no período, e (b) entre o saldo do período considerado – que termina neste marco final – e a situação existente no início do período.

Sem a noção de período – e tempo –, todos os ingressos e saídas perdem qualquer significado comparativo. Sem o termo final – que só existe quando se pressupõe existente um período e um termo inicial – não há corte para processamento do confronto entre ingressos e saídas, que se sucederiam em interminável cadeia de fenômenos sem significado.

É nesse sentido a opinião de J. L. Bulhões Pedreira (1969:3): "A ideia de um período de tempo integra necessariamente a noção de renda".[2]

Não só pela necessidade lógica de sua existência, decorre a exigência sistemática da Constituição de impor a ideia de período para aferição da existência de renda. Cremos que é possível inferir que a Constituição trabalha, toda ela, com um padrão temporal básico, que seria, por coerência e unidade sistemática – como vimos, predicados desejáveis da própria noção de sistema –, aplicável e definidor da noção de período necessária, repita-se uma vez mais, à verificação da percepção de renda.

2 No mesmo sentido, ver Ataliba et al. (1993:15 e segs.).

A Constituição trabalha com o dado explícito da anualidade para regular uma enorme quantidade de relações jurídicas. Todo o funcionamento do Estado é calcado – assim nos aspectos organizacionais e financeiros, como nos políticos – em intervalos de 12 meses, períodos anuais.

Toda a amarração organizacional do funcionamento do Estado brasileiro é, de acordo com a sistemática constitucional, calcada na ideia de período anual. Entre as inúmeras referências à noção de período anual, saliente-se que a organização e o funcionamento dos aspectos e das questões financeiras (orçamentos, previsões, gastos, investimentos etc.) de que trata a Constituição são baseados em períodos de 12 meses.

Parece, portanto, que – em matéria de imposto sobre a renda – a Constituição não se limita a impor, implicitamente, a consideração de um período. Entendemos que ela estabelece – ainda que de forma também implícita – que esse período seja anual.

Que essa definição do período possa admitir alguma tergiversação, de maior ou menor intensidade, compreendemos, em face da generalizada – legítima ou simulada, por conveniência – ignorância das coisas da Constituição. Todavia – veremos melhor oportunamente – não é livre o legislador infraconstitucional para pretender estabelecer período que não seja suficiente para a realização do confronto de entradas e saídas. Essa medida será dada, no plano e no instante pré-legislativo, pela ciência das finanças e pela economia. Se se pretender não adotar o critério anual – implicitamente pressuposto pela Constituição – estará a lei sujeita a exame de constitucionalidade perante o Poder Judiciário e demonstrado que nas circunstâncias que envolvem o particular interessado – ramo de atividade, conjuntura econômico-financeira em certo momento histórico etc. – o período definido por lei não se coaduna com as exigências da realização do confronto entre entradas e saídas relevantes, devendo o comando legislativo ser considerado inválido, por vício de constitucionalidade (Gonçalves, 2002:183 e segs.).

Na ótica brasileira, por sua vez, submeter o contribuinte residente no Brasil ao ônus de comprovar antecipadamente a existência e a quantificação do imposto sobre a renda que será devido e deverá ser pago posteriormente em Portugal significa impor-lhe o ônus de uma prova verdadeiramente diabólica.

A alternativa seria pedir uma informação vinculativa à autoridade tributária portuguesa, com referência ao caso concreto, identificando o contribuinte, o ativo alienado e pedindo a confirmação oficial de que o contribuinte estará sujeito à tributação do ganho de capital, o montante devido, e que só poderá ser apresentada a declaração a partir do mês de abril do ano seguinte. Não é difícil de intuir que essas providências gerarão considerável gasto ao contribuinte, que precisará contratar profissionais em Portugal para desincumbirem-se dessa tarefa, além de importantes custas a serem pagas às autoridades tributárias portuguesas, posto que esse tipo de procedimento é objeto de cobrança de taxas variáveis e crescentes, em função da complexidade da solicitação feita pelo particular. Finalmente, registre-se que o tempo para que uma solicitação dessa natureza seja atendida em Portugal é quase equivalente ao desarrazoado tempo que se perde perante as autoridades brasileiras em hipóteses de procedimentos administrativos similares.

E, simultaneamente, ainda seria necessário apresentar uma consulta perante a Receita Federal do Brasil, cujo tempo médio de solução é conhecido de todos, deixando os contribuintes em situação de insuportável instabilidade e insegurança durante largo lapso de tempo.

E além do tempo notoriamente pouco razoável que as providências locais demandam, veja-se, a título de probabilidade de obtenção de uma resposta republicana, e que se demonstre ciente dos limites e da função constitucional da ação de tributar, o teor da seguinte resposta de consulta que, muito embora trate de situação sujeita ao preceito da reciprocidade e não a uma situação de existência concreta de convenção para evitar a dupla tributação internacional da renda, nos fornece a linha adotada pelas nossas autoridades tributárias:

Título Processo de Consulta nº 274/03
Órgão: Superintendência Regional da Receita Federal - SRRF / 8a. RF

> Decisão: Assunto: Imposto sobre a Renda de Pessoa Física – IRPF Ementa: IMPOSTO PAGO NO EXTERIOR (Ganho de Capital) A reciprocidade de tratamento evita a tributação dos rendimentos/ganhos auferidos em ambos os Estados, permitindo a compensação, em um País, do imposto pago em outro País. Se, o vencimento do imposto no exterior ocorrer após o recolhimento do imposto devido no Brasil, ocorre a perda do direito de compensação para a pessoa física residente ou domiciliada no País. Dispositivos Legais: Artigo 24 da Medida Provisória nº 2.158-35, de 24.08.2001; artigo 113, do Decreto nº 3.000, de 26.03.1999 (republicado em

17.06.1999); arts. 1º e 19 da Instrução Normativa SRF nº 118, de 27.12.2000; e Ato Declaratório SRF nº 028, de 26.04.2000. TIRSO BATISTA DE SOUZA Chefe Data de decisão: 26/12/2003 Data de publicação: 06/02/2004.

Note-se que essa manifestação formal das autoridades fiscais brasileiras segue, descaradamente, a opção de desprezar a regra da reciprocidade internacional de tratamento consubstanciada no direito ao gozo do *tax credit*, em função de questões relacionadas ao *timing mismatch*, ao invés de buscar a opção de constatar e resolver o fenômeno da efetiva dupla tributação internacional da renda sobre o mesmo evento econômico, o que é de todo desprezível em matéria de relações internacionais.

Para se ter uma ideia da diferença de seriedade no tratamento de questões republicanas envolvidas na delimitação dos confins que contém a ação de tributar, é instrutivo conhecer, por exemplo, o que dispõe a regulamentação em vigor nos Estados Unidos da América sobre a matéria. Para as autoridades norte-americanas, os *regulations* aplicáveis deixam claro que nas situações em que não houver tratado, mas houver reciprocidade fiscal, a declaração a ser preenchida e utilizada pelos contribuintes para entrega à receita federal local, o Internal Revenue Service, que é o Form 1.118, determina que o contribuinte deva "*compute their foreign tax credit for certain taxes paid or accrued to foreign countries or U.S. possessions*". E essa expressa determinação no sentido de que o *tax credit* alcança todos os tributos *pagos ou computados como devidos* a Estados com os quais exista relação de reciprocidade elimina completamente as dificuldades decorrentes do *timing mismatch* que existe, por exemplo, na situação abordada nessa reflexão, e que alcança a tributação dos ganhos de capital havidos por residentes fiscais no Brasil na alienação de bens localizados em Portugal.

A questão é tão relevante que os anos de prática tributária mediante a utilização de convenções internacionais que adotam a Convenção Modelo da OCDE levaram à produção de inúmeros estudos e propostas para o aprimoramento das relações entre os Estados contratantes. Esses estudos são periodicamente publicados na forma do que se convencionou chamar de "Comentários à Convenção Modelo", visando ao aprimoramento de sua aplicação.

E essa questão do *timing mismatch* não tem passado despercebida, tendo sido objeto de abordagem nos Comentários à Convenção Modelo da OCDE, de

2017, que, abordando um problema envolvendo a distribuição de dividendos, contém a seguinte passagem:

> *32.8 The provisions of the Convention that allow the state of source to tax particular items of income do not provide any restriction as to when such tax is to be levied (see, for instance, paragraph 2.2 of the Commentary on Article 15). Since both Articles 23A and 23B require that relief be granted where an item of income or capital may be taxed by the State of source in accordance with the provisions of the Convention, it follows that such relief must be provided regardless of when the tax is levied by the State of source.* The State of residence must therefore provide relief of double taxation through the credit or exemption method with respect to such item of income or capital *even though the State of source taxes it in an earlier or later year. Some States, however, do not follow the wording of Article 23A or 23B in their bilateral conventions and link the relief of double taxation that they give under tax conventions to what is provided under their domestic laws. These countries, however, would be expected to seek other ways (the mutual agreement procedure, for example) to relieve the double taxation which might otherwise arise in cases where the State of source levies tax in a different taxation year* [grifos nossos].

E sobre esses Comentários à Convenção Modelo da OCDE, de 2017, veja-se a seguinte observação, em trabalho não publicado oficialmente, do tributarista holandês Alexander Bosman:

> *Although it does not provide a clear solution, paragraph 32.8 of the OECD Commentary for Article 23 A and 23B stipulates that when a timing mismatch arises, the residence state must provide relief from double taxation through a credit or exemption, regardless of when the source state taxes the income. In the author's view, the residence state should provide relief from double taxation in respect of the taxation in the source state at the moment the source state applies Articles 10 (2) of the treaty, i.e., the moment dividends are actually distributed. Consequently, the residence sate is obliged to provide a credit for the taxation in the source state under Article 23 A (2) or 23B (1), because the source state has taxed the dividends in accordance with the provisions of this Convention.*

Vê-se, portanto, que a dificuldade não é inédita, tendo já merecido recomendações para solução de seus adversos efeitos.

Seria de todo recomendável que as autoridades fiscais brasileiras formalizassem um entendimento conjunto com as autoridades fiscais portuguesas no sentido de oficializar a conclusão de que o fato de o imposto sobre o ganho de capital havido em Portugal ser somente calculado e recolhido no ano subsequente àquele em que é efetivamente havido não impede que o respectivo crédito seja utilizado aqui no Brasil, para satisfação da obrigação tributária relativa ao mesmo ganho, e que, por força do mecanismo de tributação em bases correntes adotado pela legislação brasileira, exige que o recolhimento (e, portanto, a necessidade de utilização do crédito do imposto devido no exterior sobre o mesmo fato imponível ou tributário) seja feito no mês subsequente àquele em que o ganho é havido.

Com essas considerações, e reiterando o nosso agradecimento pelo generoso convite formulado pelos professores Paulo Eduardo de Campos Lilla e Ligia Maura Costa, procuramos homenagear o saudoso amigo Fabio de Campos Lilla.

Referências

ATALIBA, Geraldo et al. Periodicidade do IR. *Revista de Direito Tributário*, v. 63, p. 15 e segs., 1993.

GONÇALVES, José Artur Lima. *Imposto sobre a renda*: pressupostos constitucionais. 2. tir. São Paulo: Malheiros, 2002.

PEDREIRA, J. L. Bulhões. *Imposto de renda*. Rio de Janeiro: Apec, 1969.

5. O processo de anistia da Lei nº 13.254/2016: desafios, ponderações e decisões

Isabel Garcia Calich da Fonseca

Aprendi o exercício da advocacia com o dr. Fabio Lilla. Durante 18 anos tive o privilégio de presenciar como ele aconselhava seus clientes na área tributária. A leitura que fazia dos casos era única, pois não só diagnosticava as questões jurídicas envolvidas como também definia a estratégia que funcionaria tendo em vista as características das partes. Mas tudo isto era complementado por um aspecto fundamental: dr. Fabio se posicionava considerando todas as circunstâncias que recaíam sobre o cliente, não apenas as jurídicas, mas também as familiares e patrimoniais. Foi essa a advocacia que apreendi com ele e, no campo do direito tributário, esse aprendizado foi fundamental, uma vez que qualquer aconselhamento pode envolver riscos que devem ser compreendidos em todos os seus aspectos pelo contribuinte envolvido.

Um dos últimos trabalhos que realizamos juntos foi a regularização voluntária de ativos no exterior (também chamada de repatriação, apesar de os ativos não precisarem ser remetidos ao Brasil), conforme disposto na Lei nº 13.254, de 13 de janeiro de 2016, a qual estabeleceu o Regime Especial de Regularização Cambial e Tributária (Rerct) de recursos, bens ou direitos de origem lícita, não declarados ou declarados incorretamente, remetidos, mantidos no exterior ou repatriados por residentes ou domiciliados no país.

A Lei nº 13.254/2016 previa que somente tinham o direito de aderir ao Rerct as pessoas físicas ou jurídicas residentes ou domiciliadas no Brasil em 31 de dezembro de 2014[1] que tivessem sido ou ainda fossem proprietárias ou titulares de ativos, bens ou direitos em períodos anteriores a 31 de dezembro de 2014, ainda

---

1 Os efeitos da Lei nº 13.254/2016 também se aplicavam: (1) ao não residente no momento de publicação da referida lei (13 de janeiro de 2016) desde que residente ou domiciliado no Brasil em 31 de dezembro de 2014; e (2) ao espólio cuja sucessão estivesse aberta em 31 de dezembro de 2014.

que, nessa data, não fossem titulares de saldo de recursos ou de propriedade de bens e direitos e que cumprissem os seguintes requisitos:

- *Requisito nº 01*. Tais bens e direitos deveriam ter origem lícita, ou seja, deveriam ter sido adquiridos com recursos oriundos de atividades permitidas ou não proibidas pela lei ou serem objeto, produto ou proveito de um dos seguintes crimes anistiados: sonegação fiscal;[2] crime tributário;[3] sonegação de contribuição previdenciária;[4] falsificação e/ou uso de documento público ou particular;[5] falsidade ideológica;[6] evasão de divisas;[7] manutenção de recursos no exterior;[8] e lavagem de dinheiro[9] (doravante designados "crimes anistiados").
- *Requisito nº 02*. O declarante que aderisse ao Rerct não poderia ter sido condenado em ação penal cujo objeto seja um dos crimes anistiados, ainda que a condenação não se referisse aos recursos, bens ou direitos regularizados pelo Rerct.
- *Requisito nº 03*. O declarante que aderisse ao Rerct não poderia ser detentor de cargos, empregos e funções públicas de direção ou eletivas, nem o respectivo cônjuge e parentes consanguíneos ou afins até o segundo grau ou por adoção na data de publicação da lei (isto é, 13 de janeiro de 2016).

Uma vez atendidos os requisitos descritos, o contribuinte poderia aderir ao Rerct, sendo que, de acordo com as normas em comento, só se considerava completa a adesão com a entrega da Declaração de Regularização Cambial e Tributária (Dercat); pagamento do imposto (15%) e multa (15%); e a entrega das Declarações de Imposto de Renda Pessoa Física (Dirpf) e Declarações de Capitais Brasileiros no Exterior (DCBE), ambas retificadoras. Atendidos os requisitos e cumpridos os procedimentos descritos, o contribuinte obteria a extinção da punibilidade dos crimes previstos na lei.

---

2 Lei nº 4.729/1965.

3 Lei nº 8.137/1990, arts. 1º e 2º, incisos I, II e III.

4 Código Penal, art. 337-A.

5 Código Penal, arts. 297, 298 e 304.

6 Código Penal, art. 299.

7 Lei nº 7.492/1986, art. 22, *caput*.

8 Lei nº 7.492/1986, art. 22, parágrafo único.

9 Lei nº 9.613/1998, art. 1º.

Entretanto, logo após a publicação da lei, já havia questionamentos sobre sua constitucionalidade, tanto que foram ajuizadas ações diretas de inconstitucionalidade (Adin), uma delas pelo Partido Popular Socialista (PPS),[10] que entendia que os benefícios concedidos pela lei (v.g. extinção da punibilidade de crimes, remissão de créditos tributários, redução de multa e exclusão de penalidades administrativas) criavam situações desiguais para os contribuintes e colocavam em risco a eficácia de investigação e leis relacionadas ao combate aos crimes de lavagem de dinheiro.[11]

Realizamos inúmeras reuniões, discutindo os argumentos pró e contra a constitucionalidade da lei, e também outros argumentos e ponderações que agitavam o ambiente acadêmico e profissional com interesses atingidos pela Lei nº 13.254/2016.

Mesmo diante de incertezas que então se apresentavam, a adesão ao Rerct era a decisão condizente com os aspectos mais salientes do contexto internacional. Estávamos vivendo uma mudança de paradigma, de um mundo em que a troca de informações fiscais era exceção, para uma nova realidade, na qual a troca de informações passaria a ocorrer de forma automática e periódica entre as administrações tributárias dos países.

A evolução para um novo mundo no qual transparência e troca de informações fiscais passaram a ser a realidade ocorreu, de certa forma, rápido. Partimos, em menos de 10 anos, da esporádica e pontual troca de informação, para troca de informação por requisição e, na sequência, para troca automática.

Foram alcançados progressos consideráveis, tendo em vista o engajamento político dos países do G20 na luta global contra a evasão *offshore*, com mais de 500 acordos de troca de informações fiscais. A OCDE reconheceu a importância de oferecer aos contribuintes a oportunidade de regularizarem ativos não declarados no passado e incentivou os governos a oferecer programas de divulgação voluntária.[12]

Nesse contexto, a Lei nº 13.254/2016 se colocou como um pré-requisito para adoção desse novo padrão de transparência internacional. Existiam con-

---

10 ADI nº 5.496.

11 *Notícia STF*, 11 abr. 2016. Disponível em: <http://stf.jus.br/portal/cms/vernoticiadetalhe.asp?idconteudo=314101>. Acesso em: abr. 2022.

12 Ver: <www.oecd.org/ctp/exchange-of-tax-information/Voluntary-Disclosure-Programmes-2015.pdf>. Acesso em: abr. 2022.

tribuintes que, no passado, haviam enviado recursos para o exterior, obtidos de forma lícita, todavia sem comunicar às autoridades fiscais, como uma forma de proteção patrimonial contra o risco político e jurídico do país (representado por um histórico de atos de violência jurídico-patrimonial, como planos econômicos heterodoxos, decretação de indisponibilidade de aplicações conservadoras, como cadernetas de poupança, desvalorizações cambiais repentinas, entre outros), que agora poderiam regularizar tal situação. Note-se que não é o objetivo do presente texto avaliar as atitudes dos contribuintes que levaram a situação de irregularidade perante as autoridades fiscais brasileiras, mas apenas enfatizar que, diante do novo contexto mundial, a possibilidade de regularização aparecia como um pré-requisito para essa nova era de transparência fiscal e troca de informações.

Assim, a adesão à anistia regulamentada pela Lei nº 13.254/2016 representava uma alternativa até então única, disponível aos contribuintes, para regularizarem sua situação perante o fisco brasileiro, sem o risco de eventual reconhecimento da prática de possíveis ilícitos penais.

No entanto, os debates públicos ocorridos à época e noticiados na imprensa mostram que havia desafios e preocupações, como divergências na interpretação da lei e dos normativos que a regulavam, bem como a constante publicação de orientações da autoridade fiscal, tendo em vista pontos obscuros que demandavam esclarecimentos complementares. Mesmo diante dessas controvérsias e dúvidas, cabia buscar uma interpretação da lei e do contexto normativo que, tanto quanto possível, à luz das circunstâncias, fosse relativamente segura, de forma que fossem minorados eventuais riscos fiscais e criminais após a adesão à anistia.

A título ilustrativo, comentarei três aspectos da Lei nº 13.254/2016 que foram alvos de relevantes debates públicos, por especialistas das áreas tributária e penal e que demandaram intensas reflexões e ponderações nas quais não se dispunha do valioso recurso da análise de precedentes administrativos e judiciais, dado o ineditismo da situação.

O primeiro deles dizia respeito à dúvida sobre a exigência de os contribuintes declararem não apenas os ativos não declarados no exterior de que eram titulares na data de corte estabelecida pela lei (31/12/2014) ("foto"), como também os ativos que haviam sido consumidos até essa data ("filme").[13] Havia divergência

---

13 Conforme arts. 4º, § 1º, V, 5º, § 1º, e 6º, § 4º, da Lei nº 13.254/2016 e arts. 7º, VIII, e 13 da Instrução Normativa RFB nº 1.627/2016.

(Piscitelli, 2016) quanto a esta interpretação: alguns entendiam que somente o contribuinte com saldo zero ou inexistente nessa data deveria declarar bens pretéritos; outros afirmavam que era necessário apenas declarar os bens existentes, pois a lei não possuía clara disposição para a situação de bens parcialmente consumidos, de forma que a orientação em normativos era ilegal.

Nesse sentido, havia entendimento da Procuradoria Geral da Fazenda Nacional, veiculado no Parecer nº 1.035, de 1º de julho de 2016, e da resposta à questão nº 39 da Dercat – Perguntas e Respostas[14] estabelecendo que deveriam ser declarados os recursos consumidos antes da data de corte do programa de declaração voluntária. Em sendo aceita a validade e correção dessa orientação, ou seja, de que deveriam ser declarados os bens consumidos, surgia ainda outra questão a ser resolvida: até quando se deveria voltar no tempo para verificar o consumo: voltar à decadência fiscal ou ainda à prescrição criminal? (Bottini, 2016).

O segundo aspecto referia-se à prova de licitude da origem dos ativos declarados, requisito para adesão ao Rerct. A orientação da autoridade fiscal, até o final do prazo de entrega da Dercat, era no sentido de que o contribuinte precisava identificar a origem dos bens e declarar que eles tinham origem em atividade econômica lícita. Estava expresso que não havia obrigatoriedade de comprovação, sendo da autoridade fiscal o ônus da prova de demonstrar que as informações eram falsas.

Todavia, posteriormente, em 6 de dezembro de 2018, foi publicado o Ato Declaratório Interpretativo nº 5 (ADI nº 5), no qual a orientação sobre prova de licitude dos bens foi aditada pela própria autoridade fiscal, sendo incluídos esclarecimentos por meio de notas à questão nº 40, da Dercat – Perguntas e Respostas (Bottini, 2016), nas quais se "esclareceu": (1) a desobrigação de comprovar documentalmente a origem lícita dos recursos se referia ao momento de transmissão da Dercat; (2) a prova de licitude dos bens pode ser objeto de procedimento de ofício específico para tal fim; e (3) a concessão, pela autoridade fiscal, mediante intimação, de prazo razoável para que o optante ao Rerct apresentasse a comprovação sobre a origem lícita dos recursos regularizados.

Assim, apesar de os contribuintes terem aderido ao programa de anistia da Lei nº 13.254/2016 sem necessidade de comprovação de licitude da origem dos

---

14 Ver: <https://receita.economia.gov.br/orientacao/tributaria/declaracoes-e-demonstrativos/dercat-declaracao-de-regularizacao-cambial-e-tributaria/perguntas-e-respostas-dercat>. Acesso em: out. 2020.

ativos e tendo sido atribuído à autoridade fiscal o ônus da prova de demonstrar que as informações eram falsas, após o ADI nº 5, a Receita Federal do Brasil mudou este entendimento, não obstante a não comprovação da licitude não ser razão de exclusão do programa. A publicação do ADI nº 5 gerou insegurança para os contribuintes que haviam aderido.

O terceiro aspecto dizia respeito aos contribuintes cujos ativos no exterior haviam sido transferidos a um *trust*, instituto comum nos países de *common law*, mas que gera no Brasil controvérsias, em especial junto às autoridades fiscais brasileiras. A falta de semelhança das características do *trust* aos institutos do direito privado brasileiro, além de seu uso inadequado em situações que se tornaram emblemáticas na mídia brasileira, fizeram com que estruturas no exterior envolvendo *trust* fossem acusadas de ilegais *per se*, apesar de esta conclusão ser reflexo da equivocada utilização do instituto e não da sua natureza.

Assim, como bem explicado por Mariz de Oliveira (2016:396-397),

> o fato de o direito brasileiro não disciplinar a figura contratual do *Trust* não significa que um *settlor*, ou beneficiário de um *Trust* constituído no exterior esteja em situação ilegal perante a lei brasileira. Ninguém no país está impedido de estabelecer um *Trust*, nem precisa ter receio de o fazer. Pelo contrário, tal pessoa pode ser considerada em situação plenamente legal, desde que tenha obedecido à legislação de regência do respectivo *Trust*. Da mesma forma, um beneficiário residente no Brasil pode estar em situação jurídica plenamente regular.

A Lei nº 13.254/2016 fazia referência à figura do *trust* quando mencionava a situação de bens consumidos. Nesse caso, uma interpretação possível era de que, para o *settlor* se beneficiar da anistia (assumindo não ser ele o beneficiário), este deveria declarar os bens, assim como as condutas praticadas, mesmo quando repassados à titularidade ou responsabilidade, direta ou indireta, a *trust* de qualquer espécie. Sob essa perspectiva, a relação com bens consumidos estava alinhada com uma das características do *trust* que é a transferência da propriedade dos bens pelo *settlor* ao *trustee*.

Por outro lado, e ainda segundo essa linha de interpretação, na hipótese de *settlor* e beneficiário serem a mesma pessoa, os bens a serem declarados não se enquadrariam como bens consumidos, devendo o beneficiário (que seria o próprio *settlor*) declarar tais bens. Nesta situação o *trust/trustee* seria utilizado como mera interposta pessoa. Essa forma de utilização do instituto do *trust*, não alinhada com seu pressuposto, i.e. transferência da propriedade do bem ao *trustee* (de forma que o *settlor* não tenha mais ingerência sobre aquele patrimônio) que o deve entregar ao beneficiário, conforme disposições do *Deed of Trust*, pode ter interferido não só na forma de apresentação da Dercat, como também continua a gerar incertezas, uma vez que não há regras claras no direito tributário brasileiro, reconhecendo os reflexos fiscais desse instituto, seja na figura do *settlor* ou do beneficiário. Note-se que outras jurisdições de *civil law* reconheceram e regulamentaram o instituto do *trust* (v.g. França), o que poderia ser seguido pelo Brasil.

De forma a corroborar a ausência de regulamentação clara sobre os reflexos fiscais do instituto do *trust* no Brasil, em recente publicação (Solução de Consulta Cosit nº 41, de 31 de março de 2020), a Receita Federal do Brasil se manifestou no sentido de que a distribuição realizada por *trust* no exterior a beneficiária residente no Brasil estaria sujeita à apuração do imposto de renda com base na tabela progressiva.

A Solução de Consulta Cosit nº 4/2020, ao invés de trazer esclarecimentos sobre o tratamento fiscal de herança recebida do exterior via *trust*, causou ainda mais incertezas aos contribuintes. Isso porque o normativo não esclareceu se os valores distribuídos pelo *trust* correspondiam apenas a rendimentos de bens deixados no exterior ou da herança propriamente dita. Existem diversas características que precisariam ser analisadas nessa situação para que os contribuintes tivessem maior clareza sobre qual o efetivo entendimento da autoridade fiscal sobre o instituto do *trust*, bem como o correto tratamento fiscal. Mais uma vez, perdeu-se a oportunidade de esclarecer o tratamento fiscal das relações jurídicas de *trust* com residentes no Brasil, sejam eles *settlor*, beneficiário ou *trustee*.

Apesar de todas as dificuldades e incertezas envolvidas na Lei nº 13.254/2016, é possível afirmar que o programa de declaração voluntária de ativos no exterior parece ter atingido parte importante de seus objetivos, dada a relevância da adesão verificada: foram apresentadas 25.114 Dercats, sendo 25.011 por pessoas físicas e 103 por pessoas jurídicas. Com essas declarações, regularizaram-se R$ 169,9 bilhões, e a Receita Federal do Brasil arrecadou R$ 46,8 bilhões.[15]

---

15 Ver: <www.gov.br/fazenda/pt-br/assuntos/noticias/2016/novembro/receita-fala-sobre-diferenca--entre-valores-declarados-e-arrecadados-no-rerct>. Acesso em: out. 2020.

Os desafios, na época da anistia, foram inúmeros, assim como o aprendizado, principalmente por ter tido o privilégio de trabalhar junto com o dr. Fabio Lilla, um excelente professor e advogado que guiou sua equipe para uma interpretação da lei que procurava ser franca e transparente quanto aos riscos fiscais e criminais envolvidos, para que pudessem ser plenamente compreendidos por aqueles contribuintes que aderiram ao programa. Assim, posso dizer que, além das saudades, ficam também os preciosos e seguros ensinamentos.

Referências

BOTTINI, P. C. Como declarar bens pretéritos sem incorrer em risco legal. *Valor Econômico*, 23 ago. 2016.

OLIVEIRA, Ricardo Mariz de. O instituto do "trust" na perspectiva do direito brasileiro. In: SCHOUERI, Luís Eduardo; BIANCO, João Francisco (Coord.); MORAES E CASTRO, Leonardo Freitas de; DUARTE FILHO, Paulo César Teixeira (Org.). *Estudos de direito tributário em homenagem ao professor Gerd Willi Rothmann*. São Paulo: Quartier Latin, 2016. p. 389-414.

PISCITELLI, Tathiane. Eleição da base de cálculo nos casos de ativos integral ou parcialmente consumidos até 31.12.2014: insegurança jurídica e incertezas. In: PAULA JUNIOR, Aldo de; SALUSSE, Eduardo Perez; ESTELLITA, Heloisa (Coord.). *Regime especial de regularização cambial e tributária (Rerct)*: aspectos práticos. São Paulo: Noeses, 2016. p. 499-521.

6. A não incidência do ISS na exportação de serviços e sobre a variação cambial

Paulo Penteado de Faria e Silva Neto

O ISS na exportação de serviços: requisitos para a não incidência

O imposto sobre serviços de qualquer natureza (ISS), de competência municipal, incide sobre a prestação de determinados serviços, expressamente definidos na Lei Complementar nº 116/2003, conforme previsto no art. 156, III, da Constituição Federal de 1988 (CF). Além disso, a CF estipula, em seu art. 156, § 3º, II, que cabe à lei complementar excluir da incidência do ISS as exportações de serviços para o exterior:[1]

> Art. 156. Compete aos Municípios instituir impostos sobre: [...]
> III - serviços de qualquer natureza, não compreendidos no art. 155, II, definidos em lei complementar. [...]
> § 3º. Em relação ao imposto previsto no inciso III do *caput* deste artigo, cabe à lei complementar: [...]
> II - *excluir* da sua incidência *exportações de serviços para o exterior.*

Com base no referido dispositivo constitucional, a Lei Complementar nº 116/2003 estabeleceu, em seu art. 2º, I, que o ISS *não* incide sobre as exportações de serviços.

Ademais, nos termos do parágrafo único do art. 2º, a seguir transcrito, independentemente da localização da fonte de pagamento, os serviços desenvolvidos no Brasil *não* serão considerados exportados (e, portanto, não gozarão do benefício fiscal) caso o seu "*resultado*" se verifique no Brasil:

---

1 Todos os grifos nas citações são nossos.

> Art. 2º. O imposto não incide sobre:
> I - as exportações de serviços para o exterior do País; [...]
> Parágrafo único. Não se enquadram no disposto no inciso I os serviços *desenvolvidos no Brasil, cujo resultado aqui se verifique*, ainda que o pagamento seja feito por residente no exterior.

A irrelevância do local da fonte pagadora é explicada de maneira bastante clara pelo seguinte autor:

> [...] o legislador tentou evitar que os contribuintes, pela utilização de sociedades no exterior, deixassem de pagar ISS sobre serviços prestados no Brasil e cuja utilidade será fruída também no Brasil. [...] Isso porque, se não houvesse a norma em comento, os contribuintes poderiam prestar serviços a tomadores localizados no Brasil, mas solicitar que o seu pagamento fosse realizado por empresa estrangeira. Assim, essa simples modificação faria com que uma operação estritamente interna fosse beneficiada pela isenção, o que definitivamente não é o objetivo da lei [Roncaglia, 2006:98 e segs.).

Dessa forma, ainda que a fonte de pagamento esteja localizada no exterior, os serviços prestados não serão considerados exportados caso:

- tenham sido *desenvolvidos* no Brasil; *e*
- o seu *resultado* também ocorra no *Brasil*.

Os critérios são cumulativos, devendo verificar-se simultaneamente para que o exportador perca o direito à não incidência.

A contrario sensu, podemos concluir que determinado serviço, prestado por empresa brasileira, será considerado *exportado* (e fará jus à não incidência):

- caso tenha sido *desenvolvido* no *exterior*; ou
- caso tenha sido desenvolvido no Brasil, se o seu *resultado* se verificar no *exterior*.

No caso de exportação de serviços prestados em território nacional ou a partir do Brasil, o primeiro critério (*local do desenvolvimento*) fica frustrado, já que o serviço, obviamente, não terá sido desenvolvido no exterior.

Já com relação a serviços desenvolvidos localmente, para fins da verificação da aplicação da regra de desoneração do ISS, deve haver necessariamente uma análise do local (Brasil ou exterior) em que se dá o "*resultado*" do serviço. Também é preciso perquirir o que se entende pelo conceito de "resultado".

Para tanto, são fundamentais a realização do teste da materialização do "resultado" e o apontamento das características que levam à conclusão de que os efeitos do serviço ocorrem no Brasil. Cumpre, nesse passo, distinguir duas escolas de pensamento:

> A doutrina divergiu quanto ao local em que será verificado o resultado do serviço prestado para fins de aplicação da isenção do ISSQN na exportação de serviços. Parte da doutrina passou a considerar que o local em que deva ser verificado o *resultado* da prestação dos serviços (para fins de aplicação da isenção) seja o local em que haja a *finalização do objeto do serviço*, sendo que o restante da doutrina considera que fosse o local no qual se materializará a *utilidade* da atividade prestada e seja constatado o *real benefício econômico*. [...]
>
> O entendimento de que o resultado da prestação de serviço (para fins de aplicação da isenção) seja o local no qual se materializará a *utilidade* da atividade prestada e seja constatado o *real benefício econômico reflete o melhor posicionamento*, por estar em sintonia com a intenção do legislador pátrio e por conceder efetividade à norma desonerativa prevista na Lei Complementar [Cunha, 2016].

Assim, o conceito de resultado, de acordo com alguns entendimentos mais antigos do Superior Tribunal de Justiça (STJ), era equiparado à própria conclusão da atividade desenvolvida, que ocorre em território nacional. Portanto, exemplificativamente, o "resultado" da atividade de manutenção, reparo e conserto consistiria no próprio conserto do equipamento, ainda que esse equipamento fosse posteriormente empregado em máquinas ou bens registrados e utilizados no exterior:

> Na acepção semântica, "resultado" é consequência, efeito, seguimento. Assim, para que haja efetiva exportação do serviço desenvolvido no Brasil, ele não poderá aqui ter consequências ou produzir efeitos. A contrário senso, os efeitos decorrentes dos serviços exportados devem-se produzir em qualquer outro País. É necessário, pois, ter-se em mente [...] os verdadeiros resultados do serviço prestado, os objetivos da contratação e da prestação.

> O trabalho desenvolvido pela recorrente não configura exportação de serviço, pois o objetivo da contratação, o resultado, que é o efetivo conserto do equipamento, é totalmente concluído no nosso território.[2]

Veja-se que o próprio STJ inicialmente considerou o mero resultado imediato (finalização do objeto) do serviço de reparo/manutenção como sinônimo de resultado do serviço. Com base nesse precedente, pouco importava se as aeronaves nas quais serão empregadas as peças reparadas no Brasil fariam voos fora do Brasil ou no país, se pertenciam a companhias aéreas brasileiras ou estrangeiras ou se eram registradas no país ou no exterior. O resultado do serviço de manutenção seria a própria finalização do reparo/conserto/manutenção da peça, e isso se daria no país.

Apesar de tecnicamente bastante questionável, esse foi um dos precedentes mais relevantes sobre a matéria por algum tempo, precisamente por ter sido proferido por essa Corte superior. Porém, sob uma análise mais rigorosa, fica claro que esse entendimento nunca fez sentido, porque, segundo tal vertente, *todo* serviço realizado em território brasileiro seria forçosamente um serviço local, e não uma exportação. O precedente obviamente confundia o local em que ocorre o resultado do serviço com o mero local da *conclusão material* de sua prestação/execução.

Felizmente, um entendimento tecnicamente mais apurado tomou corpo e passou a prevalecer. Doutrina relevante apontou, insistentemente, que a situação-exemplo mencionada seria uma exportação de serviços, pois o local em que se verifica a "utilidade" (fruição, que seria o verdadeiro sentido de "resultado") ocorre no exterior, no caso de tomadores estrangeiros ("reais beneficiários") de peças reparadas e utilizadas em aeronaves que não permanecerão em território nacional.

Essa abordagem tem sido adotada por decisões mais recentes do STJ[3] e decisões do Tribunal de Justiça do Estado de São Paulo (TJSP) ou mesmo

---

2 STJ. REsp nº 831.124/RJ. Rel. ministro José Delgado, 1ª Turma, j. em 15/08/2006, *DJ*, 25 set. 2006.

3 Apesar de algumas especificidades desse precedente, ele é favorável. A respeito, ver Carvalho, Griz e Santos (2016): "Nesse recurso, o STJ definiu que o resultado seria a exequibilidade da obra planejada. Um critério distinto da conclusão do serviço e que se aproxima muito do benefício pretendido pelo tomador, que é a definição normalmente sustentada pelos contribuintes. Todavia, acrescentou-se um critério subjetivo relevante e nem sempre auferível: a intenção do contratante. Para o STJ, se o projeto contratado e acabado em território nacional puder ser executado em qualquer localidade, a critério do

do Conselho Municipal de Tributos (CMT) de São Paulo. Destaquem-se os seguintes julgados:

> TRIBUTÁRIO. AGRAVO EM RECURSO ESPECIAL. REPETIÇÃO DE INDÉBITO. IMPOSTO SOBRE SERVIÇOS DE QUALQUER NATUREZA – ISSQN. EXPORTAÇÃO DE PROJETOS DE ENGENHARIA. NÃO INCIDÊNCIA.
> 1. [...]. 2. A só confecção do projeto de engenharia, à luz dos arts. 109, 113, 114, 116, I, do CTN, é fato gerador do ISSQN, e sua posterior remessa ao contratante estrangeiro não induz, por si só, à conclusão de que se está exportando serviço.
> 3. À luz do parágrafo único do artigo 2º da LC n. 116/2003, a remessa de projetos de engenharia ao exterior poderá configurar exportação quando se puder extrair do seu teor, bem como dos termos do ato negocial, puder-se extrair a *intenção de sua execução no território estrangeiro.*
> 4. Hipótese em que se deve manter o acórdão *a quo*, porquanto o Tribunal consignou que as provas dos autos revelaram a *finalidade de execução do projeto em obras que só poderiam ser executadas na França* ('elaboração das Plantas de execução do muro cilíndrico de proteção do reservatório de gás liquefeito de petróleo naval TK1, a ser construído na cidade de Gonfreville – LOrcert, França e ao dimensionamento dos blocos de estacas do edifício principal do centro cultural, Centre Pompidou a ser construído na cidade de Metz, França, e a modelagem em elementos finitos da fachada principal de dito centro').
> 5. Agravo conhecido para negar provimento ao recurso especial.[4]

> ISS – SERVIÇOS DE PESQUISA MERCADOLÓGICA – ITEM 17.01. CADIN. NÃO CONHECIMENTO. ARTIGO 79 DA LEI 14.107/2005 – EXPORTAÇÃO DE SERVIÇOS – TOMADOR ESTRANGEIRO – RELATÓRIOS ENTREGUES NO EXTERIOR – APLICAÇÃO DO PARECER NORMATIVO SF Nº 04 – ARTIGO 2º, III – *INTERESSE ECONÔMICO SOBRE O QUAL RECAI O SERVIÇO – MERCADO CONSUMIDOR BRASILEIRO* – ESPAÇO

---

contratante, não haverá exportação de serviços. A *contrario sensu*, se o projeto tiver sido elaborado para execução fora do País, deveria haver exportação de serviços, ainda que viesse a ser executado no Brasil. A despeito das especificidades que colorem o caso concreto apreciado pelo STJ, trata-se de precedente muito relevante, especialmente por superar o posicionamento anteriormente firmado, o qual teve ampla influência em tribunais judiciais e administrativos".

4 STJ. AREsp nº 587.403. Rel. ministro Gurgel de Faria, 1ª Turma, j. em 18/10/2016, *DJe*, 24 nov. 2016.

AMOSTRAL DAS PESQUISAS – IMUNIDADE AFASTADA. INCIDÊNCIA DE MULTA E ACRÉSCIMOS LEGAIS – CORRETA APLICAÇÃO DA LEGISLAÇÃO. DESNECESSIDADE DE REALIZAÇÃO DE DILIGÊNCIAS – RECURSO CONHECIDO E IMPROVIDO.[5]

PARECER NORMATIVO SF Nº 04, de 09 de novembro de 2016
Não incidência do Imposto Sobre Serviços de Qualquer Natureza – ISS nos serviços desenvolvidos no Brasil, cujo resultado se verifique no exterior do País.
O Secretário Municipal de Finanças e Desenvolvimento Econômico, no uso de suas atribuições legais, Considerando a necessidade de divulgar o critério adotado pela Secretaria Municipal de Finanças e Desenvolvimento Econômico da Prefeitura de São Paulo, relativamente à norma excepcionadora da incidência do ISS [...] que dispõe acerca da não incidência do imposto sobre as exportações de serviços para o exterior do País; e Considerando a existência de divergências quanto ao significado do termo "resultado" disposto no parágrafo único do artigo 2º da Lei nº 13.701, de 24 de dezembro de 2003, para fins de definição do critério espacial da hipótese tributária relacionada à incidência do ISS sobre serviços prestados a tomadores domiciliados no exterior do País; Resolve:
Art. 1º. O serviço prestado por estabelecimento prestador localizado no Município de São Paulo considerar-se-á *exportado* quando a *pessoa, o elemento material, imaterial* ou o *interesse econômico* sobre o qual recaia a prestação *estiver localizado no exterior.*
§ 1º. O resultado previsto no "caput" deste artigo independe da entrega do respectivo produto ao destinatário final ou de outras providências complementares.
§ 2º. No caso de serviços de duração continuada, considera-se proporcionalmente realizada a prestação dos serviços com o cumprimento da sua etapa mensal.
Art. 2º. Sem prejuízo de outras situações em desacordo com o disposto no "caput" do artigo 1º, *não configuram exportação* de serviços as seguintes situações, referentes a serviços previstos na lista do "caput" do artigo 1º da Lei nº 13.701, de 29 de dezembro de 2003:
I - [...];
II - para os serviços previstos no item 2 da Lista de Serviços – "Serviços de pesquisas e desenvolvimento de qualquer natureza", se a *base pesquisada se encontrar em território nacional;*

5 CMT. Processo Administrativo nº 6017.2016/0034630-7, 1ª Câmara Julgadora, j. em 03/05/2017.

> III - para os serviços previstos nos itens 10 e 17 da Lista de Serviços – "Serviços de intermediação e congêneres" e "Serviços de apoio técnico, administrativo, jurídico, contábil, comercial e congêneres", *se uma das partes intermediadas, os respectivos bens ou os interesses econômicos estiverem localizados no Brasil;*
> IV - para o serviço previsto no subitem 15.01 da Lista de Serviços – "Administração de fundos quaisquer, de consórcio, de cartão de crédito ou débito e congêneres, de carteira de clientes, de cheques pré-datados e congêneres", se houver investimento ou aquisição no mercado nacional.
> Art. 3º. Em qualquer hipótese, cabe ao prestador o ônus de comprovar documentalmente o cumprimento dos requisitos descritos no "caput" do artigo 1º deste parecer normativo, bem como, para os serviços lá elencados, a não ocorrência de qualquer das situações impeditivas previstas no artigo 2º, sob pena de não se configurar a exportação.
> Art. 4º. Este Parecer Normativo, de caráter interpretativo, é impositivo e vinculante para todos os órgãos hierarquizados desta Secretaria, e revoga as disposições em contrário, especialmente o Parecer Normativo SF nº 02, de 26 de abril de 2016, e as Soluções de Consulta emitidas antes da data de publicação deste ato e que com ele discordem, independentemente de comunicação aos consulentes.[6]

Mais recentemente, a Receita Federal do Brasil (RFB) pretendeu, por meio do Parecer Normativo Cosit/RFB nº 01, de 11 de outubro de 2018, estabelecer parâmetros conceituais acerca da definição de "exportação de serviços". O PN Cosit nº 01/2018 sugere que, para fins da interpretação da legislação tributária,

> exportação de serviços é a operação realizada entre aquele que, enquanto prestador, atua a partir do mercado doméstico, com seus meios aqui disponíveis, para atender a uma demanda a ser satisfeita em um outro mercado, no exterior, em favor de um tomador que atua, enquanto tal, naquele outro mercado.

Em princípio, referido parecer deveria se cingir ao conceito de exportação para fins dos tributos federais (PIS/Cofins, IRRF e IOF). Apesar disso, o texto, de teor bastante teórico/doutrinário se comparado ao estilo de praxe das manifestações da RFB, faz incursões por todas as esferas de competência tributária

6 Parecer Normativo SF nº 4/2016 da Secretaria Municipal de Finanças e Desenvolvimento Econômico de São Paulo.

a fim de haurir subsídios para a construção conceitual citada, chegando até a abordar a noção de serviços constante do Acordo Geral sobre o Comércio de Serviços (GATS). Nesse itinerário argumentativo, discorre longamente sobre o ISS, tecendo os seguintes comentários nos trechos a ele atinentes:

> Doutrina administrativa municipal
>
> [...]
>
> 42. Nesse sentido, podemos tomar como primeiro exemplo as manifestações recentes da Secretaria Municipal da Fazenda da Prefeitura de São Paulo – SP [...]
>
> 43. O artigo 1º do PN SF nº 02/16 consignava que resultado, para fins de reconhecimento da ocorrência de uma exportação do serviço (e afastamento da incidência do imposto), corresponderia à própria realização das atividades descritas na lista de serviços tributáveis, apontando ainda que seria "irrelevante que eventuais *benefícios* ou *decorrências* oriundas dessa atividade *sejam fruídos ou verificados no exterior ou por residente no exterior*". O entendimento ali exarado teve por efeito restringir a desoneração do imposto prevista no artigo 156, § 3º, III, da CF/88 àquelas situações em que as prestações fossem viabilizadas no exterior, rejeitando o reconhecimento da ocorrência da exportação em casos tais que as atividades desenvolvidas pelo prestador fossem *realizadas no próprio município*.
>
> 44. Tendo em vista o fato de que essa interpretação gerou *forte repercussão negativa*, a mesma SF/SP revogou o PN SF nº 02/16, substituindo-o pelo PN SF nº 04/16, que assim resolveu, com efeito "impositivo e vinculante para todos os órgãos hierarquizados" da SF/SP:
>
> "Artigo 1º. O serviço prestado por estabelecimento prestador localizado no Município de São Paulo considerar-se-á exportado quando a *pessoa, o elemento material, imaterial ou o interesse econômico sobre o qual recaia a prestação* estiver localizado no *exterior*. [...]"
>
> 45. Ao rever o entendimento inicial, que negava o reconhecimento da não incidência (exportação) sempre que a prestação fosse desenvolvida em território pátrio, o PN SF nº 04/16 aparentemente corrige um erro inicial sem, no entanto, tecer quaisquer considerações de ordem teórica que pudessem oferecer uma base segura para se determinar em que circunstâncias os aludidos "elemento material, imaterial ou o interesse econômico sobre o qual recaia a prestação" se localizarão no exterior. [...]
>
> 48. Além da análise das recentes incursões da administração paulistana sobre o tema aqui enfrentado, pode ser bastante esclarecedor submeter a crivo as respostas dadas

a consultas administrativas feitas por contribuintes, pela Gerência de Operações Especiais Tributárias da Secretaria Municipal Adjunta de Arrecadações da Prefeitura de Belo Horizonte (GOET/PBH), [que] adotou entendimento uniforme no sentido de negar a aplicação da norma que desonera a exportação de serviços *apenas* nas situações em que o *proveito* ou a *fruição* do resultado do serviço se verificar em *território brasileiro*. Partindo desse entendimento, o desafio que se impôs àquela administração municipal foi, consequentemente, o de averiguar onde a prestação de serviços ensejou um *proveito ou fruição*. [...]

Jurisprudência dos Tribunais de Justiça dos Estados e do DF

61. A exceção à regra de não incidência nas exportações, encontrada no parágrafo único do mesmo artigo 2º, que inibe a sua aplicação em relação aos "serviços desenvolvidos no Brasil, cujo resultado aqui se verifique, ainda que o pagamento seja feito por residente no exterior" não corrobora a tese segundo a qual o critério determinante para se identificar uma exportação de serviços seria a residência ou o domicílio no exterior do tomador do serviço. Ao contrário, o *legislador complementar, ao regulamentar o ISSQN*, deixa claro que elegeu o critério do local onde se verifica o *resultado do serviço* como *determinante* para se reconhecer a ocorrência de uma exportação de serviços. Porém, resta ainda a deslindar: como proceder adequadamente para reconhecer em que local se verifica o resultado de um serviço? [...]

62. O exame dos acórdãos, em sua íntegra, assentados pelos TJs na vigência da LC nº 116/03 nos permite asseverar que, em geral, as decisões não têm incluído uma discussão sobre parâmetros que possam concorrer para a formação de um arcabouço lógico em auxílio da aferição do local de ocorrência do resultado deste ou daquele tipo de serviço. [...]

64. De se concluir, portanto, que a jurisprudência dos Tribunais de Justiça dos Estados e do Distrito Federal ainda não apresenta um caminho seguro para a solução das questões aqui postas.

Jurisprudência do STJ [...]

74. A 1ª Turma do STJ também decidiu no AREsp nº 587.403-RS, agora por unanimidade, sobre o afastamento da incidência do ISSQN na exportação de serviços. [...] Nesse julgado emerge uma nova abordagem em relação ao critério do "objetivo do serviço" adotado anteriormente. Na medida em que admitiu que se buscasse como elemento indicativo do resultado "a intenção de sua execução no território estrangeiro" e, uma vez que aos autos do processo foram trazidas provas que "revelaram a finalidade de execução do projeto em obras que só poderiam ser executadas na

França", o colegiado reconheceu a ocorrência de exportação de serviços, afastando no caso a cobrança do imposto.

Portanto, diante do acertado entendimento majoritário atual, caso um contribuinte brasileiro preste serviços que visem beneficiar (no sentido de prover uma utilidade ou proveito decorrente do serviço) tomadores – reais beneficiários – localizados no exterior, ou ainda caso o objeto da prestação (elemento material, imaterial ou interesse econômico) esteja localizado no exterior, essa parcela de suas receitas *não estará sujeita ao ISS*, com base na melhor doutrina e na jurisprudência recente do STJ sobre a matéria, que consagra o conceito de resultado-utilidade (AREsp nº 587.403/2016 e AI-AREsp nº 1.446.639/2019).[7]

A não incidência do ISS sobre a variação cambial

Conforme entendimento consolidado da doutrina e da jurisprudência, tanto administrativa quanto judicial, as variações cambiais não são tributáveis pelo ISS. O CMT proferiu a seguinte decisão:

> ISS – SERVIÇOS FINANCEIROS – DECADÊNCIA CONTADA PELO ARTIGO 173, I, DO CTN, ANTE A FALTA DE ANTECIPAÇÃO DO RECOLHIMENTO – ARGUMENTAÇÃO DE NULIDADE POR FALTA DE FUNDAMENTAÇÃO DO ATO ADMINISTRATIVO AFASTADA – ALEGAÇÃO DE EXTINÇÃO PARCIAL DO CRÉDITO PELO PAGAMENTO NÃO COMPROVADA APÓS DILIGÊNCIA – SUBCONTA "7.1.7.80.00-5 – RENDAS DE SERVIÇOS PRESTADOS A LIGADAS" DECOMPÕE-SE EM: "REPASSE DE CUSTO DE PESSOAL". CORRETAMENTE TRIBUTADA. E "REPASSE DE OUTROS CUSTOS" VALORES ADVINDOS DE SERVIÇOS CONTRATADOS EXTERNAMENTE. RETIFICA-SE O AII 65.445.228 PARA SUBTRAIR R$ 596.667,61 DA BASE DE CÁLCULO REFERENTE À INCIDÊNCIA OUTUBRO/2003 – ANTERIORIDADE NONAGESIMAL E INCONSTITUCIONALIDADE SÃO MATÉRIAS ALHEIAS À COMPE-

[7] STJ, Agravo Interno no AREsp nº 1.446.639. Rel. ministro Mauro C. Marques, Segunda Turma, j. em 19/09/2019, *DJe* 24 set. 2019.

> TÊNCIA DO CMT – RECEITAS DECORRENTES DA ADMINISTRAÇÃO DE CARTÕES DE CRÉDITO CORRETAMENTE TRIBUTADAS NO ITEM 42 DA LISTA, CONFORME ARTIGO 2º DA LEI Nº 13476/02, NÃO HAVENDO APLICAÇÃO RETROATIVA DA LC Nº 116/003 – SERVIÇOS DE CUSTÓDIA ABRANGIDOS PELA LEI COMPLEMENTAR Nº 56/87, NÃO HAVENDO APLICAÇÃO RETROATIVA DA LC Nº 116/2003 – SERVIÇO DE TARIFAS INTERBANCÁRIAS PREVISTO NO ITEM 94 DA LS, CONFORME ARTIGO 2º DA LEI 13476/02 – *CONTA COSIF 7.1.3.30.00-8 "RENDAS DE VARIAÇÕES E DIFERENÇAS DE TAXAS". REFERE-SE À VARIAÇÃO CAMBIAL DA TAXA DE CORRETAGEM. RECEITA FINANCEIRA, NÃO INCIDE ISS. CANCELAMENTO DO AII 65.445.244. NÃO CONFUNDIR COM A CONTA COSIF 7.1.7.50.00-4 "RENDAS DE CORRETAGENS DE CÂMBIO" TRIBUTADA PELO ISS* – RECURSO CONHECIDO E PROVIDO PARCIALMENTE PARA RETIFICAÇÃO DOS SEGUINTES AUTOS DE INFRAÇÃO: AII 65.445.228, PARA RETIRAR R$ 596.667,61 DE SUA BASE DE CÁLCULO, INCIDÊNCIA OUTUBRO/2003; AII 65.445.279, PARA CONSTAR EM SEU ENQUADRAMENTO TRIBUTÁRIO O ITEM DA LISTA 17.01 (LEI 13.701/03); AII 65.445.309, PARA CONSTAR O ITEM 15.01 (LEI 13.701/03); AII 65.445.295, PARA CONSTAR O ITEM 15.14 (LEI 13.701/03); AII 65.445.180, PARA CONSTAR O ITEM 42 DA LISTA (LEI 13.476/02), BEM COMO CÓD. 03069; AII 65.445.287, PARA CONSTAR O ITEM 15.12 (LEI 13.701/03), BEM COMO CÓD. 3069 – CANCELAMENTO DO AII 65.445.244 – MANUTENÇÃO DOS DEMAIS AUTOS – ABERTURA DE PRAZO PARA IMPUGNAÇÃO DOS AUTOS RETIFICADOS, CONFORME ARTIGO 15 DA LEI 14.107/2005.[8]

Autoridades fiscais de outros municípios também já adotaram entendimento semelhante. Transcreva-se, por sua clareza e precisão, a manifestação exarada pelo município de Fortaleza/CE:

> RELATÓRIO
>
> A Consulente informa que a consulta trata-se de um caso de empresa que faz importação de software do exterior para venda do produto dentro do país. Ela informa

8 Processo Administrativo nº 2012-0.340.373-5, 3ª Câmara Julgadora, j. em 29/01/2014.

> ainda que [...]; II. no momento da aquisição, a empresa estrangeira vendedora fatura através de *invoice* em dólar americano, e que a importadora do serviço, quando de posse do *invoice* gerado, emite nota fiscal de serviço de entrada em moeda corrente do país, destacando assim ISS à alíquota de 5% (cinco por cento), conforme a legislação; III. ocorrendo *variação positiva ou negativa do dólar relacionado com a operação, esta diferença é contabilizada como variação cambial ativa ou passiva*. [...]
> PARECER.
> Resta saber agora quando nasce a obrigação de pagar o imposto e, consequentemente, qual será a sua base de cálculo. Sobre o nascimento da obrigação tributária, a legislação tributária, a jurisprudência e os doutrinadores são unânimes em afirmar que o mesmo se dá com a ocorrência do fato gerador, que no caso do ISSQN, ele ocorre quando há a entrega do serviço contratado.
> A base de cálculo do ISSQN devido por empresa é preço do serviço [...]. Este elemento quantitativo da obrigação *é determinado na data da ocorrência do fato gerador, independentemente da data em que será efetivado o pagamento* do serviço.
> A ocorrência de *variação positiva ou negativa da moeda estrangeira* relacionada com a operação, *entre a data do recebimento e data do efetivo pagamento, não influi na base de cálculo do imposto, devendo ser contabilizada como variação cambial ativa ou passiva.*[9]

O TJSP decidiu que a conta de Variações Cambiais não se sujeita ao ISS. Embora se trate de precedente envolvendo instituição financeira, seu conteúdo é elucidativo:

> Com efeito, as contas e subcontas vinculadas à COSIF nº 7.1.9.99.00-9 (OUTRAS RENDAS OPERACIONAIS) são, de fato, *isentas de tributação pelo ISS, por não possuir fato gerador de tributo*, posto que a função desta conta COSIF, segundo consta no site do Banco Central do Brasil é a de 'Registrar as rendas operacionais que constituam receita efetiva da instituição, no período, para cuja escrituração não exista conta específica, bem como para a reclassificação dos saldos credores apresentados por contas de resultado de natureza devedora, *decorrentes do registro da variação cambial incidente sobre operações passivas com cláusula de reajuste cambial*, devendo a instituição manter o controle analítico para identificar as rendas da espécie, segundo a sua natureza'. Tais atividades consistem em atividades-meio para a prestação de serviços bancários, isto é, possuem natureza acessória, não *possuindo fato gerador de*

9 Coordenadoria de Administração Tributária, Célula de Gestão do ISSQN – Sefaz de Fortaleza/CE. Processo nº 2007/056754.

> *ISS*. Este é, inclusive, o entendimento firmado nesta Colenda Câmara, conforme julgamento da Apelação nº 0384854-39.2009.8.26.0000, voto nº. 25.295, relator Des. Erbetta Filho, julgado em 28/08/2014.[10]

Ou seja, para fins de ISS, não existe impacto de "variação cambial". Deve-se, simplesmente, definir qual o momento da ocorrência do fato gerador, o que determinará o valor, em reais, da NFS-e a ser emitida. Se uma *invoice* ao tomador estrangeiro também for emitida como reflexo dessa operação, a taxa de câmbio aplicável será a mesma do fato gerador, refletida na NFS-e, e eventuais variações posteriores devem ser computadas como variações cambiais ativas (se positivas) ou passivas (se negativas), nenhuma delas capaz de influenciar a tributação pelo ISS.

Nessa linha, é útil analisar relevantes soluções de consulta da municipalidade de São Paulo que, apesar de também relativas à importação de serviços (e retenção de ISS sobre ela), trazem critérios que seriam aplicáveis, igualmente, à exportação, no que toca a variação cambial:

> ISS. Subitem 17.01 da Lista de Serviços da Lei nº 13.701/2003. Retenção de ISS sobre serviços provenientes do exterior. Taxa de câmbio. [...] 6. Na situação em análise, a consulente é tomadora de serviços provenientes do exterior e está obrigada a reter e recolher o ISS, bem como emitir a Nota Fiscal Eletrônica do Tomador/Intermediário de Serviços, nos termos do inciso I do artigo 117 do Decreto nº 53.151, de 17 de maio de 2012. 7. Os serviços de consultoria tomados do exterior pela consulente consideram-se prestados com a entrega do relatório final, data em que ocorreu o fato gerador do ISS. 7.1. A data de ocorrência do fato gerador não se confunde com a data de pagamento do serviço. 8. O artigo 143 do Código Tributário Nacional determina que quando o valor tributário esteja expresso em moeda estrangeira a conversão para moeda nacional se fará ao câmbio do dia da ocorrência do fato gerador da obrigação para fins do lançamento. 8.1. Desta forma, a taxa de câmbio a ser utilizada para fins de conversão do preço do serviço tomado do exterior para moeda nacional e realização da retenção e recolhimento deverá ser a cotação de fechamento da moeda estrangeira para venda divulgada pelo Banco Central do Brasil no dia da conclusão da prestação dos serviços, conforme o disposto no item 7.[11]

---

10 Apelação nº 0047588-69.2011.8.26.0114. Rel. desembargador Rodrigues de Aguiar, 5ª Câmara Extraordinária de Direito Público, j. em 01/12/2016.

11 Solução de Consulta SF/Dejug nº 08, de 26/05/2015.

ISS. Retenção de serviços provenientes do exterior. Taxa de Câmbio. Emissão de Nota Fiscal do Tomador/Intermediário de Serviços – NFTS. [...] 8. Quanto à taxa de câmbio a ser adotada, o artigo 143 do Código Tributário Nacional determina que quando o valor tributário esteja expresso em moeda estrangeira, a conversão para moeda nacional se fará ao câmbio do dia da ocorrência do fato gerador da obrigação para fins do lançamento. 8.1. Tendo em vista que os serviços recebidos do exterior pela consulente são de prestação continuada e sendo o ISS de incidência e recolhimento mensal, a taxa de câmbio a ser utilizada para fins de conversão do preço do serviço tomado do exterior para moeda nacional e realização da retenção e recolhimento deverá ser a cotação de fechamento da moeda estrangeira para venda divulgada pelo Banco Central do Brasil no último dia útil do mês da efetiva prestação dos serviços.[12]

1. A consulente informa que contrata serviços de assessoria e consultoria com empresa sediada no Estado da Califórnia, Estados Unidos.
2. Afirma que o fato gerador para o recolhimento do ISS é quando da data de emissão da nota fiscal de tomador de serviços (NFTS) conforme *invoice* recebida.
2.1 Destaca que ocorre variação cambial entre a data da emissão da NFTS e o efetivo fechamento do câmbio para pagamento do contrato.
2.2 A consulente considera que há uma situação de indefinição frente ao ordenamento legal vigente quanto à data correta a ser utilizada como fato gerador do ISS incidente sobre os serviços tomados.
3. Assim, a consulente pergunta qual o procedimento adequado a ser observado no tratamento da diferença da taxa de câmbio entre a data do serviço prestado e o efetivo pagamento do mesmo.
4. De acordo com o contrato apresentado, os serviços tomados do exterior pela consulente são relativos a [...] assessoria ou consultoria de qualquer natureza.
4.1. Ainda de acordo com as cláusulas contratuais, os serviços tomados pela consulente são de prestação continuada e os pagamentos são realizados mensalmente.
5. O artigo 143 do Código Tributário Nacional determina que quando o valor tributário esteja expresso em moeda estrangeira, a conversão para moeda nacional se fará ao câmbio do dia da ocorrência do fato gerador da obrigação para fins do lançamento.
6. O Imposto Sobre Serviços de Qualquer Natureza – ISS tem como fato gerador a prestação de serviços constantes da lista do artigo 1º da Lei nº 13.701, de 24/12/03. [...]

12 Solução de Consulta SF/Dejug nº 51, de 27/07/2012.

> 6.3. Por sua vez, o inciso I do artigo 9º da Lei nº 13.701/2003 prevê que os tomadores ou intermediários de serviços provenientes do exterior [...] são responsáveis pelo pagamento do Imposto Sobre Serviços de Qualquer Natureza – ISS, desde que estabelecidos no Município de São Paulo, devendo reter na fonte o seu valor.
> 7. Os serviços recebidos do exterior pela consulente são de prestação continuada.
> 7.1. Sendo o ISS de incidência e recolhimento mensal, a taxa de câmbio a ser utilizada para fins de conversão do preço do serviço tomado do exterior para moeda nacional e realização da retenção e recolhimento deverá ser a cotação de fechamento da moeda estrangeira para venda divulgada pelo Banco Central do Brasil no último dia útil do mês da efetiva prestação dos serviços.
> 8.1. De acordo com artigo 119 do Decreto nº 53.151, de 17 de maio de 2012, a NFTS deverá ser emitida até o dia dez do mês subsequente ao da prestação dos serviços contratados ou intermediados.
> 8.1.1. A data de emissão da NFTS não se confunde com a data de ocorrência do fato gerador.
> 8.1.2. No caso em exame, o valor em moeda nacional que deverá constar na NFTS será o preço dos serviços tomados convertido nos termos definidos no item 7.1.[13]

Embora os precedentes digam respeito a importação de serviços, a lógica e a regulamentação legal são igualmente aplicáveis, no caso da exportação de serviços.

Aliás, a recíproca também é verdadeira, pois todos os argumentos e fundamentos relativos à não incidência do ISS sobre a variação cambial na exportação também se aplicam em favor da impossibilidade de tributar tais valores no cenário de importação.

Em suma, de acordo com as soluções de consulta em análise:

1) A *data da ocorrência do fato gerador* é o marco definidor da base de cálculo do ISS, em reais.
2) Caso o serviço esteja expresso em moeda estrangeira, a *conversão deverá se dar na mesma data da ocorrência do fato gerador*, por força do art. 143 do Código Tributário Nacional (CTN).[14] No caso de uma exportação

---

13 Solução de Consulta SF/Dejug nº 24, de 06/10/2014.

14 "Art. 143. Salvo disposição de lei em contrário, quando o valor tributário esteja expresso em moeda estrangeira, no lançamento far-se-á sua conversão em moeda nacional ao câmbio do dia da ocorrência do fato gerador da obrigação."

de serviços, o preço acaba sendo necessariamente expresso em reais no momento de sua prestação e da emissão da NFS-e, ainda que seja convertido para um valor expresso em moeda estrangeira, com a emissão da correspondente *invoice*. Porém, o mesmo raciocínio se aplica na prestação de serviços a tomador no exterior que não configure uma exportação isenta, ou seja, a taxa de conversão deve estar vinculada à data do fato gerador.

3) Se o serviço for pontual, o fato gerador ocorrerá na data de sua prestação, momento em que também deverá ser definida a conversão da moeda.
4) Se for de prestação continuada, e expresso em moeda estrangeira, deverá ser utilizado o câmbio do último dia de cada mês.

Uma diferença importante diz respeito ao momento da emissão das notas fiscais no caso de importações de serviço (NFTS) e das prestações para o exterior (NFS-e e *invoices*). A Consolidação das Leis Tributárias do Município de SP (Decreto nº 59.579, de 3 de julho de 2020, Anexo único) dispõe:

> Art. 226. Fica instituída a Nota Fiscal de Serviços Eletrônica, que deverá ser emitida por ocasião da prestação de serviço [...]
> Art. 248. Fica instituída a Nota Fiscal Eletrônica do Tomador/Intermediário de Serviços, que deverá ser emitida pelas pessoas jurídicas e pelos condomínios edilícios residenciais ou comerciais por ocasião da contratação de serviços, ainda que não haja obrigatoriedade de retenção na fonte do Imposto Sobre Serviços de Qualquer Natureza – ISS.
> Parágrafo único. Caberá ao regulamento disciplinar a emissão da Nota Fiscal Eletrônica do Tomador/Intermediário de Serviços, definindo, em especial, os tomadores e os intermediários sujeitos à sua emissão.

Já o Regulamento do ISS de SP (Decreto nº 53.151, de 17 de maio de 2012) estabelece:

> CAPÍTULO VIII – DOCUMENTOS FISCAIS
> Art. 81. *Por ocasião da prestação de cada serviço deverá ser emitida Nota Fiscal de Serviços Eletrônica –NFS-e ou Cupom de Estacionamento.* [...]
> Seção I – Nota Fiscal de Serviços Eletrônica (NFS-e)

> Art. 83. Considera-se Nota Fiscal de Serviços Eletrônica – NFS-e o documento emitido e armazenado eletronicamente em sistema próprio da Prefeitura do Município de São Paulo, com o objetivo de registrar as operações relativas à prestação de serviços.
> Art. 84. A NFS-e deve conter as seguintes indicações:
> I - número sequencial;
> II - código de verificação de autenticidade;
> III - *data e hora da emissão;* [...]
> VI - *discriminação do serviço;*
> VII -valor total da NFS-e; [...]
> *Seção IV -Nota Fiscal Eletrônica do Tomador/Intermediário de Serviços*
> Art. 117. A Nota Fiscal Eletrônica do Tomador/Intermediário de Serviços – NFTS deverá ser emitida pelas pessoas jurídicas e pelos condomínios edilícios residenciais ou comerciais *por ocasião da contratação de serviços, nas seguintes hipóteses:*
> I - quando os serviços tiverem sido tomados de prestador estabelecido fora do Município de São Paulo, ainda que não haja obrigatoriedade de retenção, na fonte, do Imposto Sobre Serviços de Qualquer Natureza – ISS; [...]
> Art. 119. A *NFTS deverá ser emitida:*
> I - até a data da liquidação da despesa referente a serviços tomados pelos órgãos da administração pública [...];
> II - *até o dia 10 (dez) do mês subsequente ao da prestação dos serviços contratados ou intermediados, nos casos em que houver a obrigatoriedade de retenção e recolhimento do ISS pelo tomador ou intermediário do serviço;*
> III - até o dia 30 (trinta) do mês subsequente ao da prestação dos serviços contratados ou intermediados, nos demais casos.

Portanto, enquanto a NFS-e nas exportações deve ser emitida a cada prestação, a NFTS referida nos precedentes citados (por tratarem de importação e retenção de ISS pelo tomador brasileiro) tem até o dia 10 do mês seguinte para ser emitida.

Além disso, deve-se atentar para a orientação disponível no próprio site da Prefeitura Municipal de São Paulo:

> 5.18. Como alterar a data de emissão da NFS-e quando esta for emitida em data posterior à da prestação dos serviços?
> *De acordo com a legislação, por ocasião da prestação de cada serviço (fato gerador) deverá ser emitida Nota Fiscal de Serviços Eletrônica,* Cupom Fiscal Eletrônico,

> Cupom de Estacionamento ou outro documento exigido pela Administração, cuja utilização esteja prevista em regulamento ou autorizada por regime especial. *Portanto, não deve ocorrer emissão de NFS-e em data posterior à da ocorrência do fato gerador do ISS.*
> Mesmo no caso de conversão de RPS em NFS-e, embora a NFS-e possa ser emitida em data posterior, o sistema considera a data de emissão do RPS como a data do fato gerador para efeito de cálculo do imposto.[15]

Desse modo, não pode haver discrepância entre a ocorrência do fato gerador e a emissão da NFS-e. Para fins de emissão da NFS-e, a data a ser obedecida é a da ocorrência (aspecto temporal) do fato gerador. Isso não quer dizer que a emissão da NFS-e não possa ser periódica – na verdade, isso depende das características intrínsecas a cada serviço.

Faremos uma breve explicação do momento da ocorrência do fato gerador do ISS, ao cabo da qual será retomado o raciocínio que vínhamos traçando.

Segundo os arts. 113 e 116 do CTN,[16] combinados com a legislação de regência do ISS (Lei nº 13.701/2003 e o próprio regulamento), o serviço se dá por prestado quando efetivamente entregue, concluído, provido ao tomador.

Por óbvio, as características peculiares de cada serviço devem ser levadas em conta, particularmente para distinguir serviços pontuais, serviços continuados/periódicos ou ainda serviços que possam ser cindidos em etapas claramente discerníveis. A doutrina esclarece o ponto, merecendo transcrição detalhada, por sua precisão e pertinência, o artigo de Luiz Carlos Fróes Del Fiorentino (2010):[17]

---

15 Prefeitura de São Paulo. Secretaria Municipal da Fazenda. Nota do Milhão – Informações Gerais, Perguntas e respostas. Disponível em: <http://notadomilhao.prefeitura.sp.gov.br/cidadao/informacoes-gerais>. Acesso em: 8 mar. 2019.

16 "Art. 113. A obrigação tributária é principal ou acessória. § 1º. A obrigação principal surge com a ocorrência do fato gerador, tem por objeto o pagamento de tributo ou penalidade pecuniária e extingue-se juntamente com o crédito dela decorrente. [...] Art. 116. Salvo disposição de lei em contrário, considera-se ocorrido o fato gerador e existentes os seus efeitos: I - tratando-se de situação de fato, desde o momento em que se verifiquem as circunstâncias materiais necessárias a que produza os efeitos que normalmente lhe são próprios; II - tratando-se de situação jurídica, desde o momento em que esteja definitivamente constituída, nos termos de direito aplicável."

17 Disponível em: <www.fiscosoft.com.br/main_online_frame.php?page=/index.php?PID=241679&ke>. Acesso em: ago. 2022.

Aspecto temporal

Os fatos imponíveis ocorrem em determinado momento, que deve ser claramente fixado pelo legislador porque nesse preciso instante nasce um direito subjetivo para a pessoa de direito público e uma obrigação para o sujeito passivo. A norma contém a descrição genérica de um fato que ocorre em uma circunstância de tempo certo e determinado e que, embora possa ser decomposto ou integrado por diversos elementos, será sempre considerado uno e incindível. [...]

Em princípio, ao legislador compete estabelecer o momento em que se deve reputar acontecida a materialidade do tributo previsto constitucionalmente. O instante do nascimento da obrigação tributária deve guardar efetivo vínculo com a matéria objeto de tributação, eis que todos os aspectos da norma são intrinsecamente ligados e indissociáveis.

No que se refere ao ISS, determina o artigo 1º da LC 116/03 que o imposto tem como fato gerador a prestação de serviços constantes da lista anexa, ainda que esses não se constituam como atividade preponderante do prestador. Em outras palavras, o momento da ocorrência do fato gerador se dá com a prestação do serviço constante da lista (esse momento acha-se definido no *artigo 116 do CTN*). Não pode haver ISS sobre serviço potencial, mas apenas sobre o serviço real (efetivo, concretamente verificado, ocorrido, prestado).

Para José Eduardo Soares de Melo, "em se tratando de ISS, impõe-se a irrestrita obediência ao seu aspecto material – prestação de serviços – nada interessando os aspectos meramente negociais ou documentais. Somente com a efetiva realização (conclusão, ou medição por etapas) dos serviços é que ocorre o respectivo fato gerador tributário com a verificação do seu aspecto temporal".

Aires Barreto afirma que "o ISS é devido pela prestação do serviço. Ocorrida esta, nasce a obrigação tributária, em que pese, por circunstâncias várias, o pagamento do preço do serviço venha a dar-se em momento posterior (ou até, eventualmente, não ocorrer). Prestado o serviço é devido o imposto. Mesmo que o valor contratado não venha a ser pago pelo tomador (usuário, encomendante), há a incidência do imposto".

Assim, o contrato de prestação de serviço firmado entre as partes representa um mero dever de ser prestado um serviço, mas não apresenta nenhuma implicação tributária. Em outras palavras, não se pode exigir o imposto municipal apenas com base na celebração do contrato, sem que haja a efetiva prestação do serviço. [...].

Também os recebimentos antecipados de valores previstos em contrato não constituem obrigação tributária, pois o signo presuntivo de riqueza (capacidade econômica) não guarda qualquer correspondência com a efetiva prestação de serviços. Mesmo que já se verifique a capacitação técnica e profissional para a execução dos serviços, não ocorre o aspecto temporal porque não se tributa a mera potencialidade. [...]

Em suma, em nosso sistema tributário não se tolera a exigência de tributo, antes da ocorrência do fato gerador. Normas legais que prevejam a incidência do ISS, antes de concretizada a prestação dos serviços, são inválidas. O aspecto temporal é condicionado ao perfazimento do critério material. Inexistente ou não exaurida a prestação do serviço, não é válida a eleição de qualquer fato antecedente como demarcador do aspecto temporal da hipótese de incidência.

Entretanto, como forma de demonstrar ao Fisco a ocorrência da efetiva prestação do serviço, de modo que não seja compelido a recolher o imposto municipal com base em fato diverso do fato gerador do tributo, deve o contribuinte se cercar de todas as cautelas possíveis, guardando contratos, recibos de pagamento, notas fiscais, enfim, qualquer documento que comprove o momento da prestação do serviço (em especial se essa prestação estiver desvinculada do pagamento).

Com efeito, tendo a lei complementar dado os contornos genéricos do tributo, o Município, dentro da sua esfera de competência legislativa, pode (e deve) complementar essa legislação, de modo a adequar o tributo às suas particularidades locais. Assim, ocorrido o fato gerador do ISS (em outras palavras, prestado o serviço), o Município pode eleger determinado evento/data para o seu recolhimento (quinto dia útil, primeiro dia útil do mês subsequente, etc.).

Percebe-se, portanto, que os serviços realizados em um único momento, desde que observado o ordenamento jurídico, não oferecem maiores dificuldades no tocante à fixação do instante em que ocorre o fato gerador do ISS.

Entretanto, o problema de precisar o exato momento da incidência do ISS ocorre naqueles serviços que implicam execução continuada, em prestação por etapas, que têm (ou não) condição de serem apurados periodicamente.

Aires Barreto afirmou que "é inafastável a distinção entre serviços cuja prestação é fracionável e serviços em que a cindibilidade não se faz possível, porque, quando os serviços não forem cindíveis, o fato tributário só poderá ser tido por ocorrido ao término da prestação. Diversamente, diante de serviços cindíveis, o fato pode ser tido como verificado na conclusão de cada etapa, ou em cada fração de tempo em que seja divisível a prestação".

Assim, na prestação de serviços de construção civil, por exemplo, o contrato pode prever "etapas físicas determinadas: apresentação do projeto; movimentação de terra; conclusão de alicerces; levantamento da alvenaria; ou quaisquer outras, dependendo do tipo de obra que vai ser executado".

Assim, quando uma empresa contrata os serviços de empreitada de pavimentação de estrada, que se desenvolve ao longo de um período de tempo (12 meses), o aspecto temporal do ISS não será considerado apenas no final da obra se a atividade for objeto de medição por etapas (a cada pavimentação de tantos quilômetros será devida uma parcela do preço do serviço), com a alocação dos respectivos valores contratados.

Entretanto, se o prestador se obriga a consertar um determinado equipamento industrial e na medida em que não haja a possibilidade de se mensurar um conserto parcial, a obrigação relativa ao ISS só ocorrerá após a conclusão do serviço, a despeito de o prestador haver recebido valores antecipados.

Nos serviços de conservação de máquinas e aparelhos industriais contratados por um período de 24 meses, com pagamentos mensais, o pagamento do ISS deverá ocorrer ao final de cada mês em razão da execução dos serviços periódicos, não se podendo cogitar de uma manutenção que somente estaria concluída após o decurso de dois anos.

Exatamente por isso, não se deve confundir o serviço de manutenção de elevadores (contratação anual, com pagamentos a cada 30 dias), sujeito à incidência do ISS ao final de cada mês, com o serviço de conserto de elevadores (estipulado contratualmente, em caso de eventual avaria do equipamento), sujeito ao ISS apenas após a conclusão dos serviços, mesmo que esses durem um espaço de tempo considerável (seis meses).

O CMT proferiu recentes decisões a respeito, embora num tema bastante específico (ISS/Habite-se na Construção Civil):

ISS – HABITE-SE – POSSIBILIDADE DE REVISÃO DO LANÇAMENTO – [...] – DATA DA OCORRÊNCIA DO FATO GERADOR: CONCLUSÃO DA OBRA – [...] RECURSO CONHECIDO PARCIALMENTE E NÃO PROVIDO.[18]

MOMENTO DE OCORRÊNCIA DO FATO GERADOR. DECADÊNCIA. Prestação concernente à construção civil que somente se revela efetivada quando

[18] Processo Administrativo nº 6017.2017/0001348-2, 4ª Câmara Julgadora, j. em 01/06/2017.

> a obra está concluída. Inteligência do inciso I do artigo 116 do CTN. Na ausência de provas de conclusão anterior considera-se a emissão dos certificados de quitação do ISS.[19]

Fica evidente, portanto, a preocupação da autoridade julgadora em compreender quando se dá por efetivada a prestação do serviço, e o contribuinte deverá proceder com essa mesma preocupação em mente, ou seja, a de identificar se os serviços contratados são pontuais ou contínuos, e, no caso de continuidade, se se está diante de serviços indivisíveis – portanto faturáveis periodicamente – ou de projetos mais estruturados e específicos, divisíveis em etapas, em que o fato gerador ocorreria, com a respectiva emissão de NFS-e, ao final de cada etapa.

Retomando o ponto da influência ou não da variação cambial sobre o ISS, compreende-se, a partir das orientações doutrinárias e da Prefeitura de São Paulo, que o efetivo fechamento do contrato de câmbio, ainda que no futuro e posterior à ocorrência do fato gerador, é apenas um fator financeiro de liquidação da obrigação de pagamento da contraprestação pelo serviço.

O elemento crucial para fins de *tributação* por ISS, contudo, já se verifica por ocasião da própria ocorrência do fato gerador, e a consequente emissão da NFS-e deve se basear nos valores e câmbios dessa data. A eventual *invoice* emitida para o tomador estrangeiro, assim, deverá conter a conversão do valor dos serviços em reais (R$) para moeda estrangeira com base na cotação da data da ocorrência do fato gerador, refletido na NFS-e e nela expresso em reais.

Eventual flutuação posterior, quando do recebimento do valor da *invoice* em moeda estrangeira e sua consequente conversão para o ingresso de divisas, *não terá impacto na tributação por ISS*, uma vez que tal tributo não pode incidir sobre a variação cambial.

Exemplificando, se o serviço é prestado por R$ 100,00 na data D0, e nesse dia esse valor equivale a US$ 30,00, é nesse montante que deverão ser expedidas NFS-e (evidentemente, expressa em R$ equivalentes) e a *invoice*. Sobre os mesmos R$ 100,00 deverá ser apurado e recolhido o ISS. Se por acaso, posteriormente, no recebimento após 30 dias por exemplo, esses mesmos US$ 30,00 equivalerem a R$ 120,00 (supondo uma depreciação do real frente ao dólar), os R$ 20,00 adicionais deverão ser computados somente como variação cambial

19 Processo Administrativo nº 6017.2016/0008693-3, 3ª Câmara Julgadora, j. em 21/09/2016.

ativa (outras receitas operacionais), não influindo no preço ou na base de cálculo do ISS sobre os serviços.

Em resumo, essa variação cambial positiva configura mero ingresso financeiro, *não* devendo ser incluída na base cálculo do ISS, nem determinando a emissão de NFS-e complementar. Afinal, não se trata de "mais" serviços prestados, nem de reajuste do preço do serviço, mas de um mero efeito cambial, portanto impassível de compor a base de cálculo do ISS.

Conclusões

À luz das considerações feitas, concluímos:

1) A exportação de serviços não sofrerá incidência de ISS caso o serviço seja desempenhado no exterior ou, caso desempenhado no Brasil, não produza resultados no país.
2) O conceito de resultado, embora tenha flutuado ao longo do tempo, tende a ser entendido como a fruição de um resultado útil pelo beneficiário efetivo, desvinculando-se da concepção mais estreita de mero resultado material da conclusão do serviço. Portanto, o contribuinte local poderá ter parte de suas receitas desoneradas caso promova atividades cujo resultado útil seja fruído por beneficiário localizado em outros países, ou cujo objeto (material, imaterial ou relativo ao interesse econômico) da prestação esteja localizado no exterior.
3) A variação cambial não afeta, de modo algum, a tributação pelo ISS. A base de cálculo deve ser definida no momento da ocorrência do fato gerador, que é a conclusão do serviço, e esse valor precisa ser refletido tanto na NFS-e quanto na eventual *invoice* emitida contra o tomador estrangeiro.
4) Caso haja ganhos cambiais (ou seja, se os valores ingressados via contrato de câmbio para pagamento da *invoice* superarem o montante da NFS-e), tais ganhos deverão ser tratados como variação cambial ativa – outras receitas operacionais, não tributáveis para fins de ISS. Por outro lado, eventuais perdas também não poderão ser deduzidas da base de cálculo do tributo.

Referências

CARVALHO, Flavio Eduardo; GRIZ, Rodrigo; SANTOS, Nando Machado M. dos. Um novo panorama sobre a exportação de serviços para fins do ISS. *Estadão*, 26 dez. 2016. Disponível em: <http://politica.estadao.com.br/blogs/fausto-macedo/um-novo-panorama-sobre-a-exportacao-de-servicos-para-fins-do-iss/>. Acesso em: 11 nov. 2018.

CUNHA, Frederico P. R. STJ aponta para entendimento adequado quanto ao ISSQN na exportação de serviços. *Consultor Jurídico*, 27 dez. 2016. Disponível em: <www.conjur.com.br/2016-dez-27/frederico-cunha-stj-aponta-entendimento-adequado-quanto-issqn>. Acesso em: 22 dez. 2018.

FIORENTINO, Luiz Carlos Fróes del. O imposto sobre serviços de qualquer natureza (ISS) – Momento do recolhimento e base de cálculo. *Fiscosoft*, 2010. Disponível em: <www.fiscosoft.com.br/main_online_frame.php?page=/index.php?PID=241679&ke>. Acesso em: 3 fev. 2019.

RONCAGLIA, M. Marques. O ISS e a importação e a exportação de serviços. *Revista Dialética de Direito Tributário*, v. 129, p. 98 e segs., jun. 2006.

7. Aspectos jurídicos da interposição fraudulenta de terceiros

Roberto França de Vasconcellos

Neste texto analisaremos as implicações jurídicas, à luz da legislação aduaneira, tributária e penal, de uma prática tão frequente quanto ilegal de importação indireta – a interposição fraudulenta de terceiros.

Interposição fraudulenta de terceiros e cessão de nome

Configuração

O art. 23 do Decreto-Lei nº 1.455/1976 define a interposição fraudulenta nos seguintes termos:

> Art. 23. Consideram-se dano ao Erário as infrações relativas às mercadorias: [...]
> V - *estrangeiras ou nacionais, na importação ou na exportação, na hipótese de ocultação do sujeito passivo, do real vendedor, comprador ou de responsável pela operação, mediante fraude ou simulação, inclusive a interposição fraudulenta de terceiros.*
> § 1º. O dano ao erário decorrente das infrações previstas no *caput* deste artigo será punido com a pena de perdimento das mercadorias.
> § 2º. *Presume-se interposição fraudulenta na operação de comércio exterior a não-comprovação da origem, disponibilidade e transferência dos recursos empregados* [grifos meus].

Do dispositivo transcrito emergem, como elementos imprescindíveis à configuração da interposição fraudulenta, a ocultação do real destinatário do produto importado e o emprego de fraude ou simulação.

Assim, não obstante o importador ostensivo (pessoa interposta) afirme na declaração de importação (DI) ser o destinatário do produto numa importação por conta própria, na realidade ele está sendo manipulado (ou se deixando conscientemente manipular) com o propósito de ocultar o real destinatário, o sujeito oculto.

Embora a interposição fraudulenta se aperfeiçoe através da declaração de importação, a efetiva caracterização da infração não está vinculada àquele que inseriu a informação falsa, mas àquele que se ocultou, não se devendo excluir a possibilidade de o importador ostensivo estar agindo de boa-fé, alheio à real intenção do adquirente oculto em iludir as autoridades aduaneiras. É inexorável, pois, afirmar que a interposição fraudulenta é praticada por aquele que se oculta e não pelo interposto.[1]

Por outro lado, na hipótese de o importador ostensivo proceder em conluio com o adquirente oculto, invariavelmente incorrerá na infração de "cessão de nome", assim prescrita no art. 33 da Lei nº 11.488/2007:

> Art. 33. A pessoa jurídica que *ceder seu nome*, inclusive mediante a disponibilização de documentos próprios, *para a realização de operações de comércio exterior de terceiros com vistas ao acobertamento de seus reais intervenientes ou beneficiários fica sujeita a multa de 10% (dez por cento) do valor da operação* acobertada, não podendo ser inferior a R$ 5.000,00 (cinco mil reais) [grifos meus].

A "cessão de nome" é infração própria, perpetrada pelo importador ostensivo ao ceder seu nome para operacionalizar a importação (por conta própria) de produtos destinados a terceiro que, por motivos próprios, pretende se ocultar. Pela redação do art. 33 da Lei nº 11.488/2007 percebe-se que a multa de 10% do valor da operação é imposta à pessoa jurídica que cede seu nome, e não em face do adquirente oculto. Nesse exato sentido manifestou-se o Conselho Administrativo de Recursos Fiscais (Carf):

> O texto é cristalino: a pessoa jurídica que ceder o nome (acobertante/ocultante) fica sujeita à multa. Isso, de plano, exclui do polo passivo da presente autuação as pessoas

1 Apesar disso, não são raras decisões no Carf em que o sujeito passivo, acusado de interposição fraudulenta, é o próprio importador ostensivo.

> físicas e o acobertado/ocultado, por absoluta carência de fundamento legal para imposição da penalidade [Carf, Acórdão nº 3401003.289, julgado em 24/01/2017 pela 4ª Câmara/1ª Turma Ordinária].

> Outra infração tipificada no caput do artigo 33 da Lei 11.488/2007, punível com a multa de 10% (dez por cento) do valor da operação acobertada, não podendo ser inferior a R$ 5.000,00 (cinco mil reais), *tendo por destinatário a pessoa jurídica que cedeu seu nome. Uma infração própria, já que para cometê-la o agente deve ter a condição de ser importador* devidamente habilitado no SISCOMEX [Carf, Acórdão nº 3302005.743, julgado em 27/08/2018 pela 3ª Câmara/2ª Turma Ordinária, grifo meu].

Atendo-se estritamente à lei, é possível afirmar que em situações de conluio o sujeito oculto será o agente, o responsável pela interposição fraudulenta, enquanto sobre o importador ostensivo deverá recair a responsabilidade pela prática de cessão de nome.

As autoridades aduaneiras e o Carf entendem que o importador ostensivo e demais pessoas interpostas, se houver, também devem responder pelas cominações relativas à infração de interposição fraudulenta de terceiro, ainda que de forma solidária.[2] Isso nos leva a considerar a possibilidade, embora com ela conceitualmente não concordemos, segundo a qual o importador ostensivo poderá ser solidariamente responsabilizado pela interposição fraudulenta de terceiro.

É importante tecermos breves comentários sobre as modalidades de importação indireta, antes de seguirmos adiante. A legislação vigente prevê a importação indireta basicamente sob a modalidade "por encomenda" (antes regulada pela Instrução Normativa (IN) SRF nº 634/2006 e atualmente pela IN nº 1.861/2018) e "por conta e ordem" (antes regulada pela IN SRF nº 225/2002 e atualmente pela IN nº 1.861/2018).

Vale mencionar que a IN SRF nº 634/2006 e IN SRF nº 225/2002 foram revogadas pela IN RFB nº 1.861/2018, que passou a regulamentar as importações "por encomenda" e por "conta e ordem" desde sua publicação – 28/12/2018. Essa nova instrução normativa não trouxe alterações substanciais para o objeto deste trabalho.

---

2 Analisaremos o assunto detalhadamente no tópico "Penalidades e responsabilização", adiante.

A importação por encomenda foi delineada pela Receita Federal (RFB)[3] como aquela em que uma empresa adquire mercadorias no exterior *com recursos próprios* e promove o seu despacho aduaneiro de importação, a fim de revendê-las, posteriormente, a uma empresa encomendante previamente determinada, em razão de contrato entre a importadora e a encomendante, cujo objeto deve compreender, pelo menos, o prazo ou as operações pactuadas (art. 2º, § 1º, I, da IN SRF nº 634/2006 e art. 8º, § 2º, II, da IN RFB nº 1.861/2018).

Já na importação por conta e ordem uma empresa – a adquirente –, interessada em uma determinada mercadoria, contrata uma prestadora de serviços – a importadora por conta e ordem – para que esta, *utilizando os recursos originários da contratante*, providencie, entre outros, o despacho de importação da mercadoria em nome da empresa adquirente (art. 1º da IN SRF nº 225/2002, art. 12, § 1º, I, da IN SRF nº 247/2002 e art. 2º, § 1º, da IN RFB nº 1.861/2018). Ainda, esclarece a RFB que na importação por conta e ordem é a adquirente que pactua a compra internacional e dispõe de capacidade econômica para o pagamento, pela via cambial, da importação.[4]

Vale ainda destacar que o art. 27 da Lei nº 10.637/2002 prescreve que a operação de comércio exterior realizada mediante utilização de recursos de terceiro *presume-se por conta e ordem* deste.

Um aspecto fundamental na distinção entre a importação sob encomenda e a importação por conta e ordem diz respeito à origem dos recursos que são empregados para pagamento do produto. Na importação por conta e ordem, os recursos empregados são do próprio adquirente (destinatário dos produtos) e não do importador; já na importação por encomenda, o importador paga pelos produtos importados com recursos próprios e, ato contínuo, os aliena ao encomendante.

Ocorre que, muitas vezes, o importador ostensivo recebe primeiro os recursos financeiros do encomendante para então poder saldar os compromissos com o exportador estabelecido fora do Brasil. Além disso, muitas vezes o contrato

---

3 Disponível em: <http://receita.economia.gov.br/orientacao/aduaneira/manuais/despacho-de-importacao/topicos-1/importacao-por-conta-e-ordem-e-importacao-por-encomenda-1/importacao-por-encomenda/o-que-e-a-importacao-por-encomenda>. Acesso em: abr. 2022.

4 Disponível em: <http://receita.economia.gov.br/orientacao/aduaneira/manuais/despacho-de-importacao/topicos-1/importacao-por-conta-e-ordem-e-importacao-por-encomenda-1/importacao-por-conta-e-ordem>. Acesso em: abr. 2022.

estabelecendo todas as condições do negócio é negociado diretamente entre o encomendante e o exportador, sem qualquer interferência do importador ostensivo. E, para agravar ainda mais o cenário, por vezes o encomendante e o exportador pertencem ao mesmo grupo econômico. Nesses casos, o modelo adequado de importação seria o por conta e ordem do encomendante (e não importação por conta própria).

Carlos Eduardo de Arruda Navarro (2016:37), autor de um dos melhores trabalhos sobre o tema, afirma:

> Independentemente do estado mental daquele que se oculta ao controle administrativo das importações, sua conduta será tida por dolosa (e, portanto, restará caracterizado o tipo infracional em questão) quando, em regra:
> – ele (o acusado de ser o oculto) for parte relacionada do exportador ou fabricante estrangeiro;
> – ele (o acusado de ser o oculto) for detentor de direitos concedidos pelo exportador ou fabricante estrangeiro (tais como direito de exploração da marca, direito de *franchising*, etc.) e/ou direitos atrelados ao produto importado (direito de distribuição dos produtos, ainda que sem qualquer tipo de exclusividade, etc.);
> – o outro (o acusado de ser o interposto), sendo uma sociedade *trading company*, tiver (a) vendido o produto importado a cliente pré-determinado antes da importação, e/ou (b) recebido algum tipo de garantia por parte do oculto; e
> – ele (o acusado de ser o oculto) for cliente pré-determinado e tiver oferecido alguma garantia, ainda que o interposto não seja uma *trading company*.

Interessante a decisão proferida pelo Carf, na qual a empresa DHL EXPRESS (adquirente oculta) adiantava recursos para a ADAIME (importadora ostensiva) para o pagamento de todas as despesas relacionadas à importação de produtos. Apesar de a ADAIME ter informado nas DI's que estava realizando importação "por conta própria", os julgadores entenderam que, na verdade, tratava-se de importação "por conta e ordem".

> *Configura-se a ocultação do responsável pela operação mediante simulação, a informação na Declaração de Importação de que se trata de uma operação por conta própria, quando, na realidade, é por conta e ordem de terceiro.*

> *A importação de mercadorias com a utilização de recursos de terceiro presume-se por conta e ordem desse* para fins de sua responsabilização pela infração e do atendimento aos requisitos estabelecidos pela Receita Federal em ato normativo para atuação por conta e ordem [Carf, Recurso Voluntário, Acórdão nº 3402002.802, julgado em 09/12/2015 pela 4ª Câmara, 2ª Turma Ordinária, grifos meus].

O Carf, nesse caso, considerou que a importação por conta própria, quando levada a termo com recursos de terceiros, além de comprovar a intenção de ocultar o sujeito passivo, já que na realidade seria caso de importação por conta e ordem, também seria suficiente para macular a importação com o vício da simulação. Assim, os conselheiros consideraram presentes os dois requisitos para enquadrar a operação como uma interposição fraudulenta: (1) ocultação e (2) fraude ou simulação. Nesse mesmo sentido, encontramos decisão proferida pela Delegacia Regional da Receita Federal (DRJ):

> *Quando a importação se faz por conta e ordem, sem o atendimento aos requisitos da IN SRF 225/2002, que disciplinou o disposto no Artigo 80 da MP 2158-35/2002, aparecendo como real adquirente o importador no despacho de importação, que no caso é somente um prestador de serviço, configura-se então a simulação, e a interposição fraudulenta* [DRJ/SP1, Acórdão nº 16-45032, julgado em 21/03/2013 pela 11ª Turma, grifo meu].

Na linha adotada pelo Carf, a interposição fraudulenta restaria caracterizada pelo simples fato de o importador ostensivo importar em nome próprio utilizando recursos do encomendante, já que não dispõe de capacidade econômica para tanto.

Não obstante, entendemos que, para comprovar a fraude ou simulação na interposição fraudulenta de terceiro, as autoridades aduaneiras deveriam demonstrar o dolo subjacente à conduta, ou seja, a real intenção do adquirente oculto de cometer um ato fraudulento ou simulado.[5]

---

5 Nesse sentido: "O tipo infracional previsto no artigo 23 do Decreto-Lei nº 1455/1976 não é a mera ocultação do sujeito passivo nas operações de comércio exterior, mas a ocultação realizada 'mediante fraude ou simulação, inclusive a interposição fraudulenta de terceiros', de modo que, para a caracterização da infração, deve ser identificado o dolo e a infração deve ser grave em substância e não uma infração meramente formal" (Carf, Acórdão nº 3401003.987, julgado em 26/09/2017 pela 4ª Câmara/ 1ª Turma Ordinária).

Em recente decisão envolvendo a PHOTOLAB (considerada adquirente oculto) e PROAD (importadora ostensiva),[6] o Carf levou em consideração diversos fatores que, somados ao fato de a PROAD informar na DI que estava realizando importação por conta própria, sendo que na verdade utilizava recursos da PHOTOLAB (o que implicaria reconhecer a operação como sendo de fato por conta e ordem da PHOTOLAB), que comprovariam a predisposição (dolo) em praticar, por parte de ambas as empresas, fraude ou simulação. A seguir listamos alguns parâmetros adotados pelo Carf que indicariam a existência de dolo, senão vejamos:

1) a PHOTOLAB (adquirente oculto) era a efetiva compradora da mercadoria no exterior, tendo em vista que negociava diretamente com o exportador, mediante assinatura de contratos e/ou condução das tratativas comerciais;
2) a PHOTOLAB era empresa vinculada ao fornecedor estrangeiro;
3) o recurso utilizado na aquisição da mercadoria no exterior e/ou no pagamento dos tributos e/ou outras despesas relacionadas com importação eram suportados pela PHOTOLAB;
4) a ocultação ocorreu mediante indícios de incapacidade operacional, econômica e financeira do importador ostensivo (PROAD);
5) a mercadoria era destinada exclusivamente à PHOTOLAB;
6) a PROAD tinha o conhecimento de que não poderia revender a mercadoria a outro cliente;
7) havia permissividade da PROAD em relação aos comandos diretivos da PHOTOLAB na operação de importação.

É elevado o risco de caracterização de interposição fraudulenta de terceiro quando o importador ostensivo faz a importação por conta própria utilizando-se de recursos do encomendante devido ao fato de não ter capacidade econômica suficiente para fazer frente aos encargos da importação, quadro que se agrava quando as determinações contratuais relativas à importação tenham sido negociadas diretamente entre o exportador (no exterior) e o encomendante (no Brasil), sem interferência do importador ostensivo.

---

6 Carf, Recurso Voluntário, Acórdão nº 3201003.647, julgado em 19/04/2018 pela 2ª Câmara 1ª Turma Ordinária.

Em tais situações, é também expressivo o risco de o importador ostensivo vir a responder pela infração de "cessão de nome", configurada quando pessoa interposta cede seu nome para viabilizar a importação acobertando o real adquirente da operação (oculto), segundo a dicção do art. 33 da Lei nº 11.488/2007.

Nesse sentido, temos manifestação da Receita Federal sobre a caracterização da "cessão de nome":

> Ocorre que, geralmente, a participação da interposta pessoa no processo de importação não é similar à do importador por conta e ordem ou por encomenda. Ela não intercede no negócio visando a obter lucro ou comissão pela compra e venda de mercadorias importadas. *Seu interesse na transação é obter vantagem ilícita pela ocultação do real adquirente. Em regra, sua atuação limita-se à cessão do nome para registro da Declaração de Importação (DI) e emissão dos documentos que formalizam a operação* [Solução de Consulta Cosit nº 09, de 22/04/2014, fl. 06, grifo meu].

É válido lembrar o entendimento do Carf[7] segundo o qual a multa referente à infração de "cessão de nome" deve ser aplicada somente ao importador ostensivo, e não ao adquirente oculto, tendo em vista que é sanção específica que visa penalizar somente a pessoa que cede seu nome para acobertar o real importador da operação de comércio exterior, embora não se possa ignorar certo grau de discricionariedade da autoridade aduaneira encarregada do caso concreto.

Por fim, mencione-se a existência de diversas decisões proferidas no âmbito do Carf no sentido de que tanto o importador ostensivo quanto o adquirente oculto podem responder pela sanção decorrente da interposição fraudulenta (pena de perdimento ou multa substitutiva).

As autoridades aduaneiras[8] costumam se basear no art. 95 do Decreto-Lei nº 37/1966 (dispõe que respondem de forma isolada ou conjunta aqueles que

---

7 "[...] a Lei nº 11.488, de 15 de junho de 2007, introduziu a previsão de infração de prática de cessão de nome a terceiro, *com penalidade pecuniária incidente diretamente sobre o agente da ação, ou seja, sobre aquele que fornece seu nome para acobertar operação de comércio exterior que, na realidade, tenha sido promovida por outra pessoa, física ou jurídica*" (Carf, Acórdão nº 3302-003.061, julgado em 23/02/2016, 3ª Câmara/2ª Turma Ordinária, grifo meu).

8 "*Caracteriza interposição fraudulenta a operação de comércio exterior realizada mediante utilização de recursos de terceiro oculto na operação, real adquirente da mercadoria, que responde solidariamente pela infração, juntamente com aqueles que concorreram para sua prática*" (Carf, Acordão nº 3301-003.021, citado no Acórdão nº 3301-004.980, julgado em 27/07/2018 pela 3ª Câmara/1ª Turma Ordinária, grifo meu).

concorrem para a infração aduaneira) para fundamentar suas decisões no sentido de que tanto o importador ostensivo quanto o adquirente oculto respondem de forma solidária pela interposição fraudulenta de terceiro.

Interposição fraudulenta presumida

As autoridades aduaneiras empregam dois métodos para constatar a ocorrência da interposição fraudulenta de terceiro na operação de comércio exterior: (1) pela comprovação (art. 23, V, do Decreto-Lei nº 1.455/1976) ou (2) pela presunção (art. 23, § 2º, do Decreto-Lei nº 1.455/1976). Essa distinção tem grande importância para definir quais penalidades poderão ser impostas ao importador ostensivo.

Como já afirmamos, para a comprovação da prática de interposição fraudulenta devem estar presentes dois elementos: (1) a ocultação do real destinatário do produto importado, (2) mediante fraude ou simulação. Por outro lado, no caso da presunção, seria suficiente apenas que o importador ostensivo não consiga comprovar a origem, disponibilidade e transferência dos recursos empregados para realizar a importação da mercadoria.[9]

Nesse contexto, há de se mencionar que existiam dois procedimentos de fiscalização que poderiam ser deflagrados pelas autoridades aduaneiras para verificar a ocorrência de interposição fraudulenta: (1) um previsto na Instrução Normativa SRF nº 228/2002, que era específico para investigar a ocorrência de interposição fraudulenta; e (2) e outro na Instrução Normativa RFB nº 1.169/2011, que se aplicava para operações com suspeita de infração punível com pena de perdimento.

9 Nesse sentido, transcrevemos trechos de decisão proferida pelo Carf: "[...] Assim, *para a caracterização da interposição fraudulenta presumida basta que a empresa não consiga comprovar a origem, disponibilidade e transferência dos recursos empregados na operação de comércio exterior*. [...] Para a caracterização da interposição fraudulenta comprovada é necessário que as condutas realizadas pelas envolvidas se subsumam ao tipo previsto no inciso V do artigo 23, do Decreto-Lei nº 1.455/76. *Os elementos do tipo previsto nesse dispositivo legal são a interposição ou ocultação do real comprador e a fraude ou simulação. Sem a comprovação de ambas elementares, não pode ser caracterizada a interposição fraudulenta*" (Carf, Recurso de Ofício e Voluntário, Acórdão nº 3402005.851, julgado em 27/11/2018 pela 4ª Câmara/2ª Turma, grifos meus).

Os dois processos fiscalizatórios citados foram revogados pelo procedimento previsto na Instrução Normativa RFB nº 1.986/2020, que possui escopo mais amplo, aplicando-se para casos em que as autoridades identifiquem "indícios de ocorrência de fraude aduaneira".

A IN RFB nº 1.986/2020 prevê a possibilidade de instauração de processo de fiscalização antes, durante ou depois do desembaraço aduaneiro (art. 2º) e, após sua conclusão, poderá acarretar as seguintes penalidades: (1) a aplicação da pena de perdimento das mercadorias e da multa equivalente ao seu valor aduaneiro; (2) a constituição de créditos relativos a tributos e multas; (3) a aplicação de sanções administrativas; (4) a representação para declaração de inaptidão da inscrição no CNPJ; (5) a representação fiscal para fins penais; (6) a representação para fins penais; (7) a representação à fiscalização de tributos internos; (8) a representação para outros órgãos da administração pública; e (9) a revisão de habilitação para operação nos sistemas de comércio exterior.

Existem diversas decisões proferidas pelas delegacias regionais da Receita Federal (DRJ),[10] no sentido de que adiantamentos feitos ao importador não seriam suficientes para comprovar a origem dos recursos empregados na importação de produtos, tendo em vista que o importador deveria comprovar que possui recursos próprios (capacidade econômica) para realizar a importação. Transcrevemos a seguir decisão proferida pela Delegacia Regional de Florianópolis que expressa de forma clara o referido entendimento.

> COMÉRCIO EXTERIOR. INTERPOSIÇÃO FRAUDULENTA DE TERCEIROS. No caso vertente, isso ficou comprovado na medida *em que se evidenciou a falta de recursos próprios da autuada* para realização das operações comerciais mencionadas na ação fiscal. *Inclusive a recorrente confessou a falta de origem dos recursos, ao reconhecer que as operações só eram possíveis com os recursos de outras pessoas jurídicas, e note-se que mesmo os terceiros, nas importações por conta e ordem de terceiro, precisam comprovar a origem dos seus recursos. Assim é que alegar o recebimento de adiantamentos de clientes não é comprovar origem de recursos econômico--financeiros* [DRJ/FNS, Acórdão nº 07-16827, julgado em 26/06/2009 pela 2ª Turma, grifos meus].

10 DRJ/FNS, Acórdão nº 07-16827, julgado em 26/06/2009 pela 2ª Turma; DRJ/SP2, Acórdão nº 17-52503, julgado 21/07/2011 pela 1ª Turma; DRJ/SP2, Acórdão nº 17-34, julgado em 10/09/2009.

Nesse mesmo sentido, em caso envolvendo a CHINABRAZ (importadora ostensiva) e a TUPY (suposta adquirente oculta), o Carf[11] adotou o entendimento de que a CHINABRAZ não conseguiu comprovar a origem dos recursos empregados na importação, tendo em vista que os recursos utilizados por ela tinham origem em adiantamentos feitos pela TUPY. Com efeito, como a CHINABRAZ não detinha capacidade financeira para lastrear as suas operações de comércio exterior, os julgadores consideraram tratar-se de interposição fraudulenta presumida.

Por fim, na esfera judicial, temos a decisão proferida pelo Tribunal Regional Federal da 3ª Região:

> [...] 3. A Administração Tributária, em fiscalização, constatou que a autora *não possuía recursos próprios suficientes para a realização das operações de comércio exterior, as quais foram efetivamente realizadas com recursos de outras empresas, caracterizando assim interposição fraudulenta de terceiros (presumida)* [TRF3, Apelação Cível nº 0023183-96.2009.4.03.6100, julgado em 10/07/2018, grifo meu].

Infere-se das decisões citadas que a prova da origem dos recursos é necessária para que o importador possa comprovar sua capacidade financeira para realizar operações de comércio exterior. Esses recursos, como se tem falado, devem ser "próprios", de forma que eventuais adiantamentos de recursos por parte do real adquirente não poderiam ser equiparados a recursos do próprio importador.

Vale destacar que o § 3º do art. 3º da Instrução Normativa nº 1.861/2018 dispõe que o pagamento realizado antes da importação pelo encomendante (hipótese de importação por encomenda) é considerado recurso próprio do importador. Não obstante o referido dispositivo legal, entendemos que, na hipótese de o importador não possuir capacidade econômica para pagar pelos produtos importados, as autoridades aduaneiras provavelmente irão admitir que os recursos utilizados na realidade são do encomendante.

11 "[...] *A não comprovação da origem de recursos monetários que ingressaram na empresa, bem como os diversos recursos monetários a título de adiantamentos para a realização de importações omitidos da aduana e ainda o registro das importações em nome próprio, caracterizam a interposição fraudulenta nos termos do artigo 23, inciso V, § 2º do Decreto-Lei nº 1.455/76 (presumida)*" (Carf, Acórdão nº 3301005.535, julgado em 28/11/2018 pela 3ª Câmara/1ª Turma Ordinária, grifo meu).

O que as autoridades aduaneiras procuram com a comprovação da *origem dos recursos* empregados na importação é identificar o adquirente oculto (aquele que está financiando a operação), tendo em vista que em alguns casos envolvendo cadeias complexas de interposição de pessoas não é tarefa fácil sua constatação. Assim, não conseguindo identificar o adquirente oculto, não é raro a autoridade aduaneira enquadrar a operação como interposição fraudulenta presumida, utilizando o fundamento de que o importador não teria conseguido comprovar o emprego de recursos próprios na importação. Tal posicionamento está claro na decisão a seguir:

> [...] Sendo assim, o importador de fato poderá deixar de ter o seu CNPJ declarado inapto (pena aplicada no caso de interposição fraudulenta presumida), *na medida em que identificar para a fiscalização quem foi o financiador da importação*, ou seja o sujeito passivo oculto (REAL COMPRADOR).
>
> *Assim, não se teria mais uma prática presumida, mas sim uma prática efetiva da interposição fraudulenta de terceiros. Isso a doutrina denomina de "denúncia premiada" quando a interposta pessoa traz o sujeito passivo oculto* (REAL COMPRADOR) para dividir consigo o polo passivo da autuação referente à exigência da multa equivalente ao valor aduaneiro [Decisão proferida por DRJ e mencionada pelo Carf no Acórdão nº 3301004.224, julgado em 01/02/2018 – 3ª Câmara/1ª Turma Ordinária, grifos meus].

Mas, ainda que o importador ostensivo não consiga comprovar ter condições econômicas suficientes para a importação, isto não implica automaticamente a caracterização da interposição fraudulenta presumida quando for possível às autoridades aduaneiras identificar o real adquirente (oculto). A interposição fraudulenta presumida somente deverá ser considerada quando não for realmente possível identificar o real adquirente.

Penalidades e responsabilização

A legislação prevê três penalidades decorrentes da prática de interposição fraudulenta de terceiro e cessão de nome, quais sejam: (1) pena de perdimento, podendo ser convertida em multa equivalente a 100% do valor aduaneiro na hipótese de a mercadoria já ter sido revendida ou consumida;[12] (2) pena de multa de 10% sobre o valor da operação, aplicada ao importador ostensivo pela cessão de seu nome a terceiro; e (3) pena de inaptidão do CNPJ do importador ostensivo na hipótese de interposição fraudulenta presumida.

As penas de multa de 10% e de inaptidão do CNPJ estão previstas no art. 33 da Lei nº 11.488/2007 e no § 1º do art. 81 da Lei nº 9.430/1996, respectivamente. Vejamos.

> [Lei nº 11.488/2007] Art. 33. A pessoa jurídica que *ceder seu nome*, inclusive mediante a disponibilização de documentos próprios, para a realização de operações de comércio exterior de terceiros com vistas no acobertamento de seus reais intervenientes ou beneficiários fica sujeita *a multa de 10%* (dez por cento) do valor da operação acobertada, não podendo ser inferior a R$ 5.000,00 (cinco mil reais).
> Parágrafo único. *À hipótese prevista no* caput *deste artigo não se aplica o disposto no artigo 81 da Lei nº 9.430, de 27 de dezembro de 1996* [grifos meus].
> [Lei nº 9.430/1996] Art. 81. Poderá ser declarada inapta, nos termos e condições definidos pela Secretaria da Receita Federal do Brasil, a inscrição no CNPJ da pessoa jurídica que, estando obrigada, deixar de apresentar declarações e demonstrativos em 2 (dois) exercícios consecutivos.
> § 1º. *Será também declarada inapta a inscrição da pessoa jurídica que não comprove a origem, a disponibilidade e a efetiva transferência, se for o caso, dos recursos empregados em operações de comércio exterior* [grifo meu].

Verifica-se do parágrafo único do art. 33 da Lei nº 11.488/2007 que, na hipótese de ser aplicada a multa de 10% do valor da operação, não será cominada a pena de inaptidão do CNPJ. Além disso, pode-se constatar pela leitura do § 1º do art. 81 da Lei nº 9.430/1996 que a pena de inaptidão do CNPJ é aplicada

12 Decreto-Lei nº 1.455/1976: "Art. 23. Consideram-se dano ao Erário as infrações relativas às mercadorias: [...] V - estrangeiras ou nacionais, na importação ou na exportação, na hipótese de ocultação do sujeito passivo, do real vendedor, comprador ou de responsável pela operação, mediante fraude ou simulação, inclusive a interposição fraudulenta de terceiros. *§ 1º. O dano ao erário decorrente das infrações previstas no* caput *deste artigo será punido com a pena de perdimento das mercadorias. [...] § 3º. As infrações previstas no* caput *serão punidas com multa equivalente ao valor aduaneiro da mercadoria, na importação, ou ao preço constante da respectiva nota fiscal ou documento equivalente, na exportação, quando a mercadoria não for localizada, ou tiver sido consumida ou revendida, observados o rito e as competências estabelecidos no Decreto nº 70.235, de 6 de março de 1972*" (grifo meu).

ao importador apenas na hipótese de interposição fraudulenta presumida (não comprova a origem, disponibilidade e transferência dos recursos empregados na operação de comércio).

Com efeito, conforme prescreve o art. 11 da IN SRF nº 228/2002, (1) a pena prevista na Lei nº 11.488/2007 (10% sobre o valor da operação) é aplicada apenas na hipótese de interposição fraudulenta comprovada e (2) a pena prevista na Lei nº 9.430/1996 (declaração de inaptidão do CNPJ) é válida apenas na interposição presumida.[13]

Outra questão a ser levada em consideração é que, assim como a multa de 10% sobre o valor da operação, a pena de inaptidão do CNPJ também é aplicada *a priori* exclusivamente ao importador ostensivo. A primeira, conforme vimos anteriormente, se dá em razão de o importador ceder seu nome, para realizar importação, a terceira pessoa oculta, e a segunda pelo fato de o importador não conseguir comprovar a origem dos recursos empregados na importação. Assim, em princípio, não há responsabilidade solidária do adquirente oculto em relação às referidas penalidades.

Caso a operação de importação seja enquadrada pelas autoridades aduaneiras como interposição fraudulenta presumida (o que deverá ocorrer se não for possível identificar o real adquirente), será instaurado procedimento para se declarar a inaptidão do CNPJ do importador ostensivo. Por outro lado, se as autoridades aduaneiras entenderem que o importador ostensivo conseguiu demonstrar a origem dos recursos empregados para importar, mas *comprovarem* que efetivamente houve a interposição fraudulenta e que ele agiu em conluio com o real adquirente ao supostamente ceder seu nome para acobertá-la, deverá ser aplicada *a multa de 10% sobre o valor da operação*.

Em relação à pena de perdimento das mercadorias (ou multa equivalente ao valor aduaneiro), decorrente da infração de interposição fraudulenta de terceiro,

---

13 Nesse sentido, ementa de decisão proferida pelo Carf: "MULTA DO ARTIGO 33 DA LEI Nº 11.488/2007. CESSÃO DE NOME. INAPLICABILIDADE NO CASO DE INTERPOSIÇÃO FRAUDULENTA PRESUMIDA. *A multa do artigo 33 da Lei nº 11.488/2007 não se aplica nos casos da interposição presumida em razão da não comprovação da origem, disponibilidade e transferência dos recursos empregados, constante do § 2º do artigo 23, do Decreto-Lei nº 1.455/1976, a qual se aplica a inaptidão da inscrição no CNPJ*" (Carf, Acórdão nº 3402005.456, julgado em 24/07/2018 pela 4ª Câmara/2ª Turma Ordinária, grifo meu).

a posição majoritária das delegacias regionais da Receita Federal[14] e do Carf[15] é no sentido de que ela deve ser aplicada tanto ao adquirente oculto quanto aos terceiros interpostos, que respondem de forma solidária pela infração por supostamente concorrerem para seu cometimento.

Vale observar que o entendimento de que tanto o importador ostensivo quanto o adquirente oculto respondem de forma solidária pela interposição fraudulenta e, por consequência, pela pena de perdimento tem como fundamento legal o art. 95 do Decreto-Lei nº 37/1966 (que dispõe sobre responsabilidade por infrações aduaneiras):

> Art. 95. Respondem pela infração:
> I - conjunta ou isoladamente, quem quer que, de qualquer forma, *concorra para sua prática, ou dela se beneficie*; [grifo meu]

O art. 683 do Regulamento Aduaneiro, cujo teor transcrevemos na sequência, prevê o instituto da denúncia espontânea em matéria aduaneira e tributária. Assim, é possível afastar a multa decorrente da "cessão de nome" (10% sobre o valor da operação), caso o importador ostensivo realize a denúncia espontânea (observados os requisitos do art. 683 do Decreto nº 6.759/2009) acompanhada do devido recolhimento de tributos, se for o caso.

> Art. 683. A denúncia espontânea da infração, acompanhada, se for o caso, do pagamento dos tributos dos acréscimos legais, excluirá a imposição da correspondente penalidade (Decreto-Lei nº 37, de 1966, art. 102, *caput*, com a redação dada pelo Decreto-Lei nº 2.472, de 1988, art. 1º; e Lei nº 5.172, de 1966, art. 138, *caput*).

---

14 "EMENTA: CONVERSÃO DA PENA DE PERDIMENTO EM MULTA. INTERPOSIÇÃO FRAUDULENTA. Responsabilidade solidária de terceiro, adquirente dos produtos importados no mercado interno. Artigo 124, inciso I, do CTN e *artigo 95, inciso I do DL 37/1966. Terceiro oculto, destinatário final de mercadorias importadas mediante esquema fraudulento. Responsável solidário por coautoria da infração*" (DRJ/SP2, Acórdão nº 17-49025, julgado em 10/03/2010 pela 2ª Turma, grifo meu).

15 "A responsabilidade por infrações aduaneiras é disciplinada pelo artigo 95 do Decreto-Lei nº 37/1966. Quando se comprova ocultação/acobertamento em uma operação de importação, aplica-se a pena de perdimento à mercadoria (ou a multa que a substitui), com fundamento no artigo 23, V do Decreto-Lei nº 1.455/1976 (e em seu § 3º). *A penalidade de perdimento afeta materialmente o acobertado (e o acobertante, de forma conjunta ou isolada, conforme estabelece o artigo 95 do Decreto-Lei nº 37/1966), embora a multa por acobertamento (artigo 33 da Lei nº 11.488/2007) afete somente o acobertante*, e justamente pelo fato de 'acobertar', quando identificado o acobertado" (Carf, Acórdão nº 3401003.289, julgado em 24/01/2017 pela 4ª Câmara/1ª Turma Ordinária, grifo meu).

> [...]
> § 2º. A denúncia espontânea exclui a aplicação de multas de natureza tributária ou administrativa, *com exceção das aplicáveis na hipótese de mercadoria sujeita a pena de perdimento* (Decreto-Lei nº 37, de 1966, art. 102, § 2º, com a redação dada pela Lei nº 12.350, de 2010, art. 40). (Redação dada pelo Decreto nº 8.010, de 2013) [grifo meu].

Em relação à multa substitutiva da pena de perdimento, não seria possível ao importador ostensivo afastá-la pela denúncia espontânea, tendo em vista que quem comete a infração de interposição fraudulenta é o sujeito oculto, e mesmo que a referida infração fosse imputada ao importador ostensivo, o § 2º do art. 683, transcrito anteriormente, veda de forma expressa a exclusão da pena de perdimento convertida em multa através da denúncia espontânea.

Não obstante, entendemos que o importador ostensivo poderia questionar judicialmente a aplicação da pena de perdimento convertida em multa equivalente ao valor aduaneiro. Isso porque o Superior Tribunal de Justiça (STJ) proferiu recente decisão no sentido de que o patrimônio que se deve atingir com a referida multa é apenas o do adquirente oculto, haja vista ser quem financiou a operação de importação, afastando-se a responsabilidade solidária do importador ostensivo, senão vejamos:

> 1. *A controvérsia veiculada nos presentes autos diz respeito à aplicação, em caráter solidário, da multa prevista no § 3º do artigo 23 do Decreto-Lei nº 1.455/1976 ao importador ostensivo [...]*
> 3. A lógica adotada pelo Tribunal de origem faz todo o sentido, uma vez que, com a pena de perdimento da mercadoria decorrente da interposição fraudulenta – seja ela efetiva ou presumida –, *o patrimônio que realmente se busca atingir pertence ao importador oculto. Ora, se a própria pena de perdimento decorre justamente da conclusão de que houve interposição fraudulenta, ou seja, de que a importação que se realiza foi custeada por outra pessoa em desacordo com a legislação de regência, é forçoso concluir que a finalidade da norma, no seu conjunto, é atingir o patrimônio do real importador* [STJ, REsp nº 1.632.509-SP, julgado em 19/06/2018 pela Segunda Turma, grifos meus].

Por fim, vale observar que o prazo de decadência em matéria aduaneira é de cinco anos a contar da data da infração, conforme estabelece o art. 139 do

Decreto-Lei nº 37/1966.[16] Com efeito, as eventuais multas que seriam cobradas contra o importador ostensivo, equivalentes a 100% do valor aduaneiro e a 10% do valor da operação (na hipótese de interposição comprovada), abrangeriam os últimos cinco anos.

Suspensão da habilitação no Siscomex

Além das penalidades mencionadas, deve-se considerar também a possibilidade de ser imputada ao importador ostensivo a suspensão da habilitação no Siscomex. Nesse sentido, vale destacar que o art. 735 do Regulamento Aduaneiro (Decreto nº 6.759/2009) apresenta rol não exaustivo de hipóteses de advertência, suspensão e cancelamento da habilitação do interveniente aduaneiro.

Entendemos que as infrações de cessão de nome e interposição fraudulenta de terceiro, consideradas de forma isolada, não se enquadram em quaisquer das hipóteses previstas no art. 735 do Regulamento Aduaneiro, não obstante a possibilidade de o importador ostensivo ter incorrido em alguma delas a depender de outras circunstância fáticas da operação que não apenas o cometimento das referidas infrações – por exemplo, se o real adquirente também possuísse registro no Siscomex e sua habilitação tivesse sido cassada, o importador ostensivo poderia ter incorrido na hipótese de cancelamento de habilitação prevista na letra "b" do inciso III.[17]

Não é claramente identificável a legislação específica prevendo a suspensão ou cancelamento do registro no Siscomex na hipótese isolada de interposição fraudulenta de terceiro ou cessão de nome. No entanto, é importante mencionar que caso seja instaurado processo administrativo para se declarar a inaptidão do CNPJ do importador ostensivo (na hipótese de as autoridades aduaneiras entenderem ser o caso de interposição fraudulenta presumida), existe a possibilidade de este (importador ostensivo) ter seu CNPJ suspenso enquanto o

16 "Art. 138. O direito de exigir o tributo extingue-se em 5 (cinco) anos, a contar do primeiro dia do exercício seguinte àquele em que poderia ter sido lançado. Art. 139. No mesmo prazo do artigo anterior se extingue o direito de impor penalidade, a contar da data da infração."

17 "Art. 735. Os intervenientes nas operações de comércio exterior ficam sujeitos às seguintes sanções: [...] III - cancelamento ou cassação do registro [...] na hipótese de: [...] b) *atuação em nome de pessoa cujo registro, licença, autorização, credenciamento ou habilitação tenha sido objeto de cancelamento ou cassação, ou no interesse desta;*" (grifo meu).

processo não for encerrado, conforme estabelece o art. 44, § 1º, inciso II, da Instrução Normativa RFB nº 1.863/2018.[18]

Com efeito, ocorrendo a suspensão cautelar do CNPJ do importador ostensivo, uma das consequências possíveis seria a inabilitação do seu registro no Siscomex. Nesse sentido, citamos decisão do Tribunal Regional Federal da 4ª Região em que se reconhece a possibilidade de a autoridade aduaneira suspender cautelarmente o CNPJ do importador e, por consequência, inabilitar o seu registro no Siscomex:

> TRIBUTÁRIO. ADUANEIRO. SUSPENSÃO CAUTELAR DO CNPJ COM EFEITOS SOBRE A HABILITAÇÃO DO SISCOMEX. LEGITIMIDADE PASSIVA. NEGÓCIO JURÍDICO PERFECTIBILIZADO ANTERIORMENTE. EFEITOS RETROATIVOS. NÃO CABIMENTO.
> [...]
> 2. *O poder de polícia da Administração Tributária, que pode, nos termos da legislação de regência, em tese, suspender cautelarmente o CNPJ e, por consequência, a habilitação para operação no sistema SISCOMEX, cujo caráter é precário* [TRF-4, Apelação nº 5013428-94.2015.4.04.7208/SC, julgado em 06/07/2016, grifo meu].

Dessa forma, entendemos ser em tese possível a suspensão da habilitação do importador ostensivo no Siscomex, mas desde que: (1) as autoridades aduaneiras considerem que houve interposição fraudulenta *presumida* (o que somente deve ocorrer caso não seja possível identificar o real adquirente) e, por consequência, instaurem processo administrativo para se declarar a inaptidão do CNPJ do importador ostensivo; (2) enquanto o referido processo não é encerrado, o CNPJ do importador ostensivo seja suspenso de forma cautelar; e (3) como consequência da suspensão cautelar do CNPJ, a habilitação do importador ostensivo no Siscomex também seja suspensa.

---

18 "Art. 44. No caso de pessoa jurídica com irregularidade em operações de comércio exterior, de que trata o inciso III do *caput* do art. 41, o procedimento administrativo de declaração de inaptidão deve ser iniciado por representação consubstanciada com elementos que evidenciem o fato descrito no citado inciso. § 1º. A unidade da RFB [...] ao acatar a representação citada no *caput*, deve: [...] II - *suspender a inscrição no CNPJ da pessoa jurídica citada no inciso I a partir da data de publicação do edital mencionado nesse mesmo inciso*" (grifo meu).

Infrações tributárias e infrações penais

Existem diversas infrações tributárias que podem ser cometidas por meio da interposição fraudulenta de terceiro. A seguir listamos as principais delas:

1) burlar a aplicação das regras brasileiras de preços de transferência: hipótese em que o adquirente oculto interpõe terceira pessoa para importar produtos de empresa estrangeira vinculada a ele;
2) subfaturamento: hipótese em que o valor da mercadoria declarado é menor que o valor transacionado entre o importador e exportador;
3) superfaturamento: hipótese em que o valor da mercadoria declarado é maior que o valor transacionado entre o importador e exportador;
4) evitar equiparação à industrial prevista pela legislação do IPI: hipótese em que o adquirente oculto interpõe terceira pessoa para não recolher o IPI na saída dos produtos importados do seu estabelecimento;
5) utilização indevida de algum benefício fiscal: hipótese em que o adquirente oculto interpõe pessoa para gozar de algum benefício fiscal do qual não poderia usufruir na condição de importador.

Normalmente estas são as razões por trás da ocultação do adquirente e deverão ser analisadas caso a caso pelas autoridades responsáveis.

Além das implicações aduaneiras e tributárias, cabe-nos uma breve menção às possíveis repercussões penais decorrentes da interposição fraudulenta de terceiro.

Existem dois crimes que costumam ser associados à interposição fraudulenta de terceiros: (1) crime contra a ordem tributária (previsto no art. 1º da Lei nº 8.137/1990) e (2) crime de descaminho (art. 334 do Código Penal).

O crime contra a ordem tributária tipificado no art. 1º da Lei nº 8.137/1990 (sonegação fiscal) é cometido por quem *suprime* ou *reduz* tributos por meio de fraude. Trata-se de um tipo penal excessivamente "aberto", em que praticamente toda prática que acarrete supressão ou redução do tributo pode ser enquadrada.

Se demonstrado que a interposição fraudulenta viabilizou a redução ou supressão de tributos, uma ação penal com base nesse dispositivo não pode ser totalmente descartada. Imagine-se, por exemplo, que as mercadorias importadas tenham sido subfaturadas para, com isso, reduzir a tributação aduaneira. Ainda que o importador ostensivo não tenha participado de eventuais negociações conduzidas diretamente entre o real adquirente e o exportador, terá de provar que não estava ciente do subfaturamento de valores – uma prova "negativa" sempre difícil de produzir.

Já o crime de descaminho previsto no *caput* do art. 334 do Código Penal é cometido por quem ilude o pagamento de imposto devido na entrada de mercadoria no país, ou seja, pressupõe que não tenha havido, ou tenha sido reduzido, o pagamento de tributos. Vejamos o que dispõe o referido dispositivo:

> Art. 334. Iludir, no todo ou em parte, o pagamento de direito ou imposto devido pela entrada, pela saída ou pelo consumo de mercadoria: (Redação dada pela Lei nº 13.008, de 26.6.2014)
> Pena - reclusão, de 1 (um) a 4 (quatro) anos.

Outro dispositivo que tem grande relevância para o caso concreto é o inciso III do § 1º do art. 334 do Código Penal, que prescreve que incorre na mesma pena do descaminho quem vende, no exercício da atividade comercial ou industrial, mercadoria de procedência estrangeira que importou fraudulentamente. Vejamos.

> Art. 334. [...]
> [...]
> III - vende, expõe à venda, mantém em depósito ou, de qualquer forma, utiliza em proveito próprio ou alheio, no exercício de atividade comercial ou industrial, mercadoria de procedência estrangeira que introduziu clandestinamente no País ou importou fraudulentamente ou que sabe ser produto de introdução clandestina no território nacional ou de importação fraudulenta por parte de outrem; (Redação dada pela Lei nº 13.008, de 26.6.2014)

Seria em tese possível discutir se o inciso III poderia ser interpretado como um crime desvinculado do crime de descaminho previsto no *caput* do art. 334. Ou seja, se poderia ou não ser considerado crime que não depende da efetiva supressão ou redução de tributos na importação de mercadorias, bastando apenas que o infrator tenha vendido mercadoria importada de forma fraudulenta, incluindo, cremos, produtos importados mediante interposição fraudulenta de terceiros.

Assim, tendo em vista que é o sujeito oculto quem comete a interposição fraudulenta de terceiros, não é raro que as autoridades aduaneiras ou policiais iniciem investigação contra os sócios do adquirente oculto por suposto cometimento do crime previsto no inciso III do § 1º do art. 334 do Código Penal, mesmo quando os tributos incidentes na importação tenham sido devidamente recolhidos.

Um caso envolvendo uma famosa boutique de roupas evidenciou que também os importadores ostensivos são, muitas vezes, implicados nas ações penais por descaminho. Nesse caso, as *tradings* que operacionalizaram as importações alegadamente subfaturadas tiveram seus sócios denunciados com base em suposto descaminho, previsto no *caput* do art. 334 do Código Penal, além de falsidade ideológica e formação de quadrilha.

Referência

NAVARRO, Carlos Eduardo Arruda. *Ocultação do sujeito passivo na importação mediante interposição fraudulenta de terceiro*. Dissertação (mestrado profissional em direito dos negócios) – Programa de Mestrado Profissional, Direito GV, São Paulo, 2016.

8. A segurança jurídica e a interpretação das normas de direito público segundo a Lei nº 13.655/2018

Edgard Silveira Bueno F.º
Mauricio de Carvalho Silveira Bueno

Só conhecia Fabio Lilla por referências de dois amigos comuns: o Márcio Thomaz Bastos e o Eduardo Muylaert. Mais tarde, meu filho Maurício foi trabalhar no escritório dele na condição de estagiário do Eduardo Munhoz e do Daniel Goldberg.

Foi daí que passei a conhecer melhor a grande figura do Fabio, mas, ainda, por referências. Dada a afinidade desenvolvida com o Maurício, nos conhecemos pessoalmente e nos aproximamos.

A partir de então, Fabio, o meu sócio José Artur Lima Gonçalves e eu passamos a nos encontrar com certa regularidade para discutir os mais variados temas. Muitas vezes em torno de uma mesa de restaurante e apreciando um bom vinho.

Fabio gostava muito do restaurante La Vecchia Torino, cujo dono, Giuseppe, o tratava muito bem, como ele merecia (um príncipe). Os pratos eram sempre os mesmos: *gnocchi alla piemontese* e coelho com polenta cremosa!

Como não poderia deixar de ser, Fabio nos introduziu ao Grêmio Luso-Brasileiro, que só atende aos sócios e aos seus convidados. Fabio era sócio e nós, seus convidados.

Para variar, íamos ao Bela Sintra, onde a prosa se prolongava entre as delícias e vinhos da terrinha.

Os temas de nossas conversas passavam sempre pelo direito, que o Fabio amava, pela discussão de casos, concretos ou não, pelos fatos da profissão e de nossas vidas.

Apesar de ter uma visão sistemática e de conhecer o direito como um todo, a preferência de Fabio era pelo direito público. Daí sua grande afinidade com o José Artur, de quem foi aluno na pós-graduação na PUC-SP, onde obteve o grau de mestre em direito constitucional.

Uma das qualidades que mais nos impressionava nesse brilhante advogado era seu cuidado com a ética. Era extremamente rigoroso no assunto. Não titubeava em rejeitar ou despedir um cliente se não estive confortável com sua postura ética.

Mais tarde, o Paulinho, como o Fabio carinhosamente chamava seu filho, veio trabalhar conosco, antes de se encaminhar para a área do direito econômico.

Por essas razões foi com muita alegria e orgulho que recebi e aceitei o convite para escrever um capítulo do livro em sua homenagem. Mais feliz fiquei por poder dividir a redação com o Maurício.

Feita essa introdução, que nos pareceu necessária para que os leitores entendam as razões do generoso convite do Paulinho, alguns temas de direito público vieram-nos à mente. Um deles, mais recente, entendemos adequado por envolver a Lei de Introdução às Normas de Direito Brasileiro, o direito público e o direito tributário.

Discutindo o tema com o Maurício, combinamos que me auxiliasse na tarefa. A uma, pela sua longa convivência com o Fabio. A duas, pelo fato de o tema escolhido envolver o conhecimento do direito tributário, área em que atua como advogado e como juiz do Tribunal de Impostos e Taxas do Estado de São Paulo, que foi por três mandatos. Daí por que essa modesta colaboração é escrita a quatro mãos.

Como é sabido, em abril de 2018 foi editada a Lei nº 13.655, cujo objetivo foi o de incluir na Lei de Introdução às Normas do Direito Brasileiro (LINDB) disposições sobre segurança jurídica e eficiência na criação e aplicação do direito público. A LINDB, originalmente denominada Lei de Introdução ao Código Civil (LICC), foi editada por meio do Decreto-Lei nº 4.657, de 4 de setembro de 1942 (no governo Vargas). A denominação original foi alterada com a edição da Lei nº 12.376, de 30 de dezembro de 2010, quando se tornou mais conhecida.

Sobre a nova lei, em agosto de 2018 foi por nós publicado um estudo sob o título: "A segurança jurídica e a interpretação das normas de direito público segundo a lei 13.655/18" (Bueno Filho, 2018).

Ao editar, em 2010, a Lei nº 12.376 e alterar a sua ementa para denominá-la Lei de Introdução às Normas do Direito Brasileiro (LINDB), o legislador teve a preocupação de deixar claro que o objetivo da norma é amplo e que as suas regras se aplicam a todas as demais normas do ordenamento jurídico.

No referido artigo se recordou a lição da professora Maria Helena Diniz (2007:4), segundo a qual a LINDB é uma norma preliminar que se constitui em coordenada essencial para as demais normas jurídicas (sem se preocupar com a meramente didática divisão entre direito público e direito privado). Trata-se de norma "que não rege as relações de vida, mas sim as normas, uma vez que indica como interpretá-las ou aplicá-las, determinando-lhes a vigência e eficácia". Consiste em uma "lei de introdução às demais leis".

Pois bem, atento a isso e a uma necessidade de explicitar princípios jurídicos intuíveis a partir da Constituição de 1988, mas ainda não expressamente positivados, o legislador de 2018 inovou na ordem jurídica para introduzir, na LINDB, disposições sobre segurança jurídica e eficiência na criação e na aplicação do direito público.

Polêmicas à parte, muito comuns toda vez que se inova – uns disseram que o objetivo da lei seria o de enfraquecer o controle dos atos administrativos, criar insegurança jurídica, incentivar a ineficiência e propiciar a impunidade dos administradores públicos etc. e até de se pretender inviabilizar a continuidade dos processos judiciais da operação Lava Jato –, apesar de tudo, a nova lei foi muito bem-vinda.

Amplitude da nova lei

Se observada a natureza jurídica das normas integrantes da LINDB, tal como incontroversamente aceito pela consciência jurídica, soa intuitivo que a novidade legislativa deva ser aplicada por todos os agentes públicos. Mas, para que não reste dúvida, o art. 20 é claro ao dizer que elas obrigam os integrantes das esferas administrativas, controladora e judicial.

Novidades da lei

Foram 11 os novos artigos introduzidos na ordem jurídica pátria.

Apesar da grande importância de todos eles, o objeto deste artigo ficará restrito ao conteúdo dos arts. 23 e 24, que tratam de prestigiar o princípio da segurança jurídica.

Segurança jurídica e modulação de efeitos

Os arts. 23 e 24 tratam da modulação dos efeitos de certas decisões. Essas regras não são novas. Por primeiro, foram adotadas pela Suprema Corte como fruto de construção jurisprudencial. Depois, foram previstas em lei (art. 27 da Lei nº 9.868/1999) e, mais recentemente, no Código de Processo Civil (art. 927, § 3º). A primeira, aplicável pelo STF no âmbito das ações de controle da constitucionalidade. A segunda, novidade do CPC, estendeu a modulação às questões infraconstitucionais em julgamentos perante os demais tribunais do país.

Agora, com a alteração da LINDB, deu-se um passo além. A modulação dos efeitos foi transportada para o âmbito do processo administrativo e para o dos processos judiciais de instâncias inferiores.

Ou seja, por motivo de segurança jurídica, devem essas autoridades deliberar sobre a modulação dos efeitos das decisões que correspondam a uma orientação que imponha um novo dever ou condicionamento de direito ao particular.

Foi notória, portanto, a preocupação do legislador com a segurança das relações jurídicas estabelecidas, valor que se coloca em risco quando se decide por considerar irregular algum ato ou contrato considerado escorreito à época em que foi praticado ou celebrado. Com efeito, em ambiente civilizado, o que os agentes públicos e privados mais valorizam é a previsibilidade, como forma de evitar surpresas na atuação estatal.

Um exemplo gritante da injustiça de situações criadas com a mudança da orientação geral se observa no campo do direito tributário.

Não é incomum que os contribuintes sigam orientação de seus advogados baseada em decisões dos tribunais administrativos que, à semelhança do Conselho Administrativo de Recursos Fiscais (Carf) – onde se noticia que a aplicação dessa lei foi suscitada e alvo de debates –, existem nos estados e em alguns municípios brasileiros e, depois, venham a ser surpreendidos com uma mudança de orientação desses órgãos, com consequências muitas vezes desastrosas. Com efeito, além de terem de pagar um tributo com o qual não contavam quando realizaram um negócio, ainda são obrigados a responder por severas multas que ultrapassam o valor do principal, além dos juros de mora extremamente altos no Brasil.

Apesar da clareza do comando veiculado nos dispositivos legais, o Carf tem se esquivado de aplicá-los sob o argumento de que, por exemplo, a lei não teria como destinatários órgãos judicantes administrativos; além disso, não teriam sido indicados critérios na lei para se verificar quando determinada orientação jurisprudencial é "majoritária". Ademais, também foi suscitado que o lançamento tributário não seria um procedimento de revisão e, mesmo que pudesse a ele ser equiparado, o fato gerador objeto de possível lançamento não se configura como situação jurídica "plenamente constituída".

Não obstante a efetiva necessidade de se ponderar a melhor forma de aplicação dos dispositivos, quer nos parecer que a forma defensiva como o Carf tem atuado em relação à LINDB apenas minimiza a relevância da jurisprudência administrativa como forma de nortear as ações dos contribuintes, reforçando a impressão de ausência de segurança jurídica aos cidadãos.

Se, por um lado, é legítimo e saudável que o Carf – assim como qualquer outro órgão judicante – tenha liberdade para rever e alterar entendimentos jurisprudenciais outrora majoritários, por outro lado, o referido órgão deve respeitar as diversas normas no ordenamento jurídico que indicam a necessidade de se prestigiar a segurança jurídica do direito e a proteção da confiança do contribuinte.

São princípios da segurança do direito ou da segurança jurídica sem os quais nenhuma sociedade consegue se classificar como civilizada ou se desenvolver para propiciar o bem comum aos seus cidadãos. Sem a segurança, não se investe ou não se investe tudo de que se necessita. Sem segurança, o que se faz é arriscar. E, para isso, exige-se do cidadão que ele tenha um espírito aventureiro ou de jogador, mas afasta-se a mais do que desejável figura de quem planeja sua vida e seus passos dentro de regras previsíveis.

O saudoso Geraldo Ataliba (1985:142) dizia:

> A previsibilidade da ação estatal, decorrente do esquema de constituição rígida, e representatividade do órgão legislativo asseguram aos cidadãos, mais do que os direitos constantes da tábua do artigo 153 [referia-se ao capítulo dos direitos e garantias individuais da constituição então vigente em 1985], a paz e o clima de confiança que lhes dão condições psicológicas para trabalhar, desenvolver-se, afirmar-se e expandir sua personalidade.

Em artigo publicado no dia 02/07/2018 na p. 11 do *Valor Econômico*, Marcos Lisboa e Vanessa Canado bem ilustram essa verdade quando, depois de analisar a situação pelo mundo, concluem que o crescimento econômico aumenta e a diferença de rendas diminui nos países que prestigiam a segurança jurídica. À mesma constatação chegou Alexandre Bertoldi (2018) em entrevista publicada em *O Estado de S. Paulo* quando afirmou: "A insegurança jurídica e a lentidão da Justiça travam o crescimento da economia brasileira". Também Celso Lafer (2018:2, grifo nosso), no mesmo *Estadão*, um pouco antes, em julho de 2018, advertiu que

> *um problema que em nosso país crescentemente* [preocupa:] *o da segurança jurídica.* [E acrescentou:] É o nexo incerto/injusto que faz da segurança jurídica um valor de primeira grandeza em qualquer ordenamento democrático. Por isso a ponderação da segurança jurídica tem relevo hierárquico, conferindo identidade própria ao [governo das leis] como algo distinto do [governo dos homens], tema da ordem do dia no Brasil.

Mas alguém poderia argumentar que, ao moderar os efeitos da nova orientação, estar-se-ia privilegiando um contribuinte – que seguiu a orientação fazendária outrora vigente – em detrimento do que vier a realizar idêntica operação após a alteração. Ou que uma tal mitigação dos efeitos da nova decisão poderia infringir o princípio da supremacia do interesse público expresso pela pretensão de arrecadar do Estado.

O primeiro questionamento não pode prevalecer. Cite-se, para tanto, que em igual situação do contribuinte que se pautou em precedentes aceitos, situa-se aquele que formulou consulta tributária perante a Receita Federal. De fato, mesmo que venha a ocorrer uma alteração no entendimento da receita, a nova decisão – sempre passível de ser adotada, pois a administração não fica vinculada *ad aeternum* a uma dada interpretação – não terá efeito retroativo para atingir atos praticados pelo consulente no período de sua vigência. *Mutatis mutandi* as situações são similares e ninguém com isso se escandaliza.

Ademais, a mudança de entendimento jurisprudencial majoritário que implique, de alguma forma, no aumento da carga tributária relacionada a determinada situação, nesse caso, poderia ser equiparada à majoração de tributo por lei, admitindo-se sua aplicação apenas a fatos geradores futuros. Portanto, não há como se pretender que um fato gerador ocorrido sob um contexto em que a jurisprudência majoritária era no sentido da não incidência tributária tenha o mesmo tratamento de outro fato gerador ocorrido em momento em que a jurisprudência majoritária já havia sido alterada.

No que tange à frustação da pretensão arrecadatória do Estado, é um equívoco dizer que a novidade legislativa contraria o princípio da supremacia do interesse público sobre o interesse privado. Com efeito, a pretensão de ampliar suas receitas é fundada em interesse meramente patrimonial. Pretensão que encontra barreira ou limite no chamado interesse público primário, que diz respeito aos interesses gerais dos cidadãos, entre eles o de viver em um Estado que respeita a segurança e a estabilidade das relações.

Em outras palavras, o interesse público arrecadatório, por ser secundário, só é legítimo quando não é contrário ao primário. Caso o seja, nem sequer poderá ser chamado de interesse público, sendo apenas um interesse administrativo ou governamental ilegítimo.

O publicista José Artur Lima Gonçalves (2002:76), em excelente estudo sobre o chamado *interesse fazendário*, destaca:

> É oportuno aproveitar o ensejo para dissipar um equivocado pressuposto, fartamente invocado quando ocorrem abusos de autoridade. Trata-se da confusão entre interesse público e interesse fazendário. Perante o texto constitucional, o interesse fazendário é subordinado ao interesse público.

Mais à frente em sua obra, o autor esclarece, com o auxílio de autorizada doutrina, que o interesse público ou primário pertence a toda a sociedade – como representação dos membros do corpo social –, enquanto o interesse secundário importa, apenas, ao aparelho estatal, mas cingindo-se à entidade personalizada.

Além disso, porém com o mesmo propósito, se determina que se trace um regime de transição, no qual sejam consideradas as orientações em vigor à época do fato que está sendo observado.

No entanto, os órgãos decisórios devem tomar cautelas muito bem ponderadas antes de adotar a modulação dos efeitos. Há, nesse sentido, uma advertência muito apropriada de Carlos Mário Velloso Filho (2018) quanto à excepcionalidade de medida. Diz o brilhante advogado, em suma, que ao adotar uma nova interpretação da lei o tribunal estará corrigindo a jurisprudência anterior e dizendo que a orientação correta é a nova. "Desse modo", diz ele, "a equilibrada ponderação desses valores, legalidade e proteção da confiança, leva à necessidade de se vislumbrar a modulação como *medida excepcional*." De relevo, ainda destacar o trecho seguinte:

9. Ao votar no RE 377.457, asseverou a ministra Cármen Lúcia que "a ideia de modular efeitos deve ter alguns parâmetros que a jurisprudência, ao longo do tempo, haverá de fixar. Penso que haverá de ser demonstrada a *excepcionalidade da situação*, a possibilidade de insegurança jurídica, quando se encaminhava a sociedade a acreditar numa jurisprudência num determinado sentido [...]" [Velloso Filho, 2018, grifo nosso].

No âmbito tributário, em que de um lado da relação jurídica encontra-se o Estado e do outro o contribuinte, a modulação dos efeitos de nova interpretação da lei por mudança da jurisprudência deve sempre levar em consideração a proteção da confiança e da segurança jurídica, de forma que contribuintes que tenham tomado decisões com base em entendimento jurisprudencial majoritário à época não sejam surpreendidos com efeitos negativos decorrentes da posterior mudança da posição da jurisprudência sobre determinado tema.

O próprio Estado, quando determinado tema já se encontra de alguma forma pacificado na jurisprudência, deve ajustar suas expectativas arrecadatórias de acordo com a interpretação firmada, de forma que eventual mudança da jurisprudência – apesar de plenamente legítima – somente deve alcançar fatos geradores ocorridos a partir daquela data.

Os órgãos da administração em geral e os tribunais administrativos que tratam de matéria tributária, especificamente, diante da novel disposição legal, deverão buscar dar plena eficácia à segurança jurídica e à proteção da confiança do contribuinte quando estiverem diante de uma mudança no entendimento jurisprudencial sobre determinado tema.

Nosso eterno amigo e mestre Fabio Lilla, que além de grande estudioso do direito público foi um ícone na advocacia empresarial e tributária, certamente ficaria satisfeito com a edição dos arts. 23 e 24 da LINDB e, mais ainda, com sua efetiva aplicação pelos tribunais administrativos do país, que, acima de tudo, terá o condão de dar a segurança necessária a novos e saudáveis investimentos para o crescimento do Brasil.

Referências

ATALIBA, Geraldo. *República e Constituição*. Rio de Janeiro: Ed. Revista dos Tribunais, 1985.

BERTOLDI, Alexandre. Entrevista. *O Estado de S. Paulo*, p. B3, 23 jul. 2018.

BUENO FILHO, Edgard Silveira. A segurança jurídica e a interpretação das normas de direito público segundo a lei 13.655/18. *Migalhas*, 7 ago. 2018. Disponível em: <www.migalhas.com.br/depeso/285110/a-seguranca-juridica-e-a-interpretacao-das-normas-de-direito-publico-segundo-a-lei-13-655-18>. Acesso em: abr. 2022.

DINIZ, Maria Helena. *Lei de Introdução do Código Civil Brasileiro interpretada*. 13. ed. São Paulo: Saraiva, 2007.

GONÇALVES, José Artur Lima. *Imposto de renda*. 1. ed. 2. tir. Rio de Janeiro: Ed. Revista dos Tribunais, 2002.

LAFER, Celso. O direito e seus problemas. *O Estado de S. Paulo*, p. 2, 15 jul. 2018.

LISBOA, Marcos; CANADO, Vanessa. Três mitos sobre o ágio em aquisições. *Valor Econômico*, 2 jul. 2018.

VELLOSO FILHO, Carlos Mário. Modulação dos efeitos das decisões do STF e do STJ. *Migalhas*, 19 fev. 2018. Disponível em: <www.migalhas.com.br/depeso/274538/modulacao-dos-efeitos-das-decisoes-do-stf-e-do-stj>. Acesso em: abr. 2022.

9. *Empty voting, hidden (morphable) ownership* e a eleição em separado para os conselhos de administração e fiscal

*Bruno Robert**
Lucas Carneiro Gorgulho Mendes Barros

Os direitos de eleição de conselheiros de administração e fiscais em separado: mecanismo de proteção dos acionistas minoritários

A Lei das Sociedades por Ações (LSA) garante a acionistas minoritários, desde que superem determinados limites mínimos de participação societária, o direito de elegerem, em separado, membros do conselho de administração e do conselho fiscal das companhias de que participam.

A regra encontra-se positivada no art. 141, §§ 4º e 5º, para eleição de conselheiro de administração de companhias abertas; no art. 161, § 4º, para eleição de membro do conselho fiscal; nos arts. 239 e 240, para eleição de conselheiros de administração e fiscal de sociedades de economia mista; e no art. 277, para eleição de conselheiro fiscal em grupos de sociedades.[1]

Trata-se de uma entre as proteções às minorias, que lhes foram garantidas, "*com ênfase especial*",[2] pela Lei das Sociedades por Ações, ao lado dos demais

---

* Após mais de uma centena de assembleias a que fui levado por deveres profissionais, continuo a lembrar, com saudade, das primeiras, anos atrás, a que compareci testemunhando a atuação do dr. Fabio Lilla que, como poucos, soube aliar, com equilíbrio, as necessidades do empresário, os desafios propostos pela organização societária e os valores que pautam a atuação do advogado. Este artigo é em agradecimento a ele.

1 Este texto tratará, em especial, dos direitos à eleição de membros do conselho de administração e do conselho fiscal previstos nos arts. 141, §§ 4º e 5º, e 161, § 4º, da Lei das Sociedades por Ações, sem prejuízo da extensão das considerações ora apresentadas às demais hipóteses de votação em separado.

2 A expressão é de Bulhões Pedreira e Lamy Filho (1992:465), ao tratarem do regime de proteção das minorias na Lei das Sociedades por Ações. Corrêa-Lima (1994:12) registra, ainda, que a proteção às minorias é "a pedra de toque do regime do anonimato", referindo-se à afirmação de Mário Henrique Simonsen, que ocupava o cargo de ministro da Fazenda quando da edição da Lei das Sociedades por Ações.

direitos de fiscalização (art. 109, III), direito de recesso (art. 137), regras referentes ao dividendo mínimo obrigatório (art. 202), obrigação de realização de oferta pública para alienação de controle de companhia aberta (art. 254-A), entre outras.[3]

Nas eleições em separado, os acionistas minoritários podem, por maioria entre si, indicar os membros da administração que julgarem mais adequados para as vagas sujeitas a deliberação, respeitados, de toda forma, os interesses sociais e demais requisitos legais.[4]

Das votações em separado, não participam e não interferem os acionistas controladores, direta ou indiretamente. Fica resguardada, em qualquer caso, a eleição da maioria dos membros de cada órgão da administração pelos controladores, de acordo com o disposto no art. 141, § 7º, e no art. 161, § 4º, alínea "b", da Lei das Sociedades por Ações.[5]

O direito a proceder à eleição em separado de administradores tem por objetivo possibilitar a representatividade[6] das minorias na supervisão e na fiscalização[7] dos negócios sociais e dos interesses envolvidos no funcionamento das companhias.

O mecanismo permite que visões, interesses e valores plurais sejam levados aos órgãos da administração, de forma a refletir – ainda que não perfeitamente – a diversidade existente entre os acionistas. Ou seja, permite que a intrincada composição de interesses entre os acionistas seja também refletida em outras instâncias societárias das companhias.

---

3 Ver, *i.a.*, Bulgarelli (1998a).

4 Para análise de cada um dos processos de votação em separado, ver Robert (2016:86-94).

5 A Lei das Sociedades por Ações, embora tenha protegido os direitos da minoria, reconheceu que tal proteção não poderia superar o princípio majoritário, que, em regra, rege o funcionamento das sociedades anônimas. Lamy Filho (2007:229) registra essa preservação do princípio majoritário na Lei das Sociedades por Ações, mesmo diante da proteção das minorias: "[...] a Lei introduziu norma inexistente na lei anterior para assegurar a observância do princípio majoritário, fazendo com que a maioria – como é da essência das companhias – tivesse a palavra final".

6 A respeito da representatividade, cabe a ressalva de que os administradores, uma vez eleitos, não se vinculam aos interesses daqueles que os elegeram (sejam controladores, sejam minoritários), mas devem guiar sua atuação pelo interesse social. Essa é a consequência natural da posição ocupada pelos administradores enquanto membros de órgãos sociais (que se reflete no art. 154, § 1º, aplicável ao conselho fiscal por força do art. 165, *caput*, da Lei das Sociedades por Ações). Sobre a teoria orgânica da administração, ver, *i.a.*, Leães (1976:62-65) e Pontes de Miranda (1970:413).

7 Sobre a eleição em separado de conselheiro fiscal e a proteção do direito à informação do acionista (tida como condição para o exercício de seus direitos de fiscalização), ver Guerreiro (1982:29-34).

Uma vez levados à administração, tais visões, interesses e valores influenciam não só a supervisão e a fiscalização dos negócios sociais, mas também passam a integrar a formação da vontade social. Dessa forma, e ainda que venham a não prevalecer diante de outras visões, interesses ou valores são efetivamente internalizados nas companhias.

Os procedimentos de votação em separado, dessa forma, promovem maior equilíbrio entre os controladores e a minoria no funcionamento interno das companhias. As próprias companhias e a coletividade dos acionistas são igualmente beneficiadas, em decorrência da maior diversidade na composição da administração.

O impedimento à participação do controlador e pessoas atuando de forma coordenada com o controlador na eleição em separado

O direito garantido aos minoritários de proceder à eleição, em separado, de membros da administração da companhia, para que seja efetivo, depende de que o controlador, direta ou indiretamente (em coordenação com terceiros), não tome parte da referida deliberação.

A impossibilidade de participação dos acionistas controladores na votação em separado do conselho de administração está prevista expressamente no art. 141, § 4º, da Lei das Sociedades por Ações, que determina que da votação seja "*excluído o acionista controlador*".

O impedimento à participação do controlador na votação em separado de ordinaristas para eleição de conselheiro fiscal está expressamente previsto na Lei das Sociedades por Ações (cf. art. 161, § 4º, alínea "a", segunda parte, que faz referência a "*acionistas minoritários*").

O mesmo impedimento não está previsto, de forma expressa, na Lei das Sociedades por Ações, para o caso de eleição em separado pelos preferencialistas (art. 161, § 4º, alínea "a", segunda parte, da Lei das Sociedades por Ações). Embora não esteja literalmente prevista, a vedação pode ser extraída de, ao menos, dois fundamentos.

Em primeiro lugar, pela interpretação sistêmica das duas alíneas do art. 161 da LSA pode-se concluir que a alínea "a", em suas partes primeira e segunda, diz respeito aos minoritários, enquanto a alínea "b" se refere ao controlador (correspondente à expressão "*demais acionistas*"). Em segundo lugar, a função de garantia à participação das minorias na fiscalização dos negócios sociais, inerente ao dispositivo, também permite a mesma conclusão. Não seria a melhor interpretação da lei que a proteção se estendesse apenas aos minoritários ordinaristas, e não aos minoritários preferencialistas.[8]

Este é o atual entendimento adotado pela CVM a respeito da matéria, refletido no Parecer de Orientação nº 19/1990[9] e nos ofícios circulares anuais emitidos pela Superintendência de Relações com Empresas (SEP).[10] O mesmo entendimento é identificado, de forma unânime, na jurisprudência judicial.[11]

Tem-se, portanto, que o controlador não pode participar da votação em separado de conselheiros de administração e fiscais de que tomam parte os minoritários. Eventuais tentativas de intervenção na votação em separado dos acionistas minoritários por parte do controlador poderão caracterizar abuso de poder de controle. Essa modalidade de abuso foi prevista na Instrução CVM nº 323/2000 (art. 1º, I) como um dos exemplos de abuso de poder de controle, e encontra seu fundamento legal no art. 116, *caput* e § 1º, alínea "c", da Lei das Sociedades por Ações.

A vedação à participação e interferência na votação em separado não se aplica, naturalmente, apenas às pessoas dos controladores.[12] Estende-se, igualmente, a pessoas que atuem de forma coordenada com os controladores, em arranjos estruturados na tentativa de se esquivar da aplicação do impeditivo legal.

---

8 Nesse sentido, ver Bulgarelli (1998b:97). Para o autor, "a coerência funcional impõe que a interpretação ofereça solução condizente. E esta surge através da conclusão de que os titulares de ações preferenciais a que alude o esquema legal são os minoritários". No mesmo sentido, ver Corrêa-Lima (2005:164).

9 A justificativa para o entendimento trazida no Parecer de Orientação nº 19/1990 da CVM é "para não se tornar meramente nominal o direito atribuído por lei aos preferencialistas, deve-se entender que da votação em separado desses acionistas para a eleição de seu representante no Conselho Fiscal não poderão participar os acionistas controladores, ainda que portadores também de ações preferenciais. Tal participação, se admitida, redundaria em cerceamento efetivo do direito essencial de fiscalizar e em representação inequitativa dos interesses, não raramente contrários, que a lei buscou proteger".

10 Ver Item 7.1.4 do Ofício SEP nº 03/2019.

11 Ver TJSP, 2ª Câmara de Direito Privado, Apelação nº 0003180-79.2004.8.26.0003/SP. Rel. desembargador José Joaquim dos Santos, j. 16/10/2012, v.u.; TJSP, 5ª Câmara de Direito Privado, Apelação Cível nº 253.789-4/5-00/SP. Rel. p. acórdão desembargador Carlos Renato de Azevedo Ferreira, j. 11/09/2003, v.m.; e TJRJ, 17ª Câmara Cível, Agravo de Instrumento nº 2000.002.6318/RJ. Rel. desembargador Fabricio Paulo Bagueira Bandeira Filho, j. 09/08/2000, v.u.

12 Ver, *i.a.*, Borba (1999:384): "Os minoritários exercerão seu direito pelo mesmo processo [em votação separada], não cabendo a pessoas vinculadas, de alguma forma, aos controladores, infiltrar-se entre os minoritários, pois, se tal ocorresse, a representação minoritária estaria desfigurada".

A extensão do impedimento a esses terceiros é resultado necessário da aplicação de princípios básicos de vedação a negócios indiretos com finalidade de fraude à lei.[13] O raciocínio, nesse caso, é simples: se o controlador não pode participar diretamente da votação em separado, também não está autorizado a participar indiretamente, coordenando-se com um terceiro que exerça formalmente os direitos de voto na companhia.

A dificuldade maior é determinar se houve, ou não, a atuação efetivamente coordenada de terceiros com o controlador na eleição em separado, diante dos fatos em cada caso. Havendo a atuação coordenada, não há dúvidas de que se está diante de uma tentativa de violação dos direitos garantidos aos minoritários pela Lei das Sociedades por Ações.

Esse é o entendimento adotado, de forma pacífica, em sede judicial[14] e administrativa, na CVM, cujas decisões referem-se, de forma geral, a quaisquer arranjos que vinculem, de alguma forma, um determinado acionista ao controlador, fazendo com que não possa tomar parte na votação em separado.[15]

---

13 Para análise sobre negócio indireto e sua possível (mas não necessária) relação com finalidades fraudulentas, ver Ascarelli (1965). Ver, ainda, sobre a aplicação da norma defraudada em caso de tentativa de fraude, Pontes de Miranda (1970:47, 51, 53-54).

14 Ver TJSP, 5ª Câmara de Direito Privado, Apelação Cível nº 253.789-4/5-00/SP. Rel. p/ acórdão desembargador Carlos Renato de Azevedo Ferreira, j. 11/09/2003, v.m. Ressaltam-se os termos do voto do revisor: "Ora, se a transferência de quem não podia votar, para pessoas com vínculo a ela, de ações a que, essas pessoas, entre a minoria, se tornassem a maioria, exatamente para que se não permitisse a então maioria permanecer no conselho fiscal, alcança a óbvia ilação de que este ato, com ser direito da parte [*sic*], foi abusivo, visto que buscava prejudicar ao próprio sistema, pela alteração da eleição, favorecendo quem não podia votar e devia ser fiscalizado". Ver também TJSP, 5ª Câmara Cível, Apelação Cível nº 85.120-1/Ribeirão Preto. Rel. desembargador Ralpho Waldo, j. 07/05/1987, v.u.

15 Os termos usados para designar a relação entre controlador e outros acionistas que impede sua participação na votação em separado variam entre os precedentes da CVM. Podem-se citar, de forma exemplificativa, os seguintes: (1) não podem participar "*acionistas ligados ao controlador ou agindo no interesse do controlador*" (Processo Administrativo Sancionador CVM nº RJ2013/2759. Rel. diretor Henrique Balduíno Machado Moreira, j. 20/02/2018, v.m., voto do diretor relator); (2) não pode haver "*vínculos societários, contratuais ou qualquer outra relação de fato que façam com que um acionista esteja subordinado ao comando direto ou a influência efetiva do controlador*" (Processo Administrativo Sancionador CVM nº RJ2012/3110. Rel. diretor Pablo Waldemar Renteria, j. 14/02/2017, v.u., voto do diretor relator); (3) não podem votar acionistas "*vinculados ao controlador*" (Processo Administrativo Sancionador CVM nº 03/2013. Rel.diretor Roberto Tadeu Antunes Fernandes, j. 05/05/2015, voto do diretor relator); (4) os acionistas votantes "*efetivamente não* [podem ser] *vinculados ao controlador*" (Processo Administrativo Sancionador CVM nº 11/2012. Rel. diretora Ana Dolores Moura Carneiro de Novaes, j. 02/12/2014, v.m., voto da diretora relatora); (5) a vontade dos acionistas votantes "*não pode ser determinada de forma direta ou indireta, pela companhia, por seus acionistas controladores ou por entidades em que eles, direta ou indiretamente, exerçam influência determinante*" (Processo Administrativo

Com relação ao controlador, em caso de interferência direta na votação em separado, tem-se uma hipótese de abuso de poder de controle,[16] e o remédio a ser aplicado é duplo. De um lado, tem-se o impedimento de voto na eleição em separado, acompanhado da invalidade de eventual voto emitido em caso de violação do dispositivo legal[17] e da anulabilidade da deliberação correspondente (nos termos dos arts. 115, § 4º, e 286, da Lei das Sociedades por Ações).[18] De outro lado, tem-se a possível responsabilização por abuso de poder de controle (nos termos dos arts. 116 e 117 da mesma lei).

Em caso de atuação do controlador de forma coordenada com terceiros, mantém-se a invalidade de voto (nesse caso, direcionado ao acionista que pretender exercê-lo na votação em separado) e anulabilidade da deliberação (nos termos dos arts. 115, § 4º, e 286 da Lei das Sociedades por Ações) e a possível responsabilização do controlador por abuso de poder de controle, por sua atuação indireta. Acrescenta-se, ainda, a possível responsabilização dos demais acionistas participantes do esquema de voto por exercício abusivo do direito de voto (conforme art. 115 da LSA).

Sancionador CVM nº 11/2012. Rel. diretora Ana Dolores Moura Carneiro de Novaes, j. 02/12/2014, v.m., voto da diretora Luciana Pires Dias); (6) não podem votar os acionistas que estejam sob "*influência determinante do controlador*" (Processo Administrativo Sancionador CVM nº RJ2010/10555. Rel. diretor Otavio Yazbek, j. 06/09/2011, v.u., voto do diretor relator; Processo Administrativo Sancionador CVM nº RJ2009/4768. Rel. diretor Otavio Yazbek, j. 13/04/2010, v.u., voto do diretor relator); (7) não podem votar os acionistas que "*[sejam] vinculad[os] e atu[em] sob o comando direto do acionista controlador*" (Processo Administrativo Sancionador CVM nº RJ2010/10555. Rel. diretor Pedro Oliva Marcilio de Sousa, j. 08/11/2005, v.m., voto do diretor relator); e (8) não pode haver entre o acionista votante e o controlador: "*(i) relação de coligação; (ii) relações contratuais (principalmente por meio de acordo de acionistas); e (iii) demais relações de fato que podem vir a causar a atuação de acionistas minoritários em representação aos interesses 15/21 do acionista controlador*" (Processo Administrativo Sancionador CVM nº RJ2001/9686. Rel. diretor Luiz Antonio de Sampaio Campos, j. 12/08/2004, v.u., voto do diretor relator).

16 Esta seria uma hipótese de "*desvio de poder*", em que há "*o afastamento não da forma mas do espírito da lei, representando ato típico de* fraus legis", na tipologia apresentada por Comparato e Salomão Filho (2014:316).

17 Ver, a respeito de vícios em votos emitidos por acionistas, França (2017:129-134). Ver também, a respeito da nulidade de voto proferido de forma fraudulenta, Ascarelli (1945:397-420) e Marcondes (1977:46-54).

18 Nesse sentido, ver Comparato e Salomão Filho (2014:332), que concluem pela aplicação, em casos de abuso de poder de controle mediante voto em assembleias gerais, do disposto no art. 115, em particular o §4º, e no art. 286, ambos da Lei das Sociedades por Ações, além da responsabilização civil do controlador.

Empty voting e *hidden (morphable) ownership*: novos desafios para um antigo problema

As tentativas de participação ou interferência indireta do controlador, em coordenação com terceiros, em votações em separado não são recentes, nem um problema novo nas companhias brasileiras.

Bastante conhecidas, na prática e na teoria, são as eleições de conselheiros de administração ou fiscais por "*minorias amigas*",[19] ou equivalentes. Nelas, o controlador atua de forma coordenada com outros acionistas para participar (ainda que indireta e informalmente) de eleição em separado de conselheiros que, no modelo legal, envolveria apenas minoritários.

Podem-se identificar na jurisprudência, por exemplo, casos de transferência, pelo controlador, de ações para sociedade por ele controlada,[20] ou para outros acionistas que atuem de forma coordenada com ele.[21] O objetivo dos expedientes – ainda que com variações nas estruturas e arranjos adotados – é que os cessionários das ações participem de votações em separado e, constituindo maioria entre os minoritários, escolham os conselheiros que ocuparão as vagas destacadas.

Os fenômenos de *empty voting* e *hidden (morphable) ownership* relacionados aos novos mecanismos de dissociação de direitos políticos (em particular, o direito de voto) e os direitos patrimoniais dos acionistas, por meio de derivativos, empréstimo de ações e outros instrumentos financeiros,[22] trazem novos desafios para esse antigo problema.

---

19 Ver Bulgarelli (1998b:102). Usando o termo "*minoria amigável*", ver Lucena (2009:696).

20 Ver TJSP, 5ª Câmara Cível, Apelação Cível nº 85.120-1/Ribeirão Preto. Rel. desembargador Ralpho Waldo, j. 07/05/1987, v.u.

21 Ver TJSP, 5ª Câmara de Direito Privado, Apelação Cível nº 253.789-4/5-00/SP. Rel. p. acórdão desembargador Carlos Renato de Azevedo Ferreira, j. 11/09/2003, v.m.; e Processo Administrativo Sancionador CVM nº RJ2013/2759, j. 20/02/2018.

22 Os mecanismos de dissociação de direitos são conhecidos, na literatura jurídica internacional, como *the new vote buying* e possibilitam a ocorrência dos fenômenos de *empty voting* e *hidden (morphable) ownership*, que foram sistematizados e analisados, inicialmente, por Hu e Black, que também cunharam os termos atualmente usados para tratar da matéria. Compõem a primeira geração de artigos conjuntos desses autores sobre o assunto: "The new vote buying: empty voting and hidden (morphable) ownership" (2006b); "Empty and hidden ownership: taxonomy, implications and reforms" (2006a); "Hedge funds, insiders, and the decoupling of economic and voting ownership: empty voting and hidden (morphable) ownership" (2007). Diversos possíveis mecanismos de dissociação são analisados por Ringe (2016:27-79). A respeito do empréstimo de ações e a dissociação dos direitos de sócio, ver Robert (2015:45-70).

Os referidos mecanismos permitem a transferência, pelo acionista, do conteúdo econômico inerente à titularidade de ações a terceiros, sem que se realize a transferência formal da titularidade das ações.[23] Ou seja, o acionista, embora permaneça como titular formal de ações de uma companhia, pode transferir o risco inerente às ações detidas, no todo ou em parte, a terceiros (acionistas ou não). O voto por este acionista, na perspectiva formal mas imune aos efeitos econômicos associados a suas ações, cujos votos ele exerce, é correntemente conhecido por *empty voting*.[24]

Em casos extremos do uso de instrumentos desta natureza, o acionista pode não só ter transferido a exposição econômica correspondente à titularidade das ações, mas também estar em posição de ter retornos positivos em caso de resultados negativos da companhia de que participa. O exercício do direito de voto por acionistas nestas condições é designado de *negative voting*.[25]

Tais mecanismos de dissociação dos direitos patrimoniais e políticos do acionista possibilitam, ainda, que determinada pessoa (acionista ou não) suporte a exposição econômica relacionada à titularidade de mais ações de uma companhia do que aquelas formalmente por ela detidas. É o que se designa como *hidden ownership*.

Estas estruturas usualmente permitem também o acesso, formal ou informal, pelo proprietário oculto (*hidden owner*), a mais direitos de voto do que aqueles formalmente detidos na companhia em questão. Nesse caso, tem-se o fenômeno da *hidden (morphable) ownership*.[26]

Os novos mecanismos de dissociação permitem que a circulação da propriedade formal das ações ocorra de forma independente da transferência da exposição econômica correspondente e vice-versa. Possibilitam, por consequência, que pessoas formalmente detenham ações de uma companhia, mas não a exposição econômica a elas atrelada.

Os fenômenos trazem, dessa forma, impactos relevantes ao funcionamento interno das companhias. Um desses possíveis impactos diz respeito justamente

---

23 Esta é a principal diferença entre os novos mecanismos de dissociação dos direitos inerentes à condição de acionista, de um lado, e as hipóteses tradicionais de negociação de votos, de outro lado.

24 O termo foi cunhado por Hu e Black, em seus artigos sobre o assunto – ver, *i.a.*, "The new vote buying: empty voting and hidden (morphable) ownership" (2006b:815).

25 Ver Hu e Black (2006a:1014).

26 Ver Hu e Black (2006b:815-816).

aos procedimentos de votação em separado nas sociedades anônimas, e pode ser analisado ao menos em dupla perspectiva.[27]

Em primeiro lugar, os instrumentos de dissociação podem integrar arranjos entre o controlador e terceiros para que estes últimos participem de votações em separado, de forma coordenada com o controlador. Permitem, assim, que haja novas estruturas, inclusive sem a transferência formal de ações, para que se atinja essa coordenação.

Os referidos arranjos podem até mesmo permanecer desconhecidos da companhia e dos acionistas que deles não tomam parte, por não estarem sujeitos a regras de divulgação obrigatória. Em companhias fechadas, não há imposição legal quanto à divulgação de instrumentos de dissociação de direitos dos acionistas. Em companhias abertas, mesmo diante de alterações na regulação,[28] não necessariamente todos os mecanismos de dissociação dos direitos dos acionistas estão sujeitos a regras de divulgação obrigatória.

Em segundo lugar, os mecanismos de dissociação podem viabilizar que o acionista, atuando em conjunto com o controlador, não suporte os resultados (positivos ou negativos) dos negócios da companhia em questão ou das deliberações societárias internas, inclusive quanto à composição dos órgãos da administração. O referido acionista, nessa hipótese, assumiria o *status* de sócio na perspectiva meramente formal, sem a exposição econômica decorrente de sua participação na sociedade. Seria um *empty voter*, sem interesses próprios quanto aos resultados da companhia.

Esse acionista estaria também mais suscetível a permitir que o sentido de seus votos nas deliberações sociais fosse determinado, formal ou informalmente, pelo controlador, uma vez que resultados relacionados aos negócios sociais não atingiriam, ao menos em princípio, sua esfera patrimonial. O controlador, nesse caso, assumiria a condição de proprietário oculto (*hidden owner*) das ações em questão.

Os instrumentos de dissociação dos direitos patrimoniais e políticos decorrentes da condição de acionista, portanto, podem tanto permitir novas estruturas

---

27 A extensão dos efeitos dos fenômenos, e dos mecanismos de dissociação dos direitos políticos e patrimoniais dos acionistas, é reconhecidamente mais ampla em matéria societária. Não se pretende analisar todos os possíveis impactos dos fenômenos neste estudo nem os limitar ao quanto analisado.

28 Ver, a esse respeito, a edição da ICVM nº 467/2008, da ICVM nº 475/2008 e da ICVM nº 567/2015, bem como alterações realizadas nos arts. 11 e 12 da ICVM nº 358/2002 e no art. 15-A da ICVM nº 361/2002.

de atuação em conjunto entre controladores e outros acionistas quanto vir a facilitar essa coordenação, se usados nos termos aqui tratados. Pela complexidade adicional a eles relacionada, os fenômenos trazem, de fato, novas dificuldades na interação entre controlador e minorias no âmbito societário e em seu adequado tratamento pelo ordenamento jurídico.

Ainda que tragam novos desafios, não deixam, contudo, de se referir a um problema antigo, já bastante conhecido em direito societário: a tentativa de evitar as restrições impostas pela Lei das Sociedades por Ações quanto à participação do controlador em eleições em separado, por meio de sua atuação coordenada com terceiros.

O caso Gerdau: eleição de membro do conselho fiscal por acionista minoritário

O caso envolvendo a eleição em separado de membro do conselho fiscal da Gerdau S.A., ainda em análise pela CVM, ilustra os possíveis efeitos dos mecanismos de dissociação dos direitos patrimoniais e políticos em procedimentos de votação em separado discutidos neste capítulo.[29]

A Gerdau é uma companhia aberta controlada pela Metalúrgica Gerdau S.A., também companhia aberta. A Gerdau tem um conselho fiscal de funcionamento permanente, com três a cinco membros.[30]

A assembleia geral ordinária da Gerdau realizada em 26 de abril de 2016 contemplou a eleição dos membros do conselho fiscal da companhia. Foram eleitos três membros do conselho fiscal pelos votos da controladora, um conselheiro fiscal em votação em separado dos ordinaristas e um conselheiro fiscal em votação em separado pelos preferencialistas.

A controvérsia diz respeito à eleição de conselheiro fiscal por votação em separado entre os ordinaristas e à posição do acionista que indicou o candidato eleito.

---

29 Os fatos descritos neste capítulo são objeto do Processo Administrativo Sancionador nº 19957.006822/2018-61 (RJ2018-4585), originado do Processo Administrativo CVM nº SP2016-281 (reclamação de acionista minoritário com relação a eleição em separado de membro do conselho fiscal) e do Processo Administrativo CVM nº RJ2015-442 (pedido de acionista minoritário de realização de oferta pública por aumento de participação).

30 Ver art. 13 do Estatuto Social da Gerdau vigente à época dos fatos ora descritos.

Participaram da votação em separado dois grupos de acionistas da Gerdau, que votaram em candidatos distintos: de um lado, o Banco BTG Pactual S.A.; de outro lado, os demais ordinaristas que participaram da eleição em separado. Este grupo votou pela reeleição de conselheiro fiscal já indicado anteriormente pelos ordinaristas, que havia apresentado ressalvas às demonstrações financeiras da companhia referentes ao exercício de 2015.[31] O Banco BTG Pactual, por sua vez, indicou novo candidato e votou nele. Foi considerado eleito, por maioria, o candidato indicado pelo Banco BTG Pactual.[32]

O Banco BTG Pactual adquiriu ações da Gerdau em 2014. Na ocasião, o banco assumiu a posição da Metalúrgica Gerdau em contrato de opção de venda celebrado com o BNDES Participações S.A. (BNDESPar). Dessa forma, quando o BNDESPar exerceu sua opção de venda, o Banco BTG Pactual (e não a Metalúrgica Gerdau) adquiriu as ações objeto da opção, por cerca de R$ 700 milhões acima de seu valor de mercado.[33]

O Banco BTG Pactual, conjuntamente com a assunção da posição da controladora na opção de venda do BNDESPar, celebrou outros contratos com a Metalúrgica Gerdau. Foram os seguintes: (1) contrato de *total return swap*; (2) contrato de opção de venda das ações em valor de mercado; (3) notas promissórias correspondentes à diferença entre o valor pago ao BNDESPar e o valor de mercado das ações adquiridas (com remuneração de CDI+2%); e (4) contrato de opção de compra de ações preferenciais da Gerdau, com liquidação financeira.[34]

O contrato de *swap*, em particular, previa que (1) o Banco BTG Pactual receberia da controladora remuneração correspondente a CDI+1% sobre valor correspondente ao valor de mercado das ações adquiridas do BNDESPar

31 As ressalvas foram objeto do Processo Administrativo CVM nº RJ2015-8486, que originou o Processo Administrativo Sancionador nº 19957.004309/2016-73 (ainda não julgado pela CVM).

32 O candidato eleito recebeu 34.209.522 votos, enquanto o segundo candidato recebeu 8.126.164 votos (ver Resolução nº 202/2016-AGO, tomada na assembleia geral ordinária da Gerdau).

33 A aquisição das ações objeto da opção de venda do BNDESPar pelo Banco BTG Pactual, e não pela Metalúrgica Gerdau, provocou reclamação à CVM por parte dos minoritários da Gerdau, que consideraram que a operação foi realizada com o propósito de tentar evitar a incidência da norma que determina a realização de oferta pública de aquisição de ações por aumento de participação (prevista no art. 4º, § 6º, da Lei das Sociedades por Ações e na ICVM nº 361/2002). A reclamação deu origem ao Processo Administrativo CVM nº RJ2015-442, que foi posteriormente encerrado por perda de objeto, uma vez que a controladora lançou oferta pública de aquisição de ações por aumento de participação em 21 de julho de 2017.

34 O conteúdo dos contratos foi reconhecido pelo Banco BTG Pactual em sua defesa no Processo Administrativo Sancionador nº 19957.006822/2018-61 (RJ2018-4585).

e (2) a Metalúrgica Gerdau receberia do banco as valorizações das ações por ele adquiridas do BNDESPar, ou lhe pagaria por eventuais desvalorizações dessas ações.

O contrato, assim, transferia a exposição econômica relacionada às ações da Gerdau detidas pelo Banco BTG Pactual para a controladora da companhia, a Metalúrgica Gerdau. Esta conclusão levou o grupo de acionistas que não conseguiu reeleger o membro do conselho fiscal na votação em separado dos ordinaristas a apresentar reclamação à CVM.[35]

A área técnica da CVM, após análise dos fatos, entendeu que o Banco BTG Pactual não estava exposto, em termos econômicos, aos resultados da atividade da Gerdau e tinha interesse apenas no cumprimento, pela Metalúrgica Gerdau, de suas obrigações contratuais, o que prejudicaria sua "independência em decidir assuntos exclusivos de acionistas minoritários".

Ou seja, ainda que não tenha usado textualmente esses termos, concluiu que o Banco BTG Pactual era um *empty voter* e que, nesse caso, a Metalúrgica Gerdau, controladora, estava em posição de proprietária oculta (*hidden owner*) das ações detidas formalmente pelo banco.

Por esses fundamentos, a área técnica concluiu que o Banco BTG Pactual não poderia ter tomado parte da eleição em separado de conselheiro fiscal entre os minoritários ordinaristas. Sua participação nessa votação, na assembleia geral ordinária da Gerdau ocorrida em 26 de abril de 2016, assim, teria violado o disposto no art. 161, § 4º, alínea "a", da Lei das Sociedades por Ações.

O Banco BTG Pactual apresentou defesa, em que impugna as imputações apresentadas pela CVM.[36]

O Colegiado da CVM absolveu o Banco BTG Pactual nesse processo, por entender que não havia indícios suficientes de que o acionista subordinasse suas manifestações aos interesses da acionista controladora, Metalúrgica Gerdau. No julgamento, o Colegiado da CVM reconheceu, ainda, que os instrumentos derivativos causam o "descolamento entre, de um lado, a titularidade do exercício do direito de voto e, de outro lado, o interesse econômico contido na ação que proporciona esse direito", ou seja, reconheceu a existência do fenômeno do *empty voting* e que a mera existência de derivativos financeiros não implica

---

35 Ver Processo Administrativo CVM nº SP2016-281.

36 O banco manifestou interesse, ainda, na propositura de termo de compromisso. Não apresentou, contudo, a proposta correspondente, ao menos até esta data.

a presunção de que o acionista atuará no sentido do interesse dos terceiros que passarem a suportar a exposição econômica das ações.[37]

As respostas do direito societário

Os mecanismos de dissociação dos direitos políticos e patrimoniais, bem como os fenômenos relacionados de *empty voting* e *hidden (morphable) ownership*, são realidade, inclusive no ambiente brasileiro. Os impactos que podem ter no funcionamento das sociedades anônimas são, igualmente, realidade.

É um fato que decisões em assembleias de companhias abertas nacionais já são comumente tomadas a partir de votos proferidos por acionistas munidos de ações tomadas em aluguel, ações cujos riscos econômicos são controlados por arranjos externos ao ambiente da sociedade e assim por diante.

Cabe, então, a dúvida sobre como tratar esses fenômenos, na moldura atual do direito societário.

A ressalva inicial a se fazer, a esse respeito, é que os mecanismos de dissociação de direitos patrimoniais e políticos dos acionistas, e fenômenos relacionados, não são, em si, ilícitos ou proibidos. Nem assim deveriam ser tratados na perspectiva jurídica. Sendo negócios jurídicos com conteúdo econômico próprio e legítimo, não haveria razão para sua ilicitude ou proibição, *per se*.

Ocorre, no entanto, que tais mecanismos – como, a rigor, quaisquer outros negócios jurídicos – podem vir a ser usados com finalidades fraudulentas e ilícitas.[38] No caso específico ora analisado, seu uso pode-se destinar à tentativa de interferência do controlador, via atuação coordenada com terceiros, em processos de votação em separado destinados a acionistas minoritários.

O uso de tais instrumentos (e não estes, em si), nessas circunstâncias, poderia ser considerado fraudulento e ilícito, em violação às disposições legais que preveem os processos de eleição em separado.[39] Embora, de fato, não haja remédios específicos para os fenômenos de *empty voting* e *hidden (morphable) ownership*

---

37 Ver Processo Administrativo Sancionador nº 19957.006822/2018-61 (RJ2018-4585). Rel. dir. Marcelo Barbosa, j. 26/11/2019, v.u.

38 Faz-se referência, a esse respeito, à análise de Ascarelli (1965).

39 Art. 141, §§ 4º e 5º; art. 161, § 4º; arts. 239 e 240 ou art. 277, todos da Lei das Sociedades por Ações, conforme o caso.

ou para o uso de mecanismos de dissociação de direitos decorrentes da condição de acionista, o direito societário traz respostas para esse caso.

São respostas aplicáveis em situações equivalentes, em que há tentativa de participação do controlador em votações em separado. Independentemente dos instrumentos usados com essa finalidade, o problema de fundo é o mesmo, assim como são as mesmas as respostas de direito societário.

Para o controlador, aplicam-se os remédios referentes a abuso de poder de controle, em particular a possível responsabilização por abuso de poder de controle (cf. arts. 116 e 117 da Lei das Sociedades por Ações). Para o terceiro que atuar de forma coordenada com o controlador, há os seguintes remédios: (1) impedimento de voto na eleição em separado, invalidando eventual voto emitido e implicando a anulabilidade da deliberação correspondente (cf. arts. 115, § 4º, e 286 da Lei das Sociedades por Ações); e (2) possível responsabilização por exercício abusivo do direito de voto (cf. art. 115 da Lei das Sociedades por Ações).

São, em verdade, os remédios já usados para outras situações de fraude na realização de votações em separado. Importa menos o meio (sejam meios tradicionais, sejam derivativos ou outros instrumentos equivalentes) e mais a finalidade fraudulenta com que é utilizado.

É certo, ainda, que se pode complementar com outros possíveis tratamentos jurídicos *de lege ferenda*.[40] Citam-se, por exemplo, regras relacionadas à divulgação obrigatória de informações; a períodos mínimos de retenção e manutenção de ações, para exercício de determinados direitos e a hipóteses de impedimento de direito de voto.[41] Estes, contudo, não excluem os remédios já existentes e aplicáveis em direito societário.

---

40 Ver, a esse respeito, Robert (2016:84); Mittermeier (2014:298-396); Tautges (2015:390-429); Ringe (2016:143-224). A discussão *de lege ferenda* não é objeto deste texto e poderá ser desenvolvida em estudo próprio.

41 Ressaltamos, a esse respeito, a discussão ocorrida na Audiência Pública SDM nº 11/2013, a partir da qual foram editadas a ICVM nº 567/2015 (Nova 10) e a ICVM nº 568/2015. Naquela ocasião, propôs-se, na minuta inicial da instrução, a equiparação, para fins do direito de voto, entre "*ações detidas pela contraparte da companhia em contratos derivativos firmados com a companhia e referenciados em ações por ela emitidas*" e ações em tesouraria, retirando-se o voto em ambos os casos. A equiparação, que, de fato, não encontra fundamento na Lei das Sociedades por Ações, não foi refletida na redação final da ICVM nº 567/2015. A CVM considerou que o objetivo poderia ser atingido por meio: "*(i) da exigência de que eventuais acordos ou orientações de voto entre a companhia e suas contrapartes sejam divulgados; e (ii) da análise de cada situação individualmente considerada*" (cf. item 3.2.10.1 do relatório de análise da audiência pública).

Regras societárias, como a obrigatoriedade do exercício de direito de voto no interesse da companhia e a repressão ao abuso de poder de controle, e regras gerais, como a vedação a atos em fraude à lei, podem ser perfeitamente aplicadas a casos envolvendo *empty voting* e *hidden (morphable) ownership*, ou mecanismos de dissociação de direitos dos acionistas. Para essa aplicação, não é necessária a disciplina textual dos fenômenos na legislação.

Necessário, portanto, é chamar a atenção para a existência dos fenômenos de *empty voting* e *hidden (morphable) ownership* e de mecanismos de dissociação de direitos dos acionistas, inclusive nas companhias brasileiras, bem como de seu potencial de interferência nas deliberações e, portanto, nos rumos das empresas e do mercado.

A partir desse reconhecimento, necessária também é a consciência de que o direito societário em vigor traz respostas que podem ser aplicadas aos fenômenos analisados, distinguindo situações legítimas de outras irregulares e remediando estas últimas.

O que se propõe, assim, é alocar esforços não em eventual alteração legal ou mesmo em relevante reforma regulatória, mas sim, por meio de fiscalização e decisão cuidadosa de casos concretos, com apoio da evolução paralela da doutrina, no aperfeiçoamento da aplicação dos preceitos já positivados na lei societária, que possuem elasticidade suficiente, para, sem perdas de eficácia, disciplinar adequadamente, no cenário nacional, também os atuais e significativos fenômenos de *empty voting* e *hidden (morphable) ownership*.

Referências

ASCARELLI, Tullio. *Problemas das sociedades anônimas e direito comparado*. São Paulo: Saraiva, 1945.

______. *O negócio jurídico indirecto*. Lisboa: Jornal do Foro, 1965.

BORBA, José Edwaldo Tavares. *Direito societário*. 5. ed. Rio de Janeiro: Renovar, 1999.

BULGARELLI, Waldírio. *Regime jurídico da proteção às minorias nas S/A*. Rio de Janeiro: Renovar, 1998a.

______. *Regime jurídico do conselho fiscal das S/A*. Rio de Janeiro: Renovar, 1998b.

COMPARATO, Fábio Konder; SALOMÃO FILHO, Calixto. *O poder de controle na sociedade anônima*. 6. ed. Rio de Janeiro: Forense, 2014.

CORRÊA-LIMA, Osmar Brina. *O acionista minoritário no direito brasileiro*. Rio de Janeiro: Forense, 1994.

______. *Sociedade anônima*. 3. ed. Belo Horizonte: Del Rey, 2005.

GUERREIRO, José Alexandre Tavares. O conselho fiscal e o direito à informação. *Revista de Direito Mercantil, Industrial, Econômico e Financeiro*, n. 45, 1982.

HU, Henry T. C.; BLACK, Bernard S. Empty voting and hidden ownership: taxonomy, implications and reforms. *Business Lawyer*, v. 61, p. 1011-1070, 2006a.

______; ______. The new vote buying: empty voting and hidden (morphable) ownership. *Southern California Law Review*, v. 79, p. 811-908, 2006b.

______; ______. Hedge funds, insiders, and the decoupling of economic and voting ownership: empty voting and hidden (morphable) ownership. *Journal of Corporate Finance*, v. 13, p. 343-367, 2007.

LAMY FILHO, Alfredo. *Temas de S.A.*: Exposições. Pareceres. Rio de Janeiro: Renovar, 2007.

LEÃES, Luiz Gastão Paes de Barros. *Direito comercial*: textos e pretextos. São Paulo: Bushatsky, 1976.

LUCENA, José Waldecy. *Das sociedades anônimas*: comentários à lei. Rio de Janeiro: Renovar, 2009. v. II.

MARCONDES, Sylvio. *Questões de direito mercantil*. São Paulo: Saraiva, 1977.

MITTERMEIER, Martin. *Empty voting*: Risikoentleerte Stimmrechtsausübung im Recht der Börsennotierten Aktiengesellschaft. Berlim: De Gruyter, 2014.

PEDREIRA, José Luiz Bulhões; LAMY FILHO, Alfredo. *A Lei das S.A.*: pressupostos, elaboração, aplicação. Rio de Janeiro: Renovar, 1992.

PONTES DE MIRANDA, Francisco Cavalcanti. *Tratado de direito privado*: parte geral – introdução. Pessoas físicas e jurídicas. 3. ed. Rio de Janeiro: Borsoi, 1970. t. I.

RINGE, Wolf-Georg. *The deconstruction of equity*: activist shareholders, decoupled risk and corporate governance. Oxford: Oxford University Press, 2016.

ROBERT, Bruno. A dissociação entre o exercício do direito de voto e o estado de sócio no mercado de capitais contemporâneo: o caso do empréstimo de ações. In: FRANÇA, Erasmo Valladão Azevedo e Novaes (Coord.). *Direito societário contemporâneo II*. São Paulo: Malheiros, 2015.

______. *As assembleias das S.A.*: exercício do direito de voto, pedidos públicos de procuração e participação a distância. São Paulo: Singular, 2016.

TAUTGES, Marco. *Empty voting und hidden (morphable) ownership*: Die Entkopplung des Stimmrechts des Aktionärs einer Börsennotierten Aktiengesellschaft von der Wirstschaftlichen Betroffenheit. Berlim: Duncker & Humblot, 2015.

10. Reserva legal e os limites da constituição das reservas de lucros

Diego Billi Falcão

Introdução

Nos termos do art. 199 da Lei das S.A.,[1] o "saldo das reservas de lucros, exceto as para contingências, de incentivos fiscais e de lucros a realizar, não poderá ultrapassar o capital social".

Uma análise sistemática do diploma legal, entretanto, levanta dúvidas sobre a amplitude do conceito de "reservas de lucros" adotado nesse dispositivo, em especial no tocante à consideração, ou não, da reserva legal (art. 193) para o cálculo do referido saldo.

Em primeiro lugar, há exclusão expressa da base de cálculo desse saldo tão somente das reservas para contingências (art. 195), de incentivos fiscais (art. 195-A) e de lucros a realizar (art. 197), o que permitiria uma primeira conclusão no sentido de considerar os valores contabilizados na rubrica "reserva legal" para o cálculo do limite preconizado no art. 199.

Ao definir o procedimento de classificação das contas do passivo (art. 178, § 2º), a Lei das S.A. indica que o patrimônio líquido será dividido em "capital social, reservas de capital, ajustes de avaliação patrimonial, reservas de lucros, ações em tesouraria e prejuízos acumulados". Novamente, a reserva legal seria abarcada na designação de reserva de lucros.[2]

---

1 Todas as referências a dispositivos legais feitas neste texto, salvo se expressamente indicadas em sentido diverso, dizem respeito à Lei nº 6.404/1976, conforme alterada (Lei das S.A.).

2 Vale ressaltar que os elementos constituidores da reserva de capital são taxativamente determinados pela Lei das S.A.: (1) a contribuição do subscritor que ultrapassar o valor nominal (arts. 13, § 2º, e 182, § 1º, "a"); (2) parte do preço de emissão das ações sem valor nominal que ultrapassar a importância destinada à formação do capital social (arts. 14, parágrafo único, e 182, § 1º, "a"); (3) o produto da alienação das partes beneficiárias e dos bônus de subscrição (art. 182, § 1º, "b"); e (4) o resultado da correção monetária do capital social realizado (art. 182, § 2º).

E ainda, ao tratar da classificação das reservas de lucros como todas as reservas constituídas pela apropriação de lucros da companhia, o art. 182, § 4º, reforça a interpretação apresentada nos parágrafos anteriores, uma vez que a reserva legal é constituída pela apropriação de parcela correspondente a 5% do lucro líquido de cada exercício social e, por consequência da regra trazida nesse dispositivo, deveria ser classificada como uma reserva de lucros.

Entretanto, o art. 189, § 2º, estabelece que o prejuízo apurado em determinado exercício social deverá ser absorvido "pelos lucros acumulados, pelas reservas de lucros e pela reserva legal, nessa ordem". Confere-se, portanto, um tratamento distinto entre "reservas de lucros" e reserva legal. Caso contrário, a simples referência a "reservas de lucros" seria suficiente para abarcar, igualmente, a reserva legal.[3]

Já o art. 201 prescreve que a companhia somente poderá pagar dividendos "à conta de lucro líquido do exercício, de lucros acumulados e de reserva de lucros; e à conta de reserva de capital, no caso das ações preferenciais de que trata o § 5º do art. 17". Considerar a reserva legal como abrangida pelo conceito de "reservas de lucros", no âmbito deste dispositivo, resultaria na contradição à destinação específica da reserva legal estabelecida no art. 193, § 2º, o qual não permite sua utilização para pagamento de dividendos, mas tão somente para a compensação de prejuízos ou para aumentar o capital social.

A própria disciplina do art. 199, caso interpretada de forma abrangente, levaria a essa contradição, uma vez que permite à assembleia geral, na hipótese de atingimento do limite das "reservas de lucros", a deliberação sobre a aplicação do excesso na integralização ou aumento do capital social "ou na distribuição de dividendos". A reserva legal, portanto, não poderia ser considerada como uma reserva de lucros para essa finalidade.

Essa profusão de dispositivos legais com abordagens diversas sobre o assunto levanta dúvida justificável sobre a necessidade de consideração, ou não, no cálculo do limite das "reservas de lucros" previsto no art. 199, dos valores

---

[3] Em que pese essa distinção, o art. 200, inciso I, prescreve que a reserva de capital somente poderá ser utilizada para absorção de prejuízo que ultrapassar os lucros acumulados e "as reservas de lucros". Entretanto, uma vez que o prejuízo do exercício tem destinação obrigatória, por imposição do art. 189, a saber, sua absorção pelos lucros acumulados, pelas reservas de lucros e pela reserva legal, não é possível fazer referência a "prejuízo" do exercício antes de sua absorção por esta última, razão pela qual o inciso I em questão deveria ser interpretado como se "reservas de lucros" fosse abrangente ao conceito de reserva legal.

destinados à constituição da reserva legal, com efeitos práticos imediatos no total de lucros passíveis de serem retidos, por deliberação assemblear, em reservas da companhia.

Limite das reservas de lucros

Direito essencial de participar nos lucros sociais

Constituiu política orientadora da elaboração do anteprojeto da Lei das S.A., entre outras, a criação de garantias mais protetivas ao recebimento, pelo acionista, de parcela dos lucros eventualmente gerados na atividade empresarial destinatária de seu capital.[4]

Surge assim, em 15 de dezembro de 1976, o instituto do dividendo mínimo obrigatório, desdobramento do direito essencial do acionista de participar nos lucros sociais,[5] conforme contemplado no art. 109, inciso I.

Note-se, "direito essencial de participar nos lucros sociais", e não "direito essencial de perceber dividendos".

O direito de participação nos lucros deve ser compreendido, em sentido amplo, como o reflexo econômico gerado, mediata ou imediatamente, na esfera patrimonial do acionista.

Verificada a apuração de lucro líquido ao término de determinado exercício social (art. 191), surge ao acionista a perspectiva de direito ao recebimento de dividendos, conforme proposta da administração consubstanciada nas respectivas demonstrações financeiras.[6]

---

4 "A Exposição de Motivos propunha ainda as seguintes definições de política a serem observadas na elaboração do anteprojeto: [...] c) A lei deverá tomar obrigatória, sempre que houver lucro (em termos reais, ou seja, já considerados em sua determinação ou efeitos da inflação, enquanto esta subsistir) a distribuição de parte dele como dividendo, para dar ao investidor o direito de decidir quanto à forma de reinversão dos ganhos. Por esse caminho, seriam melhoradas as condições de estabilidade do próprio mercado, pela maior segurança, para o público, de participação efetiva nos resultados das empresas, sem a dependência (hoje quase absoluta) das condições de liquidez do mercado e das flutuações das cotações; [...]" (Lamy Filho e Pedreira, 1992:133).

5 Sobre os contornos do direito do acionista ao dividendo, ver Leães (1969), especialmente p. 305 e segs.

6 É importante ressaltar que as demonstrações financeiras, incluindo a destinação do resultado, devem ser elaboradas pelos administradores no pressuposto de sua aprovação pelos acionistas em assembleia geral, nos termos do art. 176, § 3º.

Perspectiva de direito. Apenas com a aprovação da destinação do resultado pela assembleia geral é que surge ao acionista o direito expectativo[7] ao recebimento dos dividendos eventualmente aprovados.[8] Sua perspectiva de direito, inerente ao *status* de acionista, é, então, convertida em direito de crédito efetivo contra a companhia.

Aprovado o não pagamento de dividendos pela assembleia geral, nas hipóteses previstas na Lei das S.A., ou ainda nas hipóteses de suspensão do exercício dos direitos de acionista ou de fixação do dividendo mínimo obrigatório em percentual zero,[9] não há violação a direito, não há dano patrimonial aos acionistas. Há, apenas, a não concretização de uma perspectiva de direito.

E a parcela do lucro líquido que deixar de ser distribuída a título de dividendos ganhará, como única destinação possível, a alocação em conta de patrimônio

---

7 Usa-se aqui a figura do direito expectativo em distinção à figura da expectativa de direito. Enquanto no primeiro o suporte fático ingressou no mundo jurídico, ou seja, houve a deliberação sobre a distribuição de lucros sob a forma de dividendos, ainda que o pagamento seja realizado a prazo, dentro do mesmo exercício social, no segundo há apenas fato fora do mundo jurídico, podendo a expectativa ser frustrada como, por exemplo, pela deliberação de não pagamento de dividendos, nas hipóteses previstas na Lei das S.A. Sobre a distinção de expectativa de direito e direito expectativo, confira-se Pontes de Miranda (1970).

8 A ausência de pretensão ao recebimento de parcela do lucro a título de distribuição de dividendos previamente à deliberação assemblear correspondente não exime a companhia a efetuar pagamentos antecipados de dividendos com respaldo em (1) lucros verificados em balancetes semestrais, caso haja autorização legal ou estatutária nesse sentido, (2) lucros verificados em menor periodicidade, desde que limitados ao valor da reserva de capital, ou (3) lucros apurados em exercícios anteriores e destinados a reservas passíveis de distribuição na forma da lei, conforme procedimentos estabelecidos no art. 204 da Lei das S.A.

9 Ao contrário do senso comum de muitos pesquisadores e profissionais, a Lei das S.A. não estabelece um percentual mínimo de dividendo obrigatório como cláusula pétrea. Um estatuto social omisso deve assegurar aos acionistas o recebimento de, no mínimo, 50% do lucro líquido a título de dividendos, e a inclusão de disciplina de dividendo mínimo obrigatório em um estatuto omisso deve respeitar um percentual inicial não inferior a 25% do lucro líquido. Mas esse percentual é relevante apenas para a reforma que resolve incluir o dividendo, não havendo, na Lei das S.A., qualquer vedação à imediata alteração desse número para percentuais inferiores aos 25%. A consequência jurídica dessa alteração é dada pelo art. 136, que assegura ao acionista dissidente o direito de se retirar da companhia. Em uma companhia em fase de constituição, por sua vez, é possível a fixação, pelo consenso dos acionistas fundadores, de percentuais inferiores a 25%. É possível, nesse contexto, a definição de percentual zero de dividendo mínimo obrigatório. Por mais pobre que seja a solução adotada pela Lei das S.A., quem discordar desse percentual ou não figurará como subscritor no ato de constituição da companhia, ou poderá exercer o direito de retirada.

líquido, conforme especificidades dos arts. 193 a 197 e 202, §§ 3º e 4º, da Lei das S.A.,[10] com reflexos mediatos na esfera patrimonial dos acionistas.[11]

Seja no pagamento de dividendos, seja no incremento do patrimônio líquido da companhia, o direito essencial do acionista de participar nos lucros é respeitado.

Chega-se, portanto, à premissa nº 1 deste texto: os acionistas têm direito essencial de participar nos lucros sociais, podendo esse direito ser concretizado pela distribuição de dividendos ou pelo reflexo mediato da valorização do patrimônio social na esfera dos acionistas.

Retenção de lucros *versus* distribuição de dividendos

Outra inovação introduzida pelo diploma de 1976 foi a criação de regras mais sólidas a respeito da possibilidade de retenção dos lucros sociais em contas de patrimônio líquido, substituindo as provisões genéricas do Decreto-Lei nº 2.627/1940 a respeito da constituição dos "fundos de reserva".

Ainda que a sistemática dos fundos de reserva pudesse ser, teoricamente, compatível com o direito essencial do acionista de participar nos lucros sociais, dados os reflexos mediatos irradiados em suas respectivas esferas patrimoniais, a precariedade dos dispositivos então vigentes potencializava o conflito entre acionistas controladores e acionistas minoritários, permitindo que os primeiros fizessem uso da prática reiterada e injustificada de retenção de lucros.

A possibilidade de encapsulamento de parcela dos lucros sociais sob a rubrica abrangente de "fundo de reserva" não conferia aos acionistas minoritários instrumentos fiscalizatórios adequados sobre a destinação desses recursos.

---

10 Não se trata, aqui, das hipóteses de participação estatutária dos empregados, administradores e partes beneficiárias estipulada no art. 190 da Lei das S.A. por representarem destinações que antecedem a formação do lucro líquido.

11 O incremento do patrimônio líquido apresenta diversos reflexos mediatos aos acionistas como, por exemplo, (1) potencializa o também direito essencial de participar do acervo da companhia em caso de liquidação (art. 109, II) ao reduzir a razão entre passivos totais (circulante + exigível a longo prazo) e ativos totais; (2) lastreia, ainda que teoricamente, o preço de emissão de novas ações, exigindo um aporte maior de recursos por novos acionistas para o recebimento da mesma unidade irradiadora de direitos políticos e patrimoniais que é a ação; e (3) permite um melhor equilíbrio da estrutura ótima de capital da companhia com a consequente redução do custo médio ponderado de capital – WACC –, e, sujeito a outros fatores que afetem a atividade da companhia, mitigando os riscos de *stress* financeiro.

Os lucros sociais eram retidos sem a necessidade de indicação da finalidade da retenção ou dos retornos esperados, e assim poderiam permanecer por tempo indeterminado.

Esse *status* de financiadores compulsórios às escuras até então imposto aos acionistas minoritários foi mitigado com o advento da Lei nº 6.404/1976 e a indicação das reservas de lucros que poderão compor a conta de patrimônio líquido bem como as hipóteses de retenção admitidas.

Embora a discricionariedade dos acionistas controladores para aprovar a retenção dos lucros sociais tenha sido limitada, a redação original do novo diploma societário ainda era insuficiente.

O art. 178, § 2º, alínea "d", da referida lei estabelecia, originalmente, que a conta do patrimônio líquido seria dividida em "capital social, reservas de capital, reservas de reavaliação, reservas de lucros e *lucros ou prejuízos acumulados*" (grifo meu). E isso foi o suficiente para que os acionistas controladores mantivessem a aprovação de retenções de parcela significativa dos lucros sob a rubrica de "lucros acumulados", a qual apresentava as mesmas fragilidades dos "fundos de reserva" mencionados.

Foi apenas com as alterações introduzidas pelas leis nº 10.303/2001 e nº 11.638/2007 que a sistemática de retenção de lucros sociais ganhou contornos mais sólidos. Enquanto o primeiro diploma impôs que "os lucros não destinados nos termos dos arts. 193 a 197 deverão ser distribuídos como dividendos", o segundo proibiu o registro de saldo credor da conta "lucros acumulados" ao término de cada exercício social.[12]

Estabeleceu-se, dessa forma, um equilíbrio entre a política de distribuição de dividendos e a possibilidade – sob adequada fundamentação, transparência e atribuição de mecanismos fiscalizatórios – de retenção de lucros como fonte de financiamento das atividades da companhia junto aos acionistas.

---

12 A conta de "lucros acumulados" não foi completamente extinta. Atualmente, a referida conta apresenta um caráter transitório na mutação de patrimônio líquido das companhias, registrando o valor credor do lucro líquido do exercício e os lançamentos devedores atrelados a cada destinação específica proposta pela administração da companhia. Adicionalmente, nos termos do item 115 do Comunicado Técnico CT nº 03 – Esclarecimentos sobre as Demonstrações Contábeis de 2008 –, aprovado pela Resolução CFC nº 1.157/2009, a obrigação de a conta de lucros acumulados não conter saldo positivo é aplicável apenas às sociedades por ações, e não aos demais tipos societários.

Limite de retenção de lucros

A proteção dos acionistas minoritários contra o arbítrio dos controladores não reside apenas na existência de regras sólidas sobre as hipóteses de retenção de parcela dos lucros sociais em contas de patrimônio líquido.

Já no diploma de 1940, era possível identificar a imposição de limite para o saldo dos "fundos de reserva criados pelos estatutos", o qual não poderia ultrapassar a cifra do capital social. A mesma regra foi reproduzida na atual Lei das S.A., guardada a adaptação para a nova sistemática das reservas de lucros já mencionada.

Essa correlação quantitativa entre o saldo das reservas de lucros e o valor do capital social é uma escolha legislativa que não encontra respaldo em argumentos jurídicos, econômicos ou de outra natureza. Não há relação entre o valor do lucro líquido gerado pelas atividades empresariais e o montante de recursos captados junto aos acionistas. O lucro líquido é gerado pelo conjunto de decisões de investimento de curto e longo prazos adotadas pelos administradores da companhia, seu posicionamento estratégico no mercado e a habilidade de imposição de estruturas eficientes para a redução dos custos de produção de bens ou de prestação de serviços.

O mesmo resultado almejado com o art. 130, § 2º, do Decreto-Lei nº 2.627/1940 e o atual art. 190 da Lei das S.A. seria obtido se a redação estabelecesse, como limite do saldo das reservas de lucros, percentual de 80% do capital social ou o múltiplo de duas vezes a referida cifra, por exemplo.[13]

O fato é que o referido percentual perde relevância se comparado com os efeitos esperados pela imposição desses limites. O que se busca com o instituto é estabelecer critérios auferíveis pelos acionistas minoritários e impor a necessidade de justificação, pelos gestores e acionistas controladores, de suas decisões sobre retenção de parcela dos lucros sociais dentro dos limites estabelecidos na legislação em vigor.

---

13 O caráter aleatório das decisões legislativas não é novidade no direito societário. Os percentuais de dividendos mínimos obrigatórios em 50% para os estatutos sociais omissos e 25% para a inclusão da previsão de dividendo mínimo obrigatório nos estatutos sociais omissos (art. 202), o *tag along* de 80% do valor pago por ação com direito a voto (art. 254-A), a restrição à negociabilidade das ações da companhia aberta antes da realização de 30% do preço de emissão (art. 29), entre outros, são exemplos da escolha aleatória de parâmetros pelo legislador diante da insuficiência de elementos objetivos para sua fixação.

Limita-se, dessa forma, tanto em escopo quanto em valor, a discricionariedade da maioria do capital social definir o destino da parcela do lucro que cabe aos demais acionistas.

Sabe-se que, na prática, os acionistas controladores, no uso de sua prerrogativa de dominância nas deliberações sociais, fazem aprovar aumentos sucessivos do capital social mediante a capitalização de reservas de lucros, inclusive das estatutárias, como forma de ampliar os limites para a realização de novas retenções.

A despeito da dificuldade de se obstar tais deliberações pelos institutos societários convencionais, a sistemática vigente da Lei das S.A. impõe aos acionistas controladores e administradores da companhia a obrigação de observância de determinados parâmetros, como indicação precisa da finalidade, critérios para a determinação da parcela anual dos lucros apropriada e limite máximo das reservas estatutárias, justificação da retenção de lucros, fontes de recurso e aplicações de capital dos orçamentos de capital, entre outros.

Cabe aos acionistas, no exercício de seu direito essencial de fiscalizar a gestão dos negócios sociais (art. 109, III), acompanhar e levantar questionamentos sobre eventuais descumprimentos de tais obrigações pelos acionistas controladores e administradores, com a devida responsabilização dos mesmos.

Chega-se, portanto, à premissa nº 2 deste texto: a retenção de lucros é uma decisão condicionada que deve observar limites quantitativos e qualitativos instituídos para assegurar aos acionistas minoritários mecanismos fiscalizatórios adequados sobre a destinação da parcela dos lucros sociais que lhes cabe.

Reserva legal

Acionista como fonte de financiamento da companhia

A gestão estratégica das companhias é composta, essencialmente, por um conjunto de decisões de financiamento e de investimento. Tais decisões podem criar vantagens competitivas, permitir crescimentos e consolidações de negócios e, de forma geral, estabelecer melhor alocação de recursos para a adequada remuneração dos agentes financiadores, sejam eles operacionais, como os fornecedores, governo e empregados, sejam eles financeiros, como bancos, detentores de títulos de dívida e acionistas.

Cada um dos diversos financiadores indicados está sujeito a fatores de risco próprios, ponderados pela natureza do financiamento e pelo prazo para exigibilidade da respectiva obrigação e, naturalmente, apresenta taxas de retorno esperadas também variadas.

Os acionistas, nesse contexto, suportam riscos mais elevados se comparados aos demais financiadores da companhia, seja pela característica residual de seus direitos,[14] pela ausência de contratualização das taxas de retorno esperadas,[15] ou ainda pela inexistência de termo para a restituição de seu investimento.

Nesse contexto, a lei confere aos acionistas controladores o poder institucionalizado de direcionar as estratégias de financiamento e investimento da companhia por intermédio da eleição dos administradores, os quais poderão, sob risco de destituição de seus cargos (art. 122, II), ser compelidos a adotar medidas mais arriscadas em busca de maiores rentabilidades que permitam, além do cumprimento das obrigações correntes da companhia, a geração de excedente que represente retorno adequado aos acionistas.[16]

Ocorre que essa maior exposição da companhia a riscos é acompanhada, naturalmente, pelo aumento nas taxas de retorno esperadas pelos demais financiadores, impactando negativamente os excedentes disponíveis para retorno aos acionistas.

Adicionalmente, o fato de os próprios acionistas definirem a remuneração de seu capital com base no montante do lucro líquido disponível ao término de cada exercício social pode levar a um consumo de caixa da companhia para pagamento de dividendos em percentuais elevados, em detrimento do planejamento de investimentos em novas fontes de receitas e cumprimento de obrigações junto aos demais financiadores da atividade empresarial.

---

14 O acionista é considerado o principal *residual claimant* da companhia, estando o retorno de seu investimento condicionado ao cumprimento pretérito das obrigações vencidas de todos os demais credores da companhia. Tão somente na hipótese de existência de saldo após o cumprimento de tais obrigações é que os acionistas passarão a ser remunerados, mediata ou imediatamente, por seu capital investido.

15 Embora o tratamento dos dividendos fixos e mínimos (art. 17, I) possa ser interpretado como contratualização de taxas de retorno de acionistas titulares de ações preferenciais, essa disciplina apenas estabelece os parâmetros que deverão ser aplicados caso exista, ao término do exercício, lucro líquido a ser distribuído. Em não havendo dividendo a ser distribuído em determinado exercício social, não é assegurado aos referidos acionistas pretensão ao recebimento de tais valores, conforme reza o disposto no art. 201 da Lei das S.A.

16 Para uma análise mais detalhada sobre a tensão entre os acionistas e demais financiadores da companhia, ver Black (2001).

Para que essa equação de retorno e risco seja sustentável, é necessária a criação de políticas que estimulem o crescente interesse dos investidores em comprometer parcela de seu patrimônio em troca de participações acionárias e, ao mesmo tempo, preservem a saúde financeira da companhia para a perpetuação de suas atividades e geração de valor ao longo do tempo para cumprimento de suas obrigações.

Capital social e proteção dos credores: nova abordagem do tema

Embora há muito se propague ser o capital social uma garantia aos credores,[17] não é necessário ir muito a fundo para chegar a conclusão diversa.[18]

Os valores aportados pelos acionistas ao capital social são creditados no ativo circulante da companhia ou no ativo não circulante, caso a integralização seja realizada em bens para sua utilização nas decisões de investimento dos administradores. Tais decisões poderão ser direcionadas à construção de um ativo não circulante com maior expectativa de rentabilidade em comparação aos ativos circulantes, cumprimento de obrigações da companhia junto a seus financiadores, fortalecimento do capital de giro, entre outros.

Uma vez utilizados tais recursos, deixa de existir qualquer relação entre a cifra do capital social e os valores aportados pelos sócios. Tais valores podem ter se multiplicado na geração/aquisição de novos ativos, mas poderão, igualmente, ter sido consumidos para fazer frente a despesas sem um retorno correspondente em caixa no desenvolvimento das atividades empresariais.

---

17 Nos termos da exposição de motivos da Lei das S.A.: "O Projeto mantém, na plenitude, a função do capital social, de garantir os credores da companhia, conciliando a responsabilidade limitada dos acionistas (indispensável para que se possam associar, na mesma empresa, centenas ou milhares de sócios) com a proteção ao crédito, necessária ao funcionamento do sistema econômico. Procura, além disso, completar e aperfeiçoar o regime legal que visa a preservar sua realidade e integridade" (Exposição de Motivos nº 196, de 24 de junho de 1976. Ministério da Fazenda, capítulo II. Disponível em: <www.cvm.gov.br/export/sites/cvm/legislacao/leis-decretos/anexos/EM196-Lei6404.pdf>. Acesso em: abr. 2022). No mesmo sentido, Carvalhosa (2011:198).

18 O professor José Alexandre Tavares Guerreiro (1984), com maestria, analisou a noção e função econômica e jurídica do capital social, trazendo elementos que afastam a noção de garantia aos credores conferida incorretamente ao capital social.

Há aportes realizados pelos acionistas, enquanto acionistas,[19] que podem ser classificados em outra conta de patrimônio líquido, a reserva de capital (art. 13, § 2º), estando a cifra do capital social subvalorizada em relação aos aportes efetivamente realizados.

Por outro lado, há ainda a possibilidade de capitalização de reservas de lucros que tenham sido geradas por superávit exclusivamente contábil, sem o correspondente reflexo no fluxo de caixa, de forma que o capital social não refletirá os recursos disponíveis para a execução das atividades da companhia.

Diante desse cenário, é arbitrário entender que a cifra do capital social representa qualquer parâmetro para tomada de decisões pelos credores da companhia ou constitui garantia hígida ao cumprimento, pela companhia, de suas obrigações junto aos referidos credores.

O que o capital representa, em última instância, é o compromisso firme dos acionistas com suas fontes de investimento, reforçando o caráter residual de seus direitos. Enquanto os lucros sociais podem ser distribuídos sem que isso assegure oposição dos credores,[20] o capital social não pode ser reduzido com restituição aos acionistas sem que isso gere a oposição dos credores.

E isso não significa garantia aos credores, tampouco higidez financeira da companhia. O que representa garantia efetiva aos credores é a imposição de uma gestão financeira e operacional eficiente, transparente e estratégica, condução harmoniosa das fontes e volumes de financiamento e destinos e rentabilidade dos investimentos, com geração de capital de giro líquido positivo, seja ele real ou potencial.

Juridicamente, a relevância da cifra do capital social reside na atribuição das obrigações e dos direitos patrimoniais e políticos aos acionistas no âmbito das relações jurídico-societárias que mantêm entre si e perante a companhia.

---

19 Não se trata, aqui, de aportes realizados pelos acionistas a título de mútuo. Nessa hipótese, os direitos e obrigações dos acionistas decorrem de sua posição de credor da companhia e não de sua relação jurídico-societária.

20 Ressalvadas as hipóteses de *covenants* estabelecidos em contratos de financiamento.

Reserva legal: constituição, limites e funções

Ao criar a reserva legal, o legislador manifestou seu entendimento a respeito da finalidade da referida conta de patrimônio líquido: "assegurar a integralidade do capital social" (art. 193, § 2º).

Para tanto, ordena que sejam aplicados na constituição da referida reserva 5% do lucro líquido do exercício,[21] limitando sua utilização para compensar prejuízos ou aumentar o capital social.

O primeiro comentário a respeito da finalidade exteriorizada pelo legislador diz respeito à efetiva proteção da cifra do capital social. Em nenhum momento a Lei das S.A. obriga a compensação de prejuízos do exercício com a cifra do capital social, embora faculte a deliberação dos acionistas nesse sentido, nos termos do art. 173. Ou seja, é juridicamente possível a coexistência de conta de prejuízo acumulado em impacto efetivo à cifra do capital social, embora com impacto ao valor total da conta de patrimônio líquido.

Em segundo lugar, cabem maiores reflexões sobre a efetiva necessidade de se proteger a cifra do capital social. Como demonstrado, o capital social não representa uma garantia ou proteção aos credores e, em última instância, apenas atua como parâmetro para a atribuição de obrigações e direitos aos acionistas, o que é realizado com base em seus respectivos percentuais de participação acionária.

Ainda que os acionistas viessem a aprovar uma redução do capital social para a absorção dos prejuízos acumulados, hipótese prevista na legislação em vigor, tal redução seria realizada de forma proporcional, não afetando o equilíbrio dos poderes e responsabilidades de cada acionista.

Seria no mínimo incoerente o legislador se preocupar com a proteção da cifra do capital social e, ao mesmo tempo, conferir aos acionistas a prerrogativa de reduzi-lo para a absorção de prejuízos acumulados. Tais movimentações representam apenas consolidações verticais de contas do patrimônio líquido, sem impactos aos credores, à companhia e aos próprios acionistas.

A referida proteção da integralidade do capital social, portanto, não apenas não é verdadeira como é desnecessária. Os impactos da reserva legal na cifra do

---

21 Até ser atingido valor correspondente a 20% da cifra do capital social, e facultando a dispensa de sua constituição no exercício social em que a soma da cifra da reserva legal e da reserva de capital exceder 30% o capital social.

capital social são efeitos colaterais neutros gerados pela escolha legislativa, mas sem substrato jurídico ou econômico.

O efeito econômico efetivo da constituição da reserva legal é o de proteção, ainda que pequena, dos credores da companhia, independentemente dos impactos gerados na cifra do capital social.

Ao estabelecer a obrigatoriedade de aplicação de 5% do lucro líquido do exercício para a constituição da reserva legal, o que a Lei das S.A. estabelece é uma limitação à prerrogativa dos acionistas de retirarem parte dos lucros sociais a título de pagamento de dividendos. Evita-se, dessa forma, maior descapitalização da companhia com a retirada de caixa para os acionistas ou o reconhecimento de lucros a realizar para uma futura retirada de caixa da companhia.

Esse caixa que deixa de ser entregue aos acionistas, por imposição legal, é revertido em benefício das atividades da companhia, seja para cumprimento das decisões de investimentos tomadas pelos administradores e consequente fortalecimento, ainda que potencial, da capacidade de geração de caixa e incremento de valor, seja para o cumprimento das obrigações junto aos respectivos credores.

E esse colchão de segurança criado em favor dos credores não é afetado pela utilização contábil da reserva legal dentro das finalidades impostas pela Lei das S.A. Tanto a absorção de prejuízos quanto a realização de aumento do capital social não representam efeito caixa para a companhia, sendo ambas as operações efetivadas pela movimentação vertical das contas de patrimônio líquido da companhia.

Outro fator que reforça que a reserva legal é criada em benefício dos credores é o caráter residual de sua utilização para a absorção de prejuízos. Apenas após a compensação das reservas de lucros é que a reserva legal poderá ser utilizada para a compensação de tais prejuízos. Os acionistas, portanto, são confirmados como os financiadores sujeitos ao maior risco, e seus direitos mantêm o caráter residual em relação aos demais credores.

Reserva legal e reservas de lucros

Embora sua constituição tenha origem na aplicação de parte do lucro líquido do exercício, a reserva legal não representa, propriamente, uma reserva de lucros, uma vez que os recursos assim alocados ganham uma nova rotulagem, passando a integrar em caráter definitivo o caixa da companhia para sua utilização dentro dos critérios e decisões dos administradores. Não cabe aos acionistas, a qualquer tempo e título, ainda que por unanimidade, deliberar a distribuição a título de dividendo dos valores aplicados na reserva legal.[22]

Tais valores não poderão, igualmente, ser utilizados para fazer frente à aquisição de ações pela própria companhia (art. 30, § 1º, "b"),[23] para pagamento de reembolso das ações (art. 45, § 5º)[24] ou ainda para a realização de integralização devida pelo acionista remisso (art. 107, § 4º).[25]

Essa situação é diversa daquela verificada nas demais reservas constituídas com base na aplicação de parcela do lucro líquido do exercício.

As *reservas de contingências* (art. 194) são constituídas com a absorção de parte do lucro líquido com o objetivo de "compensar, em exercício futuro, a diminuição do lucro decorrente de perda julgada provável, cujo valor possa ser estimado". Por imposição do § 2º do referido artigo, tais reservas serão revertidas no exercício em que deixarem de existir as razões que justificaram sua constituição ou em que ocorrer a perda. Não há, ainda, qualquer impedimento para que os acionistas deliberem a reversão da referida reserva mesmo antes de verificada ou extinta a perda, deixando de contar com a proteção patrimonial que a referida reserva gera para esse tipo de situação. Essa reserva, além de ter como origem a apropriação de parte do lucro líquido, mantém a característica dos valores assim retidos como "lucros", com apenas uma destinação potencial, mas sem uma nova rotulagem permanente, podendo tais valores ser atribuídos aos acionistas a título de distribuição de dividendos.

---

22 Poderia ser alegado que a possibilidade de aumento do capital social com a capitalização da reserva legal e subsequente redução do capital social por ser julgado excessivo (art. 173) teria o mesmo efeito econômico que a distribuição da reserva legal a título de dividendos. Entretanto, essa sistemática confere a possibilidade de oposição dos credores quirografários por títulos anteriores à data da publicação da respectiva ata, o que não ocorre na mera distribuição de dividendos.

23 "Art. 30. [...] § 1º. [...] b) a aquisição, para permanência em tesouraria ou cancelamento, desde que até o valor do saldo de lucros ou reservas, exceto a legal, e sem diminuição do capital social, ou por doação; [...]"

24 "Art. 45. [...] § 5º. O valor de reembolso poderá ser pago à conta de lucros ou reservas, exceto a legal, e nesse caso as ações reembolsadas ficarão em tesouraria."

25 "Art. 107. [...] § 4º. Se a companhia não conseguir, por qualquer dos meios previstos neste artigo, a integralização das ações, poderá declará-las caducas e fazer suas as entradas realizadas, integralizando-as com lucros ou reservas, exceto a legal; se não tiver lucros e reservas suficientes, terá o prazo de 1 (um) ano para colocar as ações caídas em comisso, findo o qual, não tendo sido encontrado comprador, a assembleia-geral deliberará sobre a redução do capital em importância correspondente."

A *reserva de incentivos fiscais* (art. 195-A) tem como objetivo registrar a parcela do lucro líquido gerada em decorrência da redução de carga tributária da companhia. O resultado positivo advindo do não pagamento de determinados tributos gera um lucro para a companhia, mas não é levado à tributação do imposto de renda e da contribuição social sobre o lucro líquido sob a condição de não ser distribuído aos acionistas. Entretanto, os acionistas poderão, a qualquer momento, deliberar a distribuição dos valores registrados na reserva de incentivos fiscais para pagamento de dividendos, desde que levem os referidos valores à tributação incidente sobre o lucro. Essa reserva, além de ter como origem a apropriação de parte do lucro líquido, mantém a característica dos valores assim retidos como "lucros", apenas com a restrição de sua distribuição, salvo pagamento da tributação incidente sobre o lucro correspondente, não recebendo uma nova rotulagem permanente.

A *reserva de retenção de lucros* (art. 196) é constituída pela apropriação de parte do lucro líquido para fazer frente a orçamento de capital elaborado pela administração da companhia. Enquanto não utilizados tais recursos, os mesmos continuam retidos sob a rubrica de "lucros", sem uma nova rotulagem permanente, apenas com um potencial de investimento na forma estabelecida no orçamento de capital. Caso a companhia obtenha outras formas de financiamento para cumprimento do orçamento de capital, caso tais investimentos sejam realizados com a utilização de volume inferior de recursos ou ainda caso os acionistas deliberem alterar ou extinguir o orçamento de capital, os valores assim retidos poderão ser distribuídos aos acionistas a título de dividendo.

A *reserva de lucros a realizar* (art. 197) representa o registro da parcela do lucro líquido que deveria ser atribuído aos acionistas a título de dividendo mínimo obrigatório, mas que ultrapassa o valor do lucro realizado. Tais valores são mantidos sob a rubrica de "lucros", sem receber qualquer nova rotulagem, e serão pagos aos acionistas no exercício social no qual ocorrer a realização de valor suficiente do lucro líquido para tanto.

As *reservas estatutárias* (art. 194) são constituídas pela retenção de percentuais no estatuto social para fazer frente às finalidades que justificaram sua constituição, tal como a realização de novos investimentos específicos pela companhia. Enquanto não utilizados tais recursos, os mesmos continuam retidos sob a rubrica de "lucros", sem uma nova rotulagem permanente, apenas com um potencial de investimento na forma estabelecida pelo estatuto social. Caso a companhia obtenha outras formas de financiamento para a realização das finalidades definidas para a reserva estatutária, caso tais investimentos sejam realizados com a utilização de volume inferior de recursos ou ainda caso os acionistas deliberem alterar ou extinguir a referida reserva, ou simplesmente aprovar a destinação de tais valores para pagamento de dividendos, os valores assim retidos poderão ser distribuídos aos acionistas.

A *reserva especial* (art. 202, § 5º) é constituída pela apropriação de parcela do lucro líquido do exercício quando os órgãos da administração manifestarem que seu pagamento aos acionistas a título de dividendos é incompatível com a situação financeira da companhia. Enquanto perdurar a existência da reserva especial, seus valores manterão sua característica de lucros, sem qualquer nova rotulagem. Tão logo a situação financeira da companhia permita, tais valores serão distribuídos aos acionistas a título de dividendos, conforme estabelecido no referido dispositivo.

Verifica-se, portanto, que todas as reservas indicadas, incluindo a reserva legal, são constituídas com a aplicação de parte do lucro líquido do exercício. A origem dos recursos a elas aportados, entretanto, não guarda, necessariamente, relação com a característica dos valores lá mantidos após a constituição, sendo que, no caso da reserva legal, tais valores perdem a condição de lucro, ao passo que, nas demais reservas analisadas, tais valores mantêm a característica de lucro, sem nova rotulagem definitiva, sendo, inclusive, passíveis de distribuição aos acionistas em determinadas hipóteses.

Chega-se, portanto, à premissa nº 3 deste texto: a reserva legal representa uma proteção aos credores da companhia ao limitar o direito de os acionistas retirarem como dividendos parte dos lucros sociais que ganham nova rotulagem definitiva e, por esse motivo, não deve ser entendida como uma reserva de lucros, ainda que a origem de tais recursos seja o lucro social.

Reflexões

Com base nas premissas alcançadas, é possível argumentar pela não consideração da reserva legal no cômputo do limite do saldo das reservas de lucro referido no art. 199 da Lei das S.A., apresentando essa reserva finalidades e características diversas em comparação às demais reservas originadas da aplicação de parte do lucro líquido do exercício.

A exclusão da reserva legal dessa base de cálculos, entretanto, não deve ser interpretada como uma oportunidade para prática de novas retenções abusivas por parte dos controladores. Toda e qualquer retenção deve ser solidamente justificada, devidamente fundamentada e trazer elementos suficientes para que os acionistas e membros do conselho fiscal, caso em funcionamento, possam auferir a adequada aplicação de tais recursos para as finalidades a que se destinam.

Por mais que a Lei das S.A. não assegure aos acionistas um direito essencial para o recebimento de dividendos, mas tão somente o direito essencial de participação nos lucros sociais, deve-se estar atento para práticas reiteradas de retenção da totalidade do lucro líquido que sobrepuje o dividendo mínimo obrigatório, transformando, na prática, o piso obrigacional em teto de pagamento aos acionistas.

As contas de patrimônio líquido apresentam finalidades e objetivos específicos, voltados ao fortalecimento e segurança das decisões de financiamento e investimentos pelos administradores, e não podem estar a serviço de práticas abusivas com o sufocamento financeiro de acionistas minoritários e a manutenção de excesso de liquidez e caixa sob a gestão dos administradores e controladores, muitas vezes permitindo que companhias aufiram a maioria de seu lucro líquido em decorrência de aplicações financeiras e não como resultado de suas atividades operacionais.

Nas palavras de Flávio K. Málaga (2018),

> caso o investimento em aplicações financeiras e contas a receber, que são investimentos de curto prazo, rendam mais do que investimentos em infraestrutura (AP), as empresas deveriam considerar a hipótese de se desfazer de sua infraestrutura para aplicar no mercado financeiro ou em uma *factoring*, por exemplo.

Referências

BLACK, Bernard S. Corporate law and residual claimants (partial draft). *Stanford Law and Economics Olin Working Paper n. 217*, 1 maio 2001. Disponível em: <https://ssrn.com/abstract=1528437>. Acesso em: abr. 2022.

CARVALHOSA, Modesto. *Comentários à lei de sociedades anônimas*. 6. ed. rev. e atual. São Paulo: Saraiva, 2011. v. 1.

GUERREIRO, José Alexandre Tavares. *Regime jurídico do capital autorizado*. São Paulo: Saraiva, 1984.

LAMY FILHO, Alfredo; BULHÕES PEDREIRA, José Luiz. *A Lei das S.A.*: pressupostos, elaboração, modificações. 3. ed. Rio de Janeiro: Renovar, 1997. v. 1.

LEÃES, Luiz Gastão Paes de Barros. *Do direito do acionista ao dividendo*. São Paulo: Obelisco, 1969.

MÁLAGA, Flávio K. *Análise de demonstrativos financeiros e da performance empresarial*. 3. ed. São Paulo: Saint Paul, 2018.

PONTES DE MIRANDA, Francisco Cavalcanti. *Tratado de direito privado*. Rio de Janeiro: Borsoi, 1970. tomo V, §§ 276-278.

11. Estudo sobre os deveres legais dos administradores de sociedades anônimas em crise à luz da jurisprudência das Cortes de Delaware

*Ferdinando Lunardi**

Introdução

Desde a edição da Lei nº 11.101/2005, certos campos de intersecção entre a área de abrangência da Lei nº 6.404/1976 e a da Lei nº 11.101/2005 permanecem mal resolvidos, seja por não terem sido objeto de apreciação mais aprofundada pelos tribunais, seja por continuarem intocados pelos trabalhos acadêmicos.

Exemplos dessa situação envolvem temas que, embora sejam muito debatidos no âmbito do direito societário, não têm recebido a mesma atenção no âmbito das empresas em crise, tais como: acordo de acionistas e eventuais incompatibilidades entre suas previsões e as disposições de plano de recuperação judicial, exercício do direito de voto por acionistas minoritários em dissonância com o quanto previsto em plano de recuperação, distribuição de dividendos durante o processo de recuperação judicial, remuneração de administradores de sociedades em recuperação judicial, entre outros.

É verdade que alguns casos envolvendo tais assuntos chegaram a ser apreciados pelos tribunais.[1] Talvez o mais recente e emblemático deles seja o caso

---

* Agradeço a Paulo Lilla o honroso convite para participar dessa obra em homenagem a seu pai, Fabio Lilla, com quem tive o prazer de trabalhar e a sorte de aprender desde o início de minha caminhada profissional.

[1] Cabe mencionar, por exemplo, os seguintes: (1) o caso Daslu, em que, a despeito da existência de acordo de acionistas garantindo direito de veto ao acionista minoritário, o plano de recuperação judicial aprovado em assembleia previu como meio de recuperação a alienação da marca, cf. TJSP, Câmara Reservada à Falência e Recuperação, Agravo de Instrumento nº 0154311-66.2011.8.26.0100, rel. desembargador Pereira Calças, j. 24/01/2012; (2) o caso Renuka, em que o juízo de primeira instância entendeu que sempre que o acionista minoritário da recuperanda proferisse voto em dissonância com o plano de recuperação judicial aprovado, o voto do referido acionista deveria ser desconsiderado, tendo sido atribuído efeito suspensivo à referida decisão em sede de agravo de instrumento, ver TJSP, 2ª Câmara Reservada de Direito Empresarial, Agravo de Instrumento nº 2257715-26.8.26.0000, rel. desembargador Alexandre Marcondes, j. 19/12/2016.

do Grupo Oi, em que diversas medidas no espectro societário foram determinadas pelo próprio juízo da recuperação, inclusive suprimindo instâncias de governança da companhia.[2] Mas o fato é que vários assuntos oriundos dessa interseção continuam carecendo de maior aprofundamento. Um deles corresponde à disciplina jurídica dos deveres legais dos administradores de sociedades anônimas em crise.

A Lei nº 6.404/1976, que continua aplicável mesmo após a instauração do estado de crise e eventual pedido de recuperação judicial,[3] fixou parâmetros abertos para monitoramento da conduta dos administradores, conferindo liberdade de interpretação, para que a especificação de seu conteúdo ocorra na análise de cada caso concreto, levando-se em consideração as circunstâncias enfrentadas pela companhia.[4] A especificação do conteúdo dos deveres impostos pela Lei nº 6.404/1976 aos administradores de sociedades anônimas em crise, à luz das disposições da Lei nº 11.101/2005, é um tema ainda pouco explorado no Brasil.

Nos Estados Unidos, há muito tempo a jurisprudência de Delaware discute questões como (1) a eventual substituição (*shift*) dos acionistas pelos credores enquanto destinatários dos deveres fiduciários dos administradores a partir do momento em que a sociedade está insolvente; (2) o momento em que essa eventual substituição ocorreria (se apenas quando instaurada a insolvência ou se já na sua iminência, chamada de *vicinity of insolvency*); (3) a legitimidade de credores para propositura de ações contra os administradores por violação de seus deveres fiduciários; (4) o conteúdo dos deveres fiduciários dos administradores de sociedades anônimas em crise.[5]

---

2 Tais medidas envolveram, entre outras: (1) suspensão de assembleias de acionistas já convocadas; (2) determinação judicial para que eventuais novos administradores se abstivessem de interferir nas questões relacionadas à recuperação, notadamente negociar o plano; (3) determinação judicial para que apenas o diretor-presidente negociasse o plano de recuperação, com o fundamento de que a Lei nº 11.101/2005 seria especial em relação à Lei nº 6.404/1976 e de que os direitos dos acionistas não poderiam se sobrepor à necessária preservação da empresa, ver autos nº 0203711-65.2016.8.19.0001, em trâmite perante a 7ª Vara Empresarial da Comarca da Capital do Estado do Rio de Janeiro.

3 Estendendo-se um pouco mais sobre a permanente aplicação da Lei nº 6.404/1976, ver Tepedino (2017:587).

4 Ver Processo Administrativo Sancionador CVM nº RJ2011/2595, rel. diretora Luciana Dias, v.u., j. 29/07/2014; e Parecer de Orientação nº 35, de 2008, no qual se indicou que a "Lei nº 6.404, de 1976, estabeleceu os deveres fiduciários dos administradores de forma abstrata, fixando padrões gerais de conduta que precisam ser especificados diante de situações concretas".

5 Ver, por exemplo, Bainbridge (2007).

A análise dessas questões é relevante porque as estratégias e as decisões serão diferentes a depender das prioridades a serem adotadas pelos administradores, isto é, se o objetivo for maximizar o valor da empresa em benefício de todos os interessados, os administradores agirão de uma determinada maneira; se, por outro lado, a prioridade for garantir maior recuperação aos credores, as decisões poderão ser mais conservadoras e ter horizontes de tempo e perspectivas de risco também diversos.

Assim, passados mais de 15 anos da edição da Lei nº 11.101/2005, tem-se, de um lado, a necessidade de um aprofundamento acadêmico e institucional sobre o tema no Brasil. De outro lado, veem-se a profusão de decisões nos Estados Unidos sobre essas questões e a alta probabilidade de que elas contribuam para o desenvolvimento do ambiente acadêmico no Brasil. Diante disso, este texto tem o objetivo bifronte de, em primeiro lugar, expor o entendimento sobre o tema nas Cortes de Delaware[6] e, por outro lado, iniciar um debate sobre o conteúdo dos deveres legais dos administradores de sociedades anônimas em crise no Brasil.

Para tanto, o trabalho se divide em quatro partes, das quais a primeira consiste nesta breve introdução. A segunda parte se dedica a analisar os precedentes mais relevantes apreciados pelas Cortes de Delaware. A terceira parte ensaia o estado atual da discussão sobre o tema no Brasil. Por fim, a quarta parte conclui o trabalho identificando questões específicas que merecem aprofundamento acadêmico.

A evolução da discussão sobre os deveres legais dos administradores nas Cortes de Delaware

A jurisprudência das Cortes de Delaware evoluiu significativamente nos últimos 20 anos. Durante muito tempo discutiu-se o entendimento de que, uma vez insolvente a companhia – ou ainda, encontrando-se em estado de insolvência iminente – operava-se uma troca (o que a jurisprudência e os intérpretes chamaram de *shift*) nos destinatários dos deveres fiduciários dos administradores. Essa troca seria decorrência da aplicação da *trust fund doctrine*, segundo a qual,

6 Por simplicidade de referência, a Supreme Court e a Court of Chancery serão designadas ao longo deste texto, em conjunto ou isoladamente, como "Cortes de Delaware", "Cortes" ou simplesmente "Corte".

a partir da insolvência, a companhia passaria na realidade a ser um *trust* gerido pelos administradores em benefício dos credores (Barondes, 1998:64).[7]

A partir dessa substituição, os credores assumiriam o lugar dos acionistas na qualidade de titulares de interesses residuais e passariam a ser os destinatários dos deveres fiduciários dos administradores, de modo que o descumprimento dos deveres fiduciários legitimaria os credores à propositura de medidas judiciais de responsabilização dos administradores.

Com o passar do tempo, o entendimento sobre as decisões da Corte de Delaware evoluiu de (1) uma posição que (a) reconhecia a substituição (*shift*) dos acionistas pelos credores como destinatários dos deveres fiduciários dos administradores; (b) conferia proteção aos administradores em relação aos acionistas caso adotassem medidas que favorecessem os credores em detrimento da companhia; e (c) atribuía maior empoderamento aos credores para pleitear responsabilização dos administradores, para (2) uma posição que (a) continua reconhecendo que, uma vez insolvente a companhia, os credores passam a ser destinatários dos deveres fiduciários dos administradores, mas em conjunto com a companhia, os acionistas e demais *stakeholders*; (b) segue legitimando os credores a perseguir responsabilização dos administradores, mas apenas em nome da companhia e não em nome próprio como alguns aventavam anteriormente; e (c) privilegia a aplicação da *business judgment rule*, protegendo os administradores.

A seguir, essa evolução será analisada de forma mais detida por meio da análise individual dos casos mais recentes e relevantes que contribuíram para a formação do entendimento mencionado.

a) *Caso Credit Lyonnais Bank Nederland N.V. v. Pathe Communications Corp. ("Caso Credit Lyonnais")*[8]

A decisão da Corte sobre o Caso Credit Lyonnais é muitas vezes revisitada e referida por decisões posteriores e pela literatura especializada como a decisão que introduziu a ideia de que a substituição (*shift*) dos acionistas pelos credores

---

[7] Apenas para ilustrar a aplicação dessa teoria, veja-se o seguinte excerto do caso Bovay v. H.M. Byllesby & Co. 38 A.2d 808, 813 (Del. 1944): "*An insolvent corporation is civilly dead in the sense that its property may be administered in equity as a trust fund for the benefit of creditors. The fact which creates the trust is the insolvency, and when that fact is established, the trust arises, and the legality of the acts thereafter performed will be decided by very different principles than in the case of solvency*".

[8] Credit Lyonnais Bank Nederland N.V. v. Pathe Communications Corp. C.A. Nº. 12150, Allen-C. (Del. Ch. 1991).

enquanto destinatários dos deveres fiduciários dos administradores aconteceria já no momento que antecede a insolvência da companhia (*vicinity of insolvency*).

O banco Credit Lyonnais Bank Nederland ("Credit Lyonnais") concedeu financiamento para expandir as atividades da Pathe Communications Corp. ("Pathe Communications" ou "Companhia"), controladora da MGM-Pathe Communications Co. ("MGM"), ambas voltadas ao ramo das produções cenográficas e do entretenimento.

Em determinado momento, Pathe Communications inadimpliu os contratos de financiamento. Além do financiamento em si, as partes haviam celebrado um contrato disciplinando regras específicas de governança dos órgãos de administração da Pathe Communications ("Contrato de Governança"), o qual, diante da incapacidade da Companhia de cumprir o contrato de financiamento, ensejou o ajuizamento de ação por Credit Lyonnais para substituir os administradores indicados pelos antigos controladores.[9]

Diante dos fatos, a Corte concluiu que Credit Lyonnais tinha o direito de remover o antigo controlador e administrador da gestão da Companhia e de suas controladas, não apenas porque havia inadimplido o contrato de financiamento, mas também porque violou obrigações do Contrato de Governança ao (1) adotar reiteradamente comportamento agressivo contra Credit Lyonnais com a única finalidade de prejudicar o referido credor, violando a boa-fé; e (2) omitir do credor informações relevantes sobre a situação econômico-financeira da Companhia a despeito das várias tentativas do banco de inteirar-se e auxiliar os administradores da Companhia sobre a restruturação financeira.[10]

A Corte argumentou que, a partir do momento em que a companhia se encontra em estado de insolvência iminente (chamado pela corte de *zone of insolvency* ou *vicinity of insolvency*), os administradores não devem dar prioridade aos interesses dos acionistas em detrimento de credores, pois a empresa como um todo (incluindo os interesses dos credores) é o beneficiário dos deveres fiduciários dos administradores.[11]

---

9 Cf. Credit Lyonnais Bank Nederland N.V. v. Pathe Communications Corp. C.A. Nº 12150, Allen-C. (Del. Ch. 1991), p. 4-5.

10 Id., p. 25-29.

11 "*[A]t least where a Corporation is operating in the vicinity of insolvency, a board of directors is not merely the agent of the residue risk bearers, but owes its duty to the corporate enterprise*" (Id., p. 38). Essa ideia é explorada com exemplos práticos na nota de rodapé nº 55 da referida decisão.

O cumprimento dos deveres fiduciários dos administradores se daria, dessa forma, mediante a defesa dos interesses da sociedade, incluindo interesses dos credores. A decisão não afirmou expressamente que os credores passam a ser os destinatários dos deveres fiduciários dos administradores, mas a redação permitiu a interpretação de que se os administradores agissem de modo a proteger os interesses de credores, eles estariam cumprindo seus deveres fiduciários e, por essa razão, acionistas não poderiam alegar exclusivamente com base nesse fato isolado a violação dos deveres fiduciários e pleitear sua responsabilização.[12]

No entanto, a ausência de assertividade da decisão a esse respeito e a utilização de conceitos pouco claros, tais como a *zone of insolvency*, foram posteriormente criticadas pela insegurança jurídica não só aos administradores, mas a toda a comunidade de interessados, dada a ausência de certeza sobre quem seriam os efetivos destinatários dos deveres fiduciários e qual seria a melhor forma de aplicar a *business judgment rule*.[13]

b) *Caso Geyer v. Ingersoll Publications Co. ("Caso Ingersoll")*[14]

No Caso Ingersoll, a Corte introduziu o conceito de "insolvência de fato" como uma tentativa de simplificar a análise do momento em que passaria a ser aplicável a *insolvency exception* (exceção à regra de que os deveres fiduciários existem perante a companhia), segundo a qual uma vez caracterizada a "insolvência de fato", os credores passariam a ser os destinatários dos deveres fiduciários.

Ingersoll Publications Co. ("IPCO" ou "Companhia") era uma companhia voltada à administração e distribuição de jornais e periódicos, na qual eram sócios Thomas Geyer ("Mr. Geyer") e Ralph Ingersoll II ("Mr. Ingersoll"). Numa certa ocasião, a Companhia recomprou as ações de sua emissão de titularidade de Mr. Geyer e, em contrapartida, entregou instrumentos de dívida, nos termos dos quais a IPCO faria pagamentos mensais de principal e juros a Mr. Geyer.

Em determinado momento, a Companhia deixou de realizar tais pagamentos e Mr. Geyer ajuizou medida contra o administrador, Mr. Ingersoll, alegando que ele teria cedido ativos da IPCO a terceiros em troca de benefícios a si próprio, arruinando o patrimônio da Companhia e prejudicando assim seus credores.

---

12 Ver Bainbridge (2007:348) e Silberglied e Friedland (2007).

13 Ver Bainbridge (2007:348-351).

14 Geyer v. Ingersoll Publications Co., 621 A.2d 784, 787 (Del. Ch. 1992).

Ao analisar o caso, a Corte esclareceu que, em regra, além dos deveres previstos em um contrato celebrado com um credor específico, não há deveres fiduciários que os administradores devessem cumprir perante tal credor.[15] Mas a Corte também esclareceu que o estado de insolvência da companhia cria para os administradores deveres fiduciários a serem observados perante os credores.[16]

Segundo a Corte, tais deveres surgem a partir do momento em que resta configurada a "insolvência de fato", caracterizada quando o valor das obrigações da companhia supera o valor de mercado de seus ativos; a partir daí, os destinatários dos deveres fiduciários dos administradores são os credores da companhia.[17]

Com essa decisão, a Corte pretendeu conferir aos administradores uma certeza maior a respeito do momento em que os deveres fiduciários perante os credores surgiriam. No entanto, como a decisão não afastou de forma clara e peremptória a ideia de *zone of insolvency* ventilada no Caso Credit Lyonnais, apesar de ter dito que os deveres fiduciários perante os credores surgem quando da "insolvência de fato", a questão do momento do surgimento de tais deveres continuou incerta.[18]

c) *Caso Production Resources Group v. NCT Group, Inc. ("Caso Production Resources")*[19]

Neste caso, a Corte assumiu a premissa de que, uma vez caracterizado o estado de insolvência, os credores passam a ser destinatários dos deveres fiduciários dos administradores. Além disso, a Corte fez importantes considerações sobre a legitimidade de credores para ajuizar ação de responsabilidade.

Production Resources Group ("PRG") forneceu um sofisticado sistema de informática para NCT Group ("NCT" ou "Companhia"), que nunca realizou o pagamento do preço. PRG tornou-se, assim, credor de NCT. Depois de ter cobrado seu crédito de forma extrajudicial por seguidos anos, PRG ajuizou, em nome próprio, ação contra os administradores da companhia por violação dos deveres fiduciários.

---

15 Ver Geyer v. Ingersoll Publications Co., 621 A.2d 784, 787 (Del. Ch. 1992), p. 4.

16 Ver Geyer v. Ingersoll Publications Co., 621 A.2d 784, 787 (Del. Ch. 1992), p. 4-7, afirmando que "*when the insolvency exception does arise, it creates fiduciary duties for directors for the benefit of creditors*", e "*fiduciary duties to creditors arise when one is able to establish the fact of insolvency*".

17 Ver Geyer v. Ingersoll Publications Co., 621 A.2d 784, 787 (Del. Ch. 1992), p. 4, no sentido de que "*the existence of the fiduciary duties at the moment of insolvency may cause directors to choose a course of action that best serves the entire corporate enterprise rather than any single group interested in the corporation at a point in time when shareholders' wishes should not be the directors only concern*".

18 Ver McDonnell (1994:210).

19 Production Resources Group v. NCT Group, Inc., 863 A.2d (Del. Ch. 2004).

Segundo PRG, os administradores teriam violado seus deveres fiduciários porque (1) fizeram com que a Companhia onerasse ativos em favor do acionista controlador, que também era credor; (2) permitiram a contratação, mediante pagamento de vultosos honorários, de prestadores de serviços de consultoria afiliados ao acionista controlador; e (3) direcionaram os recursos fornecidos pelo acionista controlador para uma subsidiária, dificultando, assim, os esforços de cobrança por parte do credor PRG.

A controvérsia do caso consistia na dúvida sobre se, diante dos fatos narrados, bem como da circunstância de que a sociedade se encontrava insolvente, os credores teriam legitimidade ativa para ajuizarem em nome próprio ações de responsabilização dos administradores por quebra dos deveres fiduciários de diligência e lealdade devidos aos credores.[20]

A Corte observou que a legitimidade para propositura de ações de responsabilidade contra os administradores por falhas na gestão é tradicionalmente dos acionistas e a ação é *derivative*, ou seja, é promovida em nome da sociedade por danos indiretamente sofridos pelos acionistas. Isso muda quando a companhia está insolvente, momento a partir do qual os credores passam a ter legitimidade para a propositura das referidas ações. Considerando que a Companhia estava insolvente, a Corte concluiu que PRG tinha legitimidade para ajuizar ação contra os administradores em nome próprio.[21]

Na época, a decisão esclareceu ainda que, em Delaware, era consolidado o entendimento de que os administradores passam a ter deveres fiduciários perante os credores uma vez que a companhia esteja insolvente.[22] Mas a insolvência não transforma a natureza da ação, se direta ou derivada; apenas confere ao credor legitimidade para o ajuizamento.[23] Para assim concluir, avaliou que os credores tipicamente encontram-se em uma posição melhor que a dos acionistas para tutelar seus próprios interesses.[24]

---

20 Production Resources Group v. NCT Group, Inc., 863 A.2d (Del. Ch. 2004), p. 4, 25-34.

21 Id., p. 4, afirmando que "*PRG has standing to raise fiduciary duty claims, however, because it has pled that NCT is insolvent*".

22 Id., p. 30.

23 Id., p. 4, 34-35.

24 Id., p. 6, no sentido de que "*creditors are typically better positioned than stockholders to protect themselves by the simple tool of contracting. And a body of statutory law called the law of fraudulent conveyance exists specifically to protect creditors. The reality that creditors become the residual claimants of a corporation when the equity of the corporation has no value does not justify expanding the types of claims that the corporation itself has against its directors*".

Nesta oportunidade, o *vice-chancellor* Leo Strine procurou aparar arestas, esclarecendo que a verdadeira mensagem do Caso Credit Lyonnais era a de que os administradores estariam protegidos pela *business judgment rule* se, em boa-fé, adotassem estratégias mais conservadoras em razão do receio de que posturas mais arriscadas poderiam causar incapacidade financeira da companhia de adimplir obrigações perante credores. Os administradores estariam, dessa forma, imunes se decidissem perseguir estratégias que resguardassem os interesses dos credores, tais como decisões mais conservadoras e menos arriscadas, em detrimento de posições de alto risco que, dado o estado de insolvência, tenderiam a privilegiar os acionistas.[25]

Sobre o caso concreto, a Corte concluiu que os administradores de NCT não estavam agindo diligentemente quanto aos pleitos de seus credores, deixando de maximizar o valor da empresa em benefício de todos os interessados. Os administradores estariam adotando condutas em benefício próprio e do acionista controlador – cuja dívida se tornou, ao longo do tempo, quase que integralmente garantida graças à atuação dos administradores – em detrimento dos demais credores da Companhia, para quem pagamentos não estavam sendo realizados.[26]

d) *Caso Trenwick Am. Litigation Trust v. Ernst & Young, LLP ("Caso Trenwick")*[27]

O Caso Trenwick contém um aprofundamento relevante sobre a extensão e o conteúdo dos deveres fiduciários dos administradores da companhia, bem como sobre a eventual responsabilização dos administradores pelo agravamento do cenário de crise que a sociedade enfrenta (*deepening insolvency*).

---

25 Id., p. 26-27, no seguinte sentido: "*In other words, Credit Lyonnais provided a shield to directors from stockholders who claimed that the directors had a duty to undertake extreme risk so long as the company would not technically breach any legal obligations*". Nesse ponto, a Corte fez uma crítica à leitura que alguns estudiosos deram ao Caso Credit Lyonnais, na medida em que, naquela ocasião, o que a Corte havia decidido era proteger os administradores dos acionistas caso resolvessem adotar estratégias menos arriscadas. Isso seria possível porque os deveres fiduciários seriam perante a sociedade como um todo, incluindo os credores. A decisão em Credit Lyonnais não criaria direitos adicionais aos credores, apenas protegeria os administradores de pleitos dos acionistas: "*Creative language in a famous footnote in Credit Lyonnais was read more expansively by some, not to create a shield for directors from stockholder claims, but to expose directors to a new set of fiduciary duty claims, this time by creditors. To the extent that a firm is in the zone of insolvency, some read Credit Lyonnais as authorizing creditors to challenge directors' business judgments as breaches of a fiduciary duty owed to them*".

26 Id., p. 23.

27 Trenwick Am. Litigation Trust v. Ernst & Young, LLP, 906 A.2d 168 (Del. Ch. 2006).

Trenwick Group Inc. ("Trenwick") era uma multinacional atuante no ramo de seguros, sendo Trenwick America Corporation ("Trenwick America" ou "Companhia") uma de suas subsidiárias. A partir de 1998, Trenwick iniciou uma estratégia de crescimento adquirindo outras três sociedades. Um dos passos relacionados a essa estratégia de crescimento consistiu na prestação de garantia por parte de Trenwick America no âmbito de dívidas contraídas por sua controladora, Trenwick.

Em 2003, em razão de descompassos nos pleitos dos segurados, que superavam em muito a capacidade financeira do grupo, tanto Trenwick quanto Trenwick America ajuizaram pedido de reorganização judicial, nos termos do *Chapter 11*. O plano de reorganização da Trenwick America previu a criação de um *Litigation Trust* que assumiu todas as causas de ação de titularidade da Companhia.

Diante disso, o *Litigation Trust* ajuizou ação de responsabilização contra os administradores de Trenwick, alegando que (1) eles teriam agido com falta de diligência ao aprovar as aquisições de sociedades sem uma análise detalhada da exposição de tais sociedades aos pedidos dos segurados, levando o grupo à insolvência, para prejuízo dos credores; (2) a assunção, por Trenwick America, da obrigação de garantir dívidas de sua controladora teria prejudicado os credores da Companhia; e (3) os administradores seriam responsáveis pelo quadro de agravamento da crise do grupo.[28]

A Corte afastou todos os pedidos. Em decisão conduzida pelo *vice-chancellor* Leo Strine, a Corte reforçou o entendimento de que os administradores não devem ser responsabilizados simplesmente porque, agindo com boa-fé e lealdade à companhia, adotaram estratégias que não geraram o sucesso esperado.[29] Além disso, a Corte afastou o conceito de *deepening insolvency*, pois o fato de a companhia se encontrar em estado de insolvência não deve, sob a premissa de prover maior recuperação dos créditos aos credores, gerar um engessamento dos administradores na busca pela maximização dos resultados.[30]

---

28 Trenwick Am. Litigation Trust v. Ernst & Young, LLP, 906 A.2d 168 (Del. Ch. 2006), p. 2-5.

29 Id., p. 4-5.

30 Neste ponto, a decisão faz uma comparação interessante no sentido de que admitir, em uma sociedade insolvente, responsabilidade dos administradores pelo agravamento da crise seria o mesmo que admitir, em uma sociedade solvente, responsabilidade dos administradores pela eventual diminuição dos lucros. Trenwick Am. Litigation Trust v. Ernst & Young, LLP, 906 A.2d 168 (Del. Ch. 2006), p. 6.

Nesse sentido, esse caso parece representar a tendência da jurisprudência de Delaware de resguardar a atuação dos administradores da companhia na persecução de estratégias que possam maximizar os resultados sem que tenham de conviver com a pressão constante de eventual responsabilização por parte de credores, ainda que precisem adotar estratégias de maior risco para tanto, uma vez que, presentes os requisitos necessários, a regra da decisão negocial (*business judgment rule*) os protegerá, ainda que a sociedade esteja insolvente.[31]

e) *Caso North American Catholic Educational Programming Foundation, Inc. v. Gheewalla ("Caso Gheewalla")*[32]

O julgamento do Caso Gheewalla seguiu a tendência do Caso Trenwick e conferiu novamente aos administradores de companhias a aplicação da *business judgment rule*. A decisão, como se verá, esclareceu que os destinatários dos deveres fiduciários são a companhia e os acionistas como um todo, mesmo em cenários de instabilidade financeira.

North American Catholic Educational Programming Foundation ("NACEPF") detinha parcela significativa das licenças de transmissão televisiva para fins educacionais. NACEPF celebrou com Clearwire Holdings, Inc. ("Clearwire" ou "Companhia") contrato de compra e venda, por força do qual Clearwire adquiriu as referidas licenças por um preço a ser pago em parcelas, de modo que NACEPF tornou-se credora de Clearwire.[33]

Ocorre que em 2002, o mercado de licenças de transmissão televisiva sofreu um colapso com os notórios problemas contábeis da Worldcom, o que fez com que Clearwire passasse a pleitear perante NACEPF a extinção do contrato de compra e venda, cujo preço até o momento havia sido apenas parcialmente pago.[34]

Diante desse cenário, NACEPF ajuizou, em nome próprio, ação de responsabilidade contra os administradores de Clearwire alegando violação de seus deveres fiduciários enquanto a Companhia se encontrava insolvente. Em

31 "*Directors are expected to seek profit for stockholders, even at risk of failure*" (Id., p. 5); "*That the strategy results in continued insolvency and an even more insolvent entity does not in itself give rise to a cause of action*" (Id., p. 65). Ver também Huebner e Klein (2015).

32 North American Catholic Educational Programming Foundation, Inc. v. Gheewalla, 930 A.2d 92 (Del. 2007).

33 Id., p. 4-8.

34 Id., p. 6.

síntese, NACEPF alegou que (1) porque Clearwire estaria operando em estado de insolvência ou na *zone of insolvency*, NACEPF, na qualidade de credora da Companhia, seria destinatária dos deveres fiduciários de seus administradores; e (2) tais deveres teriam sido violados porque os administradores (a) não teriam sido transparentes com NACEPF sobre o fato de que efetivamente não usariam as licenças objeto do contrato; e (b) não teriam preservado os ativos de Clearwire em benefício de seus credores.[35]

A conclusão da Corte foi de que, independentemente do estado de solvência da companhia, isto é, esteja ela insolvente ou na chamada *zone of insolvency*, credores não têm legitimidade para ajuizar em nome próprio ações de responsabilidade contra os administradores em razão de eventual violação de seus deveres fiduciários, uma vez que os credores têm meios próprios para proteger seus interesses, tais como cláusulas contratuais, *covenants*, disposições legais relativas a fraude contra credores, entre outros.[36]

Dando seguimento à tendência do Caso Trenwick a Corte entendeu que, quando a companhia se encontra em estado pré-insolvencial, o destinatário dos deveres fiduciários dos administradores continua sendo a companhia, de modo que para cumprir tais deveres é mais importante que os administradores adotem estratégias de maximização do valor da companhia, em benefício de todos os interessados, e não apenas dos credores.[37]

---

35 Id., p. 7.

36 Id., p. 15: "*It is well established that the directors owe their fiduciary obligations to the corporation and its shareholders. While shareholders rely on directors acting as fiduciaries to protect their interests, creditors are afforded protection through contractual agreements, fraud and fraudulent conveyance law, implied covenants of good faith and fair dealing, bankruptcy law, general commercial law and other sources of creditor rights. Delaware courts have traditionally been reluctant to expand existing fiduciary duties. Accordingly, "the general rule is that directors do not owe creditors duties beyond the relevant contractual terms*".

37 Em relação ao estado de insolvência iminente, a Corte entendeu que "*the need for providing directors with definitive guidance compels us to hold that no direct claim for breach of fiduciary duties may be asserted by the creditors of a solvent corporation that is operating in the zone of insolvency. When a corporation is navigating in the zone of insolvency, the focus for directors does not change: directors must continue to discharge their fiduciary duties to the corporation for the benefit of its shareholders owners*" (Id., p. 19). Em relação ao estado de insolvência, a Corte entendeu que "*recognizing that directors of an insolvent corporation owe direct fiduciary duties to creditors would create uncertainty for directors who have a fiduciary duty to exercise their business judgment in the best interest of the insolvent corporation. To recognize a new right for creditors to bring direct fiduciary claims against those directors would create a conflict between those directors' duty to maximize the value of the insolvent corporation for the benefit of all those having an interest in it, and the newly recognized direct fiduciary duty to individual creditors.*

Para assim concluir, a Corte levou em consideração que (1) os credores não precisam ser destinatários diretos dos deveres fiduciários dos administradores quando são adequadas as proteções já existentes em seu benefício, a saber, aquelas decorrentes dos próprios contratos celebrados, da vedação de fraude contra credores, da obrigação de boa-fé; e (2) a atribuição de legitimidade direta para os credores para ajuizar ações de responsabilidade contra os administradores não lhes traria efetivo benefício e poderia, por outro lado, comprometer a livre e independente atuação dos administradores.[38]

Como conclusão, a Corte decidiu que os credores não têm legitimidade para ajuizar em nome próprio ações de responsabilidade contra os administradores; poderão, no entanto, ajuizar tais ações em nome da companhia caso ela se encontre insolvente, já que nesse caso passam a ser tão interessados quanto os acionistas.[39]

Ademais, concluiu que os administradores devem exercer seu melhor julgamento e tomar uma decisão informada, refletida e desinteressada, observando o melhor interesse da companhia em benefício de todos.[40] Portanto, os destinatários dos deveres fiduciários não mudam, independentemente do estado de solvência da companhia.[41]

Directors of insolvent corporations must retain the freedom to engage in vigorous, good faith negotiations with individual creditors for the benefit of the corporation. Accordingly, we hold that individual creditors of an insolvent corporation have no right to assert direct claims for the breach of fiduciary duty against corporate directors" (Id., p. 23).

38 Id., p. 14-19.

39 Id., p. 20, no sentido de que "*when a corporation is insolvent, however, its creditors take the place of the shareholders as the residual beneficiaries of any increase in value. Consequently, the creditors of an insolvent corporation have standing to maintain derivative claims against directors on behalf of the corporation for breaches of fiduciary duties. The corporation's insolvency 'makes the creditors the principal constituency injured by any fiduciary breaches that diminish the firm's value'. Therefore, equitable considerations give creditors standing to pursue derivative claims against the directors of an insolvent corporation. Individual creditors of an insolvent corporation have the same incentive to pursue valid derivative claims on its behalf that shareholders have when the corporation is solvent*".

40 Id., p. 19, afirmando que "*[directors] must continue to discharge their fiduciary duties to the corporation and its shareholders by exercising their business judgment in the best interests of the corporation and for the benefit of its shareholder owners*".

41 Ver Serota (2010).

f) *Caso Shandler v. DLJ Merchant Bank, Inc. ("Caso Shandler")*[42]

Após ter sido indicado como *trustee* da massa falida de Insilco Technologies, Inc. ("Insilco" ou "Companhia"), empresa atuante no ramo das telecomunicações voltada à produção de acessórios eletrônicos para o mercado de computadores, telefones e outros, Chad Shandler ajuizou ação alegando o descumprimento de deveres fiduciários por parte dos administradores da Companhia e de seus controladores ("Grupo DLJ") por condutas que beneficiariam os controladores em detrimento da Companhia.

Em resumo, o pedido alega que (1) os administradores teriam induzido a Companhia a contratar empresas relacionadas ao Grupo DLJ para serviços de assessoria, mediante pagamento de honorários excessivos; (2) os administradores teriam decidido pela venda do Thermasys, uma divisão de acessórios de automóveis, um ativo relevante da Companhia, por um preço vil; e (3) os administradores teriam atrasado o ajuizamento pela Companhia de um processo de insolvência de forma proposital, a fim de garantir tempo suficiente para que o Grupo DLJ recuperasse perdas decorrentes da operação mediante a cobrança de honorários adicionais e a alienação de parte de seus créditos.[43]

Quanto ao primeiro ponto, a Corte afastou o pedido porque entendeu que o requerente não identificou quais trabalhos teriam sido prestados pelo Grupo DLJ nem apresentou quais valores seriam adequados para tais honorários.[44]

Quanto ao segundo ponto, o pedido argumenta que o diretor-presidente da Insilco era vinculado ao Grupo DLJ e não teria empreendido esforços de venda do Thermasys para terceiros por um preço melhor, restringindo-se a uma *fairness opinion* emitida por uma instituição financeira com quem o Grupo DLJ teria relações comerciais anteriores. A decisão da Corte reconheceu que o CEO poderia ter agido em conflito de interesses e que, portanto, o valor de venda da Thermasys pode ter sido injusto.[45]

No que concerne ao terceiro ponto, escorando-se na ideia do *deepening insolvency*, o pedido argumenta que os administradores sabiam que a companhia não sobreviveria com a estrutura de capital existente à época e um processo de insolvência era inevitável. Para prorrogar vencimentos com demais credores

---

42 Shandler v. DLJ Merchant Bank, Inc., 2010 WL 2929654 (Del. Ch. July 26, 2010).

43 Id., p. 5-6.

44 Id., p. 30-31.

45 Id., p. 27-28.

da companhia, o Grupo DLJ concordou em injetar, mediante instrumento de dívida, adicionais US$ 15 milhões ("Term-C Loan"). Segundo Shandler, os administradores deveriam saber que a sobrevida conferida pelo Term-C Loan não permitiria evitar a falência da companhia e que a única finalidade do Term-C Loan seria permitir que o Grupo DLJ continuasse a cobrar os altos honorários pelos serviços prestados e diminuísse sua exposição perante a Insilco, mediante a cessão a terceiros de parte de seus créditos.[46]

A Corte afastou esse pedido sob o fundamento de que os argumentos apresentados não foram suficientes para demonstrar como DLJ, mesmo sendo titular de créditos contra Insilco, teria evitado um processo de insolvência mesmo sabendo que isso geraria perdas adicionais à Companhia.[47] Citando o Caso Geyer[48] e o Caso Trenwick,[49] a Corte concluiu que o simples fato de a Companhia não ter evitado a insolvência não significa que não havia sentido na busca dos administradores pela maximização do valor da companhia e afastou o pedido.[50]

g) *Caso Quadrant Structured Products Co. Ltd. v. Vertin ("Caso Quadrant")*[51]

Quadrant Structured Products Co. ("Quadrant") era uma credora de Athilon Capital Corp. ("Athilon" ou "Companhia"), uma sociedade voltada à comercialização de produtos de proteção de crédito para instituições financeiras de grande porte. Na qualidade de credora, Quadrant ajuizou ação contra os administradores de Athilon alegando violação de seus deveres fiduciários perante os credores da Companhia por transferirem valores ao seu controlador em detrimento dos credores.

Depois de Athilon sofrer prejuízos significativos decorrentes da crise financeira de 2008, o seu *rating* passou de AAA para CC e os títulos de sua emissão passaram a ser negociados com descontos expressivos. EBF & Associates

46 Id., p. 31-34.

47 Id., p. 33-34.

48 Id., p. 34: "*Even where the law recognizes that the duties of directors encompass the interests of creditors, there is room for application of the business judgment rule*".

49 Id., p. 34: "*[I]f a board of an insolvent corporation, acting with due diligence and good faith, pursues a business strategy that it believes will increase the corporation's value, but that also involves the incurrence of additional debt, it does not become a guarantor of that strategy's success*".

50 Id., p. 34: "*Of course, the mere fact that the company was not able to avoid ultimate insolvency does not, in itself, mean that there was not a good faith basis to take a chance on survival if the board viewed that as the best option to maximize Insilco's value*".

51 Quadrant Structured Products Co. Ltd v. Vertin, C.A. No. 6990-VCL (Del. Ch. Oct. 1, 2014).

("EBF") havia adquirido quantidades significativas da dívida de Athilon e posteriormente adquiriu a totalidade de seu capital social. Segundo Quadrant, após EBF ter adquirido a totalidade do capital de Athilon e ter indicado a maioria dos membros do conselho de administração, os administradores teriam se engajado em medidas que beneficiariam EBF em detrimento dos demais credores da Companhia.[52]

Nessa linha de raciocínio, Quadrant alegou que a decisão dos administradores teria feito com que a Companhia (1) pagasse juros desnecessariamente sobre os *bonds* detidos por EBF, ainda que tais pagamentos pudessem ser postergados sem aplicação de penalidade nos termos da respectiva escritura de emissão; (2) pagasse remuneração por prestação de serviços a EBF em valores que excediam as práticas de mercado; e (3) alterasse sua política de investimento, adotando estratégias mais arriscadas em benefício exclusivo de EBF, aumentando o risco para os demais *stakeholders*.[53]

Quando Quadrant ajuizou a medida contra os administradores da Athilon, a Companhia se encontrava insolvente.[54] Em decorrência de operações realizadas com EBF, a Companhia recuperou a solvência e, por esse motivo, os administradores alegaram que a ação deveria ser julgada sem apreciação de mérito, sob o argumento de que a legitimidade dos credores para ajuizar medidas de responsabilização dos administradores em nome da Companhia persistiria apenas enquanto durasse o seu estado de insolvência; alternativamente, os administradores alegaram que Quadrant não teria comprovado que a sociedade estava de fato insolvente.[55]

A Corte afastou os dois argumentos dos administradores, uma vez que, para que os credores tenham legitimidade para propor ações em nome da companhia, o requisito da insolvência deve ser verificado no momento do ajuizamento da demanda, e a Athilon estava efetivamente em situação de insolvência quando Quadrant ajuizou a medida.[56]

Em conclusão, a Corte reiterou o entendimento do Caso Gheewalla, de que os credores não são destinatários diretos dos deveres fiduciários dos adminis-

52 Id., p. 4-5.

53 Id., p. 5-6. Ver também Huebner e Klein (2015).

54 Id., p. 11.

55 Id., p. 11.

56 Id., p. 18, 28.

tradores e, portanto, não têm legitimidade para propor em nome próprio ações de responsabilidade contra os administradores, mas poderão fazê-lo em nome da companhia, uma vez comprovado seu estado de insolvência.[57]

Assim, a Corte conferiu margem aos administradores para perseguir estratégias de maximização do valor da companhia em benefício de todos os interessados envolvidos, incluindo acionistas e credores, mesmo que a atuação dos administradores envolva a assunção pela companhia de riscos mais elevados na busca de maiores retornos, ficando assim mais restritas as possibilidades de o credor questionar, em nome da companhia, a atuação do administrador, bem como mais remotas as chances de êxito em eventual ação judicial movida pelos credores.[58]

h) *Síntese das conclusões sobre a evolução da matéria na jurisprudência de Delaware*

A análise das decisões permite concluir que sua evolução tem como marco temporal muito relevante o julgamento do Caso Gheewalla. Pode-se, então, dividir essa evolução em dois intervalos: (1) período pré-Gheewalla e (2) período pós-Gheewalla.[59]

Até a apreciação do caso Gheewalla, o entendimento prevalecente nas Cortes de Delaware pode ser assim sintetizado: (1) uma vez que a companhia se encontrasse em estado pré-insolvencial, *i.e.* na chamada *vicinity of insolvency*, os deveres fiduciários dos administradores da companhia seriam estendidos também aos credores; (2) em razão disso, os credores poderiam ajuizar, em nome próprio ou em nome da companhia, medidas contra os seus administradores por violação de seus deveres fiduciários; (3) nos termos da *trust fund doctrine*, uma vez instaurado o quadro de insolvência, os deveres fiduciários dos administradores incluiriam uma obrigação de gerir os ativos da companhia de maneira conservadora como se se tratasse de um *trust* em benefício dos credores; (4) em razão da possibilidade de conflitos de interesses, tendo em vista que tanto acionistas quanto credores seriam destinatários dos deveres fiduciários, o critério de revisão da conduta dos administradores seria *entire*

57 Id., p. 16.

58 Ver Epstein (2015).

59 Ver Quadrant Structured Products Co. Ltd v. Vertin, C.A. Nº 6990-VCL (Del. Ch. Oct. 1, 2014), p. 12-18.

fairness e não a *business judgment rule*";[60] e (5) os administradores poderiam ser responsabilizados por medidas que agravassem a situação da companhia (*deepening insolvency*).[61]

Após o julgamento do Caso Gheewalla, o entendimento prevalecente nas Cortes de Delaware passou a ser o seguinte: (1) o conceito de *zone of insolvency* não é legalmente reconhecido e não gera consequências jurídicas para os deveres fiduciários dos administradores; o único ponto de transição é o efetivo estado de insolvência; (2) independentemente de a companhia estar em estado de solvência ou insolvência, credores não têm legitimidade para ajuizar em nome próprio ações de responsabilidade contra os administradores por violação dos deveres fiduciários; uma vez que a companhia se encontre em estado de insolvência, credores passarão a estar legitimados para promover tais ações em nome da companhia; (3) os credores não são destinatários de deveres fiduciários específicos dos administradores; os deveres fiduciários dos administradores se destinam à sociedade e a todos os *stakeholders* envolvidos, grupo em que se incluem também os credores; (4) os administradores não têm um dever de liquidar a companhia, embora devam adotar uma decisão guiada pela *business judgment rule* sobre se essa é a melhor rota; (5) a Corte não adota o conceito de *deepening insolvency*, de modo que os administradores não serão responsabilizados se, no cumprimento de seus deveres, continuarem a gestão dos ativos com a intenção e a crença de que podem maximizar os lucros, ainda que suas decisões levem a prejuízos ainda maiores para a companhia e seus credores, isto é, não há uma hipótese de responsabilização autônoma que resida no agravamento da situação de insolvência da companhia.[62]

Ao analisar os precedentes das Cortes de Delaware e colocá-los em perspectiva, percebe-se uma tendência de reafirmar a *business judgment rule* como cânone de proteção da conduta dos administradores de sociedades solventes, insolventes ou cuja insolvência seja iminente, desde que ajam de forma refle-

60 A esse respeito, ver por exemplo a seguinte recomendação a administradores, feita em momento anterior ao julgamento do Caso Gheewalla: "*[D]irectors and officers of an insolvent or near-insolvent corporation should proceed with corporate decisions on the assumption that the business judgment rule will not apply, and that they will have to defend their actions under the much more rigorous entire fairness standard*" (Cieri e Riela, 2004:304).

61 Quadrant Structured Products Co. Ltd v. Vertin, C.A. Nº 6990-VCL (Del. Ch. Oct. 1, 2014), p. 12-18.

62 Id.

tida, informada e desinteressada.[63] Em outras palavras, mesmo em sociedades insolventes ou em estado de insolvência iminente, o Judiciário evita adentrar no mérito das decisões que forem tomadas pelos administradores em boa-fé e lealdade para com a companhia.

Por trás desse entendimento, há um argumento de política pública muito relevante. Adotar posturas legislativas que recrudesçam a fiscalização sobre a conduta dos administradores de sociedades em crise pode gerar o efeito de inibir a tomada de decisões estratégicas por receio de responsabilização.[64]

Por outro lado, há críticas recentes e incisivas à evolução desse entendimento, no sentido de que ele foi construído sobre a equivocada crença de que os credores são totalmente capazes de proteger seus interesses mediante a inclusão de previsões contratuais.[65] Segundo tais críticas, o oportunismo das sociedades e seus administradores contra seus credores seria evitado por meio de uma aplicação mais rígida da regra da decisão negocial, permitindo-se, assim, uma solução para o eventual desalinhamento de interesses caso administradores resolvam adotar estratégias de risco muito elevado colocando os interesses dos credores em risco, sob a justificativa de busca por maximização do valor da companhia.[66]

Dada a ausência de discussões sobre o assunto no Brasil, a contraposição entre essas duas linhas é relevante para um melhor entendimento do tema por parte da comunidade jurídica. De qualquer forma, é necessário ressalvar que os precedentes das Cortes de Delaware não se prestam a uma simples transposição para o cenário do direito brasileiro da insolvência. Cada um dos sistemas tem suas particularidades. Mas a análise detida dos precedentes mostra que muitos dos problemas são comuns, e as conclusões obtidas ao longo dos muitos anos

---

63 Ver a esse respeito o seguinte trecho da decisão proferida no Caso Trenwick: "*[T]he business judgment rule protects the directors of solvent, barely solvent, and insolvent corporations, and creditors of an insolvent firm have no greater right to challenge a disinterested, good faith business decision than the stockholders of a solvent firm*". Trenwick Am. Litigation Trust v. Ernst & Young, LLP, 906 A.2d 168 (Del. Ch. 2006), p. 48.

64 Ver Production Resources Group v. NCT Group, Inc., 863 A.2d (Del. Ch. 2004), p. 6-7, afirmando que "*one of the primary purposes of § 102(b)(7) is to encourage directors to undertake risky, but potentially value-maximizing, business strategies, so long as they do so in good faith. To expose directors to liability for breach of the duty of care for derivative claims of mismanagement asserted by creditors guts this purpose by denying directors the protection of § 102(b)(7) when they arguably need it most*".

65 Ver Ellias e Stark (2019).

66 Id.

de debate pelas Cortes de Delaware podem contribuir para o aprofundamento das discussões sobre o tema no Brasil.

Estado atual da discussão sobre os deveres legais dos administradores de sociedades anônimas em crise no Brasil

No Brasil, como visto, a Lei nº 6.404/1976 estabeleceu deveres aos administradores por meio da fixação de parâmetros abertos para fiscalização de sua conduta. Do ponto de vista societário, literatura especializada, decisões da CVM e jurisprudência já se debruçaram com frequência sobre os contornos de tais deveres. Mas a análise dos deveres impostos pela Lei nº 6.404/1976 aos administradores de sociedades anônimas em crise, à luz das disposições da Lei nº 11.101/2005, salvo algumas poucas incursões,[67] continua pouco explorada.

Não há dúvida de que o destinatário dos deveres legais dos administradores nos termos da Lei nº 6.404/1976 é a companhia. Além disso, certos autores afirmam com maior ênfase que também integram o grupo de destinatários de tais deveres, inclusive nos momentos de crise, credores, consumidores, trabalhadores e a comunidade em que inserida a companhia.[68]

Adicionalmente, parte da literatura especializada brasileira atribui ao juiz competente para julgar o processo de insolvência a função de impor e fiscalizar o cumprimento dos deveres dos administradores.[69] Reconhece-se ainda, com fundamento na doutrina americana, que o descumprimento dos deveres impostos pela Lei nº 6.404/1976 poderia até mesmo ensejar o afastamento do devedor nos termos do art. 64 da Lei nº 11.101/2005.[70]

A questão da legitimidade para ajuizar ações contra os administradores recebeu tratamento parcial pela legislação e jurisprudência brasileiras. Por um lado, o art. 159, § 7º, da Lei nº 6.404/1976 estipula que terceiros diretamente prejudicados podem pleitear responsabilização dos administradores.[71] Em um

---

67 Ver Cardoso e Ferreira (2018); Lacerda Franco e Sacramone (2018); Aragão (2009); Maggio e Neiva (2020); Campinho (2021).

68 Ver Cerezetti (2012:394-395).

69 Id., p. 397-398.

70 Id.

71 "Art. 159. Compete à companhia, mediante prévia deliberação da assembleia-geral, a ação de responsabilidade civil contra o administrador, pelos prejuízos causados ao seu patrimônio. [...] § 7º.

desenvolvimento diferente daquele observado nas Cortes de Delaware, permite--se, assim, que o credor ajuíze em nome próprio ação de responsabilização contra os administradores da companhia caso tenha sofrido danos diretos decorrentes da atuação da administração. Por outro lado, tanto a doutrina quanto os tribunais têm sido rígidos na análise da comprovação dos danos diretamente sofridos pelos interessados, rejeitando pedidos que digam respeito a prejuízos sofridos pela própria companhia e apenas indiretamente pelos interessados.[72]

De qualquer maneira, certos problemas permanecem não sendo enfrentados, entre eles a eventual alteração do conteúdo propriamente dito dos deveres legais dos administradores de sociedades nessa situação. Seguem não respondidos problemas como: (1) uma vez instaurado o quadro de crise, há alguma mudança no conteúdo dos deveres impostos aos administradores das sociedades?; (2) partindo-se da premissa de que tal mudança ocorre, qual o conteúdo e a extensão dos deveres dos administradores em situações e operações específicas em que a companhia esteja envolvida, tais como negociações com os credores, alienação de ativos, adoção de estratégias comerciais?; (3) a partir do momento em que a sociedade passa a enfrentar dificuldades financeiras capazes de levá-la a um processo de insolvência, há uma mudança dos destinatários finais dos deveres dos administradores?

Apesar de não terem sido enfrentados com profundidade até o momento, esses problemas são altamente relevantes e cuidar deles pode trazer impactos significativos. A depender do rigor que se adote na delimitação dos contornos dos deveres de administradores de sociedades em crise, pode-se, por um lado, chancelar condutas que gerarão prejuízos indevidos a certos credores, e, por

---

A ação prevista neste artigo não exclui a que couber ao acionista ou terceiro diretamente prejudicado por ato de administrador." Vale notar voto em que a ministra Nancy Andrighi destacou que "a existência de tal medida judicial sequer precisaria constar expressamente da lei societária ante o princípio da inafastabilidade do controle judicial (artigo 5º, XXXV, CF)". Ver STJ, REsp nº 1.014.496, ministra Nancy Andrighi, Terceira Turma, j. 04/03/2008.

72 Ver, a título ilustrativo, Eizirik (2015:189); Carvalhosa (2014:560-564); Lucena (2009:615-616); STJ, REsp nº 1.741.678, rel. Ricardo Villas Bôas Cueva, Terceira Turma, j. 12/06/2018; STJ, REsp nº 1.214.497, ministro Raul Araújo, Quarta Turma, j. 23/09/2014; STJ, REsp nº 1.014.496, ministra Nancy Andrighi, Terceira Turma, j. 04/03/2008; TJSP, Ap. nº 1052131-96.2018.8.26.0100, rel. Hamid Bdine, 1ª Câmara Reservada de Direito Empresarial, j. 06/03/2019; TJSP, Agr. Ins. nº 2116650-09.2017.8.26.0000, rel. Alcides Leopoldo, 4ª Câmara de Direito Privado, j. 21/09/2018; TJSP, Ap. nº 1089065-29.2013.8.26.0100, rel. Ramon Mateo Júnior, 2ª Câmara Reservada de Direito Empresarial, j. 10/04/2015.

outro lado, inibir decisões legítimas de administradores que ficam engessados pelo temor de eventual responsabilização. Do ponto de vista de políticas públicas, o que se deve permitir é que os administradores ajam em benefício da companhia, assumindo riscos razoáveis quando entenderem necessário. Cuidar das perguntas indicadas exigirá maior aprofundamento, mas será extremamente importante para começar o caminho que levará até a consecução desse objetivo.

Conclusão

Ainda que integrem realidade e sistema diferentes daqueles encontrados no Brasil, as decisões da Corte de Delaware contribuem para a identificação de questões relevantes e a antecipação de problemas a serem enfrentados pela comunidade jurídica brasileira. O aprofundamento de temas e perguntas indicados neste texto servirá ao aprimoramento do ambiente institucional em que inseridas as sociedades anônimas em crise, conferindo maior segurança aos demais agentes que o integram, tais como administradores, acionistas, credores e comunidade jurídica. Espera-se que este capítulo possa ser um primeiro passo na direção desse necessário aprofundamento.

Referências

ARAGÃO, Leandro dos Santos. Deveres dos administradores de sociedades empresárias em dificuldade econômico-financeira: a teoria da *deepening insolvency* no Brasil. In: CASTRO, Rodrigo R. Monteiro de; ARAGÃO, Leandro Santos de (Coord.). *Direito societário*: desafios atuais. São Paulo: Quartier Latin, 2009. p. 177-187.

BAINBRIDGE, Stephen M. Much ado about little? Directors' fiduciary duties in the vicinity of insolvency. *Journal of Business & Technology Law*, v. 1, n. 2, p. 335-369, 2007.

BARONDES, Royce de R. Fiduciary duties of officers and directors of distressed corporations. *George Mason Law Review*, v. 7, p. 45-104, 1998.

CAMPINHO, Sérgio. Direito societário e recuperação judicial. Deveres fiduciários dos administradores e recuperação judicial da empresa. In: ____. *Estudos e pareceres*. Rio de Janeiro: Ed. Processo, 2021. p. 463-487.

CARDOSO, Fernanda Rezemini; FERREIRA, Ivo Bari. Administradores da empresa em crise: da inalterabilidade de seus deveres e responsabilidades. In: EQUIPE RT. *Contraponto jurídico*: posicionamentos divergentes sobre grandes temas do direito. São Paulo: Thomson Reuters Brasil, 2018. p. 603-616.

CARVALHOSA, Modesto. *Comentários à Lei de Sociedades Anônimas*: arts. 138 a 205. 6. ed. rev. atual. São Paulo: Saraiva, 2014.

CEREZETTI, Sheila Christina Neder. *A recuperação judicial de sociedade por ações, o princípio da preservação da empresa na Lei de Recuperação e Falência*. São Paulo: Malheiros, 2012.

CIERI, Richard M.; RIELA, Michael J. Protecting directors and officers of corporations that are insolvent or in the zone or vicinity of insolvency: important considerations, practical solutions. *DePaul Bus. & Com. L.J.*, v. 2, p. 295-340, 2004.

EIZIRIK, Nelson. *A Lei das S/A comentada*: arts. 138 ao 205. 2. ed. rev., atual. e ampl. São Paulo: Quartier Latin, 2015.

ELLIAS, Jared A.; STARK, Robert. Bankruptcy hardball. UC Hastings Research Paper n. 308. *California Law Review*, 2019. Disponível em: <https://ssrn.com/abstract=3286081>. Acesso em: 30 abr. 2019.

EPSTEIN, Steven. Quadrant v. Vertin: determining rights of creditors. *Harvard Law School Forum on Corporate Governance and Financial Regulation*, 2015. Disponível em: <https://corpgov.law.harvard.edu/2015/11/12/quadrant-v-vertin-determining-rights-of-creditors/>. Acesso em: 30 abr. 2019.

HUEBNER, Marshall S.; KLEIN, Darren S. The fiduciary duties of directors of troubled companies. *American Bankruptcy Institute Journal*, v. 34, n. 2, 2015.

LACERDA FRANCO, Gustavo; SACRAMONE, Marcelo Barbosa. Dever de diligência na recuperação judicial: novos interesses, riscos menores. In: EQUIPE RT. *Contraponto jurídico*: posicionamentos divergentes sobre grandes temas do direito. São Paulo: Thomson Reuters Brasil, 2018. p. 617-632.

LUCENA, José Waldecy. *Das sociedades anônimas*: comentários à lei (arts. 121 a 188). Rio de Janeiro: Renovar, 2009.

MAGGIO, Renato; NEIVA, Solano Magno Deboni. Em busca do equilíbrio de forças: apontamentos a partir da experiência norte-americana sobre os deveres fiduciários de administradores de sociedades em recuperação judicial. In: MARTINS, André Chateaubriand; YAGUI, Márcia (Coord.). *Recuperação judicial*: análise comparada Brasil – Estados Unidos. São Paulo: Almedina, 2020. p. 313-335.

MCDONNELL, Stephen. Geyer v. Ingersoll Publications Co.: insolvency shifts directors' burden from shareholders to creditors. *Delaware Journal of Corporate Law*, v. 19, 1994.

SEROTA, Daniel L. To thy ownself be true: even directors of insolvent companies must act in the best interest of the corporation (not creditors). *The M&A Journal*, v. 10, n. 2, 2010.

SILBERGLIED, Russel E.; FRIEDLAND, Jonathan P. Did the Delaware Supreme Court break the "directors" shield? *The Bankruptcy Strategist*, v. 24, n. 10, ago. 2007.

TEPEDINO, Ricardo. O direito societário e a recuperação judicial. In: VENANCIO FILHO, Alberto; LOBO, Carlos Augusto da Silveira; ROSMAN, Luiz Alberto Colonna (Coord.). *Lei das S.A. em seus 40 anos*. São Paulo: Forense, 2017. p. 585-599.

12. A responsabilidade dos administradores em alienações e aquisições de ativos relevantes[*]

José Carlos de Magalhães

Introito

Ao aceitar o convite de Paulo de Campos Lilla para incluir este texto no livro em homenagem a seu pai, Fabio de Campos Lilla, fiquei a rememorar a trajetória desse brilhante advogado, cuja alegria de viver e grande generosidade a todos encantava. Fabio era não só competente advogado, mas pessoa afável, de convívio agradável, o que explica os numerosos amigos e admiradores que o cercavam. Sua iniciativa de organizar seminários e debates no auditório que adquiriu fazia parte de seu pendor de professor ativo na Fundação Getulio Vargas. Tinha prazer no magistério, tanto quanto na advocacia. Era versado em direito tributário e empresarial, razão pela qual penso em homenageá-lo com texto que se enquadra em suas preferências profissionais.

Considerações gerais

A dinâmica das atividades empresariais leva à contínua necessidade de crescimento e de adaptação a novos hábitos e tecnologias modificadoras de comportamentos sociais. Já constitui lugar-comum dizer que, se a empresa não cresce, regride, o que leva o empresário a buscar continuamente formas de se manter à tona na área em que atua.

Se crescer é necessário, há que se estar atento ao que acontece no setor a que se dedica a empresa, ao comportamento dos concorrentes, dos fornecedores, dos consumidores e a toda a cadeia de atores que gravitam em torno dela.

---

[*] Versão atualizada de artigo publicado na *Revista de Arbitragem e Mediação*, São Paulo, v. 38, p. 80-95, jul./set. 2013.

Esse conjunto de fatores condiciona o comportamento da empresa e as premissas que devem norteá-la na elaboração dos planos e estratégias a desenvolver em curto ou em longo prazo.

Para isso conta – ou deve contar – com profissionais aptos a operar o dia a dia de suas atividades específicas, para manter a excelência de seus produtos ou dos serviços que presta, além dos profissionais que a isso estão alheios, mas atentos a fatores externos relacionados ao que ocorre no mundo real e ao desenvolvimento das relações sociais, às tendências que se acentuam ou que se mostram temporárias e destinadas a fenecer em curto espaço de tempo.

Há, assim, na empresa, seja grande ou pequena, sempre duas faces: a interna, voltada para a manutenção e aprimoramento do seu próprio negócio, na sua estrutura e organização, e do objeto de suas atividades – industrial, comercial ou de serviços –, e a externa, voltada para o que ocorre em seu entorno próximo ou distante.

A empresa, o empresário e os administradores de empresa

A dinâmica da empresa gira em torno do empresário, do empreendedor, pessoa apta a liderar a atividade empresarial, caracterizado como o homem de negócios, com visão de conjunto em que se situa a empresa e o responsável pela condução dos empreendimentos da sociedade e idealizador principal de suas estratégias.

São personagens que se destacavam fora do âmbito empresarial, alguns como líderes comparáveis a políticos dedicados a assuntos de Estado. Há exemplos notáveis desses empreendedores que sobressaem no meio social e cujas opiniões podem influir na atuação das autoridades governamentais. Na verdade, o empresário exerce atividade política na esfera econômica, atuando como condutor de pessoas e de atividades essenciais para a sociedade. Afinal, dirige entidade complexa constituída por acionistas, investidores, empregados, fornecedores, consumidores, financiadores, enfim, uma universalidade de interesses que gravitam em torno da empresa sob sua direção.

Esse homem de negócios, o empresário, líder da empresa e com ela identificado, convive com administradores profissionais encarregados de setores específicos da empresa, frequentemente sem a noção do conjunto das atividades, mas apenas a da área de sua especialidade. Uns são dedicados ao setor de compras, outros à área comercial ou industrial, outros, ainda, às finanças, cada um voltado para a atividade de que entende e da qual é especialista, não raro sem visão global da empresa, do que é dotado o empreendedor, o empresário.

Tornou-se clássico o eterno contencioso entre o administrador encarregado do setor da produção, que quer aprimorá-la para manter a qualidade do produto e reclama por investimentos em novos maquinários, e o de vendas, que quer vender sempre mais, por vezes impedido pela ação do diretor financeiro, preocupado com as despesas, a inadimplência de devedores e as receitas ou com o crédito bancário. Cada setor vê seus próprios problemas e suas próprias aspirações.

As grandes empresas, formadas por crescimento interno de suas atividades, financiadas ou não por instituições financeiras, pelos próprios acionistas, ou por parceiros ou, ainda, por meio de aquisições e fusões, acabam por serem geridas por esses administradores e por órgãos colegiados que lhes estabelecem a estratégia.

A de longo prazo pode aconselhar o aumento na participação da empresa no mercado de sua atuação, com a aquisição de concorrentes – e sua consequente eliminação – à custa de lucros imediatos, de interesse dos acionistas. O beneficiário dessa estratégia é o administrador, que ganha poder e prestígio.

O foco no crescimento de curto prazo visa ao aumento dos lucros, em benefício dos acionistas neles interessados, com investimentos na própria empresa, na modernização e renovação de seu maquinário e equipamentos e melhoria na qualidade de seus produtos.

Essa dicotomia constitui dilema de toda empresa: o interesse do acionista nos resultados e sua distribuição e o do administrador na expansão de seu poder e prestígio pessoal.

O administrador da empresa, apodado genericamente de executivo, é normalmente profissional competente que não tem com ela o mesmo vínculo do empresário, podendo trocá-la por outra que lhe ofereça melhor salário ou maiores oportunidades de crescimento em sua carreira. Assemelha-se, em certo sentido, ao acionista minoritário que não titubeia em vender suas ações se a empresa deixar de produzir os dividendos esperados.

Integra ele o que Galbraith (1948) denominou tecnoestrutura, dotada de poder de comando e dos destinos da empresa, tendo como aspiração aumento de poder e prestígio pessoal no meio empresarial, em contraste com os interesses dos donos do capital, os acionistas, que almejam resultados dos investimentos que realizaram.

Essa realidade, notada também por Berle e Means (1948), revela a grande modificação por que passou a grande empresa, no século XX, que alcançou proporções multinacionais como estratégia de ampliar suas atividades para conquistar mercados estrangeiros e explorar gama extensa de produtos em processo de diversificação, o que lhe confere segurança e, mais do que isso, poder e prestígio, ainda que à custa de lucros de interesse dos acionistas.

A aquisição e alienação de ativos relevantes

Essa é a configuração da empresa gerida por profissionais que, ao atenderem à necessidade de expansão, são levados, em certos casos, a ajustarem aquisições de concorrentes ou de fornecedores, em processo de verticalização, ou a realizarem fusões e incorporações. São negócios complexos que requerem grande capacidade de análise do conjunto de fatores que permeiam o setor explorado pela empresa e a atividade empresarial como um todo.

Seja como adquirente, seja como vendedor, o profissional ou os responsáveis pela ação deparam-se com variedade de problemas que vão desde a avaliação do preço do negócio e a forma e riscos de seu financiamento, quando se trata de compra, e o destino dos recursos recebidos, no caso de venda, até a tomada de decisão sobre a conveniência de cessar a atividade da firma adquirida, se antigo concorrente assim eliminado, ou a viabilidade de mantê-lo e integrá-lo aos seus padrões.

Como quer que seja, a aquisição, a fusão ou a incorporação de empresas não são atos que se esgotam com o negócio em si, com o acertamento do preço, após a conclusão da investigação da situação contábil, patrimonial e financeira da empresa-alvo. Ao contrário, prosseguem com decisões sobre o que dela fazer e como manejá-la. Afinal, a aquisição, incorporação ou fusão de empresa não pode ser tratada como um simples negócio que tem por objeto a compra ou venda de um determinado bem ou de uma máquina, que se exaure com a sua conclusão.

A empresa, grande ou pequena, é um conjunto a ser considerado como um todo, desde seu ativo e passivo, sua imagem e crédito no mercado em que atua e produtos que fabrica ou distribui, até a massa dos trabalhadores nela atuantes, interna e externamente, dos fornecedores e dos consumidores afeitos ao seu método de trabalho e às pessoas com ela envolvidas.

Ainda que o grande conglomerado tenha profissionais habilitados e capazes de avaliar empresas a serem adquiridas, a estratégia para absorver o novo integrante é crucial e pode gerar consequências nefastas se não for bem gerida. Ou se não se avaliou corretamente o impacto causado pela diferença de métodos e de estilos de trabalho, bem como a estrutura e comportamentos entre a adquirente e a adquirida, podendo verificar-se incompatibilidades insuperáveis. Essa característica nos processos de aquisição, fusão e incorporação de empresas tem levado empresários a orientar os administradores a procurarem as que possuem características similares à da empresa compradora, com culturas compatíveis e sem dificuldade de assimilação.

A diversidade de características tem oferecido exemplos de resultados nefastos a empresas de grande porte na aquisição de outras menores com culturas e hábitos que se revelam impossíveis de adaptação à estrutura maior e mais burocratizada da empresa adquirente.

A problemática da responsabilidade do administrador

E, nesse ponto, surge a problemática da definição da responsabilidade do administrador na condução dos atos de aquisição, fusão ou incorporação de empresas e nos atos subsequentes.

A empresa-alvo pode ser lucrativa por ser administrada por poucas pessoas que atuam com grande informalidade, ainda que sem adotar práticas ilegais de qualquer natureza. Não se trata da informalidade ilegal, como a da contabilidade paralela destinada à sonegação fiscal, mas da ausência de processo de controle burocrático interno, possível na pequena e mesmo na média empresa, mas incompatível com a grande estrutura de um conglomerado. A compra de um insumo com urgência, por exemplo, pode dispensar processo de cotação de preços, diante da familiaridade e habitualidade de transações com o vendedor, ou de formalidades internas, como a consulta a órgãos deliberativos da firma. Essa informalidade é inviável na grande empresa.

A ausência de estrutura burocratizada, com controles rígidos e caros, pode ser a chave do sucesso do pequeno negócio. Ao ser integrado em grande conglomerado, cujas decisões não são tomadas em procedimento simples e direto, mas requerem reuniões de colegiados que ocorrem de tempos em tempos, em obediência a calendários preestabelecidos em cada exercício, pode tornar inviável uma atividade lucrativa, cujo segredo reside justamente na rapidez e na informalidade das decisões.

O negócio fracassado, que se revelou inviável ou não lucrativo, como se nota, nem sempre é consequência da má escolha ou da falta de adequada avaliação da empresa-alvo ou do preço pago pelas ações, ou pelo controle. Pode provir dos atos subsequentes de administradores acostumados à estrutura do grupo e incapazes de estabelecer processo de transição do novel integrante ao modelo e estilo de organização. A falta de sensibilidade sobre a diferença de hábitos e de métodos é fonte de atritos e incompreensões, geradora de demissões e defecções de profissionais em áreas delicadas da firma adquirida, que afetam fornecedores, consumidores e o universo de pessoas e interesses a ela ligados.

Assim, as consequências, negativas ou positivas, dos atos de alienação, aquisição, fusão ou incorporação de empresas não decorrem exclusivamente da condução do processo negocial, ou da adequada avaliação do preço pago, mas dos atos subsequentes, envolvendo pessoas e profissionais de outras áreas não integrantes do grupo negociador, mas da máquina burocrática à qual forçam a integração na nova estrutura.

A matéria vem ganhando interesse diante de grande número de fusões, aquisições e incorporações de empresas que se revelaram desastrosas, com prejuízo para os acionistas ou partícipes de fundos de investimentos inconformados com perdas significativas e ausência de lucros dos investimentos feitos.

A esse propósito, deve-se lembrar que, na década de 1980, registrava-se nos Estados Unidos novo movimento cíclico de aquisições de empresas com ações de baixa cotação nas bolsas de valores, mas que dispunham de valioso ativo, incapaz de gerar receitas compatíveis com o patrimônio social. A empresa valia muito em termos de ativos, mas produzia pouco resultado, com distribuição de dividendos muito aquém do esperado.

Esse fato despertou interesse de administradores de outras sociedades na aquisição do controle de companhias com esse perfil, seja por meio de negociações com os controladores, seja pela compra de ações em bolsa com baixa cotação, seja, ainda, no que se denominou aquisição hostil do controle societário, com ofertas públicas com valores atraentes para os desanimados acionistas da empresa-alvo.

Após a aquisição, usualmente feita com suporte em financiamento garantido com os próprios ativos da empresa-alvo, os novos controladores tratavam de liquidar o passivo societário, demitir empregados e vender o ativo de valor substancialmente maior, embora incapaz de gerar receitas suficientes para remunerar o capital investido.

Esse processo, alcunhado de *leverage buyout*, resultou em ganhos expressivos em alguns casos. Em outros, contudo, o esperado lucro na alienação dos ativos ou na reformulação da estratégia empresarial não produziu sucesso, resultando em perdas e processos falimentares.

Considerada atividade predatória, a prática foi reduzida, embora não extinta, registrando-se processos similares idealizados por fundos de investimentos, que se utilizam de construções societárias, frequentemente com a constituição de sociedades de propósito específico, sem ativos, suportadas por financiamento do fundo de investimento ou de instituições financeiras garantidas pela matriz.

Nos Estados Unidos, essa prática provocou controvérsias originadas da não conformidade de acionistas minoritários com os resultados produzidos pelos atos de aquisição, fusão e incorporação de sociedades. Disso decorreram ações judiciais contra administradores de empresas aos quais se imputavam falhas na avaliação correta dos investimentos, que se revelaram ruinosos.

Diferentemente do que ocorre no Brasil, as companhias abertas americanas, denominadas apropriadamente *public held corporations*, têm seu capital pulverizado em grande número de pequenos investidores que, via de regra, acabam ficando à mercê dos administradores, verdadeiros titulares do poder de decisão e dos destinos da sociedade, cujos acionistas nem sempre têm a possibilidade de limitar-lhes esse poder.

De certa forma o mesmo se verifica no Brasil com os fundos de investimento e fundos de pensão, geridos por um grupo de administradores com ampla liberdade de alocar os recursos que lhes compete gerir em participações societárias das mais variadas ordens.

Essa liberdade, tal como nas companhias abertas norte-americanas, permite aos administradores tomar decisões que refletem seus próprios interesses e aspirações – mais do que os dos investidores – suportadas por análises de mercado e de tendências de médio ou de longo prazo.

A regra do julgamento do negócio (*the business judgment rule*)

Quando essa liberdade de decisões resulta em atos prejudiciais à empresa, a responsabilidade do gestor pode dar origem a contenciosos levados ao Judiciário ou a processos de arbitragem contra o administrador. A matéria foi abordada nos Estados Unidos, no caso conhecido como Otis & Co. × Pennsylvania R. Co., em que acionistas alegaram que os diretores deixaram de obter o melhor preço pela venda de recebíveis por terem negociado somente com um comprador, deixando de verificar a possibilidade de venda a outros a preço mais vantajoso. A decisão isentou os diretores de responsabilidade, sob o argumento de que enganos e erros no exercício de julgamento honesto do negócio não os qualificam como negligentes.

Essa decisão marcou tendência de isentar de responsabilidade os diretores por atos de aquisição e alienação de empresa, desde que não atuem com culpa ou dolo. É o que se passou a denominar *business judgement rule*.

No Brasil o mesmo raciocínio pode ser empregado, diante da disposição dos arts. 158 e 159 da Lei nº 6.404/1976, que restringem a responsabilidade aos atos praticados pelos administradores com culpa ou dolo, ainda que dentro de suas atribuições e poderes de gestão.

O inciso I do art. 158, ao prevê-la por ato culposo – conceito amplo que permite verificar se a atuação foi informada por negligência, imperícia ou imprudência –, pode ser uma janela aberta para a apreciação da conduta do administrador em negócios de alienação, aquisição, fusão ou incorporação de empresas ruinosos para a companhia.

Em decisão tomada pela Suprema Corte de Delaware no caso Smith × Van Gorkom, nova orientação passou a presidir a matéria nos Estados Unidos, ao se exigir dos administradores comprovação de que prestaram informações e esclarecimentos adequados sobre decisões relativas ao negócio por eles conduzido, capazes de permitir melhor avaliação, pelos órgãos diretivos da sociedade-alvo da aquisição, dos aspectos relevantes e razoáveis para a decisão.

Segundo a professora Helen M. Brown (2001), da Universidade de Delaware, que aborda a matéria, essa decisão gerou grande polêmica relativamente à necessidade de os administradores obterem uma opinião independente antes de concluírem um negócio de aquisição ou alienação de empresa, além das práticas tidas como corriqueiras ou padronizadas em negócios empresariais.

Se essa decisão tocou no âmago de uma questão antiga que preocupa os investidores de grandes companhias ou de fundos de investimento ou fundos de pensão, provoca, de outro lado, a discussão sobre a capacidade ou competência do juiz ou do árbitro para avaliar o ato do administrador em processos de compra e venda de empresa.

Isto porque há que distinguir entre o dever de o administrador dar conhecimento pleno aos órgãos diretivos da companhia e aos acionistas dos fatos relevantes do negócio que está a entabular – e que, na maior parte das vezes, é cercado de extremo sigilo – e a aferição do bom desempenho do administrador nessas negociações, com a tomada de precauções necessárias para evitar perdas posteriores.

Sua responsabilidade deriva do modo como se comportaram na avaliação de determinado negócio, se atuaram com a diligência que se espera de todo "bom pai de família", para usar conceito do direito romano, com a tomada das cautelas necessárias para avaliar com cuidado a natureza do ato e a conveniência e interesse da companhia em sua celebração.

A atuação dos administradores é informada pela presunção de boa-fé e lealdade à empresa que dirigem e de terem tomado decisões com base em informações fidedignas regularmente fornecidas em processos de investigação contábil e financeira da sociedade-alvo. Essas informações, que no passado eram colhidas em análise de técnicos, contadores e advogados, de documentos fornecidos pela sociedade a ser adquirida e examinados na própria sede do vendedor, passaram a ser colhidas em salas de dados destinadas a abrigar as informações e documentos fornecidos pelo vendedor.

É sabido que os processos de investigação contábil, comumente apodados de *due diligence*, têm-se tornado cada vez menos confiáveis, diante das constantes e reiteradas ressalvas feitas pelos auditores que alegam basearem-se em informações fornecidas pelo vendedor, com base em documentos depositados em sala de dados, sem efetiva averiguação aprofundada nos livros da companhia a ser adquirida. Ao assumir o comprador o controle da empresa e constatar irregularidades não apontadas no processo de investigação, a explicação corriqueira é de que certos documentos relevantes não teriam sido fornecidos aos auditores, gerando insegurança no resultado do trabalho e litígios.

Em passado recente, a imprensa brasileira publicou com destaque notícias sobre venda de banco cujos documentos foram previamente submetidos à análise de auditores de firma de auditoria independente de reputação internacional. Apesar dessa investigação prévia, o Banco Central do Brasil, depois de realizado o negócio, constatou irregularidades contábeis de grande vulto não percebidas pela empresa de auditoria.

A responsabilidade do administrador, como se concluiu desse rumoroso caso, é aferida pela conduta e cautelas tomadas no processo de decisão, tendo-se presente gozar da presunção de agir sempre em boa-fé e no interesse da companhia que representa. Ao nomear firma de auditores independentes de notória reputação para constatar a regularidade dos registros, os responsáveis pela aquisição não poderiam ser responsabilizados pela não constatação de irregularidades anteriores à compra, somente possível posteriormente pelo cruzamento de informações com lançamentos contábeis de outros bancos, feita pelo Banco Central.

Tratando-se de presunção, a estratégia para isentar a responsabilidade dos administradores tem sido a de demonstrar diligência empregada com as cautelas na condução das negociações.

Além disso, há também a noção corrente de que todo negócio oferece riscos, não se podendo imputar ao administrador responsabilidade pelos resultados negativos posteriores, salvo se incorrer em culpa por ter atuado com negligência, imperícia ou imprudência, elementos dela caracterizadores.

O contencioso com o administrador

Embora dotados de amplos poderes de administração, os diretores de empresas podem ser responsabilizados por atos de má gestão, se atuarem com dolo ou culpa ou por faltarem com o dever de lealdade ou por deixarem de empregar o cuidado e a diligência que se esperam de um homem probo na gestão que lhe compete, como indicam os arts. 153 e 155 da Lei nº 6.404/1976.

Não obstante, o mecanismo para determinar a responsabilidade dos administradores deve observar procedimento que dificulta o intento de submeter ao Judiciário sistema destinado a apurá-la. Isto porque a ação judicial contra o administrador deve ser precedida de deliberação da assembleia geral ordinária de acionistas (art. 159 da Lei nº 6.404/1976), facultando-se ao acionista promover ele próprio a ação se a companhia não a promover nos três meses subsequentes à deliberação assemblear. Se a assembleia não aprovar a propositura da ação, poderá o acionista (ou acionistas) titular de 5% do capital social tomar essa providência.

A lei refere-se ao processo judicial, somente possível após a observância dos requisitos preliminares a sua propositura. Todavia, com o desenvolvimento da arbitragem no Brasil e em outros países, pode-se cogitar da alternativa de sua adoção como meio privado de solução de controvérsia, se prevista no estatuto da companhia e abranger não apenas os acionistas, mas também os administradores que, ao aceitarem o cargo de diretores, aderem ao estatuto social e, assim, obrigam-se a submeter-se à arbitragem.

Nesse caso, o procedimento prévio estabelecido para a propositura de ação judicial contra os administradores pode ser simplificado, ensejando maior flexibilidade aos acionistas na instauração de processo arbitral, desvinculado da assembleia geral da companhia, cuja maioria, detentora do controle e responsável pela administração, pode não estar interessada em instaurar o procedimento.

A arbitragem no âmbito societário

Causa grande polêmica a questão da solução de controvérsias por meio de arbitragem privada entre acionistas ou entre estes e administradores de sociedade anônima.

O debate em torno do tema não terminou com a edição da Lei nº 10.303, de 21 de novembro de 2011, que introduziu o § 3º ao art. 109 da Lei nº 6.404/1976:

> Art. 109. [...]
> § 3º. O estatuto da sociedade pode estabelecer que as divergências entre os acionistas e a companhia, ou entre os acionistas controladores e os acionistas minoritários, poderão ser solucionadas mediante arbitragem, nos termos em que especificar.

Opinam alguns que somente no ato de constituição da sociedade pode o estatuto social conter uma cláusula compromissória, de modo que os que a ele aderem naquele momento têm ciência e com ela acordam. A alteração do estatuto social feita posteriormente em assembleia geral para incluí-la violaria o direito dos minoritários de se socorrerem do Judiciário, se com ela não concordarem.

Basicamente é este o argumento mais relevante contra a alteração do estatuto da sociedade com a retirada da disposição que prevê o foro judicial e sua substituição pela arbitragem que impede o acionista de se socorrer do Judiciário, obrigando-o a se valer do sistema privado de solução de controvérsias.

Esse impedimento é visto por alguns juristas como renúncia ao acesso à justiça pública assegurado pela Constituição Federal pelo inciso XXXV do art. 5º: "a lei não excluirá da apreciação do Poder Judiciário lesão ou ameaça a direito".

Destaque-se, desde logo, que o preceito constitucional diz que *a lei* não pode excluir do Judiciário a apreciação a ameaça a direito; não diz que as pessoas não possam fazê-lo. E a opção pela arbitragem significa decisão negocial fundada na vontade das partes e não renúncia ao direito constitucional. Até porque renúncia é ato unilateral, e a arbitragem constitui ato bilateral de opção por sistema privado de solução de controvérsias consensualmente adotado pelas partes como alternativa à justiça pública. Trata-se, na verdade, de condição acordada à qual a lei confere execução compulsória, ou específica, como ocorre com o acordo de acionistas, obrigados a cumprir as disposições ajustadas (§ 3º do art. 118 da Lei nº 6.404/1976). Regula, na verdade, uma obrigação negativa, de não fazer – abster-se de recorrer ao Judiciário –, e uma positiva – conferir jurisdição a árbitros –, ambas com efeitos compulsórios.

Ao acordarem a arbitragem como forma de solução de litígios, estão as partes a ajustar a forma como serão resolvidos, impondo a lei o dever de observância do pactuado. Não há renúncia, mas acordo de vontades a ser respeitado.

A aprovação de alteração estatutária para incluir cláusula arbitral obriga os minoritários dissidentes, em virtude do critério geral que governa as deliberações assembleares que as prevê por maioria absoluta de votos, como previsto no art. 129 da Lei nº 6.404/1976.

O direito de retirada de acionistas em virtude de decisões com as quais não concordam, antes restrito às hipóteses identificadas no art. 137 da mesma lei (incisos I a VI e IX do art. 136), sem incluir a forma de solução de controvérsias por arbitragem, acabou por ser acolhido pelo art. 136-A na Lei nº 6.404/1976:

> Art. 136-A. A aprovação da inserção de convenção de arbitragem no estatuto social, observado o *quorum* do art. 136, obriga a todos os acionistas, assegurado ao acionista dissidente o direito de retirar-se da companhia mediante o reembolso do valor de suas ações, nos termos do art. 45.

Disso se conclui que a maioria absoluta pode deliberar a inclusão da arbitragem no estatuto, ainda que contra o voto de minoritários, que estão adstritos a acatar as deliberações das assembleias gerais, ou se retirar da companhia.

A sujeição do administrador à arbitragem

Outro ponto que a matéria suscita diz respeito à sujeição dos administradores à arbitragem. A norma introduzida pela Lei nº 10.303/2011 estabelece que o estatuto pode prevê-la para resolver divergências entre acionistas controladores e minoritários, nada referindo sobre os administradores, o que tem gerado também certa polêmica. Sustenta-se que, para isso ser possível, o administrador deve firmar convenção arbitral no termo de posse, não bastando a referência no estatuto, que rege relações entre acionistas e não entre estes e os administradores.

Um primeiro ponto a ser observado é o de que os administradores devem exercer as atribuições que a lei e o estatuto lhe conferem para lograr os fins e no interesse da companhia, satisfeitas as exigências do bem público e da função social da empresa, como esclarece o art. 154 da Lei nº 6.404/1976.

Se o estatuto previr que controvérsias entre os administradores e acionistas sejam resolvidas por arbitragem, há que se dar cumprimento a essa norma, da qual toma conhecimento o administrador ao aceitar sua eleição e tomar posse no cargo que lhe foi confiado.

Ainda que silente o estatuto sobre o assunto, nada impede que o termo de posse do administrador contenha previsão específica sobre o modo de solução de divergências entre ele e os acionistas que o elegeram. Nesse caso, está satisfeito o requisito da manifestação de vontade das partes em adotar a opção privada de solução de litígios.

Ou ainda, como alternativa, silente o termo de posse e nada dispondo o estatuto sobre o assunto, podem os acionistas alterá-lo e introduzir cláusula arbitral, à qual está sujeito o administrador em virtude do disposto no art. 154 da Lei nº 6.406/1976.

Há que se notar que a arbitragem, por ser meio privado de solução de controvérsias, está sujeita à confidencialidade, sendo do interesse da empresa que eventual divergência entre os acionistas e o administrador não se torne pública, o que afeta ou pode afetar a imagem e crédito da companhia.

Por isso, a matéria deve ser examinada também sob esse enfoque, pois o interesse da companhia deve pairar sobre o do administrador e dos acionistas, sendo de grande conveniência solver divergências em foro confidencial, no qual são assegurados os mais amplos direitos de defesa, como é o caso da arbitragem, em que o administrador tem a oportunidade de nomear árbitro, juntamente com os acionistas ou a empresa, conforme o caso.

A aferição da responsabilidade do administrador

A controvérsia entre administradores e acionistas ou empresa pode advir dos atos de fusão, incorporação e aquisição ou alienação de empresas cujos resultados sejam contestados.

E nesse ponto reside um dos mais intrincados problemas de se levar à apreciação judicial ou arbitral a aferição do comportamento dos administradores, sob o prisma da culpa ou do dolo, já que em matéria de violação da lei do estatuto essa análise pode ser feita de forma objetiva.

Se o ato violou a lei ou o estatuto, está clara a responsabilidade do administrador. Mas isso pode não ocorrer quando se trata de verificar o comportamento do administrador em atos de fusão, incorporação, aquisição ou venda de empresa, sujeitos a variáveis subjetivas que requerem análise do momento em que ocorreram, das tendências do mercado, dos participantes do ato e das peculiaridades de cada negociação.

Afinal, embora os administradores da empresa sejam pessoas capazes na condução dos negócios sociais, podem não ter experiência suficiente para deliberar sobre negócio que é estranho à rotina da sociedade e que pode requerer conhecimentos específicos diversos dos que possuem.

Assim se podem enquadrar os negócios de aquisição, alienação, fusão e incorporação de sociedades que exigem a intervenção de consultores especializados para auxiliar a tomada de decisões e orientar os administradores sobre como conduzir tais atos. Usualmente empresas de consultoria são contratadas com esse propósito, tanto pelo vendedor como pelo comprador, para a elaboração de estudos e indicações precisas que permitam a aferição mais correta possível sobre o negócio como um todo.

A falha do administrador em contratar uma empresa de consultoria em negócios desse tipo pode ensejar sua responsabilidade se contestados os resultados obtidos, seja na venda, seja na aquisição.

Essa prática tem levado sempre à contratação dessas empresas de consultoria, a custo elevado, mas como providência necessária para não só permitir ao administrador tomar decisão bem fundamentada, como também para demonstrar aos acionistas que as providências adequadas foram tomadas.

Todavia, as firmas de consultoria, geralmente bancos de investimento, não são suficientes para conferir segurança ao administrador, tendo-se exigido, nos Estados Unidos, a emissão de opinião independente, apodada de *fairness opinion*, sobre o negócio em si. Tem-se discutido sobre sua necessidade como providência legalmente exigível, como apontado no trabalho de Hellen Brown já citado e não como mera opção adotada ou não pelo administrador. Até mesmo as empresas de consultoria estariam abrangidas por essa providência, como forma de se esquivar de eventual responsabilidade por avaliações incorretas.

As evidências sobre essa prática têm demonstrado não se tratar de providência necessária, mas opcional, submetida à discrição dos administradores, que podem dispensá-la caso se considerem informados de todos os aspectos relevantes do negócio a ser realizado.

Por outro lado, a pretensão de acionistas minoritários ou de investidores de fundos de investimento de responsabilizar os administradores pela não obtenção de uma opinião independente, como base de instauração de processo judicial ou de arbitragem, carece, até o momento, de suporte legal.

Ao contrário, prevalece, por enquanto, o princípio de que os administradores de empresa e de fundos de investimento não são responsáveis por perdas sofridas pelas empresas que dirigem quando atuam dentro de seus poderes em boa-fé e com o zelo que se espera de um *bonus pater familiae*, vale dizer, quando adotam as medidas necessárias para decidir pelo negócio no melhor dos interesses da companhia.

Ademais, a aferição dos resultados *ex post facto* pode levar o julgador a tomar decisões injustas e não compatíveis com a realidade do negócio, do momento em que foi concluído e das inúmeras variáveis que levaram os administradores a tomar decisões.

O que se nota é a prática de atos cautelares para eximir a responsabilidade do administrador, do que resultaram os procedimentos conhecidos como *due diligence* e, agora, *fairness opinion*, instrumentos cuja utilidade é conferir certa segurança na tomada de decisões sobre compra e venda de participações societárias.

Referências

BERLE, Adolf A.; MEANS, Gardiner C. *Modern corporation and private property*. Nova York: MacMillan, 1948.

BROWN, Helen M. Fairness opinions and the business judgment rule: an empirical investigation of target firms's use of fairness opinion. In: SIMPÓSIO VAN GORKOM AND THE CORPORATE BOARD: PROBLEM, SOLUTION, OR PLACEBO?, 2001, Newark, DE. *Proceedings*... Newark: Center for Corporate Governance, College of Business and Economics, University of Delaware, 18-19 maio 2001.

GALBRAITH, Jonh Kenneth. *The new industrial State*. Dublim: Menthor Book, 1948.

13. Estrutura e organização das sociedades limitadas

Luís Gustavo Haddad

A origem e as limitações deste texto

É com orgulho, e também como estrito cumprimento de um dever moral, que ofereço ao querido Paulo Eduardo de Campos Lilla este texto em homenagem ao dr. Fabio de Campos Lilla. O Paulo, pessoa que muito admiro, é um ser humano profundamente íntegro; é também um estudioso rigoroso do Direito, que tem interesse genuíno e honesto no objeto de suas reflexões, cumulando ainda a condição de advogado perspicaz, de postura serena, técnica apurada e moderna, entre outras tantas qualidades. Como algumas vezes tive a alegria de ouvir e aprender com seu pai: "A pera não cai longe da pereira".

Este trabalho foi concebido e esboçado há alguns bons anos como material de apoio didático, o que não compromete o ineditismo de sua publicação.[1] Em certas passagens, ele pode parecer datado, ou até envelhecido, pois a disciplina jurídica das sociedades limitadas no Código Civil já está longe de ter ares de novidade; acumula cerca de 15 anos de vigência. A despeito dessa circunstância, o trabalho foi escolhido por mim, para compor este livro, porque surgiu da confluência entre duas forças importantes, e talvez decisivas, na vida e obra do dr. Fabio de Campos Lilla. A advocacia empresarial e a Fundação Getulio Vargas.

Com efeito, ao menos entre 2006 e 2007 (segundo meus registros), a FGV ministrou curso intitulado Advogado Cível, com o uso profícuo de recursos tecnológicos de ensino a distância, no qual havia aulas filmadas e transmitidas, a partir de um estúdio no Rio de Janeiro, a dezenas de salas de aula espalhadas por

1 Uma versão anterior deste texto foi utilizada pela profa. dra. Viviane Müller Prado, como texto de apoio em aulas de graduação da FGV Direito SP. Agradeço à profa. Viviane a iniciativa de usar o artigo, sobretudo para fins didáticos, o que também me motiva a agora publicá-lo.

diversas cidades do país. Cada aula, nas diferentes salas, era acompanhada por um professor local fisicamente presente, em diálogo constante com os alunos, e as diferentes atividades se encadeavam de modo dinâmico, combinando conteúdos expositivos audiovisuais, casos práticos e dinâmicas de discussão em sala de aula, com alternância da condução entre o professor da sede e os professores locais. Tive a incumbência de preparar e participar, como professor da sede, da aula que comungava do título deste artigo, e para tanto escrevi o esboço desta exposição, ora revisada, atualizada e complementada. Para mim, possivelmente mais que para os alunos (alguém já disse que ensinar é aprender duas vezes), foi uma experiência especialmente rica, pela qual sou grato à FGV e à profa. dra. Viviane Müller Prado.

Tendo essa origem, este texto procura sedimentar e ordenar um dos muitos aprendizados que tive com o dr. Fabio de Campos Lilla na advocacia empresarial, ao longo de 18 anos. Nos primeiros anos da década de 2000, eu iniciava minha atuação profissional, com ênfase na área societária e contratual, no então denominado Lilla, Huck, Malheiros, Otranto, Ribeiro, Camargo e Messina Advogados. Um dos desafios que então se apresentava era o de compreender e aplicar, de forma estratégica, a disciplina das sociedades limitadas trazida pelo Código Civil de 2002, que provocara alterações sensíveis na prática societária anterior, moldada pelo Decreto nº 3.708/1919. Essa experiência, como praticamente todas as demais, somente pude adquirir, de modo refletido, graças às oportunidades e à orientação que, com inigualável generosidade, me foram dadas pelo dr. Fabio de Campos Lilla. Nesse contexto, oferecer-lhe, simbolicamente, estas linhas que seguem é uma forma – espero eu, saudável – de transformar o luto por sua ausência em um construto que almeja ser útil, de celebrar e cultivar sua memória. As falhas que o texto contiver, naturalmente, devem ser lançadas a débito exclusivamente meu.

Plano da exposição

A exposição segue adiante dividida em quatro partes: (1) características gerais da estrutura das sociedades limitadas no Código Civil; (2) os órgãos das sociedades limitadas, subdividida em duas subseções, uma dedicada à reunião ou assembleia de sócios e outra à administração; (3) acordos de quotistas; por fim, (4) uma reflexão sobre que rumo dar à disciplina das sociedades limitadas no direito brasileiro.

Características gerais da estrutura das sociedades limitadas no Código Civil

Durante a maior parte do século XX, as sociedades limitadas – então denominadas sociedades por quotas de responsabilidade limitada – preencheram uma função primordial na organização jurídica da vida empresarial brasileira. Até a edição do Código Civil de 1916, que passou a admitir a atribuição de personalidade jurídica às então sociedades comerciais, a principal entre estas que suportava a atribuição de personalidade jurídica (e, portanto, separação patrimonial e limitação de responsabilidade) era a sociedade anônima ou companhia.[2] As sociedades anônimas, porém, correspondem ao mais sofisticado dos tipos societários, cuja disciplina legal foi moldada para o fim de angariar recursos de diversos investidores, captar poupança publicamente e permitir uma administração profissional de grandes empreendimentos, conquanto possam servir, também, para finalidades mais modestas.

A aparente complexidade da sociedade anônima não raramente causa desconfiança ou antipatia no pequeno e no médio empresário, e até mesmo em alguns grandes, que muitas vezes imaginam seu funcionamento como formal, burocrático, custoso e dependente do apoio cotidiano de advogados. De qualquer modo, até a edição do Decreto nº 3.708/1919 havia uma lacuna no elenco dos tipos societários brasileiros. De um lado, havia as sociedades comerciais previstas no Código Comercial de 1850, todas destituídas, até 1 de janeiro de 1917 (data da entrada em vigor do Código Civil de 1916), de personalidade jurídica. De outro, havia a companhia, que permitia a obtenção dos benefícios da personalidade jurídica, sobretudo a separação patrimonial e a limitação de responsabilidade, mas trazia junto com isso uma complexidade que o empresário, em geral, busca evitar. Entre esses dois extremos, a sociedade por quotas de responsabilidade limitada, prevista no Decreto nº 3.708/1919, passou a ser a forma societária por excelência da pequena e média empresa, o que não impediu sua larga utilização também por grandes e até macroempresas.[3] A sociedade por quotas

2 É verdade que havia, e continua a existir, a previsão legal das sociedades em comandita por ações. Todavia, pode-se dela prescindir para os fins da exposição, pois sua utilização é extremamente infrequente.
3 Sobre o panorama dos tipos societários disponíveis na época, e sobre a filiação intelectual do Decreto nº 3.708/1919, ver o esclarecedor texto de Marcondes (1970). Em sentido semelhante, a respeito da lacuna preenchida pelas sociedades limitadas, ver Lobo (2012).

de responsabilidade limitada combinava duas vantagens fundamentais para o desenvolvimento adequado da atividade empresarial: (1) permitia a atribuição de personalidade jurídica, com os já citados corolários da separação patrimonial e da limitação da responsabilidade, diminuindo os riscos da atividade, e (2) tinha estrutura simples e pouco formal, definida por um número muito pequeno de normas cogentes e, como consequência, dotada de grande flexibilidade.[4]

A principal nota distintiva da disciplina do Código Civil de 2002 a respeito da estrutura e organização das sociedades limitadas corresponde a uma substancial *diminuição da simplicidade e flexibilidade que esse tipo societário tinha na vigência do Decreto nº 3.708/1919*.

Por um lado, esse último diploma normativo foi por vezes criticado, em especial por advogados voltados à prática de litígios, por seu laconismo e pela ausência de regras mais detalhadas e precisas sobre a vida das sociedades por quotas de responsabilidade limitada. Por outro, é possível afirmar que essa mesma circunstância consistia em uma importante vantagem para o empresário e para o advogado envolvido no planejamento societário. A economia do Decreto nº 3.708/1919 em estabelecer normas cogentes tornava amplas as possibilidades de moldar, no próprio contrato social, com grande liberdade, a estrutura e a organização da sociedade por quotas de responsabilidade limitada. Para resumir a ideia essencial, a estrutura e a organização das sociedades por quotas de responsabilidade limitada, na vigência do Decreto nº 3.708/1919, eram fundamentalmente *contratuais*.

O Código Civil alterou profundamente essa realidade. A sociedade limitada atual corresponde a um tipo societário nitidamente mais rígido que a antiga sociedade por quotas de responsabilidade limitada. A estrutura e a organização da sociedade limitada, de acordo com o Código Civil, passaram a estar baseadas em

---

4 Por essas razões, a sociedade limitada (e antes dela, a por quotas de responsabilidade limitada) não raro era e ainda é utilizada como forma jurídica da empresa mesmo na ausência de substrato societário real, isto é, na ausência de uma pluralidade de sócios que reúnam esforços e recursos, para o exercício profissional de uma atividade de fins lucrativos. Mais recentemente, com a edição da Lei nº 12.441, de 11 de julho de 2011, essa função de forma jurídica de empresa cujo substrato é unipessoal também passou a poder ser desempenhada pelas empresas individuais de responsabilidade individual (Eireli), respeitadas as limitações legais a elas inerentes. Sobre o tema, ver França e Von Adamek (2012). De todo modo, não havia, e continua a não haver, ilegalidade nesse uso, pois as chamadas sociedades fictícias não encontram óbice no plano da validade dos negócios jurídicos; configuram, ao contrário, negócio jurídico indireto, conforme demonstra Prado Filho (2004). Para um apanhado empírico do uso efetivo das sociedades limitadas, datado de agosto de 2014, ver o estudo de Mattos Filho (2014).

um conjunto bastante mais largo de normas cogentes, que não podem ser afastadas pelas disposições do contrato social. *A estrutura não é mais contratual, mas orgânica*. O cerne da organização das sociedades limitadas passou a corresponder a normas imperativas sobre as competências, a instalação, o funcionamento e a deliberação dos *órgãos* que passam a, necessariamente, compor toda e qualquer sociedade limitada.[5]

Por isso, expor a estrutura das sociedades limitadas significa, em essência, expor quais são seus órgãos, quais as competências desses órgãos, de que modo funcionam e como deliberam. Como essa estrutura pode ser moldada também por acordos de quotistas, cumpre a eles dedicar, também, alguma atenção.

Os órgãos das sociedades limitadas

Toda e qualquer sociedade limitada tem, por força de lei cogente, ao menos dois órgãos: (1) a reunião ou assembleia de sócios e (2) a administração. É possível que existam outros órgãos além destes? Sim, é possível. Quais? Em primeiro lugar, deve ser mencionado o conselho fiscal, disciplinado nos arts. 1.066 a 1.070 do Código Civil. Ele só existirá se o contrato social assim o determinar. Se o contrato social for omisso, ou tiver regra expressa sobre a não existência ou o não funcionamento do conselho fiscal, este órgão não poderá ser instalado. Diferentemente do que ocorre nas companhias, nas quais acionistas que representem 5% das ações preferenciais ou 10% das ordinárias podem exigir e obter a instalação de conselho fiscal (art. 161, § 2º, da Lei nº 6.404/1976), não assistem aos minoritários de uma sociedade limitada os direitos de exigir e obter a instalação desse órgão, e de indicar membro para integrá-lo, salvo disposição em contrário no contrato social. Apenas se o contrato social dispuser sobre a existência e o funcionamento do conselho fiscal é que terá aplicabilidade a regra do art. 1.066, § 2º, do Código Civil, que permite a sócios que detenham 20% do capital social eleger, em votação separada, um dos membros do órgão e seu suplente.

Que dizer sobre outros órgãos, como um conselho de administração, ou um conselho consultivo? Pode tê-los uma sociedade limitada? Como boa parte das

5 Sobre o argumento deste parágrafo, ver Franco (2001).

respostas a questões jurídicas, a que se aplica a esta é pouco enfática: "Sim, em termos". Com efeito, nada impede que o contrato social crie órgãos distintos da reunião ou assembleia de sócios, da administração e do conselho fiscal. Todavia, para que o dispositivo contratual que criar esses outros órgãos seja lícito e, portanto, válido e eficaz, é preciso que as competências desses outros órgãos em nada colidam com as competências que a lei confere, de modo imperativo, à reunião ou assembleia de sócios, à administração e ao próprio conselho fiscal.

Ocorre que, se analisadas as competências que a lei atribui à reunião ou assembleia de sócios, à administração e ao conselho fiscal, nota-se que, objetivamente, sobram relativamente poucas matérias efetivamente relevantes para justificar a criação de outros órgãos com funções dignas de nota. Assim, ainda que uma sociedade limitada tenha conselho de administração, esse órgão jamais poderá ter as mesmas competências que a Lei nº 6.404/1976 confere ao conselho de administração de uma companhia. Em outras palavras, o eventual conselho de administração de uma sociedade limitada, para se amoldar ao Código Civil, deverá ser bastante diferente do conselho de administração de uma sociedade por ações.

Essa situação decorre precisamente da atribuição, pelo Código Civil, de uma estrutura *orgânica* para as sociedades limitadas, a exemplo do que já ocorre na disciplina das companhias (art. 139 da Lei nº 6.404/1976).[6] Uma das consequências mais importantes dessa estrutura orgânica – senão a mais importante – é a de que as partes contratantes não podem modificar as competências que a lei impõe aos órgãos que ela mesma estabelece como necessários. Trata-se de um princípio jurídico que governa a disciplina das sociedades limitadas no Código Civil e que, a rigor, não precisaria ser previsto de modo expresso. Não obstante, a *sedes materiae* desse princípio na lei é heterotópica; consta do art. 1.070 do Código Civil, segundo o qual: "As atribuições e poderes conferidos pela lei ao conselho fiscal não podem ser outorgados a outro órgão da sociedade, e a responsabilidade de seus membros obedece à regra que define a dos administradores (art. 1.016)".

Ora, se as partes não podem nem mesmo retirar as competências do conselho fiscal, que é órgão de existência e funcionamento facultativos, para atribuí-las a

---

6 "Art. 139. As atribuições e poderes conferidos por lei aos órgãos de administração não podem ser outorgados a outro órgão, criado por lei ou pelo estatuto."

outro órgão, é evidente que não podem fazê-lo em relação a órgãos cuja existência e funcionamento sejam necessários, como é o caso da reunião ou assembleia de sócios e da administração. Assim como "quem pode o mais, pode o menos", "quem não pode o menos, logicamente, também não pode o mais"; são duas faces da mesma ideia. Nada veda que as competências já estabelecidas na lei como pertinentes a um determinado órgão sejam aumentadas por outras, previstas no contrato social. O que o contrato não pode fazer é retirar, diminuir ou transferir competências que a lei expressamente atribui a determinado órgão. Se o fizer, pode-se alegar, com razão, a nulidade da cláusula e das deliberações tomadas com base nelas. Dito isso, pode-se passar a tratar dos órgãos centrais na estrutura das sociedades limitadas, que são a reunião ou assembleia de sócios e a administração.

Reunião ou assembleia de sócios

A reunião ou assembleia de sócios é o órgão máximo na estrutura das sociedades limitadas. Todos os sócios têm assento no órgão, independentemente do percentual de sua participação; como não são admitidas quotas que não confiram a seus titulares o direito de voto nas deliberações sociais, todos necessariamente têm o direito de participar das reuniões ou assembleias, com voz e voto. As competências da reunião ou assembleia de sócios vêm estabelecidas no art. 1.071 do Código Civil. Sob a rubrica geral da "modificação do contrato social" (inciso V), há uma gama enorme de matérias, que podem ir desde a modificação do endereço da sede até o aumento ou diminuição do capital social (arts. 1.081 a 1.083 do Código Civil), passando pela forma de representação perante terceiros, entre outras matérias. O conteúdo mínimo do contrato social é fixado no art. 997 do Código Civil, que, embora conste do capítulo dedicado às sociedades simples, aplica-se também às sociedades limitadas, por força do disposto no art. 1.054 do mesmo diploma.[7]

Como se verá com mais clareza ao se tratar da administração, há diversas regras que integram o capítulo das sociedades simples e que incidem sobre as

7 "Art. 1.054. O contrato mencionará, no que couber, as indicações do art. 997, e, se for o caso, a firma social."

sociedades limitadas. Essa incidência por vezes decorre de remissão expressa pelos artigos que integram o capítulo das sociedades limitadas, como se vê no mencionado art. 1.054 e em diversos outros, como os arts. 1.057, parágrafo único; 1.058; 1.066, § 1º; 1.070; 1.072; 1.085; e 1.086. Em outros casos, porém, as normas que integram o capítulo das sociedades simples mostram-se aplicáveis às sociedades limitadas mesmo na ausência de remissão expressa. Isso se dá quer pela aplicação subsidiária prevista no art. 1.053, quer por se tratar de normas gerais de direito societário. Entre estas últimas, podem ser citadas regras dos arts. 1.001,[8] 1.005,[9] 1.007,[10] 1.008,[11] 1.009,[12] 1.022[13] e 1.026,[14] entre outros; são normas cuja generalidade as torna em princípio pertinentes a toda e qualquer sociedade, salvo previsão normativa expressa em sentido contrário.

A diferenciação entre a assembleia e a reunião diz respeito às formalidades necessárias à respectiva convocação. A assembleia é obrigatória sempre que o número de sócios for superior a 10 (art. 1.072, § 1º). Para convocar assembleia, deve-se necessariamente observar o disposto no art. 1.152, § 3º. O procedimento, como se vê, é comparativamente mais custoso, pois envolve ao menos três publicações em dois jornais. Além disso, há requisitos específicos sobre a antecedência das publicações, aos quais se deve atentar.

Nesse último ponto, uma questão interessante refere-se à possibilidade de, nas sociedades limitadas, o mesmo anúncio (publicado três vezes) já realizar tanto a primeira como a segunda convocação. Há quem argumente que, se observado o prazo de oito dias para a primeira, a antecedência de cinco dias

---

8 "Art. 1.001. As obrigações dos sócios começam imediatamente com o contrato, se este não fixar outra data, e terminam quando, liquidada a sociedade, se extinguirem as responsabilidades sociais."

9 "Art. 1.005. O sócio que, a título de quota social, transmitir domínio, posse ou uso, responde pela evicção; e pela solvência do devedor, aquele que transferir crédito."

10 "Art. 1.007. Salvo estipulação em contrário, o sócio participa dos lucros e das perdas, na proporção das respectivas quotas, mas aquele, cuja contribuição consiste em serviços, somente participa dos lucros na proporção da média do valor das quotas."

11 "Art. 1.008. É nula a estipulação contratual que exclua qualquer sócio de participar dos lucros e das perdas."

12 "Art. 1.009. A distribuição de lucros ilícitos ou fictícios acarreta responsabilidade solidária dos administradores que a realizarem e dos sócios que os receberem, conhecendo ou devendo conhecer-lhes a ilegitimidade."

13 "Art. 1.022. A sociedade adquire direitos, assume obrigações e procede judicialmente, por meio de administradores com poderes especiais, ou, não os havendo, por intermédio de qualquer administrador."

14 "Art. 1.026. O credor particular de sócio pode, na insuficiência de outros bens do devedor, fazer recair a execução sobre o que a este couber nos lucros da sociedade, ou na parte que lhe tocar em liquidação."

para a segunda convocação já estaria automaticamente observada. Não há, no Código Civil, realmente, norma expressa que preveja a exigência de "novo anúncio" para a segunda convocação, como ocorre com o art. 124, § 1º, inciso I, da Lei nº 6.404/1976, o que leva autores a concluir que a publicação de novo anúncio para a segunda convocação seria providência dispensável nas sociedades limitadas. Sobre o tema, há judicioso comentário a acórdão do TJMG elaborado por Von Adamek (2008). O ponto que me parece duvidoso, nessa linha de argumentação, é que ela torna de todo inútil a referência legal a uma segunda convocação com cinco dias de antecedência; se a convocação com oito dias já resolve a questão, qual a lógica de a lei falar em segunda convocação com cinco dias de antecedência? Esse parece ser mais um dos muitos pontos em que o Código Civil se aproveita de dispositivos do Decreto-Lei nº 2.627/1940, e acaba ignorando os aprimoramentos advindos da Lei nº 6.404/1976, como parece ser o caso de explicitar a necessidade lógica do segundo anúncio, diante da ideia de uma segunda convocação com ao menos cinco dias de antecedência. Embora promulgado em 2002, o Código Civil tem "idade mental" situada no início da década de 1970. Noto que minhas observações são de mera interpretação do direito posto. Se essa sistemática de convocação por editais publicados em dois jornais ainda faz sentido nos dias que correm é uma outra questão, aqui deliberadamente não abordada.

Havendo menos de 10 sócios, o contrato social poderá prever que as deliberações sociais serão tomadas em assembleia *ou* reunião. Salvo sob a perspectiva de sócios minoritários que, para maior segurança, queiram ou precisem ser pessoalmente convocados para o conclave, é, em princípio, aconselhável tentar evitar o procedimento da assembleia. Mas para isso não basta que o contrato social diga que as deliberações serão tomadas em reunião, e não em assembleia. É preciso que o contrato social estabeleça, com detalhes, de que forma, por iniciativa de quem e com qual antecedência deverão ser feitas as convocações para as reuniões. Do contrário, será aplicável o art. 1.072, § 6º, do Código Civil.[15] Assim, se o contrato social não contiver regras expressas e suficientemente detalhadas sobre o modo de convocação das reuniões, as convocações deverão obedecer ao art. 1.152 e seus parágrafos. Tanto a assembleia como a reunião poderão ser

---

15 "§ 6º. Aplica-se às reuniões dos sócios, nos casos omissos no contrato, o disposto na presente Seção sobre a assembleia."

dispensadas se *todos* os sócios decidirem, por escrito, sobre a matéria que seria objeto de deliberação (art. 1.072, § 3º). Já as formalidades de convocação, quer para a assembleia, quer para a reunião, poderão ser dispensadas se todos os sócios se declararem, por escrito, cientes da respectiva realização, local, data, horário e ordem do dia.

Quem pode convocar a reunião ou assembleia de sócios? Os administradores, ou quem o contrato social determinar (art. 1.072, *caput*). Há outras possibilidades? Sim, as previstas no art. 1.073. Uma vez convocada com atendimento às previsões legais e contratuais aplicáveis, a efetiva instalação do órgão deverá respeitar o disposto no art. 1.074. Compete às juntas comerciais fiscalizar a observância dos procedimentos de convocação e instalação das assembleias ou reuniões de sócios quando do arquivamento das respectivas atas. Portanto, é preciso documentar adequadamente o procedimento de convocação, sendo aconselhável apresentar tais documentos como anexos à ata da assembleia ou reunião, quando de sua apresentação para registro e arquivamento no órgão de registro competente.

Como se aprovam as deliberações? Pelo voto afirmativo dos sócios ou de seus representantes (observado o disposto no art. 1.074, § 1º), desde que seja alcançado o *quorum* pertinente, de acordo com o art. 1.076. *Os quoruns do art. 1.076 também são cogentes. O contrato social, todavia, pode exigir quoruns mais altos que os já indicados na lei; mas não lhe é dado baixá-los.* Assim, não se pode deliberar pela alteração do contrato social se a matéria não contar com o voto afirmativo de sócios que representem ao menos 75% do capital social. Note-se que, em relação a determinadas matérias, os *quoruns* aplicáveis às deliberações constam de outros dispositivos do Código Civil. A eleição e destituição de administradores, por exemplo, vem regrada nos arts. 1.061 e 1.063, § 1º, do Código Civil.

Essa última norma (art. 1.063, § 1º), inclusive, foi recentemente alterada pela Lei nº 13.792, de 3 de janeiro de 2019, para estabelecer uma simetria – antes inexistente – com a norma do art. 1.076, II, no sentido de que a destituição de administrador sócio pode ser aprovada pela maioria do capital social, quer conste do contrato social, quer conste de ato separado (ata de reunião de sócios). Na redação original, que vigorou entre 2004 e o início de 2019, a destituição de administrador sócio dependia de voto favorável (a) de 2/3 do capital social se a nomeação constasse do contrato social; e (b) de maioria do capital social se não constasse. Era difícil, realmente, encontrar uma justificativa plausível para essa diferenciação, em especial diante da exigência geral de *quorum* de 3/4 do capital social para qualquer alteração contratual (art. 1.076, I).

Em virtude de serem imperativas as regras do art. 1.076, abriu-se grande espaço para impasses nas deliberações das sociedades limitadas. Qualquer sócio que detenha mais de 25% do capital social passou, com o Código Civil, a ter poderes suficientes para vetar qualquer alteração do contrato social (salvo se a alteração se referir à destituição de administrador). Na vigência do Decreto nº 3.078/2019, esse mesmo sócio, ainda que tivesse, por exemplo, 49,99% do capital social, poderia ser excluído pelo sócio detentor de 50,01% sem ao menos ser notificado antes de o fato ser consumado.

A mudança foi drástica. Disso também decorre que, se antes do Código Civil, a garantia do controle sobre a sociedade poderia ser obtida, salvo disposição em contrário do contrato social, com a titularidade de quotas representativas de 50% mais 1 quota, no regime vigente é necessário deter pelo menos 75% das quotas representativas do capital social. Em outras palavras, o Código Civil – numa penada – aumentou significativamente o custo de ser o controlador de uma sociedade limitada.

A realização e a formalização das deliberações devem respeitar o disposto no art. 1.075, §§ 1º e 2º, do Código Civil, além das regras da Lei nº 8.934/1994, do Decreto nº 1.800/1996 e das normas e manuais do Departamento Nacional de Registro Empresarial e Integração (Drei).

Administração

A administração é o órgão de representação da sociedade limitada, cuja atuação está subordinada tanto à lei e ao contrato social como também a eventuais determinações e deliberações da reunião ou assembleia de sócios.

De tão relevante, o poder de eleger e destituir os administradores é considerado pela lei como uma nota necessária à caracterização do poder de controle sobre a sociedade (arts. 116 e 243, § 2º, da Lei nº 6.404/1976). O Código Civil, diferentemente do Decreto nº 3.708/1919, não admite que o administrador seja uma pessoa jurídica (art. 1.054, c/c art. 997). Não admite também a delegação dos poderes de um administrador a um terceiro (art. 1.018). Em outras palavras, não há mais – ou não deveria haver – a figura do gerente-delegado. Deve-se inclusive tomar cuidado com o uso da palavra "gerente", uma vez que ela não mais pode ser considerada como sinônimo de administrador. O Código Civil, em seus arts. 1.172 a 1.176, designa por gerente pessoa distinta do administrador, conferindo à atuação do primeiro disciplina jurídica distinta e própria.

Diversas normas importantes sobre a atuação dos administradores da sociedade limitada constam do capítulo dedicado às sociedades simples. Deve-se atentar sobretudo para as regras dos arts. 1.011, 1.012, 1.014, 1.015, 1.016, 1.017, 1.020 e 1.021. Tudo isso no plano interno, isto é, das relações entre os administradores entre si e os administradores e os sócios. No plano externo, ou seja, nas relações perante terceiros, a norma essencial é a do art. 1.015. Nesse ponto, porém, é fundamental a análise da jurisprudência, que sempre teve postura razoavelmente independente da letra da lei antes da vigência do Código Civil, dando – sem razão – grande importância para a assim chamada "teoria da aparência". Em sede doutrinária, uma visão clara e aguda desse problema pode ser encontrada em texto de Fabio Konder Comparato (1998).

Acordo de quotistas

Com o substancial aumento do espaço para impasses nas sociedades limitadas, como resultado das normas cogentes dos arts. 1.071 e 1.076 do Código Civil, os acordos de voto (que são, em sua origem, espécie ou parte dos acordos de acionistas previstos no art. 118 da Lei nº 6.404/1976) passaram a ter uma importância maior para o planejamento societário e para o funcionamento das sociedades limitadas de modo geral.

Enquanto vigia o Código Comercial de 1850, houve dúvidas sobre a validade dos acordos de quotistas. Isso porque o art. 302, item 7 e parte final, do Código Comercial de 1850 determinava que o contrato social devia conter

> *todas* as mais cláusulas e condições necessárias para se determinarem com precisão os direitos e obrigações dos sócios entre si, e para com terceiros. Toda a cláusula ou condição oculta, contrária às cláusulas ou condições contidas no instrumento ostensivo do contrato, é nula.

Assim, se era obrigatório que o contrato social disciplinasse "com precisão" *todos* os direitos e obrigações dos sócios entre si, e se toda cláusula oculta (ou) contrária ao contrato social era nula, não havia, a rigor, margem legal para a celebração de acordos de quotistas que versassem, por exemplo, sobre exercício de direitos de voto nas deliberações sociais.

O Código Comercial de 1850 foi revogado em toda a matéria de "direito comercial terrestre", permanecendo em vigor apenas as normas relativas ao "direito comercial marítimo". A norma que, hoje, cumpre a mesma função antes desempenhada pelo art. 302 do Código Comercial de 1850 é o art. 997 do Código Civil, que, como se viu, incide também sobre as sociedades limitadas em virtude do disposto no art. 1.054. Nesse art. 997, não se encontra regra com o mesmo sentido do art. 302, item 7, já mencionado. Por isso, a lei não mais exige que o contrato social contenha rigorosamente *toda* a disciplina sobre os direitos e obrigações dos sócios.

Porém, o parágrafo único do art. 997 tem redação distinta da parte final do art. 302 do Código Comercial de 1850; prevê: "É ineficaz em relação a terceiros qualquer pacto separado, contrário ao disposto no instrumento do contrato". Conquanto já se pudesse, por interpretação, sustentar que a nulidade de que falava o Código Comercial deveria ser lida como ineficácia, tal interpretação poderia ser repudiada sob o argumento de que era *contra legem*. Atualmente, tal argumento não mais tem lugar. A lei é clara em dizer que se trata de mera ineficácia perante terceiros, exclusivamente no que for contrário ao disposto no contrato. Essa contrariedade deve ser lida e entendida como incompatibilidade.

No que toca especificamente aos direitos de voto, trata-se de poderes que são exercidos nas relações internas da sociedade (sócios entre si e sócios *vs.* sociedade), e são inexistentes ou diminutas as possibilidades de serem atingidos direitos de terceiros. O acordo de quotistas sobre direitos de voto, a rigor, não precisa ser arquivado na junta comercial, pois se destina a gerar efeitos entre os sócios e a sociedade. Basta, em princípio, o arquivamento na sede social, com fundamento no art. 1.053, parágrafo único, se aplicável, cumulado com o art. 118 da Lei nº 6.404/1976. Não há motivo, em princípio, para que se dê publicidade para matérias que digam respeito apenas às relações privadas entre os sócios e não coincidam com aquelas indicadas no art. 997 do Código Civil.

Situação diferente seria a de eventuais regras inseridas em acordo de quotistas sobre compra e venda de quotas, direitos de preferência ou opções de compra ou venda de quotas. Essas, por sua característica de disciplina da *circulação* das quotas, tendem a tocar diretamente com o interesse de terceiros, contra os quais precisam, por vocação, ser plenamente oponíveis. Essa plena oponibilidade depende, segundo aqui sustento, de constarem abertamente do próprio contrato social (*espelhando* o que constar, também, em acordo de quotistas arquivado na sede social), ou de que o instrumento pertinente seja registrado e arquivado na junta comercial competente.

De fato, caso não constem do contrato social, o silêncio público sobre o tema fará com que terceiros de boa-fé julguem ou possam julgar, com razoabilidade, ser aplicável apenas a regra dispositiva do Código Civil a respeito da circulação das quotas, que é a do art. 1.057. As sociedades limitadas, diferentemente das companhias, não dispõem de um livro de registro de ações, com características de registro público, capaz de registrar direitos oponíveis *erga omnes*, que acompanham a titularidade das ações a despeito de sua circulação. O equivalente desse registro público, nas sociedades limitadas, é o contrato social, que a bem da segurança jurídica, e também do respeito ao art. 997, parágrafo único, do Código Civil, deve consolidar todos e quaisquer gravames e/ou direitos relacionados às quotas que, para sua plena eficácia, requeiram oponibilidade. Por isso, para que essa eficácia se produza, é fundamental que o contrato social – ainda que ao lado e cumulativamente a um acordo de quotistas – indique ou mesmo repita, de forma expressa e completa, todas as normas vigentes sobre a circulação e as restrições à circulação das quotas. Do contrário, a oponibilidade dessas restrições pode ficar prejudicada.

Que rumo dar para a disciplina das sociedades limitadas?

O que de mais relevante a explanação feita até aqui suscita, ao se voltarem os olhos adiante, em direção a possíveis diretrizes para o aprimoramento da disciplina das sociedades limitadas no Brasil? Na perspectiva da defesa da liberdade contratual e do valor social da livre iniciativa, apresento aqui duas constatações.

A primeira é a de que faz falta a existência – dentro do elenco dos tipos societários – de uma sociedade eminentemente *contratual* (e não orgânica), dotada de personalidade jurídica e apta a gerar separação patrimonial e limitação de responsabilidade, como era a sociedade por quotas de responsabilidade limitada sob a vigência do Decreto nº 3.708/1919. Deveria ser considerada, segundo aqui defendo, a divisão do tipo das atuais sociedades limitadas em dois subtipos – um contratual, nos moldes do Decreto nº 3.708/1919, e outro orgânico (isto é, caracterizado por órgãos cujo funcionamento é regrado por um conjunto de normas cogentes), nos moldes do que hoje consta do Código Civil.

Em segundo lugar, é deletéria – porque arbitrária e autoritária – a alteração legal de *quoruns* e demais normas sobre a constituição e o funcionamento de órgãos societários que entre em vigor imediato para sociedades já constituídas, sobretudo aquelas que exercem atividades empresariais em franco desenvolvimento. Chega a ser um ato de inegável violência jurídica que o Estado, ainda que com alguma *vacatio legis*, mude as normas que definem o controle de uma sociedade já contratada, como o fez o Código Civil, em 2002, ou que altere de chofre as normas que regulam a destituição de administradores, como o fez a recém-editada Lei nº 13.792/2019. O desenvolvimento adequado da atividade empresarial exige previsibilidade, em especial nas normas basilares, como é o caso das normas societárias. Os sócios, em conjunto com seus advogados, muitas vezes passam meses negociando contratos sociais e acordos de quotistas, e ali definem seus direitos e obrigações recíprocos, com previsão de vigência por longo prazo (não raro 10, 20 anos), e o fazem à luz das disposições legais cogentes e vigentes no momento da sua celebração. A alteração brusca das regras constitutivas da vida societária, com o empreendimento em curso, pode alterar sensivelmente o equilíbrio acordado e os pactos celebrados após árdua negociação, e não raro pode dar azo a condutas oportunistas. Um sócio que antes não tinha o poder de vetar determinadas deliberações de repente passa a gozar de tal poder; e outro que antes tinha certas garantias sobre a aprovação de determinadas matérias subitamente deixa de tê-las.

Daí que a disciplina de um tipo societário totalmente contratual (e não orgânico), de responsabilidade limitada, não deve ser colocada em substituição à sociedade limitada de feições orgânicas, já regulada pelo Código Civil. Poderia, ou melhor, deveria ser (re)criada ao lado, e em complementação ao elenco de tipos hoje existente, sem alterar os contratos e acordos societários já celebrados e em fase de cumprimento. Nada impedirá, porém, que haja transformação de um tipo societário em outro, respeitadas as normas que regem essa operação (arts. 1.113 a 1.115 do Código Civil e arts. 220 a 222 da Lei nº 6.404/1976).

Referências

COMPARATO, Fabio Konder. Aparência de representação: a insustentabilidade de uma teoria. *Revista de Direito Mercantil, Industrial, Econômico e Financeiro*, São Paulo, n. 111, p. 39-45, jul./set. 1998.

FRANÇA, Erasmo Valladão A. e N.; VON ADAMEK, Marcelo. Empresa individual de responsabilidade limitada (Lei 12.441/2011): anotações. *Revista de Direito Mercantil, Industrial, Econômico e Financeiro*, São Paulo, n. 163, p. 85-95, jul./set. 2012.

FRANCO, Vera Helena de Mello. O triste fim das sociedades limitadas no novo Código Civil. *Revista de Direito Mercantil, Industrial, Econômico e Financeiro*, São Paulo, n. 123, p. 80-85, jul./set. 2001.

LOBO, Carlos Augusto Silveira. As sociedades limitadas no novo Código Civil (algumas questões relevantes). In: ____. *Advocacia de empresas*. Rio de Janeiro: Renovar, 2012. p. 143-158.

MARCONDES, Sylvio. Origem, evolução e conceituação das sociedades de responsabilidade limitada. In: ____. *Problemas de direito mercantil*. São Paulo: Max Limonad, 1970. p. 183-205.

MATTOS FILHO, Ary Oswaldo et al. *Radiografia das sociedades limitadas*. Ago. 2014. Disponível em: <https://edisciplinas.usp.br/pluginfile.php/4643699/mod_resource/content/1/Radiografia%20das%20Sociedades%20Limitadas.pdf>. Acesso em: 22 jan. 2019.

PRADO FILHO, José Inácio Ferraz de Almeida. Notas sobre as sociedades fictícias, ou de favor. *Revista de Direito Mercantil, Industrial, Econômico e Financeiro*, São Paulo, n. 134, p. 85-95, abr./jun. 2004.

VON ADAMEK, Marcelo Vieira. Convocação simultânea de assembleia ou reunião de sócios no direito brasileiro. *Revista de Direito Mercantil, Industrial, Econômico e Financeiro*, São Paulo, n. 149-150, p. 323-335, jan./dez. 2008.

14. Ação de dissolução parcial e de apuração de haveres das sociedades limitadas

Rodrigo da Costa Marques

Introdução

Tive a honra de conviver e de aprender com o dr. Fabio Lilla desde minha entrevista para admissão como estagiário em seu escritório, em agosto de 2008. A perspicácia, a sagacidade e o carisma do dr. Fabio, que se revelavam acentuadamente mesmo nos mais singelos momentos, eram virtudes que sempre incentivaram meu entusiasmo pelos casos de seus clientes, especialmente pelos litígios societários em que pudemos trabalhar juntos.

Aprendi com o dr. Fabio Lilla que a dissolução das sociedades empresárias é fenômeno pródigo em suscitar a assessoria do advogado de litígios. Lidar adequadamente com essa realidade, sem menosprezar seus impactos para os empresários e para a sociedade que se dissolve, e sem se deixar abater pelas agruras inerentes ao momento, é competência fundamental para o advogado militante na área, como tantas vezes o dr. Fabio fez prova para seus clientes e também para seus aprendizes de profissão.

Pareceu-me adequado, assim, em homenagem à memória do dr. Fabio, escrever algumas palavras sobre a dissolução parcial de sociedades à luz do ainda recente Código de Processo Civil de 2015 (CPC/2015).

A ação de dissolução parcial de sociedade, tal como apresentada em seu inédito regramento processual, é fruto de décadas de construção doutrinária e jurisprudencial. O direito processual aplicável nessa seara evoluiu segundo o fundamental princípio da *preservação da empresa*, em contraste às disposições legais vigentes até o advento do novo diploma processual, as quais previam, direta ou remissivamente, apenas a possibilidade de dissolução societária de forma total (cf. Código Comercial de 1850, Código de Processo Civil de 1939 e Código de Processo Civil de 1973).

É certo que a perpetuação da sociedade interessa não apenas ao empresário que visa legitimamente ao lucro, mas também a uma miríade de sujeitos que são afetados direta ou indiretamente pela atividade empresarial. Seus empregados, prestadores e tomadores de seus serviços, fornecedores ou consumidores de seus bens, e até o próprio Estado são, ao menos em alguma medida, impactados pela existência e atuação das sociedades empresárias. Portanto, é mais que bem-vinda a preocupação do legislador em oferecer regramento específico à demanda judicial que pretenda a dissolução parcial dessas sociedades, bem como a apuração dos haveres devidos aos sócios que as deixam, como tentativa de conferir maior segurança jurídica a todos os interessados na sobrevivência da empresa e de suas atividades.

A despeito de conhecidas ressalvas ao regramento estabelecido pelo CPC/2015, as quais certamente contribuirão para o aprimoramento da matéria, o fato é que se trata de lei vigente e com a qual é preciso lidar da melhor forma possível, com o objetivo de atender aos direitos dos sujeitos envolvidos em contendas do gênero. É necessário enfrentar as previsões legais com disposição para que sejam bem aplicadas e cumpram seu propósito no ordenamento jurídico.

Com esse espírito, as breves linhas que seguem são um esforço para singela contribuição ao assunto, em homenagem à preservação da memória do dr. Fabio Lilla, que deixou tão preciosas lições a todos que com ele tiveram a alegria de conviver.

Objeto da ação de dissolução parcial de sociedade e de apuração de haveres

O CPC/2015 apresenta regência específica da matéria em seus arts. 599 a 609, inseridos em título dedicado aos assim chamados "Procedimentos Especiais" (Parte Especial, Livro I, Título III). A especialidade procedimental estabelecida para a ação de dissolução parcial parece se justificar sobretudo pelas particularidades da fase de apuração de haveres, permeada por normas inclusive com conteúdo de *direito material*, a qual se determina seja processada pelo rito previsto nos arts. 604 a 609 do CPC/2015.

O art. 599 do CPC/2015, em seus incisos I e II, enuncia quais são, a princípio, os objetos possíveis da "ação de dissolução parcial de sociedade": "a resolução da sociedade empresária contratual ou simples" e "a apuração dos haveres" quanto àquele que deixou de ser sócio. O inciso III do mesmo artigo explicita que a ação pode ter por objeto ambas essas pretensões ou apenas uma delas, conquanto a hipótese de ação com propósito exclusivo ou cumulado de apurar haveres torne evidentemente inapropriado ou incompleto o *nomen iuris* da demanda escolhido pela lei.

A eventual cumulação das pretensões "ordinárias" de dissolução e apuração dos haveres é escolha que cabe naturalmente à parte autora da ação, segundo os interesses que busca ver tutelados pelo órgão jurisdicional. O objeto da ação poderá ainda ser alterado conforme a resposta da parte ré, que, sendo, por exemplo, a sociedade, terá oportunidade de "formular pedido de indenização compensável com o valor dos haveres a apurar" (art. 602 do CPC/2015).

Nem sempre as partes demandarão cumulativamente pelo desfazimento do vínculo societário e pela apuração de haveres. Embora não se trate da hipótese mais comum na realidade dos litígios relacionados, é sim possível que uma dessas questões não suscite interesses controvertidos a serem dirimidos judicialmente. É o caso, por exemplo, da situação em que o sócio dissidente e os sócios remanescentes estão de acordo quanto à dissolução de seu vínculo, mas divergem no que tange à forma e aos critérios a serem observados para apuração de haveres. Ao contrário, pode acontecer de a apuração de haveres não ser necessária em sede judicial, por alguma razão específica, como prévio acordo das partes a esse respeito, desde que superada, perante o Poder Judiciário, eventual dúvida sobre o cabimento ou não da dissolução parcial em determinado caso.

Não obstante a prevalência da autonomia e dos interesses das partes envolvidas na definição do objeto da demanda, o Tribunal de Justiça de São Paulo já decidiu pelo prosseguimento de ação, quanto à apuração de haveres, na qual fora postulada inicialmente apenas a dissolução parcial da sociedade, reformando sentença que, ante a ausência do pedido apuratório, havia decretado a extinção do processo por falta de interesse de agir.[1] No caso, entendeu-se que

1 Negando a possibilidade de o órgão jurisdicional ampliar o objeto da demanda nesse sentido, autorizada doutrina assevera que "se o pleito for apenas de resolução, a isso deve se limitar a atuação do órgão judicial. A apuração dos haveres não corresponde singelamente a uma liquidação preparatória de cumprimento de sentença; para o que, na hipótese ventilada, faltaria o requisito do título, uma vez que ao pedido de apuração de haveres corresponde um provimento condenatório – ainda que genérico – ao correspondente pagamento" (Yarshell e Matos, 2012:219-220).

> a liquidação ocorrerá independentemente do pedido de apuração de haveres na presente demanda, nos termos do artigo 1031 do Código Civil, por se tratar de consequência lógica da dissolução (total ou parcial) da sociedade. Portanto, subsiste interesse de agir, ainda que não haja pedido cumulativo de resolução de sociedade e apuração de haveres.[2]

Parece certo afirmar que existe a possibilidade de cumulação de outros pedidos na ação além daqueles elencados pelo art. 599 do CPC/2015, desde que tais pleitos sejam pertinentes à natureza do litígio e que sejam feitas as necessárias adaptações de rito procedimental, conforme prevê o art. 327, § 2º, do CPC/2015. De forma consentânea com esse entendimento de ampliação do objeto da ação, está o próprio art. 602 do CPC/2015, o qual estabelece que a sociedade poderá deduzir, em sua defesa, pedido contraposto de indenização em face do sócio que tiver lhe causado prejuízo, pretensão que será passível inclusive de compensação com eventuais haveres a serem apurados.

A ação de dissolução parcial de sociedade terá cabimento, observados os requisitos legais, mesmo quando se tratar de sociedade com apenas dois sócios, já que a pluralidade de sócios poderá ser ulteriormente reconstituída (art. 1.033, inciso IV, do Código Civil). Há que se considerar ainda a possibilidade de opção posterior do sócio único remanescente por perpetuar a sociedade em caráter unipessoal, mediante requerimento de transformação a ser submetido ao órgão de registro mercantil competente (art. 1.033, parágrafo único, do Código Civil).

A petição inicial da demanda deverá ser "necessariamente instruída com o contrato social consolidado" (art. 599, § 1º, do CPC/2015). Não havendo contrato social consolidado, devem acompanhar a inicial o contrato social e todas as suas alterações. Trata-se de documentação indispensável ao processamento da ação, sem a qual a petição inicial poderá ser indeferida, caso a eventual ausência de documentos imprescindíveis não seja suprida em oportunidade de emenda, nos termos dos arts. 320 e 321 do CPC/2015.

O § 2º do art. 599 do CPC/2015 prescreve que a ação de dissolução parcial poderá também ser manejada em se tratando de sociedade anônima de capital fechado, mas desde que movida por acionista ou acionistas que representem

---

2 TJSP, 1ª Câmara Reservada de Direito Empresarial, Apelação nº 1027509-21.2016.8.26.0100, rel. desembargador Alexandre Lazzarini, j. 28/11/2018.

pelo menos 5% do capital social, os quais deverão demonstrar que a sociedade não pode preencher sua finalidade.[3]

Legitimidade processual das partes

Os incisos do art. 600 do CPC/2015 elencam as pessoas processualmente legitimadas à propositura da ação de dissolução parcial de sociedade, quais sejam: o espólio ou sucessores do sócio falecido (incisos I e II), a sociedade (incisos III e V), o sócio que exerceu o direito de retirada ou recesso, ou aquele que foi excluído (incisos IV e VI). Há ainda previsão de legitimidade do cônjuge ou companheiro para requerer a apuração dos haveres que lhe caberiam por conta da dissolução do vínculo conjugal, caso tal pretensão seja decorrente do direito de família incidente no caso pertinente, observado o regime de bens aplicável (art. 600, parágrafo único, do CPC/2015).

Nos casos de falecimento de sócio, o espólio, devidamente representado pelo inventariante, será parte legítima para propor a ação quando os sucessores, considerados em sua totalidade, não puderem ou não quiserem ingressar na sociedade (art. 600, inciso I), o que é consequência natural da necessidade de correção da composição social e regularização patrimonial do espólio quanto às quotas deixadas pelo sócio falecido.

O espólio deixará de ter legitimidade para propor a ação, transmitindo-se tal condição aos sucessores do sócio falecido, depois que for concluída a partilha dos bens do espólio (art. 600, inciso II, do CPC/2015), desde que os herdeiros tenham recebido por herança as quotas deixadas pelo *de cujus* e, não obstante, não queiram ou não possam ingressar na sociedade.

Importa lembrar que a vontade dos sucessores não necessariamente coincide com aquela outrora manifestada pelo sócio falecido com relação à participação no contrato de sociedade. Não sendo os sucessores os pactuantes originais que convergiram interesses por *affectio societatis*, naturalmente cabe-lhes decidir por não participar da empresa, direito fundamental que decorre de sua garantia constitucional de liberdade de associação (art. 5º, inciso XVII, da Constituição Federal).

---

3 Por motivos de delimitação metodológica, com o objetivo de não desconsiderar particularidades relevantes da ação de dissolução parcial da sociedade anônima de capital fechado, este texto cuida apenas da ação de dissolução pertinente às sociedades por quotas de responsabilidade limitada.

A sociedade, por sua vez, terá legitimidade para a propositura da ação em duas hipóteses. A primeira delas, no caso de falecimento do sócio, se os sócios sobreviventes não admitirem o ingresso do espólio ou dos sucessores do sócio falecido nos quadros sociais, caso tal direito decorra de previsão do contrato social (art. 600, inciso III, do CPC/2015). A segunda hipótese, quando inexistir autorização legal que permita a exclusão extrajudicial do sócio (art. 600, inciso V, do CPC/2015). Ou seja, a legislação estabelece a exclusão extrajudicial do sócio como regime preferencial a ser observado no bojo de dissolução do gênero, se tal possibilidade puder ser regular e fundamentadamente implementada por deliberação dos sócios. Se isso não for possível, poderá então a sociedade postular judicialmente a dissolução parcial por exclusão de sócio.

A legitimidade *ad causam* do sócio retirante ou dissidente existirá quando não houver sido providenciada, pelos sócios remanescentes, a alteração contratual formalizando o desligamento, passados 10 dias do exercício do direito de desligamento correspondente (art. 600, inciso IV, do CPC/2015). Cabe ressalvar que eventual formalização prévia da retirada, ainda que feita de forma espontânea e por via extrajudicial, também deverá ocorrer em termos com os quais concorde o sócio retirante ou dissidente, sob pena de subsistir sua legitimidade para discutir as condições relacionadas em juízo.

Por fim, a legitimidade do sócio excluído opera-se, em princípio, de forma incondicionada, desde que evidentemente observados os demais pressupostos processuais para o direito de ação (art. 17 do CPC/2015). O sócio excluído poderá discutir a validade e a eficácia de sua própria exclusão, inclusive deduzindo pleito para retornar à sociedade em caso de abuso ou ilegalidade na deliberação correspondente, bem como questionar os haveres que lhe serão devidos em caso de ser confirmada judicialmente sua exclusão da sociedade.

Quanto à legitimidade passiva para a ação de dissolução parcial de sociedade, o *caput* do art. 601 do CPC/2015, ao determinar que "os sócios e a sociedade serão citados", estabelece hipótese de litisconsórcio passivo necessário para o processamento da demanda (art. 114 do CPC/2015),[4] não obstante, em aparente contradição, o parágrafo único do mesmo dispositivo enuncie que "a sociedade não será citada se todos os seus sócios o forem, mas ficará sujeita aos efeitos da decisão e à coisa julgada".

---

4 A questão da legitimidade passiva é controversa, especialmente na jurisprudência: "Apesar de a maioria da doutrina entender que há litisconsórcio passivo necessário entre a sociedade e todos os sócios, a jurisprudência ora adota uma posição, ora adota outra" (Yarshell e Matos, 2012:229).

É preciso interpretar o dispositivo à luz dos objetos possíveis para a ação de dissolução parcial, nos termos definidos pelo art. 599 do CPC/2015, quais sejam, a dissolução parcial e a apuração de haveres, que podem ser cumulados ou não na demanda.

A presença dos sócios remanescentes e da sociedade no polo passivo da ação, como partes necessárias e indispensáveis, faz sentido apenas na hipótese de se pretender a dissolução do vínculo societário – e não apenas a apuração de haveres –, demandando decisão que afetará diretamente todos os sócios ao desfazer parcialmente o contrato plurilateral de sociedade. Não se pode dizer o mesmo, contudo, quanto à pretensão exclusiva de apuração de haveres, eis que a responsável pelo seu pagamento é a sociedade, não os sócios.

Em outras palavras, tem-se que o litisconsórcio passivo necessário enunciado pelo *caput* do art. 601 faz sentido apenas para a ação que contenha a pretensão de dissolução parcial da sociedade, não sendo impositivo para a ação proposta unicamente para apuração dos haveres.

A previsão do parágrafo único do art. 601, por sua vez, embora contraditória com o disposto no *caput*, é norma que busca viabilizar o saneamento de eventual hipótese de ausência de citação da sociedade, no caso, por exemplo, de demanda que seja assim processada ao longo de muitos anos, a fim de se evitar que o processo seja posteriormente declarado nulo, depois de muito tempo, apenas por tal motivo, com prejuízo aos princípios da eficiência e da celeridade processuais. Ou seja, trata-se de comando legislativo que busca preservar o processo e os atos judiciais regularmente constituídos, e não dispensar inicial e ordinariamente a citação da sociedade, que deve sempre ser realizada, conforme prescreve a cabeça do art. 601 do CPC/2015.

Procedimento da ação de dissolução parcial de sociedade e de apuração de haveres

A fase de conhecimento

Proposta a ação de dissolução parcial, cumulada ou não com pedido de apuração de haveres, os réus serão citados para se manifestar no prazo de 15 dias úteis (art. 601 do CPC/2015), de forma análoga ao que ocorre no procedimento comum (art. 335 do CPC/2015).

Citados, os réus poderão concordar total ou parcialmente com os pedidos deduzidos na demanda, ou apresentar contestação com relação a quaisquer deles (art. 601 do CPC/2015).

O parágrafo único do art. 602 traz interessante inovação em favor da eficiência e racionalidade do procedimento, prevendo que a sociedade poderá deduzir pedido contraposto de indenização nos mesmos autos da ação de dissolução, que será compensável com o valor de eventuais haveres a serem apurados na etapa processual própria – desde que, naturalmente, assim permitam as regras de direito civil no caso (arts. 368 a 380 do Código Civil – *Da Compensação*).

Encerrada a fase postulatória desse procedimento especial e delimitado seu objeto, abrem-se dois possíveis caminhos para a sequência do processo, dependendo de quais tenham sido as manifestações ofertadas pelos réus (concordância com os pedidos ou contestação).

Se houve concordância unânime dos réus quanto à pretensão de dissolução parcial, o juiz decretará desde logo a dissolução do vínculo societário, fixando as premissas e os critérios pelos quais será processada a fase de liquidação para apuração dos haveres devidos ao sócio que se retira (art. 603 do CPC/2015). A teor da norma, essa hipótese somente se verificará mediante concordância expressa de todos os réus na ação, não sendo passível de aplicação em caso de consentimento presumidamente tácito, do que se poderia cogitar diante de eventual ausência de manifestação de algum dos réus.

Nessa hipótese, de concordância expressa e unânime dos réus com os pedidos, não haverá condenação sucumbencial de honorários advocatícios de nenhuma das partes, e as custas serão rateadas segundo sua participação no capital social (art. 603, § 1º, do CPC/2015). Trata-se de norma com nítido propósito de desestimular o prolongamento de demandas por descabida resistência contra o pedido de dissolução, cenário não raro motivado sobretudo pela perspectiva de imposição de ônus sucumbenciais.

Cuida-se aqui também de adequada tutela daquelas situações em que a ação se faz necessária não como fruto de *causalidade* motivada por qualquer das partes, mas como medida necessária diante de fatos alheios à vontade dos envolvidos, como pode acontecer, por exemplo, nas demandas decorrentes de falecimento de sócio.

Todavia, se não houve concordância dos réus com relação aos pedidos deduzidos na petição inicial, ainda que a dissonância tenha sido manifestada por apenas um dos réus, a ação deverá então observar o rito do procedimento comum até o final da fase de conhecimento (art. 318 e seguintes do CPC/2015), a ser encerrada por sentença que deverá fixar o regramento necessário para a etapa de liquidação e apuração de haveres (art. 603, § 2º, do CPC/2015).

A fase de liquidação

Encerrada a fase de conhecimento com a prolação de sentença que declare ou decrete a dissolução da sociedade,[5] terá início a fase de liquidação para apuração dos haveres devidos ao sócio que se desliga, ou a seu espólio ou sucessores, conforme o caso.

Para tanto, na própria sentença que encerra a fase de conhecimento – ou em decisão apartada, caso não tenha a sentença cuidado da questão –, o juiz deverá fixar a data da dissolução da sociedade, definir o critério de apuração de haveres – sempre observadas as possíveis disposições do contrato social nesse sentido – e nomear perito para as aferições técnicas que se mostrarem eventualmente necessárias para cálculo e pagamento desses haveres (art. 604, incisos I, II e III, do CPC/2015).

Existindo haveres incontroversos – o que poderá ter sido discutido e analisado ainda na fase de conhecimento –, estes deverão ser depositados desde logo em juízo, pela sociedade ou pelos sócios remanescentes,[6] mediante determinação do juiz (art. 604, § 1º, do CPC/2015). O depósito dos haveres incontroversos

---

5 "[...] a dissolução da sociedade pode operar tanto *ipso iure* – hipótese em que se pleiteará em juízo (apenas se necessário) um provimento declaratório – quanto depender de sentença que a decrete – hipótese em que o provimento jurisdicional terá, inquestionavelmente, natureza constitutiva. [...] Basta pensar na hipótese em que, não obstante o sócio manifeste sua intenção de retirada (artigo 1.029), os demais sócios fiquem inertes, não promovam a mudança do registro da sociedade e não procedam à tempestiva apuração de haveres do retirante. Nesse caso, tem o sócio retirante o direito de propor ação de dissolução de sociedade (artigo 585, I, do Projeto) para obter não um provimento constitutivo – como é no caso em que os sócios utilizam-se da via judicial para excluir um minoritário, por exemplo; mas um provimento declaratório, tendo em vista que a sua retirada já se operou, de acordo com o direito material, nos sessenta dias após a notificação" (Yarshell e Matos, 2012:232-233).

6 Há prestigiados autores com posicionamento crítico à redação do dispositivo nesse ponto "porquanto, sempre e sempre, devedor dos haveres é a sociedade, e não os sócios, ainda que se cuide de sociedade de responsabilidade ilimitada [...] parece-nos mais correto interpretar que a alusão feita aos sócios remanescentes só se aplica a sociedades não personificadas em que o patrimônio social seja titulado em comum pelos demais sócios (CC, arts. 988 e 994); fora daí, porém, não podem estes ser instados a depositar os haveres daquele que se desligou da sociedade" (França e Von Adamek, 2016:58).

poderá ser imediatamente levantado, sem necessidade de prestação de garantia, pelo agora ex-sócio, por seu espólio ou por sucessores, conforme a hipótese (art. 604, § 2º, do CPC/2015).

Trata-se de importante inovação do CPC/2015, que busca coibir o manejo da ação de dissolução de sociedade como manobra para postergar o pagamento de haveres desde logo conhecidos ou facilmente aferíveis ao sócio que se desvincula da sociedade.[7] O depósito e levantamento dos eventuais haveres incontroversos deverá observar o eventualmente disposto no contrato social, nos termos do § 3º do art. 604 do CPC/2015.

Tendo sido depositados haveres incontroversos, esse é o momento para que também ocorra a eventual compensação de créditos em decorrência da condenação do sócio excluído, retirante ou dissidente ao pagamento de indenização à sociedade, caso seja deduzido e acolhido pedido nesse sentido, conforme permite o art. 602 do CPC/2015. Para real efetividade das normas envolvidas nesse tópico, deve-se entender que, caso haja necessidade de liquidação da condenação em favor da sociedade, esta deverá ocorrer de imediato, em procedimento prévio ou concomitante à sequência do processo (apuração de eventuais haveres controvertidos), a fim de se assegurar, de um lado, que os haveres incontroversos possam ser levantados com a brevidade possível, e, de outro, que a compensação possa ser feita nesse momento, de forma a também não comprometer a pronta satisfação do crédito constituído em favor da sociedade.

O procedimento terá então seguimento à etapa de liquidação e apuração da parcela controvertida dos haveres, conforme os critérios que tiverem sido fixados pela sentença que encerrou a fase de conhecimento ou por decisão ulterior proferida para a disciplina correspondente.

Apuração dos haveres controvertidos

Existe pouca ou nenhuma margem para discricionariedade do julgador na fixação das premissas que deverão orientar a apuração e cálculo dos haveres controvertidos.

---

7 "Esta é uma novidade de extraordinário alcance, que visa impedir o uso estratégico da ação de dissolução parcial de sociedade (isto é, seu uso com desiderato de protelação do pagamento do reembolso)" (Coelho, 2018:152).

A lei enuncia detalhadamente a forma de definição dos parâmetros principais para apuração dos haveres: (1) a data da "resolução" da sociedade – conforme hipóteses legais contempladas no art. 605 do CPC/2015 (falecimento do sócio, retirada imotivada, recesso e retirada ou exclusão judicial) – e (2) os critérios de apuração de haveres – no que prevalecem as disposições pertinentes do contrato social, se existentes.[8]

O primeiro parâmetro, a "data da resolução da sociedade" (art. 605 do CPC/2015), nada mais é do que o momento de dissolução eficaz do vínculo societário, quando o então sócio perde tal condição jurídica e assume a de credor do valor das quotas por ele anteriormente subscritas. Isso não necessariamente significa que o então sócio se tornará forçosamente credor da sociedade, já que podem existir valores a serem compensados por conta de pedido de indenização eventualmente deduzido e acolhido em favor da sociedade (art. 602 do CPC/2015).

O art. 605 do CPC/2015 elenca, em seus incisos, os marcos temporais a serem observados no que se refere ao momento de dissolução do vínculo societário. A data da "resolução" da sociedade corresponderá, alternativamente, (1) à data do óbito do sócio falecido (inciso I); (2) ao sexagésimo dia seguinte ao recebimento, pela sociedade, da notificação do sócio retirante (retirada imotivada – inciso II); (3) ao dia de recebimento, pela sociedade, da notificação do sócio dissidente (retirada por justa causa – inciso III); (4) à data do trânsito em julgado da decisão que declarar dissolvida a sociedade, na retirada por justa causa de sociedade por prazo determinado e na exclusão judicial de sócio (inciso IV); ou ainda (5) à data da assembleia ou da reunião de sócios que houver deliberado a exclusão extrajudicial.

O segundo parâmetro necessário para a liquidação de sentença é a definição do critério de apuração dos haveres.

A teor do disposto no art. 606 do CPC/2015, o critério de apuração dos haveres será sempre aquele previsto no contrato social da sociedade dissolvida. É o que também prevê o art. 1.031 do Código Civil, ao determinar que,

8 "Se o acordado entre os sócios é a avaliação das quotas, no momento da dissolução parcial, por determinado critério, não pode o Poder Judiciário deixar de prestigiar essa vontade, negando eficácia ao encontro de vontades. Mesmo sendo o instrumento omisso, também não cabe ao juiz definir livremente o critério. Em caso de omissão, o critério é o estabelecido pelo artigo 1.031 do Código Civil, reproduzido, com pequena correção de ordem técnica, pelo artigo 606 do CPC; vale dizer, o do valor patrimonial real, derivado do BPD" (Coelho, 2018:153).

> nos casos em que a sociedade se resolver em relação a um sócio, o valor da sua quota, considerada pelo montante efetivamente realizado, liquidar-se-á, *salvo disposição contratual em contrário*, com base na situação patrimonial da sociedade, à data da resolução, verificada em balanço especialmente levantado [grifo meu].

Nessa mesma linha, antes mesmo da promulgação do CPC/2015, a jurisprudência do Superior Tribunal de Justiça já se orientava no sentido de que

> a apuração de haveres – levantamento dos valores referentes à participação do sócio que se retira ou que é excluído da sociedade – se processa da forma prevista no contrato social, uma vez que, nessa seara, prevalece o princípio da força obrigatória dos contratos, cujo fundamento é a autonomia da vontade, desde que observados os limites legais e os princípios gerais do direito. Assim, somente ante o silêncio da avença societária ou de posterior acordo entre os sócios a esse respeito, é que têm lugar os parâmetros estabelecidos pela lei.[9]

Todavia, é preciso que eventual cláusula que estipule previamente a forma de apuração dos haveres seja válida e eficaz, em conformidade com o ordenamento jurídico vigente.

Em outras palavras, apenas se o contrato for omisso nesse aspecto, ou se a cláusula correspondente for ilícita, é que o juiz deverá definir como critério da apuração, atendendo ao comando do art. 606, *caput*, do CPC/2015, o *valor patrimonial* a ser apurado em *balanço de determinação*, tomando-se por referência a data da dissolução e avaliando-se os bens e direitos do ativo, tangíveis e intangíveis, a preço de saída. As obrigações do passivo deverão ser apuradas de igual forma.

O *valor patrimonial* da sociedade é o valor atribuível aos seus ativos e passivos, que pode levar em conta diferentes critérios, como custo de aquisição de bens, valor potencial de alienação etc. O valor patrimonial deve considerar os bens, direitos e obrigações da sociedade de forma individual, refletindo o valor do patrimônio da empresa em determinada data, sem considerar potenciais perdas ou ganhos futuros.

---

9 STJ, 4ª T., AgRg no AG nº 1.416.710-RJ, rel. ministro Luis Felipe Salomão, j. 03/04/2014, *DJe*, 25 abr. 2014.

O *balanço de determinação* é aquele levantado especialmente para resolver a questão da dissolução parcial da sociedade, daí por que se orienta "decisivamente pelo fundamento jurídico geral que informa a resolução parcial do contrato de sociedade, a saber – máxima conservação desta" (Estrella, 2001:129), sem esquecer o interesse oposto do ex-sócio que precisa ser propriamente reembolsado.

Tal espécie de balanço busca refletir a situação real da empresa na data da dissolução, devidamente considerados o valor de alienação ativos e os passivos existentes no momento, pelo seu valor de mercado, isto é, pelo seu valor potencial de realização ou alienação. Nesse caso, faz-se necessária a elaboração de demonstrações financeiras exclusivas para a dissolução parcial, com avaliação do valor das quotas em moeda corrente e atual.

Atualmente, parece prevalecer o entendimento de que a apuração de haveres segundo esse critério não levará em conta perspectivas futuras de rentabilidade da sociedade – o que mais se aproximaria de uma avaliação *econômica*, e não *patrimonial*, como manda a lei –, não obstante exista divergência jurisprudencial nesse sentido,[10] pois do contrário "não se estará levando em conta apenas a situação patrimonial na data da resolução, mas também as alterações patrimoniais que podem se operar ao longo do tempo" (Trindade e Tannous, 2015:503).[11]

Ademais, é preciso considerar que,

> ao se incluir o elemento de percepção econômica (aviamento), está-se transferindo ao sócio retirante um valor potencial que não está sendo pago por terceiros. O que ocorre, efetivamente, é subtração maior de patrimônio em benefício do sócio retirante. Em se admitindo essa possibilidade, há um potencial prejuízo a credores e aos próprios sócios remanescentes [Mendes, 2012:664].

---

10 "[...] verifica-se uma certa oscilação na jurisprudência a respeito da inclusão da perspectiva de geração de lucros futuros (o que a doutrina denomina aviamento), mas com uma provável tendência à sua inclusão" (Mendes, 2012:648).

11 Os autores acrescentam que "estar-se-ia, portanto, contrariando a literalidade do artigo 1.031 – e do artigo 606 do Novo CPC –, fazendo-se com que o levantamento de um balanço do valor patrimonial de uma sociedade se transformasse em uma avaliação econômica da própria sociedade, como se ela fosse ser vendida – algo que a lei não prescreve" (Trindade e Tannous, 2015:503).

Como já decidiu o Superior Tribunal de Justiça,

> a apuração de haveres por meio de balanço de determinação, utilizada pelos tribunais nacionais, tem o escopo de apurar, à data presente, o valor patrimonial real da empresa parcialmente dissolvida. Trata-se de balanço especial destinado a apontar o valor financeiro que se alcançaria por meio da dissolução total da empresa, de forma a determinar o valor mais próximo do real a que o sócio retirante teria direito. Assim, a elaboração do balanço de determinação deve atender a dois princípios, nos termos das Normas Brasileiras de Contabilidade do CFC (NBC-T-4): i) valor de mercado; e ii) valor presente.[12]

O art. 606 do CPC/2015, em seu parágrafo único, frisa que, caso seja necessária perícia – e é difícil imaginar hipótese em que isso não ocorrerá, em se tratando de apuração de haveres – a nomeação do perito recairá preferencialmente sobre especialista em avaliação de sociedades.

A previsão do art. 607, de que a data da dissolução da sociedade e o critério de apuração de haveres podem ser revistos pelo juiz, mediante provocação, a qualquer tempo antes do início da perícia, deve ser interpretada com razoabilidade e parcimônia.

Como adverte a doutrina, isso pode ocorrer, no caso,

> por exemplo, de ter a defeituosa redação do contrato social despertado inicialmente certa interpretação, que, à vista dos argumentos posteriormente aduzidos pela parte, vem a ser descartada pelo juiz. Não cabe, com efeito, a pretexto de incidente na ação de dissolução parcial, um pedido de revisão judicial da cláusula constante do contrato social [Coelho, 2018:154].

Com relação à natureza dos haveres devidos, o art. 608 do CPC/2015, desbordando conteúdo meramente processual, prevê que os valores pertinentes, "até a data da resolução" da sociedade, contemplam "a participação nos lucros ou os juros sobre o capital próprio declarados pela sociedade e, se for o caso, a remuneração como administrador". O parágrafo único desse dispositivo explicita que, "após a data da resolução", o crédito devido àquele que se retira

---

12 STJ, 3ª Turma, REsp nº 1.286.708/PR, rel. ministra Nancy Andrighi, j. 27/05/2014, *DJe*, 5 jun. 2014.

compreende apenas a "correção monetária dos valores apurados" e "juros contratuais ou legais".

Finalmente, nos termos do art. 609 do CPC/2015, depois de apurados os haveres, estes serão pagos conforme disciplinar o contrato social ou, na omissão deste, nos termos *do § 2º do art. 1.031 do Código Civil*, isto é, "em dinheiro, no prazo de noventa dias, a partir da liquidação, salvo acordo". Ou seja, entende-se que, não havendo disposição no contrato social e inexistindo composição relacionada no processo judicial, a sociedade ou os sócios remanescentes terão até 90 dias para realizar o depósito dos haveres devidos em juízo ou pagá-los diretamente a quem de direito, o que deverá ser informado nos autos.

O pagamento dos haveres devidos, evidentemente, não se confunde com a quitação dos ônus de sucumbência, que, na falta de regramento específico, deverá ser realizada em termos ordinários, com regular cumprimento de sentença, se necessário, nos termos dos arts. 513 e seguintes do CPC/2015.

Conclusões

O regramento da ação de dissolução parcial de sociedade e de apuração de haveres pelo CPC/2015, estabelecido no bojo dos procedimentos especiais, é uma tentativa de consolidação legislativa das construções doutrinárias e jurisprudenciais das últimas décadas, orientadas segundo o princípio da *preservação da empresa*, no sentido de viabilizar a tutela jurisdicional da dissolução não apenas total, mas também parcial, dos vínculos societários.

O CPC/2015 prevê que a referida ação pode ter como objeto a dissolução parcial da sociedade e a apuração dos haveres daquele que deixou de ser sócio, pretensões que podem ser deduzidas isolada ou cumulativamente. Há possibilidade de cumulação de pedidos adicionais na demanda, desde que compatíveis com o litígio e observadas adaptações de rito processual. Nesse sentido, a lei dispõe expressamente que a própria sociedade poderá deduzir pedido indenizatório contra o sócio que tiver lhe causado prejuízo, pretensão que, se acolhida, poderá ser inclusive compensada com os haveres devidos àquele que se retira.

A legitimidade processual para propositura da ação de dissolução de sociedade caberá ao espólio ou aos sucessores do sócio falecido, à sociedade, ao sócio que exerceu o direito de retirada ou recesso, ou ainda àquele que foi excluído. Além disso, também está autorizado a demandar o cônjuge ou companheiro que fizer jus ao recebimento de haveres por força do encerramento do vínculo conjugal.

Quanto à legitimidade passiva, a lei estabelece hipótese de litisconsórcio passivo necessário entre a sociedade e os sócios, não obstante preveja que a sociedade poderá deixar de ser citada "se todos os seus sócios o forem, mas ficará sujeita aos efeitos da decisão e à coisa julgada". Trata-se de norma que busca preservar os atos judiciais regularmente constituídos no caso de ausência de citação constatada a destempo, em benefício da eficiência, economia e celeridade do processo.

Havendo concordância de todos os réus quanto à dissolução parcial, o juiz decretará desde logo a resolução do vínculo societário, hipótese em que não haverá condenação sucumbencial em honorários advocatícios e as custas processuais serão rateadas segundo a participação societária de cada parte. Não havendo concordância unânime dos réus, a ação deverá seguir o rito do procedimento comum até o fim da fase de conhecimento.

Resolvida a controvérsia sobre a dissolução, terá início a fase de liquidação para apuração dos haveres devidos ao sócio que se desliga ou a quem de direito.

Eventuais haveres incontroversos deverão ser desde logo depositados de forma vinculada ao processo e poderão ser imediatamente levantados pelo seu credor, sem necessidade de prestação de garantia. Trata-se de importante disposição legislativa que cumpre inclusive a função de inibir o uso da demanda judicial como artifício para postergar o pagamento de haveres reconhecidos ou desde logo aferíveis.

Quanto aos haveres controvertidos, sua definição será orientada pela decisão judicial que fixar as premissas exigidas pela lei nesse sentido. Nessa etapa, quase não há margem para discricionariedade do julgador, pois a lei já cuida de enunciar os parâmetros para a apuração dos haveres, que será orientada pela *data da dissolução da sociedade* – conforme hipóteses legais contempladas no art. 605 do CPC/2015 (falecimento do sócio, retirada imotivada, recesso e retirada ou exclusão judicial) –, e pelos *critérios* já definidos pelo contrato social ou fixados pela lei.

Com efeito, apenas se o contrato social for omisso ou inválido quanto aos *critérios de apuração dos haveres* é que o juiz definirá como paradigma da apuração o *valor patrimonial* a ser aferido por *balanço de determinação*, tomando-se por referência a data da dissolução e avaliando-se os bens e direitos do ativo, tangíveis e intangíveis, a preço de saída. A apuração dos haveres poderá – na verdade, preferencialmente, *deverá* – contar com perícia para as avaliações técnicas que se mostrarem necessárias.

A previsão do art. 607 do CPC/2015, no sentido de que a data da dissolução da sociedade e o critério de apuração de haveres podem ser revistos pelo juiz mediante provocação, a qualquer tempo antes do início da perícia, deve ser interpretada restritivamente, devendo ser aplicada apenas em hipóteses excepcionais que a justifiquem, para que não seja utilizada como um pretexto para revisão de disposições do contrato social licitamente pactuadas entre as partes.

Em suma, a disciplina estabelecida pelo CPC/2015 para a ação de dissolução parcial de sociedade e apuração de haveres parece útil ao balizamento normativo da matéria e à tutela dos direitos envolvidos em litígios do gênero, contribuindo para o aperfeiçoamento da segurança jurídica necessária ao exercício das atividades empresariais.

Referências

BARBOSA FILHO, Marcelo Fortes. Comentários ao art. 966 do Código Civil. In: PELUSO, Cezar (Coord.). *Código Civil comentado*. 11. ed. São Paulo: Manole, 2017.

COELHO, Fábio Ulhoa. A dissolução de sociedades no Código de Processo Civil. In: YARSHELL, Flávio Luiz; PEREIRA, Guilherme Setoguti. *Processo societário*. São Paulo: Quartier Latin, 2018. v. III, p. 147-171.

ESTRELLA, Hernani. *Apuração dos haveres de sócio*. 3. ed. Rio de Janeiro: Forense, 2001.

FONSECA, Priscila M. P. Corrêa da. *Dissolução parcial, retirada e exclusão de sócio*. 5. ed. São Paulo: Atlas, 2012.

FRANÇA, Erasmo Valladão Azevedo e Novaes; VON ADAMEK, Marcelo Vieira. *Da ação de dissolução parcial de sociedade*: comentários breves ao CPC/2015. São Paulo: Malheiros, 2016.

MENDES, Rodrigo Octávio Broglia. Apuração de haveres na retirada do sócio e fundo de comércio (aviamento). In: YARSHELL, Flávio Luiz; PEREIRA, Guilherme Setoguti. *Processo societário*. São Paulo: Quartier Latin, 2012. p. 647-666.

PENTEADO, Mauro Rodrigues. *Dissolução e liquidação de sociedades*. 2. ed. São Paulo: Saraiva, 2000.

TRINDADE, Marcelo Fernandez; TANNOUS, Thiago Saddi. O art. 1.031 do Código Civil e a sua interpretação. In: YARSHELL, Flávio Luiz; PEREIRA, Guilherme Setoguti. *Processo societário*. São Paulo: Quartier Latin, 2015. v. II, p. 485-508.

YARSHELL, Flávio Luiz; MATOS, Felipe do Amaral. O procedimento especial de dissolução (parcial) de sociedade no projeto de CPC. In: ____; PEREIRA, Guilherme Setoguti. *Processo societário*. São Paulo: Quartier Latin, 2012. p. 211-238.

15. *Compliance* e responsabilidade social corporativa

Ligia Maura Costa

Palavras nem sempre são suficientes para homenagear a brilhante trajetória de Fabio de Campos Lilla. Este artigo é um humilde tributo e uma maneira de agradecer, de alguma forma, ao dr. Fabio, querido sócio, brilhante advogado, colega professor e amigo, que com paciência e sabedoria deixou sua marca no mundo jurídico. Eu faço esta homenagem com carinho e muita consideração.

Introdução

As empresas podem ser importantes atores no combate às condutas empresariais ilícitas através da implementação plena de códigos de conduta de responsabilidade social corporativa. O objetivo desses códigos é dar maior segurança às atividades das empresas, inicialmente para as empresas multinacionais, estabelecendo padrões mínimos de conduta aplicáveis globalmente. O papel das multinacionais como atores globais é controvertido. A legalidade das empresas multinacionais, segundo um autor avisado, está

> não no direito interno de um Estado, mas sim na aspiração do direito internacional, de que cada governo deve dar às pessoas e empresas estrangeiras o mesmo tratamento que dá às nacionais. Isso faz com que cada subsidiária possa agir sob a proteção do Estado onde se instalou. Mas, quanto à responsabilidade, não há, no âmbito do direito de cada país hospedeiro, nenhum acionista para assumi-la, mas tão só empregados que dirigem a subsidiária, e, embora pareçam ser administradores, não passam de assalariados obedientes aos ditames da direção geral da empresa [Baptista, 1987:32].

O conceito de código de responsabilidade social representa uma mudança no paradigma tradicional das empresas.[1] Esse conceito surgiu nos idos de 1920, mas somente nos idos de 1950 é que se tornou mais relevante. Para Howard Bowen (1953:6), os códigos de conduta de responsabilidade social são "obrigações dos empresários de seguir essas políticas, de tomar decisões ou de seguir linhas de ação desejáveis em termos de objetivos e valores para a nossa sociedade". Já McGuire (1963:144) entende que "a ideia de responsabilidade social supõe que a corporação tenha não apenas obrigações econômicas e legais, mas também certas responsabilidades para com a sociedade que vão além dessas obrigações".

Com o passar do tempo, os códigos de conduta de responsabilidade social perderam um pouco do seu caráter altruísta por natureza e filantrópico. No início dos anos 1990, os códigos de responsabilidade social assumem a forma e o conteúdo encontrados em nossos dias, levando em conta a integração responsável das práticas econômicas, sociais e ambientais. Assim, Rasche, Morsing e Moon (2017:6) enfatizaram "a integração das responsabilidades sociais, ambientais, éticas e filantrópicas de uma empresa em relação à sociedade em suas operações, processos e estratégia de negócios, em cooperação com os terceiros interessados".

Após recentes escândalos éticos que expuseram empresas, tanto no nível doméstico quanto internacional, a pergunta que se faz é: qual a credibilidade dos códigos de responsabilidade social tão usuais nas empresas nos dias de hoje? Aprimorar o entendimento empresarial sobre comportamentos íntegros e socialmente responsáveis pode se dar de duas maneiras distintas. Uma delas é através do caminho regulatório convencional representado pela adoção de leis, tratados, convenções, regionais e internacionais, relacionados à responsabilidade social. O outro caminho é a autorregulação, cujo objetivo é melhorar a integridade dos negócios através dos códigos de conduta de responsabilidade social implementados pelas empresas por meio de programas de *compliance*. Este capítulo explora a autorregulação como mecanismo de disseminação de práticas éticas e socialmente responsáveis. Mas como a autorregulação consegue integrar os conceitos de responsabilidade social no dia a dia das empresas? Esse desafio pode ser vencido com a adoção de programas de *compliance* eficientes.

---

1 Ver Adams (2002); Carroll (2000); Zerk (2006); Costa (2008).

Códigos de responsabilidade social corporativa

A promoção do progresso social e econômico dos povos é expressa na Carta das Nações Unidas, ao reafirmar a confiança "nos direitos fundamentais do homem, na dignidade e no valor do ser humano, na igualdade de direito dos homens e das mulheres, [...] e a promover o progresso social e melhores condições de vida".[2]

Também, o Preâmbulo do Acordo Constitutivo da OMC reconhece que as relações na esfera da atividade comercial e econômica dos seus Estados-partes

> devem objetivar a elevação dos níveis de vida, o pleno emprego e um volume considerável e em constante elevação de receitas reais e demanda efetiva, o aumento da produção e do comércio de bens e de serviços, permitindo ao mesmo tempo a utilização ótima dos recursos mundiais em conformidade com o objetivo de um desenvolvimento sustentável e buscando proteger e preservar o meio ambiente e incrementar os meios para fazê-lo.[3]

Seguindo a mesma linha do Preâmbulo do Acordo Constitutivo da OMC, todavia direcionada ao ambiente de trabalho e às condições dignas de vida, a Declaração de Estocolmo da ONU sobre o Ambiente Humano de 1972 aclama que é essencial ao bem-estar e ao gozo dos direitos humanos fundamentais um ambiente de qualidade. Lê-se no Princípio 1 da Declaração de Estocolmo:

> O homem tem o direito fundamental à liberdade, igualdade e adequadas condições de vida, em um ambiente de qualidade que permita a vida digna e o bem-estar, e tem a solene responsabilidade de proteger e melhorar o meio ambiente, para a presente e as futuras gerações.[4]

Os códigos de conduta de responsabilidade social corporativa têm por objetivo assegurar a boa execução das atividades das empresas, inicialmente das

---

2 Carta das Nações Unidas. Disponível em: <www.onu-brasil.org.br/documentos_carta.php>. Acesso em: 6 jan. 2020.

3 Acordo Constitutivo da Organização Mundial do Comércio. Disponível em: <www.mdic.gov.br/arquivo/secex/omc/acordos/portugues/02estabeleceomc.pdf>. Acesso em: 6 jan. 2020.

4 Declaração de Estocolmo da ONU sobre o Ambiente Humano, 1972. Disponível em: <www.silex.com.br/leis/normas/estocolmo.htm>. Acesso em: 6 jan. 2020.

multinacionais, mediante o estabelecimento de padrões mínimos de conduta empresarial ética. Eles compreendem uma série de declarações que abraçam desde os textos fundamentais de direitos humanos, trabalhistas e ambientais até os ensinamentos socioeconômicos. Os códigos de conduta de responsabilidade social cobrem leque amplo da esfera empresarial, desde as relações com os empregados, com a comunidade local, com os fornecedores e terceiros em geral, assim como com o meio ambiente e até mesmo as relações com ONGs e os Estados (Costa, 2009:19 e segs.).

De fato, em nossos dias, os códigos de responsabilidade social colocam em evidência três variáveis distintas: direitos humanos e trabalhistas; aspectos socioeconômicos e aspectos ambientais.[5] Não temos a intenção de elencar todos os instrumentos jurídicos em que se apoiam os códigos de responsabilidade social, mas citamos particularmente:

- Carta da Organização das Nações Unidas, 1945 (ONU);
- Declaração Universal dos Direitos Humanos, 1948 (DUDH);
- Carta da Organização dos Estados Americanos (OEA), 1948;
- Convenção Americana sobre Direitos Humanos, 1969 (Pacto de São José);
- Acordo Constitutivo da Organização Mundial do Comércio (OMC), 1995;
- Convenção das Nações Unidas sobre o Direito do Mar, 1982;
- Convenções da Organização Internacional do Trabalho (OIT), em particular: a Convenção Relativa às Populações Indígenas e Tribais, 1957 – OIT 107, a Convenção Relativa aos Povos Indígenas e Tribais, 1989 – OIT 169, a Convenção Relativa à Liberdade Sindical e à Proteção do Direito de Sindicalização – OIT 87, a Convenção sobre a Idade Mínima para Admissão a Emprego – OIT 138, a Convenção sobre Proibição das Piores Formas de Trabalho Infantil e Ação Imediata para sua Eliminação – OIT 182, a Convenção Concernente à Igualdade de Remuneração para a Mão de Obra Masculina e a Mão de Obra Feminina por um Trabalho de Igual Valor – OIT 100, a Convenção sobre a Discriminação em Emprego

[5] Doutrina recente é unânime em afirmar que somente a partir da Declaração do Rio em 1992 é que questões sociais, humanitárias e ambientais passaram a fazer parte do universo dos códigos de responsabilidade social, até então restritos aos aspectos econômicos, dando assim origem à estrutura triangular de nossos dias: aspectos humanos, ambientais e socioeconômicos. Ver May, Cheney e Roper (2007:15); Zerk (2006:15); Keinert (2008:12).

e Profissão – OIT 111, a Convenção sobre a Proteção dos Trabalhadores contra os Riscos Profissionais devidos à Contaminação do Ar, ao Ruído e às Vibrações no Local de Trabalho – OIT 148, a Convenção sobre Segurança e Saúde dos Trabalhadores e o Meio Ambiente de Trabalho – OIT 155;

- Convenção para a Prevenção e a Repressão do Crime de Genocídio, 1948;
- Declaração de Cartagena sobre os Refugiados, 1984;
- Declaração de San José Sobre Refugiados e Pessoas Deslocadas, 1994;
- Convenção sobre os Direitos da Criança, 1989;
- Pacto Internacional dos Direitos Civis e Políticos, 1966;
- Pacto Internacional sobre Direitos Econômicos, Sociais e Culturais, 1966;
- Convenção Internacional sobre a Eliminação de Todas as Formas de Discriminação Racial;
- Declaração do Rio de Janeiro sobre Meio Ambiente e Desenvolvimento, 1992;
- Relatório da Cúpula Mundial sobre Desenvolvimento Sustentável, 2000;
- Declaração de Johanesburgo sobre Desenvolvimento Sustentável, 2002;
- Convenção-Quadro das Nações Unidas sobre Mudança de Clima, 1992;
- Protocolo de Kyoto à Convenção-Quadro das Nações Unidas sobre Mudança do Clima, 1997;
- Convenção sobre Diversidade Biológica, 1992;
- Convenção para a Proteção da Fauna e da Flora e das Belezas Cênicas Naturais dos Países da América, 1940;
- Convenção Africana sobre a Conservação da Natureza e Recursos Naturais, 1968;
- Convenção relativa a Zonas Úmidas de Importância Internacional, especialmente como Hábitat das Aves Aquáticas, 1971;
- Convenção sobre Comércio Internacional das Espécies da Flora e Fauna Selvagem em Perigo de Extinção, 1973;
- Protocolo de Montreal sobre Substâncias que Destroem a Camada de Ozônio, 1989;
- Convenção das Nações Unidas contra o Crime Organizado Transnacional e seus Protocolos;
- Convenção da OCDE sobre o Combate ao Suborno de Funcionários Públicos Estrangeiros em Transações Comerciais Internacionais;
- Convenção das Nações Unidas contra a Corrupção.

É permitido afirmar, portanto, que os códigos de conduta de responsabilidade social têm por base um número cada vez maior de tratados e convenções internacionais relacionados aos aspectos socioeconômicos, humanos e ambientais. "A proteção e a melhoria do meio ambiente humano constituem desejo premente dos povos do globo"[6] e, como tal, dos códigos de responsabilidade corporativa. O modelo bem estruturado dos códigos de responsabilidade social corporativa precisa ser integrado às práticas diárias das empresas, para que atinja seus objetivos de padronização visando ao desenvolvimento corporativo sustentável. Programas de *compliance* podem auxiliar na incorporação e implementação desses temas e, com isso, evitar a proliferação de condutas antiéticas. A sociedade contemporânea espera que o mundo seja mais ético. Esse forte senso de ética está integrado na abordagem de responsabilidade social corporativa e é esperado das empresas para responder às expectativas legítimas da sociedade contemporânea. A abordagem ética e socialmente responsável realizada pelas empresas definem o que se entende por uma "boa empresa" ou uma "empresa cidadã".

A sociedade civil não mais admite empresas que não sejam "empresas cidadãs". É verdade que o papel tradicional da empresa é, sempre foi e continuará sendo, o da geração de lucro aos seus acionistas (Roberts e Dowling, 2002:1077). Entretanto, a noção de lucro, hoje, está intimamente relacionada com aspectos de responsabilidade social corporativa, tais como o meio ambiente, a transparência das atividades financeiras, não discriminação, entre outros. Para atender às expectativas e exigências da sociedade, é esperado um forte senso de ética e de responsabilidade social nos negócios. Esse é o desafio das empresas no mundo de hoje, pois *compliance* é ética. É o que se vê a seguir.

Programas de *compliance*

Como hoje em dia quase diariamente os noticiários trazem histórias de empresas (independentemente do tamanho – grandes, médias ou pequenas) investigadas por algum órgão regulador por não *compliance* ou não conformidade, isto é, por violação ambiental, desrespeitos aos direitos humanos, fraude, corrupção, lava-

[6] Declaração de Estocolmo da ONU sobre o Ambiente Humano, 1972. Preâmbulo, item 2. Disponível em: <www.silex.com.br/leis/normas/estocolmo.htm>. Acesso em: 6 jan. 2021.

gem de dinheiro, apenas para citar essas, o papel do "estar em conformidade" se tornou fundamental para o mundo empresarial. A palavra "*compliance*" – do inglês *to comply with* – é entendida como estar em conformidade com leis e regulamentos, sejam eles externos e/ou internos, enfim, sejam eles da natureza que forem. Ou seja, significa conformidade com regras ambientais, aspectos trabalhistas, direitos humanos, normas anticorrupção e contra a lavagem de dinheiro, transparência financeira, entre outros temas relacionados à responsabilidade social corporativa, tanto pelo prisma doméstico quanto internacional, interno ou externo. A maior parte dos temas relacionados à responsabilidade social representa a base dos códigos de responsabilidade social de nossos dias. A integridade nos negócios ao lado da abordagem de responsabilidade social corporativa é a conduta esperada pela sociedade das empresas e de seus executivos e colaboradores. Com isso, o papel das empresas se tornou muito mais complexo.

Os programas de *compliance* (ou de conformidade) são desenvolvidos para garantir que as políticas das empresas estejam em conformidade com todos os aspectos jurídicos relativos ao mundo empresarial. Eles têm por objetivo eliminar o longo e oneroso processo legal a que as empresas estão sujeitas resultante de falhas éticas. Se a falta de integridade fosse um problema cultural, nenhum programa de *compliance* teria êxito nos países com corrupção sistêmica, por exemplo. Programas de *compliance* implementados de modo adequado resultam numa baixa incidência de falhas de conformidade, sem qualquer ação por parte de órgãos reguladores ou reação negativa por parte da imprensa ou da sociedade civil.

Programa de integridade é um programa de *compliance* especial que tem por objetivo prevenir, detectar e remediar atos de corrupção, previstos na Lei nº 12.846/2013 (Lei Anticorrupção). O Decreto nº 8.420/2015 definiu, no seu art. 41, programa de integridade como segue:

> Programa de integridade consiste, no âmbito de uma pessoa jurídica, no conjunto de mecanismos e procedimentos internos de integridade, auditoria e incentivo à denúncia de irregularidades e na aplicação efetiva de códigos de ética e de conduta, políticas e diretrizes com objetivo de detectar e sanar desvios, fraudes, irregularidades e atos ilícitos praticados contra a administração pública, nacional ou estrangeira.[7]

---

7 Decreto nº 8.420/2015. Disponível em: <www.planalto.gov.br/ccivil_03/_ato2015-2018/2015/decreto/d8420.htm>. Acesso em: 6 jan. 2021.

Integrar ética e responsabilidade social é um desafio para as empresas que pode ser vencido por meio de um programa de *compliance* eficiente. Vários elementos compõem um programa de *compliance*, pois cada programa deve ser construído para atender às necessidades da empresa, observando suas características e os riscos do negócio. Os códigos de conduta de responsabilidade social representam apenas um desses elementos. Outros, porém, merecem também ser citados. Por exemplo: comprometimento da alta direção, treinamento e comunicação, canal de denúncias, incentivos, penalidades e monitoramento. A seguir, analisamos brevemente os elementos mais relevantes que compõem um efetivo programa de *compliance* (Costa, 2019).

Mapeamento de riscos

Elemento-chave na construção de um programa de *compliance* é o mapeamento efetivo dos principais fatores de risco da empresa, por setor, região, continente, considerando, entre outros aspectos, os riscos relacionados ao cliente e os riscos relativos às vendas. A avaliação de riscos deve levar em conta as características dos mercados onde a empresa exerce suas atividades, sob o prisma cultural, regulatório e histórico de não conformidade em suas operações. Com base no mapeamento de riscos são preparadas, nos códigos de conduta, as declarações, políticas e procedimentos para prevenir, detectar e remediar a ocorrência desses atos de não conformidade. Esse mapeamento deve ser constantemente reavaliado para identificar melhorias e mudanças relacionadas à exposição a riscos. Há ainda ferramentas tecnológicas, *softwares*, muito úteis para auxiliar no mapeamento de riscos de falta de conformidade para as empresas.

Códigos de conduta de responsabilidade social

Os códigos de conduta de responsabilidade social são o elemento-chave de um programa de *compliance*. Eles devem ser claros, diretos e objetivos. Cada empresa tem seu próprio código de conduta, resultado das características próprias daquela empresa. Assim, a avaliação dos riscos empresariais para o desenvolvimento de um programa de *compliance* precisa estar refletida nas políticas dos códigos de responsabilidade social, que podem abranger desde os fornecedores até o recebimento de presentes, doações e hospitalidade, além de condutas ambientais desejadas, ambiente de trabalho e mesmo despesas de viagem.

As dificuldades jurídicas da apreciação do valor das declarações dos códigos de responsabilidade social são relevantes. Por meio de bem elaboradas declarações de boa conduta ética empresarial, os códigos "tentariam evitar a intervenção do legislador. Tornando-o inútil. É a concretização do objetivo último: a privatização do direito, com as empresas exercendo o papel de legislador" (Costa, 2009:220). Porém, o caminho pode levar a uma outra direção.

> Com efeito, o problema que temos diante de nós não é filosófico, mas jurídico e, num sentido amplo, político. Não se trata de saber quais e quantos são esses direitos, qual a sua natureza e seu fundamento, se são direitos naturais ou históricos, absolutos ou relativos, mas sim qual é o modo mais seguro para garanti-los, para impedir que, apesar das solenes declarações, eles sejam continuamente violados [Bobbio, 2004:25].

Como fazer para que as empresas cumpram as obrigações previstas nos seus códigos de responsabilidade social corporativa? *Nulla poena sine lege*. Um escândalo financeiro ou ambiental, por exemplo, pode afetar a reputação das empresas, em particular daquelas mais conhecidas, zelosas de sua reputação e cientes de que campanhas negativas podem degradar sua imagem e seus lucros, por violação às regras de seus códigos. A efetividade da pena é relativa (Costa, 2009:221). De fato, isto só será mudado quando existir uma força obrigatória e uma possibilidade de sanção jurídica real. A esse título, as disposições do Decreto nº 8.420/2015 podem ser de grande valia. E para concluir, ao lado de um autor festejado,

> é preciso reconhecer que a existência de um direito subjetivo não decorre de sua declaração e proteção oficial por um órgão de poder, mas encontra seu fundamento último no sentimento jurídico [...], ou seja, a generalizada consciência de que se está, efetivamente, diante de um bem pertencente a um determinado sujeito, e que deve ser respeitado; o que confere, em princípio, ao seu titular o poder de exigir esse respeito por parte de todos os demais, ainda que ele não possa recorrer, para tanto, a uma instância superior de poder, capaz de desencadear contra o obrigado uma sanção coativa [Comparato, 1998:645].

Talvez seja este o caminho a ser seguido.

Comprometimento da alta administração

Os programas de *compliance*, para terem sucesso, precisam ser implementados de cima para baixo, *from top to bottom*. Além disso, toda a estrutura organizacional da empresa deve estar permeada pelos princípios éticos e de responsabilidade social, o que significa não apenas de cima para baixo mas também em todos os departamentos, do departamento jurídico ao de recursos humanos, do financeiro ao de marketing, do departamento de operações ao de logística etc. A alta administração da empresa precisa de fato querer a implementação de um programa de conformidade e demonstrar esse desejo por meio de ações muito claras a todos os *stakeholders* (todas as partes interessadas – acionistas, empregados, fornecedores etc.). O sucesso de um programa de *compliance* depende do comprometimento do conselho de administração e dos executivos seniores, que determinarão o caminho a ser seguido por toda a empresa. O exemplo é fundamental para o sucesso de um programa de *compliance*. Os integrantes da alta administração da empresa devem declarar publicamente a importância dos valores e das políticas que compõem o código de conduta de responsabilidade social corporativa, através de manifestações claras e explícitas, internas ou públicas, ou de declarações escritas.

Treinamento e comunicação

Outro elemento importante de um programa de *compliance* é o treinamento regular dos aspectos relacionados ao código de responsabilidade social e a comunicação desses aspectos a todos os níveis hierárquicos, sem esquecer dos fornecedores e terceiros. É importante que o código de conduta de responsabilidade corporativa esteja disponível em locais de fácil acesso, como por exemplo na internet (de preferência, indicação na primeira página do *site* da empresa) ou na rede interna da empresa, além de estar disponível em cópias impressas em locais visíveis a todos. Para cada um dos *stakeholders* devem ser respeitadas as especificidades decorrentes dos riscos e das *red flags* mais comuns inerentes a suas funções, e indicadas no código de responsabilidade social corporativa. O ganho obtido pelo descumprimento das regras previstas no código de responsabilidade social corporativa é um ganho de curto prazo e que, no longo prazo, resultará em prejuízo, e isso deve ser demonstrado nos treinamentos e na comunicação da empresa. As declarações e políticas dos códigos de responsabilidade social só serão efetivas por meio de treinamento e boa comunicação, pois todos devem conhecer as regras e saber como e quando devem ser aplicadas.

Canal de denúncias

Uma empresa com um programa de *compliance* eficiente e bem estruturado deve contar com canal que permita o recebimento de denúncias e que aumente, assim, a ciência sobre irregularidades. O canal de denúncias anônimo permite que funcionários ou terceiros apontem indícios de comportamentos que vão de encontro às regras ou políticas dos códigos de conduta de responsabilidade social. A confidencialidade e o anonimato do canal de denúncias são fundamentais para o bom cumprimento de seu papel. Além disso, é necessário que a empresa possibilite ao denunciante o acompanhamento do andamento da denúncia. Só a transparência dos procedimentos pode dar ao processo de denúncia a credibilidade necessária.

Incentivos e penalidades

Violações ao código de conduta de responsabilidade social devem ser punidas de modo justo e sem demora. As punições devem atingir todos os funcionários, inclusive executivos seniores e membros do conselho de administração, em caso de violações das políticas dos códigos. As punições devem ser proporcionais ao tipo de violação, assim como ao nível de responsabilidade da pessoa envolvida. É fundamental que nenhum executivo sênior deixe de sofrer sanções disciplinares por sua posição na empresa. É necessário que fique claro a todos os *stakeholders* (todas as partes interessadas – acionistas, empregados, fornecedores etc.) que as regras dispostas nos códigos de conduta valem para todos e que sanções disciplinares serão aplicadas em caso de descumprimento, independentemente do nível hierárquico na administração da empresa. Ao lado das punições por violações às regras, é do mesmo modo importante que condutas exemplares sejam incentivadas.

Monitoramento

O monitoramento contínuo do programa de *compliance* e do respeito às políticas dos códigos de responsabilidade social asseguram que os controles internos sejam seguidos. Deslizes devem ser corrigidos prontamente. Programas de *compliance* desenvolvidos e implementados de modo adequado e eficiente resultam numa baixa incidência de falhas de conformidade. Isso significa que quanto menos falhas de conformidade a empresa tiver, mais eficiente é, na verdade, o programa de *compliance*. Um programa de *compliance* eficiente é a melhor de todas as opções às empresas e aos empresários para evitar processos judiciais e escândalos.

Conclusão

Este capítulo analisa em que medida os códigos de responsabilidade social corporativa e os programas de *compliance* são ferramentas de melhoria para as empresas ao integrar práticas ética e socialmente responsáveis. Os códigos de conduta de responsabilidade social corporativa e os programas de *compliance* são importantes instrumentos para a melhoria e harmonização dos aspectos socioeconômicos, humanitários e ambientais das empresas. Isso porque eles podem ser mecanismos eficazes de propagação de práticas corporativas socialmente éticas, desde que as empresas cumpram as declarações de seus respectivos códigos na implementação de seus programas de *compliance*, além de outros elementos relevantes desses programas. Só assim será possível responder às necessidades atuais e presentes da humanidade, sem, todavia, comprometer as necessidades das gerações futuras.[8]

Além de promover a integração de práticas socialmente responsáveis, os códigos de conduta e os programas de *compliance* podem ser usados como uma resposta às críticas, em caso de falta de conformidade. Por outro lado, uma empresa que estabelece um código de responsabilidade social sem garantir a conformidade de suas declarações compromete os ideais buscados através desse mecanismo de autorregulação. E é melhor que as empresas mudem essa

---

8 Report of the World Commission on Environment and Development: Our Common Future, 1987. Disponível em: <www.un-documents.net/wced-ocf.htm>. Acesso em: 6 jan. 2021.

abordagem, antes que um escândalo as obrigue a fazer, como aconteceu com a Petrobras, com a Enron, com a Volkswagen, por exemplo.

Embora relevante a apreciação do impacto dos códigos de conduta de responsabilidade social e dos programas de *compliance* como instrumentos de autorregulação, a força coercitiva e de persuasão é incomparável com a de um sistema jurídico nacional regido pelo Estado. Mas, como disse Rousseau (1947:250), "a mais importante de todas as leis é aquela que se grava não sobre o mármore nem sobre o bronze, mas nos corações dos cidadãos".

Este capítulo não tenta fornecer uma análise exaustiva sobre o tema. Há várias questões que devem ainda ser abordadas e que merecem um estudo cuidadoso. Investigações futuras permitirão um exame mais profundo de outras hipóteses que aqui não foram plenamente exploradas.

Referências

ADAMS, C. Internal organizational factors influencing corporate social and ethical reporting. *Accounting, Auditing and Accountability*, v. 15, n. 2, p. 223-250, 2002.

BAPTISTA, L. O. *Empresa transnacional e direito*. São Paulo: Revista dos Tribunais, 1987.

BOBBIO, N. *A era dos direitos*. 9. ed. Rio de Janeiro: Campus/Elsevier, 2004.

BOWEN, H. R. *Social responsibilities for the businessman*. Nova York: Harper, 1953.

CARROLL A. A commentary and overview on key questions on corporate social performance measurement. *Business and Society*, v. 39, n. 4, p. 466-478, 2000.

COMPARATO, F. K. *O reconhecimento de direitos coletivos na esfera internacional*: o direito internacional no terceiro milênio. São Paulo: LTr, 1998. Estudos em homenagem ao prof. Vicente Marotta Rangel.

COSTA L. M. Battling corruption through CSR codes in emerging markets: oil and gas industry. *RAE Eletrônica*, v. 7, n. 1, 2008. Disponível em: <https://rae.fgv.br/rae-eletronica/vol7-num1-2008/battling-corruption-through-csr-codes-emerging-markets-oil-and-gas>. Acesso em: 6 jan. 2021.

_____. *Direito internacional do desenvolvimento sustentável e os códigos de conduta de responsabilidade social*: análise do setor do gás e do petróleo. Curitiba: Juruá, 2009.

____. Um mal que nos pertence. *GV-Executivo*, v. 18, n. 3, p. 12-15, 2019. Disponível em: <https://rae.fgv.br/sites/rae.fgv.br/files/ligia.pdf>. Acesso em: 6 jan. 2021.

KEINERT, C. *Corporate social responsibility as an international strategy (contributions to economics)*. Heidelberg: Physica-Verlag, 2008.

MAY, S. K.; CHENEY, G.; ROPER, J. (Ed.). *The debate over corporate social responsibility*. Oxford: Oxford University Press, 2007.

MCGUIRE J. W. *Business and society*. Nova York: McGraw-Hill, 1963.

RASCHE, A.; MORSING, M.; MOON, J. The changing role of business in global society: CSR and beyond. In: ____; ____; ____. *Corporate social responsibility*: strategy, communication, governance. Cambridge: Cambridge University Press, 2017. p. 1-30.

ROBERTS, P. W.; DOWLING, G. R. Corporate reputation and sustained superior financial performance. *Strategic Management Journal*, v. 23, n. 12, p. 1077, 2002.

ROUSSEAU, J.-J. *Du contrat social*. Genebra: Les Editions du Cheval Ailé, 1947. Livro II, cap. XIII.

ZERK, J. A. *Multinationals and corporate social responsibility limitations and opportunities in international law*. Cambridge: Cambridge University Press, 2006.

16. Cumprimento forçado das obrigações contratuais de caráter não pecuniário*

Cristiano de Sousa Zanetti

> *Ora, o mal desta obra de Mafra é terem posto homens a trabalhar nela em vez de gigantes, e, se com estas e outras obras passadas e futuras se quer provar que também o homem é capaz de fazer o trabalho que gigantes fariam, então aceite-se que leva o tempo que levam as formigas*
>
> José Saramago, *Memorial do convento*

Introdução

Os contratos nascem para ser cumpridos.

Diversamente do que se dá com os direitos reais, que conferem ao respectivo titular a possibilidade de se aproveitar diretamente de determinada coisa, nos direitos obrigacionais, a satisfação do interesse do credor reclama, em maior ou menor medida, a colaboração do devedor (Penteado, 2012: 122; Martins-Costa, 2006:53; Gomes, 2009:15).

---

* O texto foi originalmente elaborado por ocasião do Congresso Internacional "Auge y Caída del Cumplimiento Específico del Contrato y Problemas en torno a su Ejecución", organizado pela Pontificia Universidad Católica de Valparaíso, no Chile, e publicado sob o título "Cumplimiento forzado de las obligaciones contractuales de carácter no pecuniario: la experiencia brasileña" (Zanetti, 433-448). Uma vez mais, colho a ocasião para agradecer pelas importantes contribuições que recebi para redigir o texto. Nesse particular, agradeço à acadêmica Beatriz Uchôas Chagas, bacharel pela Faculdade de Direito da USP, a revisão do texto e das notas de rodapé, tanto na versão original, publicada em castelhano, quanto na presente. Agradeço igualmente a Ana Carolina Devito Dearo Zanetti, mestre em direito comercial pela Faculdade de Direito da USP, a rica discussão a propósito da tutela das obrigações de prestar declaração de vontade e por ter me indicado o julgado do Superior Tribunal de Justiça que se ocupou do tema. Sou grato, por fim, a Ricardo de Carvalho Aprigliano, doutor em direito processual pela Faculdade de Direito da USP, pela revisão do texto e pelas observações a respeito da extensão dos poderes do julgador e do emprego do processo de conhecimento por credor munido de título executivo no regime do atual Código de Processo Civil.

Na maior parte dos casos, à celebração do contrato sobrevém o cumprimento espontâneo por parte do devedor. O adimplemento é, assim, o modo normal de extinção da relação obrigacional. Menos frequente na linguagem corrente, o termo empregado pela tradição para designá-lo é expressivo: solução.

Nem sempre, contudo, tem lugar a solução da relação jurídica obrigacional. Conhecido desde tempos remotos, o inadimplemento desafia os juristas que se perguntam como satisfazer o interesse do credor, a despeito da falta de colaboração do devedor.

No processo formulário romano, a resposta era simples: descumprida a obrigação, cabia ao devedor indenizar o credor. Não era então dado ao credor exigir o cumprimento forçado. A exceção ficava por conta das obrigações pecuniárias que, por consistirem no pagamento de determinada soma em dinheiro, permitiam ao credor excutir o patrimônio do devedor para satisfazer de maneira direta seu interesse (Burdese, 2003:93-94; Alves, 1999:207, 211-212; Kaser, 1999:449).[1]

Como sói ocorrer, a simplicidade do regramento sacrificava alguns dos interesses em jogo, dado que, ressalvadas as obrigações pecuniárias, o credor não dispunha de meios para obter o exato adimplemento do que lhe era devido. Posto em xeque o regime próprio ao procedimento formulário, desde então discute-se como se pode forçar o devedor recalcitrante a cumprir a prestação devida de caráter não pecuniário.

Muitos séculos passados, a questão permanece. No direito brasileiro, o tema voltou à tona com a edição do atual Código de Processo Civil. Publicado em 17 de março de 2015, o texto legal entrou em vigor um ano depois e, hoje, encerra as principais regras a propósito do cumprimento forçado das obrigações contratuais.

Nesse particular, na esteira do regime anterior, o Código de Processo Civil mantém a distinção entre processo de conhecimento e processo de execução. Do ponto de vista do credor, a dicotomia é da maior importância.

Todo crédito pode ser exigido por meio do processo de conhecimento, como hoje deixa claro a legislação.[2] Sua tutela reclama cognição profunda por parte do julgador e, por isso, como regra, somente terá lugar ao final do processo, com a prolação da sentença e, no mais das vezes, seu cumprimento forçado.

---

1 Gai. 4,49.

2 Código de Processo Civil, art. 785.

Na hipótese, porém, de o crédito estar fundado em um título executivo, o credor pode, desde logo, se valer do processo de execução.[3] O título executivo reclama que a obrigação seja líquida, certa e exigível e esteja documentada na forma prevista na legislação.[4] Embora se trate de um rol taxativo, nele figura uma hipótese que permite que parte expressiva dos contratos tenha a natureza de título executivo, a saber: o documento particular subscrito pelo devedor e por duas testemunhas.[5] Dado que o processo de execução tende a satisfazer com maior celeridade os interesses do credor, não surpreende assim, que, na praxe contratual brasileira, os instrumentos particulares costumem ser firmados pelas partes e por duas testemunhas.

Seja por meio da observância de sentença proferida em processo de conhecimento, seja por meio do reconhecimento da eficácia de um título executivo, a satisfação do interesse do credor diante da resistência do devedor sói reclamar a intervenção de órgão dotado de poder jurisdicional. A dificuldade em promover o cumprimento forçado do pactuado varia, no entanto, de acordo com a modalidade de obrigação envolvida: dar, fazer e não fazer ou prestar declaração de vontade.

A partir de um paralelo com a tradicional classificação das leis atribuída ao jurista romano Ulpiano,[6] pode-se distinguir a tutela conforme a intensidade da proteção conferida ao credor. O eixo em torno do qual gravita a classificação é a perfeição da tutela. Perfeito, aqui, está por completo. Nesse sentido, pode-se afirmar que as obrigações de dar são tuteladas de maneira perfeita; as de fazer e não fazer, de maneira menos que perfeita; e, as de prestar declaração de vontade, paradoxalmente, ora de maneira mais que perfeita, ora de maneira imperfeita.

Para demonstrar a razão de ser dessa percepção, cumpre abordar tais espécies de obrigação em apartado, por meio dos tópicos subsequentes.

---

3 Código de Processo Civil, art. 778.

4 Código de Processo Civil, arts. 783 e 784.

5 Código de Processo Civil, art. 784, II.

6 *Tituli ex corpore Ulpiani* 1,1-2. No direito brasileiro, na doutrina dedicada ao estudo do direito romano: Marky (1994:14) e Klabin (1996). A classificação também é considerada pela doutrina dedicada ao estudo do direito brasileiro (Pontes de Miranda, 1983:46).

Obrigação de dar: tutela perfeita

Na hipótese de o devedor se recusar a cumprir a obrigação de dar a que se encontra vinculado, o ordenamento jurídico brasileiro tende a tutelar diretamente a satisfação do interesse do credor. De acordo com a tradição, as obrigações de dar são aquelas cuja prestação consiste na entrega ou restituição de uma coisa.[7] Tendo em vista que, por definição, a coisa a ser entregue não se encontra em poder do credor, o cumprimento da obrigação de dar reclama a colaboração do devedor. A conduta que se exige do devedor, todavia, não costuma ser particularmente sofisticada: basta que entregue ou restitua a coisa no tempo, lugar e modo devidos para dar cumprimento àquilo a que se obrigou.

Na hipótese de haver resistência à observância do pactuado, o cumprimento forçado da obrigação de dar não encerra maior dificuldade, desde que a coisa seja de titularidade ou esteja em poder do devedor e seja conhecida sua localização. Basta que a coisa possa ser localizada para que seja promovida sua entrega ou restituição forçada. Numa palavra, a conduta do devedor é substituível. Por isso, o ordenamento jurídico prevê a tutela direta do interesse do credor, seja no processo de conhecimento, seja no processo de execução: para as coisas móveis, confere-se ao credor o direito de obter sua busca e apreensão; para as imóveis, o direito de ser imitido na posse.

Designadamente, na hipótese de, ao final de um processo de conhecimento, a sentença reconhecer o inadimplemento de uma obrigação de dar, deve o julgador determinar sua entrega em dado prazo.[8] Quando a obrigação for de dar coisa incerta, se a escolha couber ao credor, deverá efetuá-la na petição inicial; se couber ao devedor, a escolha será levada a efeito por ocasião da entrega.[9] Se ainda assim não sobrevier o cumprimento, deverá ser expedido mandado de busca e apreensão, se a coisa for móvel, ou de imissão na posse, se for imóvel.[10] Basta, assim, que a coisa exista, seja de titularidade ou esteja em poder do devedor e que se saiba sua localização para que o cumprimento da sentença conduza à satisfação do interesse do credor.

---

7 Ver Pereira (2010:49). No regime anterior: Bevilaqua (2000:86).

8 Código de Processo Civil, art. 498.

9 Código de Processo Civil, art. 498, parágrafo único.

10 Código de Processo Civil, art. 538.

De maneira semelhante, na hipótese de o credor ser titular de um título executivo que preveja o cumprimento de uma obrigação de dar coisa certa, no âmbito de um processo de execução, deve o julgador determinar que a entrega ocorra em 15 dias.[11] Se a execução tiver em mira o cumprimento forçado de obrigação de dar coisa incerta, exige-se, apenas, que a escolha seja realizada na petição inicial ou no momento do cumprimento da obrigação, conforme caiba ao credor ou ao devedor, respectivamente.[12] Se houver impugnação quanto à escolha feita, decide o julgador.[13] Na hipótese de não sobrevir o cumprimento nesse prazo, terá lugar a busca e apreensão ou a imissão na posse, conforme se trate de coisa móvel ou imóvel, respectivamente.[14]

Para fomentar o cumprimento da obrigação, seja no processo de conhecimento, seja no processo de execução, o julgador pode, transcorrido o prazo assinado para a entrega ou restituição da coisa, fixar multa periódica, passível de majoração ou diminuição, conforme se revele insuficiente ou excessiva.[15] O julgador pode, inclusive, valer-se de outras medidas para tutelar o interesse do credor.[16] A adoção de providências outras, no entanto, é muito pouco frequente, dado que a busca e apreensão, para as coisas móveis, e a imissão na posse, para as imóveis, eventualmente associadas à imposição de multa, soem bastar para assegurar o cumprimento específico da obrigação de dar.

Constata-se, assim, que o ordenamento jurídico brasileiro prevê uma tutela efetiva para as obrigações de dar. Na hipótese de não sobrevir o cumprimento espontâneo do pactuado, o credor pode, seja por meio do processo de conhecimento, seja por meio do processo de execução, obter a satisfação direta do seu interesse, desde que a coisa exista e seja de titularidade ou esteja em poder do devedor e sua localização seja conhecida. A tutela legal é facilitada pelo fato de a conduta do devedor ser substituível: basta que alguém entregue ou restitua a coisa em seu lugar, o que pode ser determinado e cumprido pelo Poder Judiciário sem particular embaraço. Trata-se, assim, de uma tutela perfeita, dado que, não obstante a resistência do devedor, tende a proporcionar a observância do programa contratual.

---

11 Código de Processo Civil, art. 806.

12 Código de Processo Civil, art. 811.

13 Código de Processo Civil, art. 812.

14 Código de Processo Civil, art. 806.

15 Código de Processo Civil, arts. 537 e 806, § 6º.

16 Código de Processo Civil, arts. 139, IV, 536, 538, § 3º, e 771.

Obrigação de fazer e não fazer: tutela menos que perfeita

As obrigações de fazer e não fazer são definidas por exclusão. Todas as obrigações que não sejam de dar, são de fazer ou não fazer.[17] As obrigações de fazer reclamam uma conduta ativa; as de não fazer, uma abstenção.[18]

O cumprimento forçado das obrigações de fazer está sujeito a dificuldades maiores do que o das obrigações de dar. Como nota a doutrina, é mais fácil retirar do credor uma coisa que se encontre em seu poder do que constrangê-lo a praticar determinada conduta.[19]

Para fomentar o cumprimento específico das obrigações de fazer e de não fazer, o ordenamento jurídico permite ao julgador se valer de diversos meios indiretos de coerção do devedor recalcitrante, seja no processo de conhecimento, seja no processo de execução. O principal deles é a imposição de multa:[20] o devedor deve dar cumprimento àquilo a que se obrigou no prazo assinado, sob pena de arcar com um valor que, ao final, reverterá em proveito do respectivo credor. Na fase de cumprimento de sentença oriunda de processo de conhecimento, a imposição de multa é facultativa e pode ser desde logo cumulada com outras sanções;[21] no processo de execução, diversamente, a fixação da multa é de rigor e precede outros meios indiretos que possam ser impostos ao devedor.[22]

A multa deve ser compatível com o valor da obrigação cujo cumprimento se requer e pode ser majorada ou minorada ao longo do processo de conhecimento ou de execução.[23] Seu pagamento aproveita ao credor e pode ser cumulado com eventual indenização que também lhe seja devida.[24] No processo de conhecimento, pode-se determinar, inclusive, que o pagamento da multa ocorra no curso do processo, embora o credor somente possa levantar o montante após o trânsito em julgado.[25] No processo de execução, a multa pode ser majorada, mesmo que seu valor já se encontre previsto no título executivo.[26]

---

17 No direito português: Leitão (2010:132-133).

18 No regime anterior: Pontes de Miranda (1984:113).

19 No regime anterior: Moreira (1997:205).

20 No regime anterior: Assis (2013:176).

21 Código de Processo Civil, art. 536, *caput* e § 1º.

22 Código de Processo Civil, arts. 711 e 814.

23 Código de Processo Civil, art. 537.

24 Código de Processo Civil, arts. 500 e 537, § 2º.

25 Código de Processo Civil, art. 537, § 3º.

26 Código de Processo Civil, art. 814, parágrafo único.

Na hipótese de o devedor se recusar de maneira injustificada a observar a decisão judicial, prevê-se, inclusive, a possibilidade de sancioná-lo processual e criminalmente.[27] Do ponto de vista processual, sua recusa em dar cumprimento ao que se obrigou pode levar à caracterização da litigância de má-fé e, como consequência, ao pagamento de multa e indenização ao credor.[28] Se não cumprir a obrigação, o devedor também pode ser processado pela prática do crime de desobedecer a ordem de funcionário público, punido com detenção de 15 dias a seis meses, além do pagamento de multa.[29]

Em adição, se considerar pertinente, o magistrado pode empregar outros meios indiretos para tutelar o credor. O texto legal se refere à busca e apreensão, à remoção de pessoas e coisas, ao desfazimento de obras e ao impedimento de atividade nociva. O rol, todavia, não é taxativo.[30]

Nas obrigações de fazer de caráter fungível, o ordenamento jurídico brasileiro permite que o credor promova seu cumprimento forçado por intermédio de um terceiro. Nesse sentido, com autorização do Poder Judiciário, o credor pode contratar um terceiro para adimplir a prestação devida.[31] Para tanto, deve antecipar os recursos, para que, depois, possa cobrar do devedor a importância adiantada. No processo de conhecimento, tal possibilidade resulta do reconhecimento de que o magistrado pode tomar quaisquer medidas que se mostrem apropriadas para satisfazer o credor.[32] No processo de execução, existe regra específica a respeito.[33] Se houver urgência no cumprimento da obrigação de fazer fungível, o credor pode levá-la a efeito desde logo, independentemente de autorização judicial, para, posteriormente, cobrar do devedor o reembolso dos custos havidos e a indenização dos demais prejuízos que o inadimplemento lhe causou.[34]

Vigora regime semelhante para as obrigações de não fazer. Na hipótese de o desfazimento poder ser levado a efeito por terceiro, o credor poderá obter sua execução por terceiro, desde que autorizado pelo Poder Judiciário.[35] No pro-

27 Código de Processo Civil, art. 536, § 3º.
28 Código de Processo Civil, art. 81.
29 Código Penal, art. 330.
30 Código de Processo Civil, arts. 139, IV, e 536, *caput* e § 1º.
31 Código Civil, art. 249.
32 Código de Processo Civil, arts. 139, IV, 497 e 536.
33 Código de Processo Civil, art. 817.
34 Código Civil, art. 249, parágrafo único.
35 Código Civil, art. 251.

cesso de conhecimento, essa possibilidade se funda na autorização conferida ao julgador para se valer de todas as medidas necessárias à satisfação do credor.[36] No processo de execução, há regra específica a propósito.[37] Cabe ao credor, no entanto, antecipar os valores necessários a tanto, para que, na sequência, possa reclamar do devedor o reembolso do que adiantou, bem como a indenização pelos demais prejuízos que o inadimplemento lhe causou. Aplica-se, aqui, o mesmo regime das obrigações de fazer fungíveis, pois a tutela do pactuado pode ser obtida por meio de conduta de terceiro ou do próprio credor. Na hipótese de o desfazimento se afigurar urgente, o credor pode providenciá-lo desde logo, ou seja, independentemente de autorização judicial, para, posteriormente, reclamar do devedor o reembolso e a indenização dos prejuízos decorrentes do inadimplemento e da execução substitutiva.[38]

Se a obrigação de fazer ou não fazer somente puder ser satisfeita pelo devedor, na hipótese de a recusa persistir, a despeito da imposição de multa e, eventualmente, de outros meios indiretos de coerção, não restará alternativa ao credor senão reclamar o pagamento de perdas e danos.[39]

Da exposição do regime jurídico, emerge que a tutela das obrigações de fazer e não fazer está sujeita a dificuldades que não se fazem presentes nas obrigações de dar. A diferença está na possibilidade de o Poder Judiciário obter a conduta a que o devedor se obrigou.

Nas obrigações de dar, a prestação é substituível, pois qualquer pessoa pode entregar ou restituir a coisa devida ao credor. Desde que a coisa exista, seja de titularidade ou esteja em poder do devedor e se saiba sua localização, a execução forçada assegura a satisfação direta do credor, seja por meio da busca e apreensão da coisa móvel, seja por meio da imissão na posse da coisa imóvel.

Nas obrigações de fazer e não fazer, o panorama é distinto. Para as obrigações de fazer fungíveis, à semelhança das obrigações de dar, existe a possibilidade de obter a satisfação do interesse do credor por terceiro. O mesmo ocorre nas obrigações de não fazer, sempre que a conduta cuja abstenção era devida possa ser desfeita. Nessas hipóteses, no entanto, o credor deve antecipar os recursos necessários para tanto. Desse modo, embora consiga obter a tutela de seu in-

---

36 Código de Processo Civil, arts. 497 e 536. No regime anterior: Pontes de Miranda (1974:96-97).

37 Código de Processo Civil, art. 823.

38 Código Civil, art. 251, parágrafo único.

39 Código de Processo Civil, arts. 499, 821 e 823.

teresse imediato, se vê constrangido a arcar com os custos necessários a tanto para, depois, cobrar o reembolso do devedor. Embora factível, a satisfação do seu interesse não chega a ser completa.

Para obviar a previsão normativa que reclama a antecipação de recursos por parte do credor, fruto de uma escolha legislativa de racionalidade discutível (Marinoni, Arenhart e Mitidiero, 2015:725-726), a doutrina cogita sobre a possibilidade de o magistrado determinar que o devedor arque desde logo com o montante necessário para que a prestação devida seja executada pelo terceiro. O poder do julgador para tanto decorreria da possibilidade que lhe confere a legislação de tomar as providências necessárias para assegurar ao credor o resultado prático equivalente ao adimplemento. A construção, todavia, encontra resistência no ordenamento, designadamente no processo de execução, cujas regras dispõem em sentido diverso. Por isso, não chega a ser defendida com muita ênfase.[40]

Nas obrigações de fazer infungíveis e nas de não fazer que não comportam desfazimento, sequer parece haver espaço para medidas dessa natureza. Nessas hipóteses, diante da recusa do devedor em cumprir aquilo a que se obrigou, mesmo se lhe foi imposta multa para agir como devia, não resta ao credor alternativa senão exigir o pagamento de indenização pelos prejuízos que sofreu em razão do descumprimento. O cumprimento forçado encontra, aqui, limites importantes, sem que se possa assegurar ao credor a satisfação de seu legítimo interesse contratual.

Seja no processo de conhecimento, seja no processo de execução, portanto, a tutela do credor de obrigação de fazer ou de não fazer é menos que perfeita, pois a proteção de seu interesse esbarra em dificuldades que não podem ser inteiramente contornadas.

Obrigação de prestar declaração de vontade: da tutela mais que perfeita à tutela imperfeita

No direito brasileiro, há uma categoria das obrigações de fazer que dispõe de tratamento especial. Trata-se das obrigações de prestar declaração de vontade que, no mais das vezes, resultam da celebração de contrato preliminar ou de

---

40 No regime anterior: Talamini (2003:294-297).

compromisso de compra e venda, negócio jurídico cuja natureza segue controvertida entre nós (Zanetti, 2013:112-114; Penteado, 2012:505-507). Isso se deve a uma característica particular de tais obrigações, a saber: a possibilidade de satisfazer o credor mediante a substituição da conduta devida pelo devedor por uma decisão de órgão dotado de poder jurisdicional. Tal decisão faz, então, as vezes da declaração negada e, com isso, promove o cumprimento do programa contratual, seja mediante a celebração do contrato definitivo, no caso do contrato preliminar, seja mediante a outorga da escritura definitiva do imóvel, no caso do compromisso de compra e venda.

Precisamente por isso, tais obrigações são regradas de maneira particular, quer no âmbito do direto material, quer no do direito processual.

No âmbito do direito material, sua tutela encontra abrigo tanto no Código Civil, ao tratar do contrato preliminar, como na legislação especial, ao disciplinar o compromisso de compra e venda. De acordo com o regime do Código Civil, o credor de dado contrato preliminar pode exigir que a parte contrária celebre o contrato definitivo em prazo razoável.[41] Caso o devedor não cumpra a prestação a que se obrigou, o credor pode obter decisão de órgão dotado de poder jurisdicional que supra a declaração faltante, de modo a promover a celebração do contrato definitivo.[42] Na legislação especial, a mesma tutela é endereçada à parte que pretende ver cumprido o compromisso de compra e venda. Se houver recusa à outorga da escritura definitiva, o credor poderá obter decisão de órgão dotado de poder jurisdicional que igualmente substitua a declaração faltante.[43]

De maneira coerente, o regramento de fundo é secundado pela disciplina processual que se ocupa do processo de conhecimento. Na hipótese de reconhecer a existência de obrigação de fazer, a sentença fará as vezes da declaração faltante e, transitada em julgado, levará ao cumprimento forçado da obrigação, seja ao promover a celebração do contrato definitivo, no caso do contrato preliminar, seja ao promover a outorga da escritura definitiva, no caso do compromisso de compra e venda.[44]

Nessas situações, a sentença é suficiente à satisfação do interesse do credor, e, portanto, a fase processual usualmente reservada para sua execução se mostra

---

41 Código Civil, art. 463.

42 Código Civil, art. 464.

43 Decreto-Lei nº 58/1937, arts. 16, § 2º, e 22; Lei nº 6.766/1979, art. 27, § 3º.

44 Código de Processo Civil, art. 501.

supérflua. Caras à generalidade das obrigações de fazer, as medidas indiretas de coerção, como a multa, por exemplo, são dispensáveis, pois não há necessidade de qualquer conduta do devedor.[45] A tutela das obrigações de prestar declaração de vontade é, inclusive, mais efetiva do que a das obrigações de dar, pois não é necessária qualquer providência adicional para assegurar o respeito ao pactuado. De maneira ilustrativa, a doutrina reconhece na tutela prevista para tais obrigações um meio privilegiado de satisfação do credor.[46] Por promover a "*efetividade do processo*", a disciplina é considerada "*excelente*".[47] No processo de conhecimento, assim, a tutela das obrigações de prestar declaração de vontade é mais que perfeita, pois, à diferença da disciplina geral, promove a satisfação do credor a prescindir da fase de execução da sentença.

De maneira muito frequente, no entanto, as obrigações de prestar declaração de vontade estão consubstanciadas em um título executivo extrajudicial. A experiência revela que tanto o contrato preliminar como o compromisso de compra e venda costumam ser celebrados por instrumentos particulares que contenham a assinatura de duas testemunhas e, portanto, satisfaçam as exigências legais para que sejam considerados títulos executivos. Para o compromisso de compra e venda, há, inclusive, regra que exige a subscrição do respectivo instrumento pelas partes e por duas testemunhas.[48] Nessa circunstância, a exemplo do que ocorre nas obrigações de dar, fazer e não fazer, seria de se esperar que o ordenamento conferisse ao credor com maior celeridade a tutela prevista para o término do processo de conhecimento. Afinal, por definição, o credor que dispõe de um título executivo encontra-se em vantagem se comparado com aquele titular de um crédito comum.

Não é isso o que ocorre, entretanto.

Diversamente do que se dá no âmbito do processo de conhecimento, não há qualquer seção do Código de Processo Civil especialmente dedicada ao processo de execução das obrigações de prestar declaração de vontade. Em particular, não há dispositivo que confira prazo para que o devedor cumpra sua obrigação, sob pena de sua declaração de vontade ser suprida pelo Poder Judiciário. No regramento do processo de execução falta, assim, dispositivo equivalente àquele

---

45 No regime anterior: Moreira (1997:211, 213, 215).

46 No regime anterior: Assis (2013:63-64); Yarshell (1993:35, 59-60).

47 No regime anterior: Moreira (1997:217).

48 Decreto-Lei nº 58/1937, art. 11, § 1º.

que, no processo de conhecimento, autoriza o julgador a proferir sentença que faça as vezes da declaração de vontade faltante.[49]

Nesse cenário normativo, há respostas conflitantes. Na doutrina, sustenta-se ser vedada ao credor a via da execução. O raciocínio é linear: como a tutela da obrigação de prestar declaração de vontade reclama a prolação e trânsito em julgado de sentença e não há previsão para tanto no processo de execução, o credor somente pode se valer do processo de conhecimento.[50] O credor da obrigação de declaração de vontade se vê, assim, em posição pior do que a do credor de obrigação de dar, de fazer ou de não fazer, pois, mesmo que esteja munido de um título executivo, somente pode se valer do processo de conhecimento e, assim, aguardar até o trânsito em julgado para que seu direito seja respeitado.

Nos tribunais, o debate teve lugar há alguns anos no Superior Tribunal de Justiça, corte brasileira responsável por uniformizar a interpretação da matéria entre nós.[51] Naquela ocasião, discutiu-se a possibilidade de o credor de dado contrato preliminar de compra e venda de ações se valer do processo de execução para obter a celebração e cumprimento forçado do contrato definitivo. Diante do inadimplemento do pactuado, o credor, munido de instrumento subscrito pelas partes e por duas testemunhas, ajuizou execução para obrigar o devedor a celebrar o contrato definitivo e a efetuar o pagamento do preço, sob pena de multa. Não chegou, entretanto, a requerer a conclusão do contrato definitivo por meio do suprimento judicial da declaração de vontade do devedor.

O julgamento foi por maioria. Na esteira da orientação doutrinária, a magistrada originalmente indicada para relatar o acórdão concluiu que o cumprimento forçado somente podia se dar por meio do processo do conhecimento.[52] Outro julgador divergiu dessa opinião, o que ficou refletido na decisão. Em sua percepção, nada obstava o manejo do processo de execução, haja vista que

---

49 Código de Processo Civil, art. 501.

50 No regime anterior: Barbi Filho (1997:42).

51 Constituição, art. 105, II, "c".

52 "A única via possível, nesta hipótese, seria a propositura de uma ação cujo objeto seria uma sentença que substituísse a vontade do devedor de adquirir os títulos controvertidos e que, concomitantemente, condenasse-o a pagar o respectivo preço. Essa sentença seria levada a registro nos livros da Companhia e, a partir disso, poderia dar fundamento à posterior propositura de uma ação de execução de quantia certa contra devedor solvente. O procedimento escolhido pelo exequente subverte essa ordem processual, de modo que corroborá-lo implicaria admitir a propositura de ação de execução instruída por título desprovido de exigibilidade" (Resp. nº 856.826/DF, rel. p/ acórdão ministro Ari Pargendler, j. 19/02/2008; voto da ministra Nancy Andrighi).

o credor dispunha de um contrato subscrito por duas testemunhas.[53] Não chegou a esclarecer, todavia, como seria possível suprir a declaração de vontade faltante sem que houvesse nem pedido formulado pelo devedor, nem previsão de prolação de sentença nesse sentido no âmbito do processo de execução. O terceiro magistrado igualmente afirmou o cabimento de execução pelos meios legalmente previstos, notadamente com recurso à imposição de multa.[54] Por fim, sobreveio o voto do magistrado que veio a ser o relator do acórdão. Em sua percepção, não havia óbice para que fosse seguido o procedimento geral para a execução das obrigações de fazer.[55] Em seu voto, sustentou a possibilidade de suprir a declaração de vontade faltante. Ao seu ver, isso ocorreria tanto se a

53 "Destarte, a suscitada nulidade da execução por ausência de título executivo não prospera, uma vez que, repito, o contrato que embasa a execução não foi contestado. O argumento de que deveria se obter primeiramente uma sentença, para daí, uma execução forçada, cai por terra diante da existência do contato assinado por duas testemunhas, que gera título executivo extrajudicial, conforme reconhecido pelas instâncias ordinárias. [...]. O título executivo que existe e embasa a execução de obrigação de fazer é o próprio contrato outrora firmado, e não questionado, de compra e venda, com cláusula de recompra. Corretamente, ao meu sentir, tanto a sentença como o acórdão definiram-se pela validade do título executivo, reconhecendo a obrigação de fazer como sendo a de recomprar as ações. Ora, se a executada não o fez no prazo, autorizou a execução para cumprimento da obrigação" (Resp. nº 856.826/DF, rel. p/ acórdão ministro Ari Pargendler, j. 19/02/2008, voto do ministro Castro Filho).

54 "Em instrumento que obedece às formalidades legais para ser considerado título executivo extrajudicial, há cláusula na qual uma das partes (a vendedora) se compromete a recomprar da outra (a compradora) as ações vendidas, pelo preço e condições ali estabelecidas. Não consigo, com todas as vênias à e. Ministra Relatora, formar raciocínio no sentido de que regras de processo contaminem a própria obrigação de direito material contraída. Para ser sucinto: a autora se obrigou a fazer algo (recomprar) em determinado prazo. Não o fez e, com isso, sujeitou-se à execução específica da obrigação de fazer. Preço, prazo, condições e objeto: tudo está previsto no contrato. Não é preciso anterior processo de conhecimento: o direito está certificado no contrato! Basta que se execute a obrigação pelos meios previstos em Lei, inclusive, se for o caso, com cominação de multa" (Resp. nº 856.826/DF, rel. p/ acórdão ministro Ari Pargendler, j. 19/2/02/2008, voto do ministro Humberto Gomes de Barros).

55 "A peculiaridade da espécie reside nessa circunstância, a de que o só suprimento judicial da declaração de vontade do adquirente é insuficiente para tutelar o direito do alienante; suprida a vontade do adquirente, continua faltando o principal, *v.g.*, o pagamento do preço, que não pode ser suprido judicialmente. Por outro lado, sem essa etapa, a do suprimento da vontade do adquirente, como cobrar o preço, se este supõe a ultimação do contrato de compra e venda? *Data venia*, essa questão nada tem a ver com a existência, ou não, de título executivo, induvidosamente existente porque é o próprio compromisso de venda; a jurisprudência do Superior de Tribunal de Justiça já o reconheceu como título executivo até para reaver quantias pagas à conta do preço (Resp. nº 2972-0, GO, Rel, Min. Bueno de Souza, *DJ*, 13 set. 2003). Importa, sim, saber se há, ou não, um procedimento de execução específica do compromisso de recompra que, suprindo a declaração de vontade do adquirente (obrigação de fazer), autorize a cobrança do preço (obrigação de dar) – cujo recebimento constitui o verdadeiro interesse do alienante. Salvo melhor juízo, nada impede, para esse efeito, que se siga o procedimento previsto nos arts. 632 e 633 do Código de Processo Civil" (Resp. nº 856.826 – DF, rel. p/ acórdão ministro Ari Pargendler, j. 19/02/2008).

execução deixasse de ser embargada como se fossem julgados improcedentes os embargos eventualmente opostos pelo devedor.[56] Não explicou, contudo, como, em concreto, o suprimento seria possível, sem que houvesse sido formulado pedido nesse sentido por parte do credor. Por maioria, assim, foi mantida a decisão da instância inferior, que determinou a celebração do contrato definitivo, sob pena de multa. Não foi proferido, desse modo, acórdão que viesse a suprir a declaração de vontade faltante, a despeito de a ementa do julgado sugerir que isso tenha ocorrido.[57]

Tendo em vista que, ao disciplinar o processo de execução, o ordenamento jurídico brasileiro não prevê a prolação de decisão que faça as vezes da declaração de vontade faltante, existe fundada dificuldade em acolher a observação do relator do caso no sentido de que a conclusão do contrato definitivo poderia decorrer da falta de oposição de embargos de devedor ou da improcedência de embargos eventualmente opostos. A propósito, são dois os óbices dignos de nota. De um lado, na hipótese de não haver oposição de embargos, não se compreende como a declaração faltante poderia ser substituída sem que houvesse sentença transitada em julgado que lhe fizesse as vezes, conforme exige a legislação em vigor.[58] De outro, na hipótese de serem rejeitados os embargos opostos, não se entende como a sentença que rechaça a pretensão do devedor poderia conduzir à tutela do credor sem violar a regra de adstrição do julgamento ao pedido.[59] A afirmação do relator não foi discutida nos demais votos. O julgamento do colegiado, vale insistir, manteve a decisão da instância inferior que determinou a celebração do contrato definitivo sob pena de multa.

Tomado o julgado pelo que foi decidido, tem-se a fixação de prazo para que o devedor cumpra sua obrigação sob pena de multa. Se, ainda assim, não sobrevier o cumprimento, restará ao credor pleitear o pagamento das perdas e danos de-

56 "Assim, não embargada a execução, suprida estaria a vontade do alienante para a consumação da compra e venda. Julgados improcedentes os embargos do devedor, o resultado é o mesmo, seguindo-se a execução como se fora por quantia certa – e é o que agora deverá acontecer" (Resp. nº 856.826/DF, rel. p/ acórdão ministro Ari Pargendler, j. 19/02/2008).

57 "Processo civil. Execução de contrato de compra e venda de ações, com cláusula de recompra, inadimplido nesta parte. Possibilidade de execução específica do compromisso de recompra de ações que, suprindo a declaração de vontade do adquirente (obrigação de fazer), autorize a cobrança do preço (obrigação de dar); arts. 632 e 633 do Código de Processo Civil. Recurso especial não conhecido" (Resp. nº 856.826/ DF, rel. p/ acórdão ministro Ari Pargendler, j. 19/02/2008.

58 Código de Processo Civil, art. 501.

59 Código de Processo Civil, art. 492.

correntes do inadimplemento. De acordo com essa linha de raciocínio, o credor pode se valer da tutela própria às obrigações de fazer infungíveis, mas não obter sentença que faça as vezes da declaração de vontade faltante. Diversamente do que se poderia esperar, portanto, a tutela do credor no processo de execução permanece inferior à que se lhe reconhece no processo de conhecimento, pois não conduz à formação do contrato definitivo se o devedor resistir a prestar a declaração de vontade a que se obrigou.

A consideração da disciplina das obrigações de prestar declaração de vontade conduz, assim, a uma situação paradoxal. Para o credor comum, sua tutela é maior do que a de qualquer outra obrigação, pois a sentença proferida em processo de conhecimento faz as vezes da declaração de vontade faltante e, com isso, satisfaz o credor, a prescindir da fase de cumprimento da sentença. Trata-se, assim, de uma tutela mais que perfeita. Para o credor que possua um título executivo, todavia, a tutela é menor do que as das outras obrigações, seja porque, como quer a doutrina, não lhe é dado recorrer à via executiva, seja porque, como decidiu o Superior Tribunal de Justiça, a execução, ao arrepio do previsto no direito material, não lhe assegura a substituição da declaração de vontade faltante, providência que somente pode ser obtida por meio do processo de conhecimento.

O regime do cumprimento forçado das obrigações de prestar declaração de vontade é, assim, destituído de lógica. No âmbito do processo de conhecimento, sua tutela, condicionada ao trânsito em julgado da sentença, é de efetividade plena. Falta-lhe, no entanto, disciplina própria para o processo de execução, o que priva o credor ou da possibilidade de manejá-lo, de acordo com a doutrina, ou de obter aquilo que lhe é assegurado pelo direito material, a prevalecer a visão do julgado do Superior Tribunal de Justiça.

Trata-se de um paradoxo que se deve apontar para expor com precisão o estado da arte do direito brasileiro, na espera de que sobrevenha solução adequada por via interpretativa ou legislativa.

Conclusão

Embora as obrigações nasçam para ser cumpridas, nem sempre é possível assegurar a satisfação do credor na hipótese de o devedor se recusar a honrar o pactuado. Superado há muito o regime que convertia todo inadimplemento em obrigação de pagamento, permanece o desafio de obter o cumprimento forçado das obrigações não pecuniárias.

Nesse particular, são distintos os resultados a que chegou o direito brasileiro.

Para as obrigações de dar, o ordenamento jurídico prevê tutela que permite satisfazer o credor, mediante a busca e apreensão para as coisas móveis e a imissão na posse para as coisas imóveis, desde que existam, sejam de titularidade ou estejam em poder do devedor e sua localização seja conhecida. A tutela, assim, tende a proporcionar o cumprimento do programa contratual em sua integralidade e, por isso, pode ser considerada perfeita.

Para as obrigações de fazer e não fazer, são previstos meios coercitivos indiretos, notadamente a imposição de multa, para constranger o credor a cumprir aquilo a que se obrigou. Na hipótese, porém, de permanecer a irresignação do credor, o regime legal esbarra em limites de difícil transposição. Para as obrigações de fazer fungíveis e para as obrigações de não fazer que comportem desfazimento, existe, ainda, a possibilidade de o credor obter a satisfação de seu interesse por meio da conduta de terceiro, até mesmo a prescindir da prévia autorização judicial, se tiver urgência. Para tanto, porém, deve antecipar os recursos necessários e, com isso, mesmo que veja atendida sua pretensão, se vê constrangido a continuar a litigar com o devedor para obter reembolso do que gastou. A situação do credor é menos favorável se ele estiver a exigir o cumprimento de uma obrigação de fazer infungível ou de uma obrigação de não fazer que não possa ser desfeita. Nesse caso, se as medidas coercitivas indiretas não surtirem efeito, o credor deverá se conformar com a conversão de seu crédito em pecúnia, para cobrar do devedor o ressarcimento dos prejuízos sofridos. Em qualquer hipótese, a tutela do credor de obrigação de fazer ou não fazer é menos perfeita do que a do credor de obrigação de dar, pois não lhe permite satisfazer seu interesse de maneira direta sem a colaboração do devedor.

Para as obrigações de prestar declaração de vontade, o regime legal submete o intérprete a um paradoxo. De um lado, o credor se encontra em situação de vantagem comparativa, uma vez que sentença proferida em processo de conhecimento transitada em julgado fará as vezes da declaração de vontade faltante. A tutela é mais que perfeita, pois satisfaz o credor, a prescindir da fase de execução da sentença. De outro lado, o credor que possui um título executivo se encontra em situação de desvantagem comparativa, seja porque, como quer a doutrina, somente se pode valer do processo de conhecimento, seja porque, como julgou o Superior Tribunal de Justiça, o processo de execução não conduz ao resultado que lhe é assegurado pelo direito material.

Visto em perspectiva, salta aos olhos que o regime do cumprimento forçado das obrigações contratuais no direito brasileiro comporta aperfeiçoamento. Sem surpresa: obras dessa magnitude levam mesmo tempo.

Referências

ALVES, José Carlos Moreira. *Direito romano.* 11. ed. Rio de Janeiro: Forense, 1999. v. I.

ASSIS, Araken de. *Cumprimento da sentença.* 4. ed. Rio de Janeiro: Forense, 2013.

BARBI FILHO, Celso. Os efeitos da reforma do Código de Processo Civil na execução específica do acordo de acionistas. *Revista dos Tribunais*, v. 737, 1997.

BEVILAQUA, Clovis. *Direito das obrigações*. Campinas: Red Livros, 2000. (Fac-símile da 5. ed., de 1940).

BURDESE, Alberto. *Diritto privato romano.* 4. ed. Turim: Utet, 2003. (Reimp. da ed. de 1993).

GOMES, Orlando. *Direitos reais*. 19. ed. atual. Luiz Edson Fachin. Rio de Janeiro: Forense, 2009.

KASER, Max. *Direito privado romano*. Lisboa: Calouste Gulbenkian, 1999. (Trad. da edição de 1992, por Samuel Rodrigues).

KLABIN, Aracy Augusta Leme. Observações sobre a sanção ("sanctio") das leis em direito romano. *Revista da Faculdade de Direito da USP*, v. 91, 1996.

LEITÃO, Luis Manuel Teles de Menezes. *Direito das obrigações.* 9. ed. Coimbra: Almedina, 2010. v. I.

MARINONI, Luiz Guilherme; ARENHART, Sérgio Cruz; MITIDIERO, Daniel. *Curso de processo civil.* São Paulo: Revista dos Tribunais, 2015. v. III.

MARKY, Thomas. *Curso elementar de direito romano*. 7. ed. São Paulo: Saraiva, 1994.

MARTINS-COSTA, Judith Hofmeister. *Comentários ao novo Código Civil.* 2. ed., 2. tir. Rio de Janeiro: Forense, 2006. v. V, t. I.

MOREIRA, José Carlos Barbosa. Aspectos da "execução" em matéria de obrigação de emitir declaração de vontade. In: LOEWITH, Jason. *Estudos de direito processual em memória de Luiz Machado Guimarães*. Rio de Janeiro: Forense, 1997.

PENTEADO, Luciano de Camargo. *Direito das coisas*. 2. ed. São Paulo: Revista dos Tribunais, 2012.

PEREIRA, Caio Mário da Silva. *Instituições de direito civil*. 23. ed. Rio de Janeiro: Forense, 2010. v. II.

PONTES DE MIRANDA, Francisco Cavalcanti. *Comentários ao Código de Processo Civil*. Rio de Janeiro: Forense, 1974. t. V.

_____. *Tratado de direito privado*. 4. ed. São Paulo: RT, 1983. t. III.

_____. *Tratado de direito privado*. 3. ed., 2. reimp. São Paulo: RT, 1984. t. XXII.

TALAMINI, Eduardo. *Tutela relativa aos deveres de fazer e de não fazer e sua extensão aos deveres de entrega de coisa*. São Paulo: Revista dos Tribunais, 2003.

YARSHELL, Flávio Luiz. *Tutela jurisdicional específica nas obrigações de declaração de vontade*. São Paulo: Malheiros, 1993.

ZANETTI, Cristiano de Sousa. *A conservação dos contratos nulos por defeito de forma*. São Paulo: Quartier Latin, 2013.

_____. Cumplimiento forzado de las obligaciones contractuales de carácter no pecuniario: la experiencia brasileña. In: OLIVARES, Alvaro Vidal; URIBE, Rodrigo Momberg (Ed.). *Cumplimiento específico y ejecución forzada del contrato*: de lo sustantivo a lo procesal. Valparaíso: Ediciones Universitarias de Valparaiso, 2018. p. 433-448.

17. Contencioso estratégico: a arte da advocacia contenciosa do dr. Fabio Lilla

Rodolfo da Costa Manso Real Amadeo

Introdução

O exercício da advocacia contenciosa muitas vezes nos reserva experiências que nos surpreendem e nos transformam. Certamente, uma das mais ricas vivenciada por este autor foi o aprendizado cotidiano durante quase 18 anos com o dr. Fabio Lilla. Daí a honra e a alegria ao receber o convite para participar desta mais do que merecida homenagem, compartilhando um pouco desta experiência na perspectiva do contencioso estratégico.

Comecei a trabalhar com o nosso homenageado em 2000, quando estava para completar meu segundo ano de formado. Até então, havia estagiado durante os cinco anos da faculdade com meu avô, Nelson Real Amadeo, e, após seu falecimento e o consequente fechamento de seu escritório em 1998, estava advogando já havia quase dois anos num escritório mais focado em causas de direito administrativo.

Convidado pelo dr. Fabio Lilla para fazer parte da equipe do contencioso de seu escritório, então denominado Lilla, Huck, Malheiros, Otranto, Ribeiro, Camargo e Messina Advogados, rapidamente me surpreendi com a visão estratégica que aquele "advogado tributarista"[1] tinha da advocacia contenciosa cível e com o modo como ele sabia, com maestria, conduzir a equipe e lidar com as múltiplas frentes dos casos mais complexos de contencioso estratégico.

---

1 A principal área de formação e atuação do dr. Fabio Lilla era o direito tributário. As aspas aqui decorrem do fato de que a sua atuação transcendia em muito os limites da advocacia tributária. Dr. Fabio Lilla navegava com facilidade por várias áreas do direito: societário, imobiliário, trabalhista e contencioso cível. Rapidamente, passei a admirá-lo por sua perspicácia e pelo modo como ele, logo numa primeira reunião com o cliente ou num primeiro contato com o caso, conseguia compreender o núcleo do litígio e traçar a estratégia a ser seguida.

Sabia ele, como poucos, que, diferentemente das demais áreas da prática jurídica, na advocacia contenciosa, o direito e o interesse do cliente estão em constante risco, pois sua realização no caso concreto depende da atuação concertada de vários agentes, muitos dos quais com interesses divergentes e até mesmo opostos.

A preocupante realidade da advocacia contenciosa já foi fielmente descrita por Barbosa Moreira (1977:99):

> As partes fazem aos advogados narrativas lacunosas dos fatos; os advogados equivocam-se na valoração do material, ou não são bastante hábeis, ou bastante diligentes, e deixam de usar algum argumento que talvez fosse o decisivo; documentos perdem-se, acham-se, tornam a perder-se; testemunhas esquecem o que viram ou ouviram, omitem-se, desaparecem; à atenção do juiz passa despercebido tal ou qual subsídio probatório, à sua memória não acode a norma legal que na verdade se deveria aplicar à espécie.

É exatamente por isso que, no contencioso estratégico, não basta ao advogado conhecer o direito. É preciso estar atento às oportunidades que surgem e rapidamente se ocultam no caso concreto e, sobretudo, estar preparado para aproveitá-las tão logo se apresentem.

E tal conhecimento só se adquire com a própria vivência da advocacia contenciosa, como ensina Calamandrei (2003:191):

> A razão pela qual sair da universidade com licenciatura em processo civil, conseguida com conceito máximo de nota e louvor, não basta para tornar os advogados sagazes e eloquentes é muito similar, psicologicamente, àquela razão de comum experiência pela qual ninguém se torna hábil enxadrista unicamente por ter decorado um manual com as regras do jogo de xadrez. É verdade que, sem conhecê-las, não se pode jogar [...]; porém, mesmo se conhecendo as regras em teoria, aquilo que mais conta para aprender o jogo é vê-lo funcionando na prática.

Pode-se dizer que a visão estratégica do contencioso consiste em identificar claramente o objetivo que se almeja alcançar em determinado caso concreto, verificar os elementos de que se dispõe para atingir tal objetivo e formular um plano para alcançá-lo mediante a utilização desses elementos. Tal plano será tanto melhor quanto maior for seu detalhamento em subdivisões de curto, médio e longo prazos e quanto maior for a sua flexibilidade para se adaptar às circunstâncias adversas e aos inesperados desdobramentos do caso concreto.[2]

Longe de constituir uma fórmula fechada ou uma receita pronta com etapas ou passos predefinidos, o contencioso estratégico é muito mais uma forma de enxergar o litígio, sempre considerando, nas escolhas cotidianas do advogado, o objetivo de longo prazo e adaptando-se às adversidades que, em maior ou menor número, certamente ocorrerão. Trata-se, portanto, muito mais de arte do que de ciência. Uma arte que o dr. Fabio Lilla dominava com maestria.

Sendo impossível descrever neste texto uma fórmula ou uma receita pronta do que constitui a arte da advocacia contenciosa, procuraremos abordar, nos próximos itens, algumas valiosas lições que aprendemos com o nosso homenageado sobre os quatro elementos constantes nesse campo, a saber: as relações que o advogado tem com o cliente, com a equipe, com o julgador e com a parte contrária.

A relação com o cliente

"Sem cliente, não há advogado", frequentemente dizia o dr. Fabio Lilla. Tal verdade encontra-se arraigada no próprio sentido da palavra "advogado",[3] ressalvada a (pouco recomendável) advocacia em causa própria, sobre a qual sabiamente já se disse que "aquele que advoga em causa própria, tem como cliente um tolo".[4]

Quando ingressei no escritório Lilla, Huck, Malheiros, Otranto, Ribeiro, Camargo e Messina Advogados, o faturamento dos clientes do dr. Fabio Lilla representava cerca de 75% de todo o escritório, e, ainda assim, ele não se cansava de enfatizar a necessidade de os outros sócios, mesmo os mais jovens, como eu, buscarem e desenvolverem seus próprios clientes.

---

2 O que Clausewitz (1984:119-121) denominou "*friction*" (o atrito entre seu plano e a realidade) em seu célebre tratado sobre a guerra.

3 É o que se colhe, por exemplo, da definição de Silveira Bueno (1968:97): "Advogado – s.m. Intercessor, medianeiro. Bacharel em ciências sociais e jurídicas que serve nas causas, defendendo direitos de terceiro".

4 Tal advertência, vinda de tempos imemoriais da advocacia, é frequentemente atribuída a Abraham Lincoln.

Sendo mais introspectivo por natureza, particularmente, eu considerava tal tarefa dificílima, senão impossível. No entanto, quando consegui trazer para o escritório meu primeiro grande cliente, uma construtora que atuava em obras de infraestrutura, pude ouvir do dr. Fabio Lilla: "Viu, Rodolfo? Em nosso escritório, qualquer sócio pode ter importantes clientes".

Desde então, procuro dedicar a meus clientes a mesma atenção que o dr. Fabio Lilla dedicava aos seus, sempre zelando pela comunicação transparente, com a exposição dos riscos e benefícios de cada etapa do caso e, sobretudo, pela atuação advocatícia de forma independente.

Sobre este último aspecto, era conhecida a fama do dr. Fabio Lilla de preferir pedir ao cliente para procurar outro advogado a seguir uma estratégia que, embora indicada pelo cliente, ele, como advogado, considerasse lesiva aos direitos defendidos na causa. "O advogado presta um serviço para o cliente, logo, não pode se achar mais importante que o cliente, mas o advogado também não deve ser servil. Deve advogar com independência", ensinava nosso homenageado.

Sobre este aspecto, relembro, ainda, a preciosa lição do professor emérito, do Largo de São Francisco, José Ignacio Botelho de Mesquita (1998), em sua última aula de nosso curso de bacharelado, dedicada à análise dos *Mandamentos do advogado*, de Eduardo Couture:

> Curiosa é a escolha do advogado pelo cliente. É comum o advogado ser escolhido pela sua fama de brigador, capaz de usar qualquer recurso pelo cliente, os que se pode usar e os que não se pode...
>
> É comum procurar-se no advogado uma pessoa desonesta, o sagaz, o ágil, o esperto, o mais vivo. Não estranhem se o cliente os procurar assim. É comum, devido à fama que os advogados possuem.
>
> É importante que os senhores sejam independentes em relação ao cliente. Sabendo que o advogado não é instrumento para vingança, não é instrumento para castigo. Que o processo não é lugar para se dar lições a ninguém. O advogado deve ser um instrumento para a realização do Direito. Ele tem que saber o que fazer em cada caso, ele não tem que fazer a vontade do cliente. Ele tem que usar o seu conhecimento e a sua sensibilidade para defender o cliente do modo que ele ache melhor.
>
> Quanto a isso, os piores clientes são um velho advogado ou um juiz aposentado, que vêm procurar um advogado e dizem: "Olha, eu tenho um caso, mas eu já o estudei e acho que, na minha opinião, você deve agir assim". Nunca se impressionem com

> isto. O advogado deve pensar com sua cabeça, escrever o que acha que deve escrever, nada para agradar um cliente. Ele é um técnico, um artista, ele serve o cliente não da maneira que o cliente quer, mas da maneira, que ele acha que o cliente deve ser servido. Ser leal com o cliente é isto.

Ainda nesse sentido, convém relembrar também as lições de Piero Calamandrei e Robert W. Gordon, para quem os advogados de contencioso exercem uma função pública ao se negarem a ajuizar uma demanda pretendida pelo cliente, se a reputarem fadada ao insucesso.[5]

De fato, a experiência do contencioso estratégico comprova que, quanto maior for a independência do advogado em relação ao cliente e quanto mais o cliente confiar na atuação independente de seu advogado, maior será a probabilidade de êxito em sua estratégia.

A relação com a equipe

Além do cliente, outra constante na vida do advogado do contencioso estratégico é a relação com sua equipe. Longe já vai o tempo em que os advogados de contencioso trabalhavam praticamente sozinhos, contando, quando muito, com um estagiário.

A prática da advocacia contenciosa em litígios complexos, atualmente, só pode ser bem exercida com verdadeiro trabalho de equipe.[6] E disso muito bem sabia o dr. Fabio Lilla, formando verdadeiros "*dream teams*" para cada caso e realizando reuniões periódicas com todos os advogados de contencioso que trabalhavam

---

5 Ver, respectivamente: "Há um momento em que o advogado civilista deve encarar a verdade de frente, com um olhar desapaixonado de juiz. É o momento em que, chamado pelo cliente a aconselhá-lo sobre a oportunidade de intentar uma ação, tem o dever de examinar imparcialmente, levando em conta as razões do eventual adversário, se pode ser útil à justiça a obra de parcialidade que lhe é pedida. Assim, em matéria cível, o advogado deve ser o juiz instrutor de seus clientes, e sua utilidade será tanto maior quanto maior for o número de sentenças de improcedência pronunciadas em seu escritório" (Calamandrei, 2000:147); "*Lawyers in fact do serve the civic frameworks better then they occasionally like to pretend; they refrain from pushing every client's case, in every representation, up to just short of the point where plausible construction of law or facts could support it*" (Gordon, 2000:53).

6 Não se está falando aqui da elementar subdivisão de um escritório de advocacia entre um advogado que faz e outro que vende, retratada no conto de George Ade (1991:37-40), mas de verdadeira divisão de tarefas entre advogados com formações diversas integrando uma mesma equipe.

para seus clientes,[7] não só para que a equipe que trabalhava em determinado caso concreto pudesse lhe reportar o estado em que tal litígio se encontrava, mas também para colher a impressão dos outros advogados de contencioso que não trabalhavam no caso que estava sendo exposto.

É importante que o leitor tenha a dimensão do risco envolvido na realização dessas reuniões. Beligerantes por natureza, os advogados de contencioso têm o primeiro reflexo de divergir das proposições que lhes são apresentadas.[8] No entanto, ao contrário de gerar discussões estéreis, tais reuniões, conduzidas com maestria e mente aberta pelo dr. Fabio Lilla, criavam ambiente de saudável competição, estimulando o debate e a criação de estratégias exitosas.[9]

Mas, muito mais do que estimular a discussão e deixar aflorar as melhores ideias, nosso homenageado tinha grande preocupação com a formação dessas equipes, participando pessoalmente da seleção dos estagiários que ingressariam no escritório e dos recém-formados que seriam efetivados,[10] bem como montando equipes amplas e com clara divisão de tarefas para cada caso, contando muitas vezes com advogados de outros setores, como o societário ou o imobiliário, se o litígio versasse sobre questões desses ramos do direito material.

Vale destacar, ainda, o rigor com que o dr. Fabio Lilla zelava pela condução dos casos, não permitindo que nenhum ficasse "malparado" e estimulando os advogados envolvidos no caso a pensarem sempre dois ou três movimentos processuais à frente.

Sempre incentivou a excelência acadêmica e a contínua formação dos membros das equipes que formou. Tinha gosto em presenciar o desenvolvimento e o

---

7 Tão logo entrei no escritório, tive a honra de participar dessas reuniões periódicas que contavam com a presença de brilhantes advogados do escritório, como Eduardo Munhoz, Edu Lima, Rogerinho, Arthur Badin, Cristiano Zanetti, Alexandre Serafim e até de advogados externos, como Maria Helena Freitas e Tonico Monteiro da Silva Filho, *of counsel*.

8 Daí o artifício episodicamente utilizado (para se economizar tempo) de se começar a discussão com um advogado de contencioso exatamente pela proposição contrária à conclusão que se quer alcançar.

9 Lembro-me de uma dessas reuniões, em 2003, em que a equipe discutia qual seria a medida judicial mais adequada para um determinado caso e, ao ser debatida a estratégia com todos os presentes, acabamos adotando minha sugestão pela solução extrajudicial, vindo a ser esta a primeira arbitragem de que participei no escritório.

10 Ao longo dos anos em que pude observar sua seleção desses jovens integrantes de nosso escritório, arrisco dizer que, entre os critérios utilizados pelo dr. Fabio Lilla, o caráter, o mérito e a dedicação para o trabalho pesavam muito mais que a formação técnica do candidato. O resultado era claro: as equipes, embora compostas por profissionais com formação e senhoridade diversas, comungavam do mesmo nível de tenacidade, ética e gosto pela excelência no trabalho.

reconhecimento profissional de seus sócios.[11] Em reuniões com os clientes, não poupava elogios para agigantar nossas qualidades. "É um time só de Rivelinos", frequentemente dizia.

Por fim, não se pode deixar de mencionar a imensa generosidade de nosso homenageado ao repartir os frutos do trabalho realizado, preferencialmente, na mesma proporção do empenho que cada membro da equipe havia dedicado ao caso.

A relação com o julgador

Quanto à relação com o julgador – judicial ou arbitral – podemos destacar a ética inabalável e o gosto do nosso homenageado pela clareza e concisão da linguagem, característica cada vez mais exigida pelos julgadores, principalmente em tempos de processo eletrônico.

"A única forma de um advogado ir falar com o juiz é com uma petição nas mãos", ensinava.

E, sendo a petição de um de seus casos, certamente ela estaria muito bem redigida, pois o dr. Fabio Lilla revia pessoalmente todas as peças processuais, corrigindo, alterando, simplificando e até mesmo grifando e destacando os trechos que ele reputasse mais importantes.

Convém aprofundarmos mais este tema. De fato, o advogado do contencioso deve se empenhar dia e noite para se expressar com clareza e concisão.[12] O processo não é lugar para exercícios literários requintados, nem para a defesa de teses acadêmicas. A função da linguagem do advogado é convencer o julgador. Tal linguagem deve ser simples e direta.

---

11 Ao lado da minha família e dos professores José Ignacio Botelho de Mesquita e Walter Piva Rodrigues, o dr. Fabio Lilla foi um dos principais incentivadores de meu ingresso no mestrado e no doutorado da USP e pela continuidade de minha carreira acadêmica como professor nos cursos de pós-graduação da USP e da Fundação Getulio Vargas, onde ele também lecionou por mais de 30 anos. Cerca de seis meses antes de seu falecimento, tive a alegria de ver o genuíno orgulho de que ele foi tomado quando lhe comuniquei que eu havia sido eleito como "professor homenageado" pelos formandos de 2017 do Curso de Processo Civil da FGV Law.

12 O professor Francisco Morato (1981:11), em lição lembrada pelo desembargador Mario Hoeppner Dutra, define bem essa necessidade: "A síntese é a expressão do belo nos torneios da inteligência. Quando não agrada pelo estilo e pela substância, tem a virtude de não fadigar. Não há orador, por mais fecundo, fluente e imaginoso que seja, não há escritor, por mais lapidares que lhe brotem as frases, que logre encantar, quando se derrama em redor do mesmo pensamento".

Novamente valiosas, aqui, as lições de Piero Calamandrei e José Ignacio Botelho de Mesquita:

> Defenda as causas com zelo, mas sem exagerar. O excesso de doutrina, a excepcional ostentação de citações de autores, o refinado virtuosismo dialético cansam o juiz. Se você escreve demais, ele não lê; se você fala demais, ele não ouve; se você é obscuro, ele não tem tempo para tentar compreendê-lo. Para ganhar as causas, é necessário empregar argumentos medianos e simples, que ofereçam ao juiz o fácil caminho da menor resistência. [...]
>
> Os juízes gostam dos advogados discretos e lacônicos, os clientes os querem verbosos e prepotentes; os juízes têm horror dos engenhosos fabricantes de sofismas, os clientes consideram a fertilidade com que se inventam os sutis expedientes o dom mais conspícuo do engenho advocatício; os juízes preferem os defensores que, ao expor sua tese, contam com a qualidade objetiva dos argumentos e não com a imposição de sua autoridade pessoal [...].
>
> Que quer dizer "grande advogado"? Quer dizer advogado útil aos juízes para ajudá-los a decidir de acordo com a justiça, útil ao cliente para ajudá-lo a fazer valer suas razões.
>
> Útil é aquele advogado que fala o estritamente necessário, que escreve clara e concisamente, que não entulha a audiência com sua personalidade invasiva, não aborrece os juízes com sua prolixidade e não os deixa suspeitosos com sua sutileza – exatamente o contrário, pois, do que certo público entende por "grande advogado" [Calamandrei, 2000:104, 131-132].

O juiz na sentença procurará a via de menor resistência. Ele não vai se impressionar com argumentos rebuscados, ainda que cientificamente pomposos, o juiz tenderá à via mais sensata, mais razoável, não impressionem o juiz, não agradem os juízes, a experiência comprova isto: se o juiz tece algum elogio a um advogado numa sentença, é, para, logo em seguida, dizer que este advogado não tem razão. Ele não elogia o advogado neste caso, ele simplesmente dá razão a ele... Sejam simples. [...]

Nós conhecemos o princípio de que o juiz deve conhecer o direito. Não vamos exagerar, o juiz precisa da ajuda dos advogados, não só no campo dos fatos como no campo do direito mesmo. O juiz precisa de ajuda, não precisa de ensino. Não queiram dar lições no juiz, ainda que pareça que você saiba mais do que ele. O juiz

> precisa da colaboração, de elementos... Nós precisamos colaborar com ele neste sentido, mas nunca querer ensinar para o juiz [Mesquita,1998].[13]

A visão estratégica do contencioso recomenda que o advogado, ao escrever cada petição, pondere qual é o objetivo maior do caso e como aquela petição em particular irá contribuir para se alcançar tal objetivo. Daí a razão da precisão e da clareza na linguagem do advogado.

A relação com a parte contrária

Já se disse a respeito de nosso homenageado que o "dr. Fabio era profundamente autêntico. Tinha uma clareza solar sobre seus afetos e também sobre os seus desafetos. Jamais se constrangeu em manifestá-los. Sempre procurava dar a todos, sem distinção, a verdade de seus sentimentos" (Haddad, s.d.).

De fato, o dr. Fabio Lilla sempre foi muito transparente em relação a seus sentimentos, mas é importante que se observe, para ilustrar este nosso último tópico, que jamais o vi sendo deselegante ou ofensivo com a parte contrária, por mais acirrados que estivessem os ânimos e por mais desonesta a forma como tal parte ou seus advogados estivessem agindo naquele processo.

Sabia ele que, para o processo judicial ou arbitral, acaba vindo apenas uma parcela do litígio que realmente existe entre as partes. Outros elementos do litígio simplesmente não podem ser traduzidos juridicamente em pedidos ou causas de pedir[14] e, em algumas situações, são exatamente esses elementos que mais alimentam a sobrevivência e a expansão do litígio. Além disso, muitas vezes, a relação entre as partes necessariamente deverá sobreviver ao término daquele processo e elas terão de conviver com o resultado, seja ele qual for.

Por isso mesmo, o bom advogado de contencioso estratégico sabe que de nada adianta humilhar o adversário. Tal comportamento apenas gerará um inimigo ressentido, que procurará toda e qualquer oportunidade para se vingar no futuro. Como menciona o professor José Ignacio Botelho de Mesquita na lição citada,

---

13 Ainda sobre este relevantíssimo tema, recomendamos vivamente os artigos "A linguagem do advogado" (Negrão, 1988) e "A linguagem forense" (Moreira, 2001).

14 Daí a grande importância de meios extrajudiciais menos formais, com destaque para a mediação.

"o advogado não é instrumento para vingança, não é instrumento para castigo, o processo não é lugar para se dar lições a ninguém".

Em relação ao advogado da parte contrária, a situação é ainda mais complicada. Embora o Brasil já tenha ultrapassado a marca de um milhão de advogados, o mercado jurídico ainda é muito segmentado e, provavelmente, em algum momento futuro, o advogado de contencioso acabará litigando novamente com os mesmos advogados.

Atualmente, tem crescido a percepção de que os advogados, de forma generalizada, estão agindo de forma muito menos cortês.[15] Nesse ambiente, ganham, portanto, advogados como o nosso homenageado, que permanecem educados e cultivam – ou pelo menos não aniquilam – as relações entre as partes e com os outros advogados, que poderão ser úteis no futuro. A vitória em uma batalha judicial, sob esse aspecto, não deve ser vista como um fim, mas como a inauguração de uma nova fase naquela relação entre todos os envolvidos.[16]

É importante que se deixe claro, no entanto, que o dr. Fabio Lilla sabia muito bem aproveitar as oportunidades que surgiam ao longo do caso concreto, não poupando esforços na defesa irredutível dos interesses do cliente e negociando apenas quando estivesse em uma posição de força que favorecesse um acordo mais vantajoso. Mas fazia isso de forma educada e leal, sem humilhar a parte contrária, ainda que esta lhe tivesse sido desrespeitosa.

Sabia ele que "se consegue mais com mel do que com fel"[17] e que a conduta desrespeitosa entre os advogados apenas acaba gerando a péssima impressão do julgador para com o caso e para com o próprio advogado. Nesse sentido, as lições de Eduardo Couture e José Ignacio Botelho de Mesquita:

> Quanto à lealdade para com o adversário, pode ser traduzida nesta simples reflexão: se às astúcias da outra parte e às suas deslealdades, respondêssemos com outras des-

---

15 "*There was a time when lawyers were extremely polite to one another. Courtroom conduct was a model of civility and the refined intercourse of adversaries in litigation reflected Western Civilization at its peak. Except for the courtesies still accorded to the Bench [...], those gentle and genteel days appear to be behind us now, as tempers go unchecked and mouths unmuzzled*" (White, 2011:194).

16 A respeito, a lição de Eduardo Couture (1979:77-78): "Nunca saberemos até que ponto a vitória é um fim ou um novo começo e em função de que misteriosas razões, nas expressões superiores da advocacia, não há outra conquista senão aquela que deixa abertos, indefinidamente, ante nós, os caminhos do bem e da virtude".

17 Tal frase também é atribuída a Abraham Lincoln.

lealdades e astúcias, a demanda já não seria uma luta de um homem honrado contra outro manhoso, mas a luta de dois desonestos [Couture,1979:48-49].

E o adversário? O processo, senhores, é uma luta. Mas não é um duelo pessoal. Podem surgir atritos entre os advogados, mas sobre o que se está se discutindo no processo... Pode haver censura ao que ele disse; se ele mente, se ele deturpa um texto jurisprudencial ou doutrinário. Mas o processo não é um duelo em que vamos buscar um defeito pessoal do outro colega e fazer que, com isto, ele caia perante o juiz. Daí a necessidade de ser leal com o colega, ainda que ele não seja leal conosco. E para isto se deve ter um cuidado, sobretudo na audiência. Na audiência, a tensão é extrema. Posso dizer aos senhores que mesmo com muitos anos de experiência, eu nunca vou para uma audiência ou para uma sustentação oral tranquilo... Eu sempre vou tenso e concentrado, e isto é importante e, por isto, o autocontrole é fundamental.

Não há nada mais que degrade o advogado e a causa perante o juiz que a briga pessoal entre dois advogados. Isto faz com que o juiz tenha uma péssima visão da causa que o advogado está defendendo e uma péssima visão de todos os advogados também [Mesquita, 1998].

A lição que podemos tirar deste quarto e último tópico é que, no contencioso estratégico, não devemos medir esforços na defesa dos interesses do cliente em juízo ou fora dele, mas geralmente alcançaremos melhores resultados no longo prazo se o fizermos sempre dentro dos limites da ética e da boa educação, sem desrespeitar a parte contrária ou seu advogado.[18]

Conclusão

Para concluir esta breve reflexão sobre a arte da advocacia contenciosa do dr. Fabio Lilla, não posso deixar de registrar a minha admiração pela forma como o nosso homenageado, já sabendo que não sobreviveria à grave doença que o acometeu, pôs de lado qualquer sentimento negativo que eventualmente

[18] Lembremos, a respeito, da sábia frase de William Shakespeare insculpida numa das mais célebres paredes da Harvard Law School: "*and do as adversaries do in law: strive mightily, but eat and drink as friends*".

carregasse de sua vida de advogado[19] e concentrou seus últimos esforços para garantir a continuidade de seu modo de advogar, a continuidade das equipes de advogados que ele formou e a continuidade de sua estratégia nos casos em andamento (e, por que não dizer, para os futuros casos também). Poucos são os estrategistas que conseguem tal feito.

A última vez em que conversamos foi no meu aniversário, menos de dois meses antes de seu falecimento. Ele estava feliz e, como sempre, me perguntou se eu tinha bastante trabalho. Disse-lhe que sim e lhe agradeci dizendo o quanto a ligação dele significava para mim naquela data. Ao que ele prontamente respondeu: "Que é isso, Rodolfo, você é meu amigo, pô".

Referências

ADE, George. The fable of the bookworm and the butterfly who went into the law. In: WHITE, Daniel R. (Ed.). *Trials and tribulations.* Nova York: Plume, 1991. p. 37-40.

BUENO, Francisco da Silveira. *Grande dicionário etimológico-prosódico da língua portuguesa.* São Paulo: Saraiva, 1968. v. 1.

CALAMANDREI, Piero. *Eles, os juízes, vistos por um advogado.* 1. ed. 5. tir. Trad. Eduardo Brandão. São Paulo: Martins Fontes, 2000.

____. O processo como jogo. Trad. Roberto B. Del Claro. *Revista de Direito Processual Civil*, n. 23, jan./mar. 2003.

CLAUSEWITZ, Carl von. *On war.* Nova Jersey: Princeton University Press, 1984.

COUTURE, Eduardo. *Os mandamentos do advogado.* Trad. Ovídio A. Baptista da Silva e Carlos Otávio Athayde. Porto Alegre: Fabris, 1979.

DUTRA, Mário Hoeppner. *Perfis.* São Paulo: Milesi, 1981.

GORDON, Robert W. Why lawyers can't just be hired guns. In: RHODE, Deborah L. *Ethics in practice*: lawyers' role, responsabilities and regulations. Oxford: Oxford University Press, 2000.

19 Neste aspecto, o dr. Fabio Lilla conseguiu atingir o mais difícil de todos os mandamentos de Couture (1979:67), assim enunciado: "Esquece. A advocacia é uma luta de paixões. Se a cada batalha fores carregando tua alma de rancor, chegará o dia em que a vida será impossível para ti. Terminado o combate, esquece logo tanto a vitória quanto a derrota".

HADDAD, Luís Gustavo. *Uma pequena homenagem ao dr. Fabio de Campos Lilla.* [s.d.]. Disponível em: <www.lhoc.com.br/escritorio/uma-pequena%20 homenagem-%E2%80%A8ao-dr-fabio-de-campos-lilla/>. Acesso em: 23 dez. 2019.

MORATO, Francisco. *Perfis*. São Paulo: Milesi, 1981.

MOREIRA, José Carlos Barbosa. A eficácia preclusiva da coisa julgada material no sistema do processo civil brasileiro. In: ____. *Temas de direito processual civil*: primeira série. São Paulo: Saraiva, 1977.

____. A linguagem forense. In: ____. *Temas de direito processual*: sétima série. São Paulo: Saraiva, 2001. p. 241-249.

NEGRÃO, Theotonio. Linguagem do advogado. *Revista de Processo*, n. 49, p. 83-90, jan./mar. 1988.

WHITE, Daniel R. *The official lawyers' handbook*. Londres: Robson, 2011.

18. A engenharia reversa no contexto das limitações e exceções à proteção autoral do *software*: aplicabilidade da regra dos três passos

Paulo Eduardo Lilla

Introdução

A engenharia reversa constitui um dos temas mais polêmicos no estudo da proteção autoral do *software*. Por envolver práticas de descompilação do código objeto de um programa de computador e, portanto, atos de reprodução, a legalidade da engenharia reversa sempre foi objeto de muita discussão. Alguns defendem a engenharia reversa por se tratar de procedimento legítimo para extrair elementos não protegidos pelo direito autoral, tais como ideias, princípios e funcionalidades, o que incentivaria a criação de novos programas, além de possibilitar a compatibilidade com programas já existentes. Outros, ao contrário, questionam sua legalidade por envolver a reprodução total ou parcial do programa de computador, o que poderia resultar em infração autoral.

A grande questão envolvendo a engenharia reversa decorre do fato de que os programas de computador são comercializados de maneira em que apenas o código objeto, legível somente por máquinas, é disponibilizado ao adquirente ou licenciado, enquanto o código fonte, que possui linguagem legível para humanos e traz as ideias e princípios sob os quais o programa foi concebido, normalmente não está disponível, sendo estrategicamente mantido como segredo de negócio. Desse modo, ao contrário das demais obras tuteladas pelo direito autoral, os programas de computador não permitem a fácil obtenção de elementos não protegidos pelo direito autoral. Nesse contexto, a engenharia reversa do código objeto passa a ser uma forma de extrair as ideias, funcionalidades e princípios constantes do código fonte que não estariam acessíveis de outra forma.

O debate em torno da engenharia reversa de *software* foi bastante aprofundado durante a década de 1990 nos Estados Unidos, em particular a partir de casos emblemáticos envolvendo a indústria de *games*. Nesses casos, a licitude da engenharia reversa, especificamente em relação às técnicas de descompilação e desassemblagem, foi analisada no contexto da doutrina do *fair use* constante da seção § 107 da Lei de Copyright norte-americana, que trata das limitações e exceções à proteção do *copyright*. Já na União Europeia, a engenharia reversa foi regulada em 1991 pela Diretiva nº 91/250/CE, posteriormente revogada e substituída pela Diretiva nº 24/2009/CE, autorizando a descompilação em seu art. 6º, desde que praticada apenas para fins de obtenção de informações de interoperabilidade e mediante os requisitos previstos no dispositivo.

No Brasil, a Lei nº 9.609/1998 (Lei do Software), que dispõe sobre a proteção autoral dos programas de computador, é silente sobre a engenharia reversa, já que esta não está expressamente prevista nos incisos I a IV do art. 6º, que tratam das hipóteses de limitações e exceções aos direitos autorais do *software*. Entretanto, há um intenso debate doutrinário por meio do qual se questiona se o rol das limitações e exceções do art. 6º deveria ser interpretado de maneira restritiva e taxativa, sem admitir outras hipóteses não previstas na redação do dispositivo, ou de maneira extensiva e, portanto, exemplificativa, o que permitiria a inclusão de outras hipóteses não expressamente previstas, abrindo caminho para considerar a engenharia reversa no contexto das limitações e exceções à proteção autoral do *software*.

Desse modo, o presente trabalho tem como objetivo analisar a licitude da engenharia reversa de programas de computador no contexto das limitações e exceções à proteção autoral do *software*, discutindo se a regra dos três passos, conforme consagrada pelos tratados internacionais sobre a matéria, poderia ser aplicada nessa análise.

Na primeira parte do trabalho, abordaremos a engenharia reversa no contexto das limitações e exceções à proteção autoral dos programas de computador, considerando o necessário equilíbrio entre a promoção dos incentivos à inovação e o acesso público ao conhecimento, que constitui a pedra de toque do sistema de proteção da propriedade intelectual. Em seguida, abordaremos o tratamento da engenharia reversa nos Estados Unidos e na União Europeia.

Na segunda parte do trabalho, abordaremos a engenharia reversa no Brasil, discutindo a possibilidade de intepretação extensiva do art. 6º da Lei do Software, sob uma perspectiva constitucional, de modo a permitir seu enquadramento no contexto das limitações e exceções previstas nesse dispositivo. Por fim, discutiremos a aplicabilidade da regra dos três passos para aferir a licitude da engenharia reversa no caso concreto.

A engenharia reversa como limitação à proteção autoral do *software*

A engenharia reversa do *software* e seus objetivos

A prática da engenharia reversa pode ser definida como um método de análise de um produto já conhecido para dele obter os conhecimentos técnicos utilizados em seu desenvolvimento e fabricação. Nesse sentido, segundo Samuelson e Scotchmer (2002:1577), trata-se do "processo de extração de *know-how* ou conhecimento de um artefato feito pelo homem". Mais especificamente, a prática da engenharia reversa consiste na análise de um produto conhecido de trás para frente, isto é, seguindo o caminho inverso de seu desenvolvimento e fabricação, para obter os conhecimentos técnicos utilizados (Zieminski, 2008:292). Conforme apontado por Luca Schirru (2015:24), "a prática da engenharia reversa se faz necessária sempre que está se buscando descobrir determinadas funcionalidades de um produto, etapas de um processo, analisar os componentes de uma máquina, dentre outros objetivos". No campo do *software*, Manoel J. Pereira dos Santos (2008:385) define engenharia reversa como "a obtenção do código fonte de um programa de computador, que não está disponível, a partir do código objeto, que é acessível, embora de modo controlado". De fato, ao contrário das demais obras tuteladas pelo direito autoral, os programas de computador não revelam as ideias e princípios sob os quais foram concebidos. A maioria dos programas de computador disponibiliza apenas o código objeto, que é legível somente pelas máquinas. O código fonte correspondente, que traz as ideias, princípios e funcionalidades de um programa em linguagem legível para humanos, não é normalmente disponibilizado ao público, sendo mantido como segredo de negócio (Santos, 2008). Desse modo, a engenharia reversa do código objeto passa a ser uma forma de extrair as ideias, funcionalidades e princípios constantes do código fonte, que não são objeto de proteção autoral e não estariam acessíveis de outra forma (Abbott, 2003:02).

Entre os objetivos da engenharia reversa de *softwares*, destacam-se os seguintes: (1) desenvolvimento de programas concorrentes (clones) que contenham funcionalidades equivalentes; (2) facilitar a interoperabilidade entre programas; (3) permitir a correção de erros; (4) facilitar a portabilidade de programas em diferentes *hardwares*, por exemplo, a modificação de um programa aplicativo em execução em um PC Macintosh para que ele funcione em um ambiente Windows (Abbott, 2003).

De acordo com Cohen e Lemley, engenharia reversa deve ser considerada lícita principalmente quando utilizada para finalidades pró-competitivas, como o desenvolvimento de novos programas de computador capazes de concorrer com um *software* original protegido por direitos autorais, ou mesmo programas que com este sejam compatíveis e interoperáveis, a partir das ideias, princípios e funcionalidades constantes do código fonte, que estão fora do escopo de proteção autoral.[1]

Particularmente relevante é a importância da engenharia reversa para obter informações necessárias para fins de interoperabilidade, que é um conceito bastante importante na indústria do *software*, pois possibilita a comunicação e interface entre os diferentes programas.[2] Nesse contexto, possibilitar essa compatibilidade entre diferentes programas é fundamental para estimular a livre

---

1 "*Reverse engineering has been held lawful primarily when used for laudable competitive purposes, such as producing new works that compete with the copyrighted original, producing products for downstream markets that are compatible with the copyrighted original, and obtaining access to uncopyrighted ideas, facts, or other material 'locked up' within a copyrighted work*" (Cohen e Lemley, 2001:18).

2 Conforme bem ressaltado por Manoel J. Pereira dos Santos (2008:370-371): "A importância de se assegurar a compatibilidade e a interoperabilidade está na essência relacionada diretamente com a necessidade de evitar que uma empresa detenha uma posição monopolística pelo simples fato de impedir, com base no privilégio concedido pelo Direito Autoral, que outras empresas possam desenvolver produtos compatíveis ou funcionalmente equivalentes. Além disso, a interoperabilidade também favorece a padronização, em benefício dos usuários, com o desenvolvimento de uma cultura ou linguagem comum que facilita a utilização dos recursos disponíveis. Finalmente, propicia o crescimento da concorrência e o oferecimento de outras alternativas, novamente em proveito do mercado e não do líder desse segmento". No mesmo sentido, José Alberto Vieira (2005:142) afirma: "A interoperabilidade dos programas de computador entre si aumenta as hipóteses de combinação de produtos provenientes de fabricantes diversos, estimula a concorrência nas empresas, diminui as possibilidades de formação de monopólios por empresas dominantes e promove relativamente a estas a formação de especificações standard na indústria. Apresenta, ainda, para o utilizador, as vantagens de poder trabalhar com programas originários de fabricantes diversos, sem ser obrigado a aprender novos programas cada vez que muda o sistema operativo ou uma particular aplicação, e de se beneficiar dos efeitos da concorrência ao nível dos preços de custo do programa".

concorrência nos mercados de *software*, normalmente marcados pela presença de externalidades de redes[3] capazes de facilitar a dominação do mercado, além de criar barreiras à entrada para novos concorrentes.

Portanto, a engenharia reversa cumpre um papel importante na promoção da inovação e da livre concorrência, permitindo o desenvolvimento de novos produtos concorrentes e/ou compatíveis entre si (interoperáveis), contribuindo com o progresso técnico e científico, em benefício de usuários e desenvolvedores.

Por outro lado, independentemente da finalidade para a qual é empregada, a engenharia reversa de *software* é uma questão polêmica por ser suscetível de infringir os direitos autorais do respectivo titular, o que poderia colocar em risco os incentivos para o desenvolvimento de novos programas de computador.

---

3 Em outro trabalho, tivemos a oportunidade de explorar a questão das externalidades de rede, que ocorrem quando a utilidade ou o valor de um bem para um usuário deriva da quantidade de outros usuários que optem pelo mesmo bem. Assim, quanto mais usuários optarem pelo produto em questão, mais valioso ele será e, consequentemente, mais difícil para os rivais atraírem demanda por meio da oferta de produtos alternativos e substitutos. Esses efeitos de rede podem ser diretos ou indiretos. Exemplo clássico de efeitos de rede diretos é o do telefone, cuja utilidade para um usuário aumenta diretamente na medida em que outras pessoas passem a utilizar o telefone como meio de comunicação. Os efeitos de rede indiretos decorrem das situações em que a expansão de uma rede leva ao aumento da disponibilidade de bens e serviços complementares, hipótese em que os usuários são indiretamente beneficiados pela adesão de outros usuários. Por exemplo, quanto mais usuários utilizarem determinado *software* de sistema operacional (como o Windows), mais *softwares* de aplicativos serão programados para interagir com esse sistema operacional, o que acaba atraindo mais usuários para essa plataforma, fortalecendo sua posição no mercado. Os mercados nos quais há presença de externalidades de redes apresentam duas características específicas. A primeira é que esses mercados são propensos ao domínio de uma tecnologia de rede específica, que acaba se tornando uma espécie de "padrão de fato" em seu segmento após atrair uma grande quantidade de usuários, como ocorreu com o sistema operacional Windows. A outra característica diz respeito às barreiras à entrada resultantes do domínio da rede "padrão" sobre o mercado. Isso porque, na presença de efeitos de redes, os usuários tornam-se tão familiarizados com o uso da tecnologia que acabam "capturados" ou "trancados" (*lock-in*) por ela em razão dos custos de migrar para outra tecnologia alternativa, custos esses denominados "custos de troca" (*switching costs*). Em outras palavras, os custos inicialmente incorridos, incluindo o custo do produto ou tecnologia em si, o custo de aprendizado e os custos na aquisição de bens ou serviços complementares, desencorajam os usuários de trocarem o produto ou tecnologia em questão por outros, resultando no que os economistas chamam de *lock-in effect* (Lilla, 2013). Para uma análise mais aprofundada sobre o tema das externalidades de redes, ver Katz e Schapiro (1985) e Lemley e McGowan (1998).

Formas de realização da engenharia reversa e possibilidade de infração autoral

As discussões sobre a legalidade da engenharia reversa também dependem da forma como esse procedimento é realizado. Nesse sentido, existem basicamente duas formas preponderantes para a realização da engenharia reversa, quais sejam, a descompilação (*decompilation* ou *disassembly*) e a análise do funcionamento de um programa, procedimento conhecido como *black box analysis* (Santos, 2008:386).

A análise *black box* consiste no exame de produtos de concorrentes por meio da observação de *softwares* legalmente adquiridos para o desenvolvimento de programa similar. Trata-se do estudo e análise das ideias, princípios e funcionalidades do programa a partir de seus elementos externos de funcionamento durante a sua utilização (Santos, 2008). Vale ressaltar que esse tipo de análise não implica qualquer reprodução total ou parcial do programa, limitando-se apenas à observação de seu funcionamento para extrair as ideias subjacentes. É por esse motivo que a análise *black box* não suscita maiores discussões do ponto de vista do direito autoral.

Já a descompilação refere-se à conversão do código objeto em uma linguagem de alto nível similar à do código fonte original. Conforme bem ressaltado por Santos (2008), a tradução do código fonte para código objeto é denominada "compilação", enquanto seu processo inverso é chamado de "descompilação". Embora o termo "descompilação" seja muitas vezes tratado como sinônimo de "desassemblagem", é importante ressaltar que são conceitos distintos. Isso porque a desassemblagem refere-se à tradução do código objeto em uma linguagem *assembly* (legível por seres humanos), enquanto a descompilação resulta na tradução do código objeto em linguagem original de código fonte (Schirru, 2015:36). Desse modo, a grande diferença entre descompilação e desassemblagem é o nível da linguagem obtida a partir da aplicação do processo. De qualquer modo, a qualidade do código fonte obtido a partir da descompilação do código objeto jamais será a mesma do código fonte original, dadas as informações que são perdidas ao longo do processo de compilação do código fonte em código objeto.[4]

---

[4] Assim explica Abbott (2003:5): "*Machine code for any sizeable program will be unintelligible to any normal human. Using a program called a de-compiler, it is possible, to a limited extent, to convert machine or object code to a form resembling the original source code. Even if this is done the comments or explanatory notes will have been lost so that a decompiled program will usually be very difficult to understand*".

Há outras técnicas de engenharia reversa derivadas dos processos de descompilação e desassemblagem. Uma delas é a emulação, que é

> o processo de executar um programa para uma máquina (a máquina de origem) em outra máquina (a máquina de destino), decodificando as instruções do código da máquina de origem e simulando a funcionalidade de tais instruções na máquina de destino [Fitzgerald et al., 2001:127].

Nesse processo, o arquivo de código objeto é submetido à desassemblagem para conversão em código *assembly*. Cada instrução em linguagem *assembly* é então interpretada pelo emulador para executar a funcionalidade equivalente da instrução na máquina de destino, criando temporariamente (mas não armazenando) o código objeto para a máquina de destino (Fitzgerald et al., 2001).

Outra técnica que vale a pena ser mencionada é a tradução binária, processo de "traduzir automaticamente o código objeto de uma máquina de origem para uma máquina de destino, emitindo instruções de máquina nativas para a máquina de destino, ao invés de emular as instruções da máquina de origem" (Fitzgerald et al., 2001:128). O processo de tradução binária envolve a desassemblagem do código objeto da máquina de origem no código *assembly* da máquina de origem, conversão do código *assembly* da máquina de origem em código *assembly* funcionalmente equivalente para a máquina de destino, bem como a codificação do código *assembly* da máquina de destino para o formato de código objeto da máquina-alvo. Assim, "a tradução binária envolve técnicas de engenharia reversa e progressiva que utilizam os processos de descompilação e compilação" (Fitzgerald et al., 2001:128).

Como se pode observar, as diferentes técnicas de engenharia reversa envolvem atos de reprodução total ou parcial do *software*. Entretanto, não se trata de uma mera cópia do programa original a ponto de constituir uma contrafação ao direito de autor, já que o objetivo primordial da engenharia reversa é a extração de ideias, princípios e funcionalidades, que constituem elementos não abrangidos pela proteção autoral dos programas de computador. Tais elementos são importantes para o desenvolvimento de novos programas ou mesmo para viabilizar a interoperabilidade ou compatibilidade entre diferentes programas. Afinal, como bem assevera Santos (2008:388), caso fosse proibida a engenharia reversa de *softwares*, o autor acabaria se beneficiando de uma dupla proteção: a exclusividade da forma de expressão e o sigilo das ideias e funcionalidades subjacentes.

Mas como aferir se as técnicas de engenharia reversa que implicam reprodução total ou parcial são de fato legítimas ou se constituem contrafação à proteção autoral do *software*? Até que ponto a extração de ideias e funcionalidades do programa original acabam por levar à utilização também de elementos protegidos que integram o conceito de expressão contido no código fonte? Seria lícito ao titular do direito autoral do *software* impor vedações à engenharia reversa nos contratos de licenciamento e, dessa forma, proteger contratualmente elementos que não são objeto da proteção autoral? Da mesma forma, travas tecnológicas embutidas nos programas seriam legítimas para impedir que a engenharia reversa viabilize o acesso a esses elementos não protegidos?

As respostas a essas questões estão no próprio sistema de proteção do direito autoral de programas de computador, mais precisamente na disciplina das limitações e exceções à proteção dos direitos autorais. De fato, a análise da engenharia reversa no contexto dessas limitações e exceções à proteção autoral do *software* poderá trazer respostas concretas para a aferição da licitude ou ilicitude das práticas de descompilação e desassemblagem.

A engenharia reversa e o necessário equilíbrio entre a proteção autoral do *software* e o acesso ao conhecimento

No contexto dos fundamentos da proteção da propriedade intelectual em geral, é importante destacar que os direitos de exclusividade que a legislação confere aos autores e inventores tem como principal finalidade permitir-lhes recuperar os investimentos incorridos na criação intelectual, bem como recompensá-los pelos esforços empregados nesse objetivo.[5] Em última instância, é a perspectiva

[5] Por outro lado, é inegável que, mesmo na ausência de proteção aos direitos intelectuais, haveria espaço para alguma atividade inventiva e intelectual, tendo em vista a existência de incentivos alternativos. Os autores de obras literárias, artísticas e científicas, por exemplo, não deixariam de criar em razão da ausência da proteção autoral. Muitos, inclusive, disponibilizam suas obras gratuitamente na internet, buscando reconhecimento ou mesmo para explorar modelos de negócios alternativos a partir de suas criações intelectuais.

de vantagens competitivas o principal fator que estimula os investimentos e esforços para a criação intelectual.[6]

Por outro lado, a exclusividade conferida pelos direitos intelectuais pode resultar em custos sociais que, em determinadas situações, vão se sobrepor às eficiências decorrentes da criação intelectual, uma vez que terceiros terão acesso limitado ao conhecimento e à informação.

Portanto, é exatamente nesse *tradeoff* entre *incentivo* e *acesso* que reside o ponto de partida da análise econômica da propriedade intelectual. Um sistema eficiente de propriedade intelectual deverá permitir que autores e inventores se apropriem ao máximo do valor da informação criada, conferindo proteção tão somente àquelas informações que agreguem valor à sociedade, isto é, que efetivamente contribuam com o patrimônio literário, científico ou tecnológico do país (Lilla, 2013:39).

É exatamente para equilibrar essa relação entre "incentivo e acesso" que o sistema de propriedade intelectual, no que concerne tanto aos tratados internacionais sobre a matéria quanto às leis nacionais dos países, estabelece limitações e exceções aos direitos exclusivos conferidos pelo Estado. De fato, as instituições da propriedade intelectual serão eficazes somente se permitirem que o valor econômico das informações seja apropriado pelos agentes privados que tenham investido na sua criação, com a contrapartida de que essas informações contribuam efetivamente para o enriquecimento do patrimônio científico, tecnológico, literário, cultural ou artístico, minimizando os custos sociais decorrentes da restrição temporária ao seu livre acesso e disseminação.[7]

Nesse contexto das limitações e exceções estabelecidas pelo sistema de propriedade intelectual, o direito autoral não protege ideias, mas apenas expressões

---

6 Nesse contexto, comparando a propriedade física e a propriedade intelectual, Lemley (2004:9) afirma: "*Intellectual property, then, is not a response to allocative distortions resulting from scarcity, as real property is. Rather, it is a conscious decision to create scarcity in a type of good in which it is ordinarily absent in order to artificially boost the economic returns to innovation*".

7 Vale citar a esclarecedora lição de Cláudio R. Barbosa (2008:92): "Os bens intelectuais protegíveis são, portanto, as informações que agreguem valor ao sistema econômico. As instituições que compõem o sistema jurídico da propriedade intelectual devem zelar para que as informações tenham valor intrínseco, e não se tornem um custo social. Ao mesmo tempo, a delimitação das proteções assegura que o mercado da propriedade intelectual maximize o valor intrínseco da informação. Ou seja, para manter o esforço de desenvolvimento e inovação, é necessário corrigir o preço da informação no mercado de forma a recuperar o investimento e garantir novas criações, o que é feito pela atribuição de exclusividades".

originais do conhecimento que estejam fixadas em algum suporte material.[8] Logo, é plenamente possível a elaboração de diversas obras intelectuais originais que explorem uma mesma ideia ou tema, pois o que importa é tão somente a forma como essa ideia ou tema é trabalhado pelo autor.[9] Por essa razão, o escopo de proteção dos direitos autorais é limitado, sobretudo em comparação ao escopo de proteção das patentes, por exemplo, que efetivamente protegem ideias consubstanciadas na solução de problemas técnicos.

No caso dos programas de computador, a proteção autoral se refere apenas e tão somente à expressão original de determinadas ideias, e não às ideias em si, consubstanciadas funcionalidades ou soluções técnicas embutidas no programa. Protege-se, portanto, o código fonte, desde que atenda ao requisito da originalidade, típico das obras protegidas pelo direito de autor. O código objeto também está dentro do escopo de proteção autoral do *software*, ainda que se trate de uma linguagem codificada que somente pode ser lida por máquinas.[10] Já as ideias, princípios e funcionalidades do programa constantes dos códigos são elementos não abrangidos pelo escopo da proteção autoral. A não proteção desses elementos tem como objetivo impedir que a proteção autoral resulte em custos sociais significativos, na medida que a apropriação de ideias e funcionalidades poderia resultar na aquisição de verdadeiros monopólios em mercados de *softwares*.

A legislação autoral também prevê exceções de uso legítimo que permitem a reprodução de obras intelectuais, em determinadas circunstâncias, sem autorização do respectivo titular do direito exclusivo. Essas exceções, também

---

8 Ver art. 8º da Lei nº 9.610/1998, que disciplina os direitos de autor.

9 Nesse sentido, Fragoso (2009:116) esclarece: "Não importa o tema ou a ideia em torno dos quais se desenvolve a obra. Interessa o modo como tal tema ou ideia é tratado pelo autor; importa como a obra é composta, suas motivações, a carga maior ou menor de emoção ou razão que nela se encontra etc. Importa, enfim, a sua característica de original, seja boa, seja má, pouco imaginativa ou não – e tais avaliações são de somenos importância para a caracterização da obra como tal e para fazer jus à proteção autoral, permanecendo no campo da crítica. A originalidade, por sua vez, não significa, necessariamente, novidade temática, posto que os temas e as ideias são eternos, parte da herança comum da humanidade e de seu inconsciente coletivo; assim, não são passíveis de proteção, que recai sobre o seu modo de expressão. A composição, ou o modo de expressão da obra é o que a torna original; passível, pois, da proteção autoral".

10 A Lei do Software estabelece em seu art. 1º que é protegida a expressão de um conjunto organizado de instruções, em linguagem natural (que entendemos como "código fonte") ou codificada ("código objeto"), que pode estar expresso em suporte físico de qualquer natureza, e que funcione em máquinas automáticas de tratamento da informação e dispositivos eletrônicos análogos.

conhecidas como *fair use* no sistema anglo-americano, permitem equilibrar o sistema, mitigando eventuais custos sociais decorrentes da proteção autoral. A regra do uso legítimo permite a reprodução de obras intelectuais protegidas por direitos autorais, sem autorização dos seus respectivos titulares, para atender a finalidades de interesse público.

As exceções de uso legítimo são plenamente previstas nos principais tratados sobre a matéria, inspirando as legislações nacionais da grande maioria dos países. Nesse contexto, destacamos a regra dos três passos (*three-step test*), prevista no artigo 9.2 da Convenção de Berna, que estabelece as bases para as limitações e exceções aos direitos exclusivos: (1) referentes a determinados casos especiais, (2) que não conflitem com a exploração normal da obra e (3) que não prejudiquem injustificadamente os interesses legítimos do titular do direito. Voltaremos a esse tema mais adiante ao abordar a aplicabilidade da regra dos três passos para legitimar as práticas de engenharia reversa.

No Brasil, essas exceções estão previstas nos arts. 46, 47 e 48 da Lei nº 9.610/1998 (Lei de Direitos Autorais).[11] No caso dos programas de computador, as exceções de uso legítimo estão previstas nos incisos I, II, III e IV do art. 6º da Lei de Software, que dizem respeito a formas de reprodução que não constituem ofensa à proteção autoral do *software*. Abordaremos as hipóteses desse dispositivo mais adiante.

Embora não haja menção expressa à engenharia reversa, essas exceções visam conferir um maior equilíbrio ao sistema de proteção autoral do *software*. Na ausência dessas exceções, os custos de transação para obter autorizações para esse tipo de uso seriam proibitivos, transformando a proteção aos direitos autorais em entrave à educação, às ciências e à difusão do conhecimento.

Em linhas gerais, a questão do escopo de proteção autoral dos programas de computador e as limitações e exceções aplicáveis sempre foram objeto de intenso debate acadêmico em diversas jurisdições, incluindo Estados Unidos, União Europeia e Brasil, e é nesse contexto que se discute a conveniência de

11 Pode-se citar como exemplo de exceção "a reprodução, em um só exemplar, de pequenos trechos, para uso privado do copista, desde que feita por este, sem intuito de lucro" (art. 46, II), o que pode ser extremamente útil para professores e estudantes. Outro exemplo é a autorização de "citação em livros, jornais, revistas ou qualquer outro meio de comunicação, de passagens de qualquer obra, para fins de estudo, crítica ou polêmica, na medida justificada para o fim a atingir, indicando-se o nome do autor da obra" (art. 46, III), fundamental para fins acadêmicos e jornalísticos.

se permitir ou proibir a engenharia reversa (Abbott, 2003:2). Nesse sentido, caso a engenharia reversa fosse proibida, haveria o risco de que a proteção de direitos autorais do *software* acabasse conferindo ao titular um grau de proteção semelhante ao de uma patente sobre elementos funcionais do programa, sem que fosse necessário observar os requisitos de patenteabilidade – novidade, atividade inventiva e aplicação industrial (Abbott, 2003). Assim, a engenharia reversa deve ser vislumbrada como um tipo de exceção de uso legítimo à proteção autoral, no contexto do *fair use* norte-americano, uma vez que não haveria outra forma de se extrair as ideias, princípios e funcionalidades de um determinado programa de computador. Eventual proibição da prática poderia resultar em proteção excessiva ao titular dos direitos autorais, permitindo-lhe estender o escopo da proteção para elementos não abrangidos pelo direito autoral, contrariando o necessário equilíbrio do sistema.

Desse modo, passaremos a analisar a engenharia reversa no contexto das limitações e exceções à proteção autoral do *software* nos Estados Unidos e na União Europeia para, em seguida, abordar o tratamento do tema no Brasil.

O tratamento da engenharia reversa nas Diretivas nº 91/250/CEE e nº 24/2009/CE da União Europeia

Na União Europeia, as diretivas são o principal meio utilizado para harmonizar as leis dos Estados-membros, que possuem discricionariedade sobre a forma de implementação dessas regras. Em 1991, foi aprovada a Diretiva nº 91/250/CEE, relativa à proteção jurídica dos programas de computador.[12] A aprovação dessa diretiva tem como pano de fundo o problema da facilidade e baixo custo da cópia não autorizada dos programas de computador e os consequentes prejuízos aos titulares de direitos autorais que investem elevadas somas em seu desenvolvimento.[13] Foi nesse contexto que a questão da legalidade da engenharia

[12] Diretiva nº 91/250/CEE do Conselho, de 14 de maio de 1991, relativa à proteção jurídica dos programas de computador. *Jornal Oficial*, n. L 122, p. 42-46, 17 maio 1991.

[13] Esse pano de fundo pode ser bem observado no preâmbulo, que assim prevê: "Considerando que o desenvolvimento de programas de computador requer o investimento de recursos humanos, técnicos e financeiros consideráveis, podendo esses programas ser reproduzidos a um custo que apenas representa uma fracção do custo do seu desenvolvimento independente".

reversa foi objeto de intenso debate quando da elaboração do texto da diretiva (Guillou, 1998).

Ao longo desses debates, pequenas e médias empresas, incluindo a Bull, a Olivetti e a Amstrad, formaram um grupo de *lobby* chamado Comitê Europeu para Sistemas Interoperáveis (Ecis). O Ecis argumentou a favor da engenharia reversa, afirmando que a prática levaria a um alto grau de interoperabilidade, incentivando a concorrência entre os desenvolvedores de *software* (Weichselbaum, 1991). Em contrapartida, as grandes empresas atuantes no mercado de *software*, como IBM, Apple, Microsoft e Lotus, defenderam a proibição da engenharia reversa, formando uma aliança conhecida como Software Action Group for Europe (Sage). A Sage argumentou que permitir a engenharia reversa iria dissuadir o investimento das grandes empresas em decorrência do aumento do risco de pirataria de *software* (Guillou, 1998). Esse grupo defendia contratos de licença e garantia que a legislação antitruste europeia neutralizaria quaisquer ameaças de práticas anticoncorrenciais nos mercados de *software* (Abbott, 2003:16).

Como resultado, a diretiva buscou equilibrar as duas posições, autorizando a prática de descompilação apenas para fins de interoperabilidade (Santos, 2008:392). Mesmo limitando a engenharia reversa apenas como uma "exceção de interoperabilidade", os dois grupos antagônicos ainda aprofundaram o debate sobre qual deveria ser o escopo dessa exceção. O grupo Sage entendia que a exceção deveria ser restrita a *softwares* criados de maneira independente que fariam interface ou seriam anexados ao programa original – por exemplo, programas de conexão (Abbott, 2003:16). O grupo Ecis fez *lobby* por uma exceção de interoperabilidade mais ampla, que também incluiria programas funcionalmente equivalentes aos originais (i.e., programas concorrentes). A diretiva de 1991 acabou adotando, em seu artigo 6º, a abordagem mais ampla, permitindo a engenharia reversa com o objetivo de alcançar a interoperabilidade tanto para programas de conexão como para programas concorrentes (Guillou, 1998).

É importante destacar que a Diretiva nº 91/250/CE não está mais em vigor, tendo sido revogada e substituída pela Diretiva nº 24/2009/CE, muito embora a redação dos dispositivos que tratam da prática de engenharia reversa na Diretiva nº 91/125/CE não tenha sido alterada pelo novo texto. Passaremos a abordar, a seguir, os dispositivos relevantes da Diretiva nº 24/2009/CE que regulam a prática da engenharia reversa.

Inicialmente, cumpre-nos destacar que o artigo 5(3) da diretiva autoriza aqueles que tiverem o direito de utilizar uma cópia de um programa (e.g., um licenciado) a observar, estudar ou testar o funcionamento do programa com o objetivo de obter as ideias e princípios subjacentes a qualquer elemento do programa, sem a necessidade de autorização do titular dos direitos autorais.[14] Esse dispositivo estabelece uma exceção à proteção autoral para excluir de seu escopo as ideias, princípios e funcionalidades, de modo a garantir o necessário equilíbrio entre a proteção autoral dos programas de computador e o acesso aos conhecimentos técnicos não abrangidos pelo escopo dessa proteção. Nesse contexto, o artigo 5(3) da diretiva refere-se ao já mencionado tipo de engenharia reversa conhecido como análise *black box*, cuja permissibilidade não gera maiores questionamentos por não envolver práticas de reprodução total ou parcial do programa, ao contrário do que ocorre com a descompilação (Schirru, 2015:69).

Já o artigo 6(1) autoriza práticas de descompilação sob a forma de reprodução do código e a tradução da sua forma, quando forem indispensáveis para obter as informações necessárias à interoperabilidade de um programa de computador com outros programas, desde que essas práticas sejam: (1) realizadas por quem ou em nome de quem está autorizado a usar o programa, como é o caso de um licenciado;[15] (2) realizadas apenas para fins de interoperabilidade e desde que essas informações não estejam fácil e rapidamente disponíveis de outra forma;[16] e (3) restritas às partes do programa cujo acesso seja limitado para fins de interoperabilidade.[17]

A redação do artigo 6(1)(b) não é clara sobre a exigência de que as informações de interoperabilidade não devem estar disponíveis de outra forma para que a prática de descompilação seja considerada lícita. Também não é claro qual o nível do esforço exigido de um usuário para obter as informações necessárias junto ao titular do direito autoral do *software* para que se possa concluir que as informações estejam fácil e rapidamente disponíveis (Guillou, 1998).

---

14 "Artigo 5(3). Quem tiver direito a utilizar uma cópia de um programa pode, sem necessidade de autorização do titular do direito, observar, estudar ou testar o funcionamento do programa a fim de apurar as ideias e princípios subjacentes a qualquer elemento do programa quando efectuar operações de carregamento, de visualização, de execução, de transmissão ou de armazenamento, em execução do seu contrato."

15 Ver artigo 6(1)(a).

16 Ver artigo 6(1)(b).

17 Ver artigo 6(1)(c).

Ressalte-se que a diretiva também regula a finalidade das informações obtidas por meio da descompilação, estabelecendo que essas informações *não* poderão ser: (1) utilizadas para outros fins que não o de assegurar a interoperabilidade;[18] (2) transmitidas a terceiros, exceto quando necessário para a interoperabilidade do programa criado independentemente;[19] e/ou (3) utilizadas para o desenvolvimento, produção ou comercialização de um programa substancialmente semelhante na sua expressão, ou para qualquer outro ato que infrinja os direitos de autor.[20]

Por fim, o artigo 6(3) aborda a já mencionada regra dos três passos constante da Convenção de Berna e do Acordo TRIPS, ao prever que as disposições que autorizam a descompilação "não podem ser interpretadas no sentido de permitirem a sua aplicação de uma forma susceptível de lesar os legítimos interesses do titular de direitos ou que não se coadune com uma exploração normal do programa de computador".[21]

Vale destacar que as diretivas impedem expressamente que o titular dos direitos de autor imponha restrições contratuais aos usos autorizados no artigo 5(3), que trata da análise *black box*, e no artigo 6º, que trata da descompilação. Desse modo, será considerada nula qualquer disposição presente em contrato de licenciamento que proíba esses usos legítimos, que devem ser vislumbrados no contexto das limitações e exceções expressamente previstas na diretiva e que são necessárias para garantir o desejado equilíbrio do sistema de proteção autoral do *software* no âmbito da União Europeia.[22] Portanto, as regras sobre engenharia reversa constantes da diretiva são normas de ordem pública que não podem ser afastadas pela vontade das partes contratantes.

Finalmente, é imperioso destacar que existem diferenças significativas entre as abordagens europeia e norte-americana de engenharia reversa de *software* (Guillou, 1998). Enquanto a diretiva da União Europeia limita a descompilação apenas para fins de obter informações de interoperabilidade, a interpretação da doutrina do *fair use* pelos tribunais norte-americanos parece ampliar as possibilidades de utilização das informações obtidas por meio da descompilação para outras finalidades que vão além da interoperabilidade. Por outro lado, a diretiva

18 Ver artigo 6(2)(a).
19 Ver artigo 6(2)(b).
20 Ver artigo 6(2)(c).
21 Ver artigo 6(3).
22 Ver artigo 9(1) da Diretiva nº 91/250/CE, equivalente ao artigo 8º da Diretiva nº 24/2009/CE.

impede que contratos de licença imponham renúncia ao direito do licenciado de realizar práticas de descompilação dentro dos limites estabelecidos no artigo 6º, enquanto o tema das restrições contratuais não é tão claro nos Estados Unidos, de modo que os tribunais norte-americanos costumam analisar esses casos no contexto da doutrina do *copyright misuse*, conforme veremos a seguir.

A engenharia reversa no contexto do *fair use* norte-americano e os impactos do DMCA

Nos Estados Unidos, questões relacionadas à engenharia reversa de *software* e ao nível de proteção autoral que deveria ser garantido nesse contexto foram intensamente debatidas ao longo dos anos 1990 e na primeira década do novo milênio. A discussão sobre a legalidade da engenharia reversa ganhou contornos nos tribunais norte-americanos a partir da aplicação da doutrina do *fair use*, especialmente durante os anos 1990 em casos envolvendo a indústria de *games*.

O *fair use*, no âmbito das limitações e exceções à proteção autoral, está previsto na seção § 107 da Lei de Copyright norte-americana.[23] Desse modo, ao determinar se o uso de uma obra pode ser enquadrado como *fair use*, quatro requisitos devem ser considerados: (1) o propósito e o caráter do uso, incluindo se tal uso é de natureza comercial ou para fins educacionais sem fins lucrativos; (2) a natureza da obra protegida; (3) a quantidade e a substancialidade da parte utilizada em relação ao trabalho protegido por *copyright* como um todo; e (4) o efeito do uso sobre o mercado potencial ou o valor do trabalho protegido por direitos autorais.

---

23 "*§ 107. Limitations on exclusive rights: Fair use. Notwithstanding the provisions of sections 106 and 106A, the fair use of a Copyrighted work, including such use by reproduction in copies or phonorecords or by any other means specified by that section, for purposes such as criticism, comment, news reporting, teaching (including multiple copies for classroom use), scholarship, or research, is not an infringement of Copyright. In determining whether the use made of a work in any particular case is a fair use the factors to be considered shall include: (1) the purpose and character of the use, including whether such use is of a commercial nature or is for nonprofit educational purposes; (2) the nature of the Copyrighted work; (3) the amount and substantiality of the portion used in relation to the Copyrighted work as a whole; and (4) the effect of the use upon the potential market for or value of the Copyrighted work. The fact that a work is unpublished shall not itself bar a finding of fair use if such finding is made upon consideration of all the above factors*" (Copyright Law of the United States and Related Laws Contained in Title 17 of the United States Code).

Os tribunais norte-americanos se valeram das regras de *fair use* para, em geral, considerar as práticas de descompilação e desassemblagem legítimas, como se observa nos casos Atari Games v. Nintendo,[24] Sega Enterprises v. Accolade[25] e Sony v. Connectix[26] (Rice, 1994). As discussões também envolveram a legalidade de restrições contratuais à engenharia reversa nos contratos de licenciamento.[27] A entrada em vigor do Digital Millenium Copyright Act (DMCA), de 1998, que buscou modificar o regime de *copyrights* norte-americano para adaptá-lo ao ambiente digital, teve um impacto bastante significativo na análise da licitude da engenharia reversa, levando a uma alteração do entendimento jurisprudencial. Na prática, o DMCA limitou as possibilidades para que a engenharia reversa seja realizada de maneira lícita. Desse modo, faz-se necessário analisar o entendimento jurisprudencial antes e após o advento do DMCA.

Aplicação da doutrina do *fair use* nos casos envolvendo a indústria de *games*

Os casos mais relevantes pré-DMCA envolvem a indústria de *games*. O primeiro caso que vale ser mencionado é o Atari Games v. Nintendo,[28] de 1992, envolvendo a Nintendo of America Inciso ("Nintendo") e a Atari Games Corp. ("Atari"). A Nintendo desenvolveu um sistema de *videogames* denominado NES, que incluía monitor, console e controles. Os usuários do sistema podiam inserir cartuchos contendo programas de jogo no console. A Nintendo criou um programa chamado 10NES para impedir que o NES aceitasse cartuchos de *games* não autorizados. O *software* 10NES foi incorporado aos microprocessadores tanto no console NES quanto nos cartuchos de *games* autorizados. O resultado foi que o console continha uma "trava" criptográfica e os cartuchos de *games* continham a "chave" correspondente. Quando um cartucho autorizado era inserido no console, a chave no cartucho do jogo abria a trava, permitindo ao

24 Atari Games Corp v. Nintendo of America, Inc 975 F.2d 832 (Fed. Cir. 1992).

25 Sega Enterprises Ltd v. Accolade Inc [1993] USCA9 19; 977 F.2d 1510 (9th Cir. 1992).

26 Sony Computer Entertainment Inc. v. Connectix Corp [2000] USCA9 80; 203 F.3d 596 (9th Cir. 2000).

27 Ver Lemley (1995).

28 Atari Games Corp v. Nintendo of America, Inc 975 F.2d 832 (Fed. Cir. 1992).

usuário jogar o *game*. No entanto, se um cartucho não autorizado fosse inserido, nenhum código de desbloqueio seria detectado, de modo que o programa do *game* não poderia ser executado no console.

Em 1987, a Atari firmou contrato de licença com a Nintendo para ter acesso ao seu console e *games*. Sob esta licença, a Atari forneceu à Nintendo *software* para jogos, que a Nintendo colocou em cartuchos contendo o programa de controle de acesso 10NES. Além disso, o acesso garantido à Atari era limitado, não apenas às especificações do *game* e do console, mas também ao seu sistema de segurança 10NES. Os jogos foram revendidos para a Atari, que poderia comercializá-los para os donos da NES. Antes de firmar contrato de licença com a Nintendo, a Atari tentou, sem sucesso, analisar e replicar o sistema de segurança da NES por meio de técnicas de engenharia reversa. A Atari tentou monitorar a comunicação entre os processadores contendo as funções de trava e chave e analisar os *chips* em uma tentativa de reproduzir as funções do programa 10NES da Nintendo.

Em 1988, a Atari obteve uma cópia do programa 10NES ao peticionar ao Copyright Office alegando, falsamente, que o acesso a esse *software* era necessário para utilizar em sua defesa em litígio iniciado pela Nintendo. Após ter acesso ao 10NES, a Atari aplicou técnicas de engenharia reversa para desenvolver um programa chamado "Rabbit", que era funcionalmente equivalente ao *software* 10NES da Nintendo, embora redigido em uma linguagem diferente. Em outras palavras, os programas eram funcionalmente equivalentes, embora as linhas de cógidos fossem diferentes. Basicamente, o Rabbit desbloqueava o sistema de segurança do console NES, permitindo que a Atari comercializasse *games* para proprietários de NES, sem cumprir as condições do contrato de licença firmado com a Nintendo.

Depois que a Atari começou a produzir *games* compatíveis com o NES sem autorização, a Nintendo entrou com uma ação por infração de direitos autorais, requerendo uma liminar no tribunal distrital, que foi concedida, apesar de a Atari ter alegado que utilizou apenas elementos funcionais que não são objeto de proteção autoral.[29] Em recurso, o Tribunal de Apelações manteve a liminar.[30] Ao considerar se a engenharia reversa praticada pela Atari seria lícita, o Tribunal de Apelação concluiu que a empresa realizou reprodução de cópias intermediárias

---

29 Atari Games Corp. v. Nintendo of America Inc. [1990] USCAFED 174; 897 F.2d 1572 (Fed. Cir. 1990).

30 Atari Games Corp v. Nintendo of America, Inc 975 F.2d 832 (Fed. Cir. 1992).

em dois momentos distintos: antes e depois da obtenção do código perante o Copyright Office. Entretanto, concluiu-se que a proteção autoral não é referente à obra literária em sua integralidade e que tal proteção não deve restringir o direito da sociedade em explorar ideias, funcionalidades, métodos, processos e demais elementos que não fazem parte do escopo da proteção autoral. Assim, conforme destacou o tribunal, um indivíduo de posse de uma cópia legalmente obtida de uma determinada obra está legalmente autorizado a adotar as medidas necessárias para obter as ideias, funcionalidades e métodos de operação subjacentes àquela obra.

Ademais, ao analisar a legalidade da reprodução necessária de um código protegido por *copyright* durante o processo de engenharia reversa, o Tribunal de Apelação entendeu que a realização da engenharia reversa de um código objeto para distinguir as ideias não passíveis de proteção em um programa de computador constitui *fair use*, nos termos da seção § 107 do Copyright Act. Entretanto, como a Atari não possuía autorização para deter e utilizar a cópia do código do programa 10NES obtida perante o Copyright Office, o Tribunal de Apelação concluiu que "qualquer cópia ou cópia derivativa do código fonte 10NES do Copyright Office não se qualifica como um *fair use*". Desse modo, caso a cópia objeto da engenharia reversa não tivesse sido obtida de maneira abusiva, a prática da engenharia reversa teria sido enquadrada como *fair use*.

Outro caso relevante da indústria de *games* é o Sega Enterprises v. Accolade,[31] de 1992. A Sega Enterprises,Ltd. ("Sega") desenvolveu e comercializou sistemas de entretenimento de vídeo, incluindo o console Genesis, conhecido no Brasil como "Mega Drive", e os cartuchos de *videogame*. A Sega desenvolvia *games* para os seus consoles e também licenciava seus códigos de computação protegidos por direitos autorais para que terceiros desenvolvedores de *software* pudessem desenvolver *games* compatíveis com o console Genesis. A Accolade, Inc. ("Accolade") era uma desenvolvedora independente que fabricava e comercializava *software* de entretenimento para computadores. Sem uma licença da Sega, a Accolade utilizou-se de um processo de engenharia reversa. O código objeto legível por máquina foi obtido pela Accodale a partir dos cartuchos de *games* Sega, comercialmente disponíveis, e foram utilizados para produzir um código fonte legível por meio de um processo de desassemblagem. A Accolade também

31 Sega Enterprises Ltd v. Accolade Inc [1993] USCA9 19; 977 F.2d 1510 (9th Cir. 1992).

analisou os requisitos de interface entre os cartuchos de *games* e o console da Sega. Em seguida, os funcionários da Accolade criaram um manual contendo apenas descrições funcionais da interface, sem copiar nenhum código original da Sega. Em 1990, a Accolade lançou o jogo "Ishido", para uso no console Genesis, que fora originalmente desenvolvido para uso em Macintosh e IBM PC.

Ao decidir sobre a aplicabilidade da regra do *fair use*, o Tribunal de Apelação do 9º Circuito avaliou se estariam presentes os quatro requisitos contidos na seção § 107 do Copyright Act para analisar se determinado uso é ou não legítimo. Assim, o tribunal concluiu que o primeiro, segundo e quarto requisitos legais do *fair use* pendiam em favor da Accolade, enquanto apenas o terceiro requisito favoreceria de maneira limitada a Sega.[32] Nesse sentido, ao decidir pela licitude das técnicas de engenharia reversa utilizadas pela Accolade, o Tribunal de Apelação definiu como regra que a desassemblagem de um código objeto constituiria *fair use*, desde que dois requisitos fossem preenchidos: (1) se a desassemblagem for o único meio de acesso aos elementos não passíveis de proteção pelo Copyright Act e (2) se o responsável pela realização do processo de desassemblagem tiver uma justificativa legítima para buscar o acesso a essas informações.[33]

A abordagem adotada pelo Tribunal de Apelação do 9º Circuito no caso Sega acabou sendo aplicada e desenvolvida no caso Sony v. Connectix, de 2000.[34] A Sony produziu e comercializou o Sony PlayStation, um pequeno console de *videogame* com controles manuais que se conecta a uma televisão e reproduz jogos inseridos em discos compactos. Além disso, a Sony desenvolveu, fabricou e distribuiu *games* PlayStation, concedendo licenças para que outras empresas pudessem desenvolver jogos compatíveis com o console da Sony. Introduzido em 1995, o PlayStation foi um sucesso comercial mundial, vendendo mais de 20 milhões de cópias, estabelecendo a Sony como líder na indústria (Abbott, 2003:10). O console PlayStation continha componentes de *hardware* e *software* gravados em um *chip* (*firmware*) de memória somente de leitura (ROM). A Sony detinha os direitos autorais do sistema básico de entrada e saída (BIOS)

---

32 Tal requisito diz respeito à quantidade e à substancialidade da parte utilizada em relação ao trabalho protegido por *copyright* como um todo.

33 "*Where disassembly is the only way to gain access to the ideas and functional elements embodied in a copyrighted computer program and where there is a legitimate reason for seeking such access, disassembly is a fair use of the copyrighted work, as a matter of law.*" 977 F.2d 1510 (9th Cir. 1992).

34 Sony Computer Entertainment Inc. v. Connectix Corp [2000] USCA9 80; 203 F.3d 596 (9th Cir. 2000).

no PlayStation. A Connectix desenvolveu e comercializou um programa chamado "Virtual Game Station", cujo objetivo era emular o funcionamento do console PlayStation em um computador pessoal. Desse modo, os adquirentes do *software* Virtual Game Station poderiam jogar *games* do PlayStation em seus computadores pessoais, sem ter de adquirir o console da Sony.

Para viabilizar o desenvolvimento de um *software* que fosse capaz de emular as funcionalidades tanto do *hardware* quanto do *firmware* do PlayStation, a Connectix adquiriu um PlayStation e removeu o *chip* que continha o sistema BIOS. O conteúdo desse *chip* foi repetidamente copiado pelos engenheiros da Connectix para a memória RAM de seus computadores pessoais durante o processo de engenharia reversa. A cópia foi realizada de maneira intermediária com o único objetivo de entender o funcionamento do BIOS da Sony em conjunto com o Virtual Game Station. Dessa forma, nenhum dos códigos de computador protegidos pelos direitos autorais da Sony foi reproduzido no programa emulador Connectix.

Ao analisar o caso, o tribunal aplicou a doutrina do *fair use*, bem como o *ruling* estabelecido na decisão do caso Sega. Assim, à semelhança do que ocorrera no caso Sega, o tribunal concluiu que o primeiro, segundo e quarto requisitos legais do *fair use* pendiam em favor da Accolade, enquanto apenas o terceiro requisito favoreceria de maneira limitada a Sega. O tribunal decidiu então pela licitude da engenharia reversa concluindo que o Virtual Game Station era "modestamente transformador" e que o produto resultou em uma nova plataforma, o computador pessoal, no qual os usuários poderiam jogar *games* desenvolvidos para o PlayStation. Essa inovação criaria oportunidades para jogabilidade em novos ambientes, especialmente quando um PlayStation e uma televisão não estivessem disponíveis, mas apenas um computador com um *drive* de CD-ROM.

O tribunal também concluiu que mesmo sendo possível que a Sony enfrentasse perdas de vendas, o Virtual Game Station seria um competidor legítimo no mercado de plataformas de *games* e que a perda de lucros por parte da Sony, em decorrência da competição de mercado, não seria suficiente para afastar a caracterização da utilização da obra da Sony pela Connectix como legítima, no contexto da doutrina do *fair use*. O tribunal enfatizou também que o direito autoral não confere monopólios e que o desejo da Sony de inibir a concorrência, embora compreensível, não estava em linha com o objetivo principal dos direitos autorais de promover a expressão criativa (Abbott, 2003:11).

Como se pode observar nos casos destacados, as práticas de engenharia reversa, especialmente no que concerne a técnicas de descompilação, são suscetíveis de ser legitimadas pela doutrina do *fair use* constante da seção § 107 do Copyright Act, sobretudo quando a reprodução parcial do código for a única forma de se obter ideias, métodos e funcionalidades que não fazem parte do escopo de proteção autoral.

Restrições contratuais à engenharia reversa e a doutrina do *copyright misuse*

Dada a tendência de permissibilidade da engenharia reversa sob a regra do *fair use* pelos tribunais norte-americanos, os titulares de direitos autorais de *software* buscaram estender a proteção de seus programas por meio de cláusulas restritivas inseridas nos contratos de licença com o objetivo de limitar, ou até mesmo proibir, a prática de engenharia reversa (Santos, 2008:81; Schirru, 2015:139). Essas cláusulas contratuais, normalmente em forma de *shrinkwrap license*,[35] podem impor ao licenciado a obrigação de renunciar às limitações e exceções previstas na legislação autoral, estendendo a proteção para elementos que não são legalmente protegidos por *copyrights*, como as ideias e funcionalidades de um programa.

Desse modo, questiona-se até que ponto restrições contratuais privadas poderiam afastar regras de ordem pública constantes de uma lei federal, como é o caso da doutrina do *fair use*, que tem como objetivo equilibrar interesses públicos e privados decorrentes da proteção autoral.

Nos Estados Unidos, a doutrina do *copyright misuse* trata do uso abusivo de direitos autorais e é originada da teoria do abuso de patentes (Dorenkamp,

---

[35] Os contratos de licença *shrinkwrap* são o método mais comum de proteção de *software* comercializado em larga escala. Com esse tipo de acordo, os termos contratuais sob os quais o *software* é disponibilizado são estipulados pelo fornecedor e incluídos dentro do invólucro de plástico em que o *software* é embalado. Trata-se de contrato de adesão, na medida em que o comprador não tem a oportunidade de ler os termos da licença antes da compra. A intenção do fornecedor de *software* é que, ao abrir a embalagem e usar o *software*, os clientes estarão vinculados aos termos da licença. Contratos típicos de *shrinkwrap* impõem restrições ao uso, reprodução e modificação do *software* pelo consumidor, que somente tomará conhecimento dessas restrições depois de abrir a embalagem e utilizar o produto. É comum incluir termos que proíbam expressamente a engenharia reversa, a compilação reversa ou a desassemblagem do *software* por qualquer motivo (Rice, 1992:548).

2001:269). A doutrina do *copyright misuse* busca impedir que o titular de direitos autorais estenda o escopo da proteção autoral para garantir direitos exclusivos ou monopólio sobre elementos não protegidos pela legislação de *copyright*, contrariando, assim, interesses públicos (Abbott, 2003:12). Trata-se de um argumento de defesa a ser utilizado pelo réu em uma ação de infração de direitos autorais. A aplicação da *copyright misuse* deu-se a partir do caso Lasercomb, de 1990. Nesse caso, a Lasercomb, uma licenciante de *software*, incluiu em seu contrato de licença uma cláusula restritiva que impedia que os licenciados de seu *software* de fabricação de matrizes participassem do desenvolvimento de programas concorrentes pelo prazo de 99 anos. O tribunal considerou que a doutrina do *copyright misuse* seria aplicável, reconhecendo a distinção fundamental entre ideia e expressão, além de concluir que uma licença que impeça os licenciados de desenvolver programas concorrentes acabaria por estender o escopo de proteção autoral a ideias não abrangidas por essa proteção.

Outro caso relevante é o Alcatel USA/DGI Technologies.[36] A Alcatel fabricou e vendeu dispositivos de comutação telefônica que incorporavam um cartão de microprocessador e um sistema operacional e *software* de interface específicos. Os adquirentes estavam vinculados por um contrato de licença que não permitia o uso de seu *software* em conjunto com cartões de microprocessador que não fossem da Alcatel. A DGI procurou estabelecer um mercado concorrente de cartões de microprocessador com funcionalidade equivalente aos microprocessadores da Alcatel. Por meio de um processo de engenharia reversa, a DGI obteve informações sobre os componentes funcionais de uma placa de microprocessador da Alcatel, além de descobrir como o cartão operava com seu sistema operacional. É importante ressaltar que o acesso ao sistema operacional era restrito aos licenciados da Alcatel. A DGI solicitou a um cliente da Alcatel que lhe autorizasse o acesso ao *software* para fins de "teste". Durante esse processo, a DGI fez uma cópia não autorizada do *software*, permitindo-lhe desenvolver um cartão compatível e competitivo.

O tribunal considerou que impedir o acesso de um concorrente a *software* protegido por direitos autorais constituiria *copyright misuse*, na hipótese em que uma cláusula em contrato de licença viesse a permitir que o titular dos direitos

36 Alcatel USA Inc. v. DGI Technologies Inc. [1999] USCA5 155; 166 F.3d 772, 777, 49 U.S.P.Q.2d (BNA) 1641, 1642 (5th Cir. 1999).

autorais obtivesse um controle comercial indireto sobre um produto desprotegido, mas utilizado em conjunto com o *software* protegido por *copyrights*. Embora a licença concedida pela Alcatel não impedisse o desenvolvimento de um produto concorrente, o contrato de licença e o *software* protegido, necessários para desenvolver um sistema interoperável, acabaram por criar um "monopólio limitado" para as placas de microprocessador, que não eram protegidas por direitos autorais. Esse fato justificou a aplicação da defesa de *copyright misuse* ao caso (Abbott, 2003:12).

Os casos de *copyright misuse* deram origem a um debate sobre sua potencial aplicação a situações relativas à engenharia reversa de *software*. A jurisprudência norte-americana tendia a considerar que essas cláusulas desencorajariam a concorrência no mercado, o que poderia prejudicar o consumidor final ao proibir uma prática lícita e benéfica à sociedade (Schirru, 2015:140).

Impactos da entrada em vigor do DMCA

O advento do DMCA, em 1998, foi uma resposta às preocupações dos titulares de direito autoral com o surgimento e disseminação de novas formas de reprodução e acesso a tecnologias, principalmente através do meio digital, permitindo assim a esses titulares um maior controle sobre seus bens sujeitos à proteção pela legislação de propriedade intelectual (Schirru, 2015:105).

De fato, o DMCA impacta significativamente a realização da engenharia reversa, já que limita a possibilidade de "contornar" (*circumvent*, para utilizar a expressão que consta no texto da lei) as medidas tecnológicas (e.g., travas e chaves criptográficas) embutidas nos programas de computador para impedir a prática de engenharia reversa.

O DMCA estabelece sanções federais e criminais contra pessoas que contornem medidas tecnológicas, como as travas digitais ou criptográficas. A seção 1201 estabelece: "Nenhuma pessoa deve contornar uma medida técnica que efetivamente controle o acesso a uma obra protegida sob este título".[37] A fabricação de dispositivos de evasão também se tornou ilegal. O termo "contornar

[37] *"No person shall circumvent a technical measure that effectively controls access to a work protected under this title. Manufacture of circumvention devices has also been made illegal"* (Digital Millenium Copyright Act, Pub L. Nº 105-304, sec 103, 1201, 112 Stat.2860, 2863, 1998).

uma medida técnica" é definido como "desvendar uma obra embaralhada, desencriptar uma obra criptografada ou, de outra forma, evitar, contornar, remover, desativar ou prejudicar uma medida tecnológica".[38] A medida tecnológica deve efetivamente controlar o acesso ao trabalho intelectual no curso normal de sua operação. Previa-se que o uso de uma simples senha ou algum tipo de programa de criptografia seria suficiente para atender aos requisitos de uma "medida técnica" que "fornece um controle de acesso efetivo" (Anawalt, 1999:363).

Assim, o DMCA acabou por criar uma espécie de "direito de acesso" suscetível de resultar na proteção de elementos que não são objeto de proteção autoral, uma vez que o acesso a esses elementos é restringido por travas digitais tecnológicas que não podem ser contornadas, sob pena de violação da lei e potencial imposição de sanções criminais (Schirru, 2015:106).

Vale ressaltar que o DMCA autoriza que terceiros contornem as medidas tecnológicas para realizar engenharia reversa apenas com o objetivo de interoperabilidade e desde que observados os rígidos requisitos previstos na lei.[39] Desse modo, nos termos da seção 103(f) do DMCA, as medidas tecnológicas somente podem ser contornadas para fins de engenharia reversa desde que: (1) a cópia do programa de computador seja obtida de maneira lícita; (2) a medida tecnológica

38 "*[...] to descramble a scrambled work, to decrypt an encrypted work, or otherwise to avoid, bypass, remove, deactivate, or impair a technological measure*" (17 U.S.C. s 1201(a)(3)(A)).

39 "*Reverse Engineering. 1. Notwithstanding the provisions of subsection (a)(1)(A), a person who has lawfully obtained the right to use a copy of a computer program may circumvent a technological measure that effectively controls access to a particular portion of that program for the sole purpose of identifying and analyzing those elements of the program that are necessary to achieve interoperability of an independently created computer program with other programs, and that have not previously been readily available to the person engaging in the circumvention, to the extent any such acts of identification and analysis do not constitute infringement under this title. 2. Notwithstanding the provisions of subsections (a)(2) and (b), a person may develop and employ technological means to circumvent a technological measure, or to circumvent protection afforded by a technological measure, in order to enable the identification and analysis under paragraph (1), or for the purpose of enabling interoperability of an independently created computer program with other programs, if such means are necessary to achieve such interoperability, to the extent that doing so does not constitute infringement under this title. 3. The information acquired through the acts permitted under paragraph (1), and the means permitted under paragraph (2), may be made available to others if the person referred to in paragraph (1) or (2), as the case may be, provides such information or means solely for the purpose of enabling interoperability of an independently created computer program with other programs, and to the extent that doing so does not constitute infringement under this title or violate applicable law other than this section. For purposes of this subsection, the term 'interoperability' means the ability of computer programs to exchange information, and of such programs mutually to use the information which has been exchanged.*"

a ser contornada seja tão somente aquela relacionada à parte do programa que deverá ser analisada; (3) a parte do programa que será acessada possa apenas ser analisada e identificada com o objetivo de se alcançar a interoperabilidade; (4) a interoperabilidade em questão se dê apenas entre um programa independentemente desenvolvido e outro programa; (5) os elementos a serem acessados pelo responsável sobre a superação da medida tecnológica não estejam anteriormente disponíveis; e (6) os atos constantes do item 3 só possam ser realizados na medida em que não constituam qualquer infração aos direitos constantes da lei (Schirru, 2015:106).

Desse modo, o advento do DMCA resultou na redução das possibilidades para a realização lícita da engenharia reversa, representando uma mudança na aplicação da regra do *fair use* conforme as decisões nos casos da indústria de *games* ao longo dos anos 1990. Assim, conforme ressalta Schirru (2015:109), sob a égide do DMCA haveria dúvidas a respeito da possibilidade de realização da engenharia reversa para o desenvolvimento de uma nova plataforma, como no caso Sony v. Connectix, ou até mesmo para o desenvolvimento de *games* e viabilização de uma interoperabilidade programa-plataforma, como ocorrera nos casos Nintendo v. Atari e Sega v. Accolade.

Na prática, esse "direito de acesso" criado pelo DMCA acabou por possibilitar a extensão da proteção autoral para ideias e funcionalidades constantes de um programa, caso este esteja protegido por medidas tecnológicas, uma vez que terceiros seriam proibidos de contornar tais medidas para acessar esses elementos não protegidos, salvo em casos bastante específicos relacionados à interoperabilidade.

Nesse sentido, Zieminski (2008) critica o fato de a legislação de *copyright* norte-americana ser usada de maneira indevida como um substituto para a proteção patentária. Segundo o autor, devido à natureza imbricada da ideia e expressão dentro do *software*, e em decorrência da função de *gatekeeper* desempenhada por medidas de controle de acesso, novas restrições à engenharia reversa permitem que o titular do direito autoral monopolize as ideias utilizando a legislação de *copyright*. Isso porque, sob o DMCA, uma medida de controle de acesso a *software* somente poderia ser contornada para a finalidade de permitir a interoperabilidade. Desse modo, as ideias e funcionalidades incorporadas em um programa de computador criptografado ou bloqueado acabam sendo praticamente "monopolizadas" durante todo o prazo de vigência da proteção.[40]

Evans (2013:98-99) ainda vai além, afirmando que a criação do DMCA resultou em quatro consequências negativas. Em relação à primeira, a autora sustenta que as restrições de acesso podem conferir aos titulares dos direitos autorais a possibilidade de abusarem de seus direitos ao impedirem o acesso de terceiros não apenas aos elementos abrangidos pelo *copyright*, mas também aos elementos não protegidos, isto é, que estão fora do escopo de proteção, como as ideias e funcionalidades. A autora entende que essa restrição de acesso elimina qualquer possibilidade de se recorrer ao *fair use*, levando a extensão da proteção legal para além do que seria razoável ou necessário para prevenir a contrafação. A segunda consequência, conforme sustenta a autora, diz respeito ao fato de que as restrições de acesso prejudicam os esforços de inovação cumulativa dos usuários, fatores extremamente relevantes no mundo digital e que beneficiam toda a coletividade. A terceira consequência se relaciona ao fato de que as restrições de acesso a elementos não abrangidos pela proteção do *copyright* fazem com que o DMCA estabeleça uma proteção excessiva, capaz de reduzir o espaço para a utilização legítima de obras existentes para a criação de novas obras a serem aproveitadas pela coletividade. Finalmente, em relação à quarta consequência, a autora conclui que o necessário equilíbrio entre os direitos do titular e o acesso por parte da sociedade resta prejudicado, especialmente nesta era de inovação criativa que se dá por meio do acesso a bens intelectuais protegidos (Evans, 2013).

Outra crítica que costuma ser feita ao DMCA no que concerne às medidas ou travas tecnológicas diz respeito à própria complexidade da lei. As disposições que proíbem contornar medidas tecnológicas estão sujeitas a nove exceções difíceis de serem compreendidas, o que acaba impedindo que potenciais inovadores tenham uma noção clara dos limites de suas atividades de pesquisa e desenvolvimento (Abbott, 2003:14).

---

40 E acrescenta o autor: "*Copyright law, even as it relates to computer programs, has never before offered monopoly protection for ideas, processes, and functions. This inconsistency is a warning sign that lawmakers have over-restricted reverse engineering*" (Zieminski, 2008:324).

Engenharia reversa no direito autoral brasileiro e a aplicabilidade da regra dos três passos

A engenharia reversa e as limitações e exceções da Lei do Software

Da mesma forma que o art. 46 e seguintes da Lei de Direitos Autorais versam sobre as limitações e exceções à proteção dos direitos de autor, o art. 6º da Lei do Software trata especificamente das limitações e exceções à proteção autoral dos programas de computador. Desse modo, para facilitar a análise, transcrevemos esse dispositivo:

> Art. 6º. Não constituem ofensa aos direitos do titular de programa de computador:
> I - a reprodução, em um só exemplar, de cópia legitimamente adquirida, desde que se destine à cópia de salvaguarda ou armazenamento eletrônico, hipótese em que o exemplar original servirá de salvaguarda;
> II - a citação parcial do programa, para fins didáticos, desde que identificados o programa e o titular dos direitos respectivos;
> III - a ocorrência de semelhança de programa a outro, preexistente, quando se der por força das características funcionais de sua aplicação, da observância de preceitos normativos e técnicos, ou de limitação de forma alternativa para a sua expressão;
> IV - a integração de um programa, mantendo-se suas características essenciais, a um sistema aplicativo ou operacional, tecnicamente indispensável às necessidades do usuário, desde que para o uso exclusivo de quem a promoveu.

De acordo com Luca Schirru (2015:165), as limitações e exceções previstas nos incisos I a IV do art. 6º da Lei do Software "importam em uma apresentação de hipóteses onde a reprodução ou a ocorrência de determinadas situações não constituiria ofensa aos direitos exclusivos de um titular de programa de computador". Conforme já mencionado, as limitações e exceções visam conferir um maior equilíbrio ao sistema de proteção autoral do *software*, impedindo que essa proteção resulte em entrave à educação, às ciências e à difusão do conhecimento.

Entretanto, é possível observar que não há qualquer menção à engenharia reversa nos incisos do art. 6º da Lei do Software. O inciso I trata apenas da cópia de salvaguarda ou armazenamento eletrônico. Já o inciso II trata da citação parcial do programa apenas para fins didáticos. O inciso III deixa claro que a mera semelhança de um programa em relação a outro não será considerada reprodução ilícita quando se der por força das características funcionais de sua aplicação, da observância de preceitos normativos e técnicos, ou de limitação de forma alternativa para sua expressão. Já o inciso IV, ao abordar a integração de um programa a um sistema aplicativo ou operacional, diz respeito à interoperabilidade.

De qualquer modo, é possível afirmar que os dispositivos que mais se aproximam das discussões sobre a licitude da engenharia reversa são os incisos III e IV do art. 6º. Isso porque um dos objetivos da engenharia reversa é extrair as ideias, princípios e funcionalidades de um programa para o desenvolvimento de outro funcionalmente similar, conforme o disposto no inciso III do dispositivo mencionado. Em relação ao inciso IV, que trata da interoperabilidade entre programas, José de Oliveira Ascensão (1997:762), ao comentar dispositivo equivalente da antiga Lei nº 7.646/1987, que regulava a proteção autoral do *software*, afirmou que, "na falta de preceito especial, devemos concluir que a descompilação é livre no direito brasileiro", uma vez que a integração requer uma adaptação e, portanto, uma transformação do programa, o que "pressupõe a descompilação". Assim, de acordo com Ascensão, a ausência de disposição expressa proibindo a descompilação permitiria sua realização, já que a interoperabilidade dependeria dessa técnica de engenharia reversa.

Por outro lado, Manoel J. Pereira dos Santos (2008:412) critica o entendimento de Ascensão, afirmando que se trata de uma conclusão genérica. De fato, ainda que as técnicas de descompilação possam ser aplicadas para extrair informações de interoperabilidade, finalidade esta que é inclusive autorizada sob certos requisitos no âmbito das diretivas da União Europeia e do DMCA norte-americano, o inciso IV do art. 6º da Lei do Software nada dispõe sobre a descompilação ou qualquer outra técnica de engenharia reversa, mas apenas considera que a integração de programas para fins de interoperabilidade não constitui ofensa ao direito autoral.

Desse modo, para analisar a permissibilidade da engenharia reversa no Brasil, é necessário verificar se o rol das limitações e exceções previsto nos incisos I a IV do art. 6º é taxativo, o que implicaria uma interpretação restritiva do dispositivo, ou se é meramente exemplificativo, abrindo caminho para uma interpretação extensiva que poderia abarcar a engenharia reversa.

Denis Borges Barbosa parece seguir o entendimento de que a interpretação do rol do art. 6º deve ser extensiva ao afirmar que, fora da listagem da Lei do Software, há um conjunto de outros atos permissíveis segundo o sistema jurídico próprio aos programas de computador, quais sejam: os atos (1) necessários para permitir o uso do programa conforme sua destinação, o que inclui a possibilidade de corrigir os erros, a não ser quando houver restrições de licença que vedem esses usos; e (2) destinados a estudar, aperfeiçoar, fazer engenharia reversa do programa, sem, contudo, facultar a cópia de elementos deste em programa próprio, a não ser sob as limitações pertinentes (Barbosa, 2010:1958).

Luca Schirru (2015:170-171) concorda com a posição de Denis Borges Barbosa, mas pondera com propriedade que "a engenharia reversa poderia ser considerada uma limitação ao exercício dos direitos exclusivos do titular de um programa de computador, desde que não fossem reproduzidos elementos do programa sujeitos a essa prática". E conclui afirmando que determinados elementos poderiam ser reproduzidos em programa próprio, desde que essa reprodução fosse enquadrada em uma das limitações da Lei do Software, como nos casos das limitações por preceitos técnicos ou características funcionais (Schirru, 2015:171).

Por outro lado, há autores que entendem que a interpretação do rol de limitações e exceções do art. 6º da Lei do Software deve ser restritiva, como é o caso de Manoel J. Pereira dos Santos. Para o autor, os atos de engenharia reversa que impliquem somente a observação, teste e estudo do programa, como a análise *black box*, não configurariam infração de direitos autorais por não envolverem atos de reprodução do programa. Entretanto, práticas de engenharia reversa que impliquem qualquer forma de reprodução total ou parcial, transformação ou derivação, como é o caso da descompilação, estariam fora do escopo das limitações e exceções, a não ser quando expressamente previstas no rol do art. 6º da Lei de Software.[41]

41 "Não nos parece que o Legislador tenha implicitamente autorizado a prática dos atos necessários para a obtenção de elementos de interface que permitam a interoperabilidade de dois programas, consubstanciados no que usualmente se denomina engenharia reversa, muito menos a livre descompilação do programa, uma vez que configuram modalidades de reprodução, transformação e derivação da obra licenciada. Ainda que se admitisse que o usuário pudesse, de forma restrita, como parte do processo de integração previsto na lei, obter e utilizar elementos de interface indispensáveis para essa interconexão e de outra forma não disponíveis, a permissão para a livre descompilação ou engenharia reversa do programa extrapolaria o objetivo colimado com a norma excepcional constante do artigo 7º, IV, da Lei

Embora a discussão pareça ser meramente acadêmica, definir se a interpretação do rol de limitações e exceções do art. 6º deve ser restritiva ou extensiva é de fundamental importância não apenas para conferir segurança jurídica em relação a quais utilizações de um programa poderiam configurar infração aos direitos autorais, mas também para avaliar a abusividade de cláusulas constantes de contratos de licença que vedam ou restringem as práticas de engenharia reversa. Isso porque o art. 10, § 1º, inciso I, da Lei do Software considera nulas as cláusulas que "limitem a produção, a distribuição ou a comercialização, em violação às disposições normativas em vigor". Com base nesse dispositivo, se a engenharia reversa for considerada uma exceção de uso legítimo do programa, cláusulas contratuais que impeçam a realização de atos de descompilação, por exemplo, poderiam ser consideradas nulas de pleno direito e, portanto, abusivas. Sob esse prisma, as limitações e exceções à proteção autoral são normas de ordem pública que não poderiam ser arredadas pela vontade das partes, sob pena de configurar abuso de direito.[42] Conforme ensina Denis Borges Barbosa (2010:2023), tais vedações contratuais "são incompatíveis com o equilíbrio legal de direitos e obrigações". Por outro lado, caso prevalecesse a interpretação restritiva, cláusulas que vedassem atos de engenharia reversa ou descompilação seriam lícitas e, portanto, consistiriam em mero exercício regular de direito pelo titular do programa, dentro da esfera da autonomia privada das partes contratantes, uma vez que esses atos não são mencionados no rol do art. 6º da Lei de Software.

Não há julgados específicos sobre engenharia reversa no contexto das limitações e exceções constantes do art. 6º da Lei do Software, o que não nos permite avaliar a questão sob o prisma jurisprudencial. Os poucos acórdãos sobre o tema versam sobre aspectos técnicos e periciais, sendo que, na maioria das vezes, apenas tangenciam o tema da engenharia reversa.[43]

---

nº 9.609/1998, devendo, portanto, ser tratada como uma infração do direito de autor do programa. Com efeito, as exceções devem ser sempre interpretadas de forma estrita em função das finalidades contempladas na norma legal e a livre descompilação não atende a esses objetivos pretendidos no preceito legal em tela" (Santos, 2008:413-414).

42 Nesse sentido, vale destacar que o abuso de direito, nesses casos, faria incidir também o art. 187 do Código Civil, que dispõe que "comete ato ilícito o titular de um direito que, ao exercê-lo, excede manifestamente os limites impostos pelo seu fim econômico ou social, pela boa-fé ou pelos bons costumes".

43 Para uma análise dos precedentes sobre engenharia reversa de *software*, ver Diz (2019).

Entretanto, vale destacar a decisão do Superior Tribunal de Justiça (STJ) no julgamento do Recurso Especial do STJ nº 964.404/ES (2007/0144450-5),[44] que embora não tenha tratado especificamente da engenharia reversa de *software*, concluiu pela interpretação extensiva das limitações ao direito autoral, partindo de uma abordagem constitucional concernente aos direitos e garantias fundamentais. Nessa decisão, o STJ teceu as seguintes considerações sobre as limitações e exceções previstas nos arts. 46 e seguintes da Lei de Direitos Autorais:

> Ora, se *as limitações* de que tratam os arts. 46, 47 e 48 da Lei nº 9.610/1998 *representam a valorização, pelo legislador ordinário, de direitos e garantias fundamentais frente ao direito à propriedade autoral, também um direito fundamental (artigo 5º, XXVII, da CF), constituindo elas – as limitações dos arts. 46, 47 e 48 – o resultado da ponderação destes valores em determinadas situações, não se pode considerá-las a totalidade das limitações existentes*. Neste exato sentido, também considerando as limitações da Lei nº 9.610/1998 meramente exemplificativas, Leonardo Macedo Poli, já citado, e Allan Rocha de Souza (*A Função Social dos Direitos Autorais: uma interpretação civil constitucional dos limites da proteção jurídica*: Brasil: 1988-2005. Campos dos Goytacazes: Ed. Faculdade de Direito de Campos, 2006). *Saliento que a adoção de entendimento em sentido contrário conduziria, verificada a omissão do legislador infraconstitucional, à violação de direito ou garantia fundamental que, em determinada hipótese concreta, devesse preponderar sobre o direito de autor*. Conduziria ainda ao desrespeito do dever de otimização dos direitos e garantias fundamentais (artigo 5º, §1º, da CF), que vinculam não só o Poder Legislativo, mas também o Poder Judiciário. Portanto, *o âmbito de proteção efetiva do direito à propriedade autoral ressai após a consideração das limitações contidas nos arts. 46, 47 e 48 da Lei nº 9.610/1998, interpretadas e aplicadas de acordo com os direitos e garantias fundamentais, e da consideração dos próprios direitos e garantias fundamentais* [grifos meus].

Como se pode observar do trecho do acórdão citado, optar pela interpretação restritiva das limitações e exceções da proteção autoral, isto é, considerar as hipóteses previstas na Lei de Direitos Autorais como exaustivas ao invés

---

44 Julgado em 26/05/2011.

de exemplificativas, colocaria em risco direitos e garantias fundamentais que, em determinados casos concretos, deveriam prevalecer sobre o direito autoral. Deve-se, portanto, ponderar os direitos de autor e os direitos legítimos de terceiros, considerando a função social da propriedade, que no caso da propriedade intelectual está ligada à necessária disseminação do conhecimento e do acesso à cultura e à informação,[45] bem como à livre concorrência e a outros valores constitucionais. Somente com base nessa ponderação de direitos será possível a buscar o almejado equilíbrio entre interesses públicos e privados, que é a essência do sistema de propriedade intelectual. Nesse contexto, conforme Luca Schirru (2015:171),

> as limitações, na condição de fruto de uma ponderação constitucional dos direitos exclusivos, deveriam privilegiar e garantir o exercício de direitos e garantias constitucionais e não engessar determinadas práticas de maneira a sobrepor um direito privado sobre o interesse público geral.

Vale destacar que essa interpretação extensiva, baseada na ponderação constitucional dos direitos exclusivos, é plenamente aplicável às limitações e exceções à proteção autoral dos programas de computador constantes do art. 6º da Lei do Software.[46] Assim, cabe indagar em que medida os atos de engenharia reversa poderiam ser vislumbrados no contexto das limitações e exceções à proteção autoral do *software*, à semelhança das regras de *fair use* na Lei de Copyright norte-americana.

---

[45] Em relação à função social dos direitos autorais, Isabel Vaz (1992:461) afirma: "O progresso cultural e o avanço tecnológico multiplicaram as modalidades de criação do espírito humano, entendidas atualmente como necessárias à satisfação de um interesse social, que, a despeito da proteção dos direitos autorais, sobrepõe-se ao interesse do indivíduo-autor. Encontram-se, assim, em presença, dois tipos de interesses 'igualmente legítimos e igualmente inafastáveis', competindo ao Estado atender 'de maneira igualmente satisfatória a ambos: de um lado, o autor, cujo trabalho pessoal e criativo (dando uma forma especial às ideias) deve ser protegido e recompensado e, de outro, a sociedade que lhe fornece a matéria-prima dessa obra, constituindo seu receptáculo natural'". No mesmo sentido, Barbosa (2005:25) entende que, "no que for objeto de propriedade (ou seja, no alcance dos direitos patrimoniais), o direito autoral também está sujeito às limitações constitucionalmente impostas em favor do bem comum – a *função social da propriedade* de que fala o artigo 5º, XXIII".

[46] Nesse sentido, Delgado (2014:112): "Não obstante, mesmo nesse sistema, vindo ou não a ser regulado por uma legislação especial, a leitura constitucional e não restritiva das limitações à exclusiva é fundamental para consolidar o equilíbrio dos interesses privados e públicos na tutela dos direitos de autor".

Desse modo, caso a engenharia reversa seja utilizada somente para extrair as ideias, princípios e funcionalidades de um programa – elementos que estão fora do escopo da proteção autoral –, não haveria que se falar em infração, ainda que o processo envolvesse atos de reprodução total ou parcial. A utilização desses elementos obtidos por meio de técnicas de descompilação para, por exemplo, o desenvolvimento de programas semelhantes a um determinado programa, em decorrência de características funcionais de sua aplicação (art. 6º, III, da Lei do Software), ou mesmo para o desenvolvimento de programas compatíveis e interoperáveis (art. 6º, IV, da Lei do Software), seria, em princípio, lícita, desde que não houvesse cópia de linhas de código por meio desse processo.

Por essa perspectiva, aplicando-se os preceitos constitucionais mencionados pelo STJ no acórdão destacado, tem-se que a engenharia reversa pode cumprir um papel fundamental para a inovação, pesquisa, desenvolvimento tecnológico e para a livre concorrência, possibilitando o surgimento de novos programas úteis em benefício da coletividade e do bem-estar econômico e social.[47]

Por outro lado, a prática de engenharia reversa também pode facilitar a cópia servil e contrafação de programas de computador, caso utilizada de maneira abusiva e em desconformidade com as finalidades legítimas razoavelmente esperadas daquele que a realiza, que é justamente a extração de elementos não protegidos e que não estariam disponíveis de outra forma. Assim, ainda que seja válido o reconhecimento da engenharia reversa no contexto das limitações e exceções à proteção autoral do *software*, é imprescindível estabelecer limites para sua realização, de modo a evitar que seja utilizada de maneira indevida, em prejuízo aos direitos exclusivos dos titulares de programas.

É nesse sentido que entendemos que a aplicação da regra dos três passos, consagrada na Convenção de Berna, pode ser bastante útil para avaliar a licitude das diferentes técnicas de engenharia reversa. É o que passaremos a expor.

---

47 Para Motta (2004), a "engenharia reversa de software é um importante elemento de pesquisa que visa o aumento de concorrência e o desenvolvimento da tecnologia, em nada afetando o que é protegido. Entendê-la como lícita é, ao mesmo tempo, a boa interpretação dos princípios do Direito do Autor e a aplicação prática dos princípios constitucionais. Especialmente em um mundo cada vez mais globalizado, um país importador de tecnologias de informação como o Brasil não deveria excluir de seu ordenamento jurídico este importante meio de promoção de pesquisa tecnológica e incentivo à livre concorrência".

Aplicação da regra dos três passos para aferir a licitude da engenharia reversa

No plano internacional, as limitações e exceções aos direitos autorais seguem a já mencionada regra dos três passos, conforme previsto na Convenção de Berna (1886) para a proteção de obras literárias e artísticas, que serve de base para os principais modelos de limitações e exceções constantes das legislações nacionais.[48] Vale destacar que os princípios e fundamentos da Convenção de Berna foram revigorados no Acordo TRIPS da Organização Mundial do Comércio (Trade Related Intelectual Property Rights – TRIPS/OMC), que também faz menção expressa à regra dos três passos.[49] Nesse sentido, conforme explica Maristela Basso (2007:496), a Convenção de Berna e o Acordo TRIPS "são os cânones de interpretação e aplicação das limitações aos direitos autorais", conforme previstas na legislação nacional.

A regra dos três passos foi introduzida na Convenção de Berna em 1967, durante a revisão de Estocolmo, estando atualmente prevista em seu artigo 9.2 (revisão de Paris) e no artigo 13 do Acordo TRIPS:

> Convenção de Berna:
> Artigo 9 [...] 2) Às legislações dos países da União reserva-se a faculdade de permitir a reprodução das referidas obras em certos *casos especiais*, contanto que tal *reprodução não afete a exploração normal* da obra *nem cause prejuízo injustificado aos interesses legítimos do autor* [grifos nossos].

48 O Brasil é membro signatário da Convenção de Berna, que foi internalizada no país em 20 de abril de 1975. De acordo com Maristela Basso (2007:496), a "Convenção de Berna, concluída em 1886 e revisada em algumas outras ocasiões, fundou o sistema internacional de proteção dos direitos autorais. O propósito deste sistema é a proteção, de maneira tanto quanto possível, eficaz e uniforme dos direitos dos autores sobre suas respectivas obras literárias e artísticas, promovendo, pois, a inovação por intermédio do bloqueio de atividades de apropriação de obras protegidas. O Sistema de Berna foi profundamente influenciado pela doutrina francesa do *droit d'auteur* que, por sua vez, tem como fundamentos básicos a doutrina do Direito Natural".

49 Os patamares mínimos de proteção dos direitos autorais previstos no Acordo TRIPS/OMC foram construídos sobre a estrutura da Convenção de Berna, conforme disposto no artigo 9º do Acordo TRIPS/OMC, que assim dispõe: "Os Membros cumprirão o disposto nos artigos 1 a 21 e no Apêndice da Convenção de Berna (versão de 1971)".

> Acordo TRIPS:
> Artigo 13. Os Membros restringirão as limitações ou exceções aos direitos exclusivos a determinados *casos especiais*, que *não conflitem com a exploração normal* da obra e *não prejudiquem injustificavelmente os interesses legítimos do titular do direito* [grifos nossos].

Assim, a regra dos três passos permite que as leis nacionais de direitos autorais autorizem a reprodução de determinadas obras por terceiros, sem autorização do titular, desde que tal reprodução se dê: (1) em certos casos especiais, (2) não afete a exploração normal da obra e (3) não cause prejuízo injustificado aos interesses legítimos do autor.

Vale destacar que a regra dos três passos reflete a necessidade de se manter o equilíbrio entre os direitos dos autores e o interesse público, isto é, interesses relacionados à educação, pesquisa e acesso à informação e ao conhecimento. Trata-se da diretriz que deve ser empregada na interpretação da legislação nacional para a definição do escopo das limitações e exceções aos direitos autorais no caso concreto, a fim de não se causar um prejuízo injustificado aos interesses legítimos dos autores e titulares dos direitos exclusivos (Basso, 2007:500). Conforme destacado por Marcos Rogério de Souza (2013:217), "a Regra dos Três Passos é o que há de mais moderno em limitações aos direitos de autor, por este motivo ela se propaga nos acordos, convenções e tratados internacionais".

Assim, considerando que o artigo 10 do Acordo TRIPS/OMC dispõe que "os programas de computador, expressos em código fonte ou objeto, são protegidos como obras literárias pela Convenção de Berna (1971)", cabe indagar em que medida a engenharia reversa de programas de computador, mais especificamente a descompilação, poderia ter sua legalidade avaliada com base na regra dos três passos, no contexto das limitações e exceções à proteção autoral do *software*.

Denis Borges Barbosa entende que a regra dos três passos não se aplicaria aos casos referentes à proteção de programas de computador no Brasil. Para o autor, a norma brasileira excluiria a aplicação da regra dos três passos, uma vez que a proteção do *software* – na qualidade de "criação tecnológica" – estaria condicionada à cláusula finalística prevista no inciso XXIX do art. 5º da Constituição Federal (i.e., ao interesse social e desenvolvimento tecnológico e econômico do país), e não às condicionantes previstas na regra dos três passos (Barbosa, 2010:1951).

Entretanto, ainda que os programas de computador possam ter um componente tecnológico importante, o regime de proteção aplicável é o mesmo conferido às obras literárias pela legislação de direitos autorais e conexos vigente no país, conforme o disposto no art. 2º da Lei do Software, bem como pelos tratados internacionais que regem a matéria. Desse modo, o regime constitucional aplicável é aquele previsto nos incisos XXVII e XXVIII do art. 5º da Carta Magna, que se aplica aos direitos autorais e conexos, e não aquele previsto no inciso XXIX do mesmo dispositivo, aplicável a criações industriais (e.g., patentes e desenhos industriais) e a marcas, nomes de empresas e signos distintivos. Por outro lado, ainda que o regime constitucional das criações industriais fosse aplicável aos programas de computador, a cláusula finalística prevista no inciso XXIX do art. 5º não excluiria o emprego da regra dos três passos, uma vez que esta se aplica igualmente a patentes e desenhos autorais, nos termos dos artigos 26 e 30 do Acordo TRIPS, devendo ser utilizada na interpretação consistente das limitações e exceções desses direitos de propriedade industrial.[50]

Vale destacar que o STJ, no Recurso Especial do STJ nº 964.404/ES (2007/0144450-5),[51] já reconheceu expressamente que a regra dos três passos deve ser utilizada na interpretação de limitações e exceções não previstas no rol do art. 46 e seguintes da Lei de Direitos Autorais. Trata-se da mesma decisão anteriormente mencionada, na qual o STJ reconheceu que as limitações e exceções previstas na legislação autoral são meramente exemplificativas, devendo, portanto, ser interpretadas de maneira extensiva. Ainda que esse caso não envolva diretamente a proteção autoral dos programas de computador, entendemos ser totalmente aplicável às limitações e exceções previstas na Lei do Software.

Em seu voto, o ministro Paulo de Tarso Sanseverino concluiu que a proteção garantida por um direito exclusivo será efetivada somente após o reconhecimento das limitações inerentes àquela proteção, as quais, por sua vez, devem refletir

---

50 Maristela Basso (2007:494-495) entende que a legislação nacional deve ser interpretada de maneira consistente com os tratados internacionais que regem a matéria: "A Doutrina da Interpretação Consistente (*Doctrine of Consistent Interpretation*) é uma regra de hermenêutica de normas legais nacionais cuja gênese seja internacional. Segundo esta doutrina, quando uma norma local permitir diferentes interpretações, esta deverá ser interpretada em consonância com as obrigações internacionais pertinentes à matéria, possibilitando-se uma relação harmônica do sistema jurídico nacional com o internacional, bem como a realização concreta do princípio do *Pacta Sunt Servanda* que, necessariamente, deve ser observado por todos os órgãos estatais, inclusive pelo Poder Judiciário".

51 Julgado em 26/05/2011.

o resultado de uma ponderação dos direitos autorais com direitos e garantias fundamentais. Entretanto, o ministro alerta em seu voto que essa ponderação de direitos constitucionais não pode ser arbitrária, devendo observar determinados critérios, citando expressamente a regra dos três passos como diretriz adequada para essa finalidade, conforme o disposto na Convenção de Berna e no Acordo TRIPS.

Assim, ao aplicar a regra dos três passos a casos envolvendo a prática de engenharia reversa, mais especificamente a descompilação e desassemblagem, caberá ao intérprete avaliar, no caso concreto, em que medida esta prática se deu (1) em certos "casos especiais", (2) sem afetar a "exploração normal" do programa e (3) sem causar "prejuízo injustificado aos interesses legítimos" do autor. Passaremos a analisar os elementos do teste em perspectiva para adaptá-lo à engenharia reversa.

Casos especiais

Em relação ao primeiro requisito, "casos especiais", deve-se avaliar em que medida a reprodução total ou parcial de um programa por meio da descompilação é realizada de maneira excepcional, quando não houver outra forma de obter informações não cobertas pela proteção autoral, como as ideias, princípios e funcionalidades de um programa.

Vale destacar que esse requisito está expressamente previsto na redação do artigo 6(1) das Diretivas da União Europeia, ao autorizar práticas de descompilação sob a forma de reprodução do código e a tradução da sua forma apenas "quando forem indispensáveis para obter as informações necessárias à interoperabilidade de um programa de computador com outros programas". O dispositivo ainda acrescenta que a licitude da descompilação será reconhecida apenas naqueles casos (especiais ou excepcionais) em que tais informações de interoperabilidade "não se encontrarem já fácil e rapidamente à disposição" do licenciado. Ainda que o dispositivo limite a descompilação apenas para finalidades de interoperabilidade, resta evidente que a prática somente será lícita se decorrer de "casos especiais" em que a informação não esteja disponível de outra forma.

Ideia semelhante foi expressa nos Estados Unidos pelo Tribunal de Apelação do 9º Circuito no caso Sega v. Accolade, ao assim decidir:

> Quando a desassemblagem for a única maneira de obter acesso às ideias e elementos funcionais incorporados em um programa de computador protegido por direitos autorais e quando houver uma razão legítima para buscar tal acesso, a desassemblagem será considerada um uso legítimo da obra protegida por *copyrights*, como uma questão de direito [trad. livre].[52]

Por essa perspectiva, as práticas de descompilação e desassemblagem poderiam ser legítimas apenas naqueles casos especiais ou excepcionais em que: (1) as informações não protegidas por direitos autorais não estiverem disponíveis de outra forma e (2) forem necessárias para uma finalidade legítima, por exemplo, para o desenvolvimento de programas que contenham funcionalidades equivalentes ao programa original, facilitar a interoperabilidade entre programas ou permitir a correção de erros.

Exploração normal do programa

O segundo elemento do teste diz respeito ao fato de que a engenharia reversa não pode afetar a "exploração normal" do programa pelo seu titular. Ao interpretar esse requisito, Denis Borges Barbosa (2010:1950) afirma que o termo "normal" deve ser compreendido como "tanto o que vem ocorrendo no mercado, como o que potencialmente possa vir a ocorrer; a regra é que a limitação não possa transformar o seu beneficiário em competidor do titular dos direitos". Essa interpretação do saudoso mestre deve ser analisada com cautela, sob pena de considerar que a proteção autoral confere um monopólio a impedir que terceiros se aproveitem das ideias e funcionalidades de um programa para desenvolver programas similares ou concorrentes, sem incorrer em cópia servil.

Conforme tivemos oportunidade de discorrer em outro trabalho, o termo "exploração normal" deve ser interpretado no sentido de permitir que a propriedade intelectual cumpra sua função essencial de impedir a concorrência pela cópia ou imitação, sem, contudo, impedir ou restringir a concorrência pela inovação ou superação (Lilla, 2013:321). Desse modo, a interpretação do termo

52 "*Where disassembly is the only way to gain access to the ideas and functional elements embodied in a copyrighted computer program and where there is a legitimate reason for seeking such access, disassembly is a fair use of the copyrighted work, as a matter of law*" (977 F.2d 1510, 9th Cir. 1992).

"exploração normal" jamais poderia ser no sentido de permitir que o titular do direito exclusivo se aproprie de um monopólio sobre as ideias, impedindo que terceiros concorram com programas originais funcionalmente semelhantes.

Esse entendimento vai ao encontro da interpretação do painel instaurado no âmbito do Órgão de Solução de Controvérsias (OSC) da OMC, no caso US – Section 110 (5) Copyright Act,[53] no sentido de que a "exploração normal" mencionada no artigo 13 do Acordo TRIPS não equivale à plena utilização de um direito exclusivo a ponto de proibir qualquer forma de reprodução não autorizada, sob pena de esvaziar as limitações e exceções aos direitos autorais. Conforme ponderou o painel em sua decisão:

> Se a exploração "normal" fosse equiparada ao uso pleno de todos os direitos exclusivos conferidos pelos direitos autorais, a cláusula de exceção do Artigo 13 ficaria desprovida de significado. Portanto, a exploração "normal" significa claramente algo menos que o uso total de um direito exclusivo [trad. livre].[54]

De fato, se a exploração normal fosse interpretada no sentido impedir a concorrência com o titular do direito exclusivo, a própria exceção prevista no art. 6º, inciso III, da Lei do Software não teria qualquer efeito, já que trata justamente da hipótese de ocorrência de semelhança entre dois programas em decorrência de características funcionais, o que inclui programas concorrentes.

Esse entendimento está em linha com a conclusão do Tribunal de Apelação norte-americano no já mencionado caso Sega v. Accolade,[55] que afirmou que "uma tentativa de monopolizar o mercado ao inviabilizar outros de competir contraria a finalidade estatutária de promover a expressão criativa e não pode constituir uma base equitativa forte para resistir à invocação da doutrina do *fair use*". Nesse caso, o tribunal deixou clara a diferença entre a cópia de ideias para o desenvolvimento de uma expressão criativa (i.e., concorrência pela inovação ou superação) e a cópia servil decorrente da exploração dos esforços alheios (concorrência pela imitação).

---

53 US – Section 110 (5) Copyright Act, WT/DS160/R.

54 "*If 'normal' exploitation were equated with full use of all exclusive rights conferred by copyrights, the exception clause of Article 13 would be left devoid of meaning. Therefore, 'normal' exploitation clearly means something less than full use of an exclusive right*". US – Section 110 (5) Copyright Act, WT/DS160/R.

55 Sega Enterprises Ltd v. Accolade Inc [1993] USCA9 19; 977 F.2d 1510 (9th Cir. 1992).

Assim, a reprodução total ou parcial de um programa mediante descompilação ou desassemblagem não conflitará com a exploração normal da obra quando desse processo resultar o desenvolvimento de um programa original, ainda que funcionalmente similar. Por outro lado, a emulação do programa mediante a cópia de linhas de código certamente conflitaria com a exploração normal do programa pelo seu titular, constituindo, portanto, infração autoral.

Prejuízo injustificado aos interesses legítimos do autor

No que se refere ao terceiro elemento do teste, a reprodução por meio de engenharia reversa não pode resultar em prejuízo injustificado aos interesses legítimos do autor. Ao interpretar esse requisito, Denis Borges Barbosa afirma que os "interesses" podem ser tanto patrimoniais quanto de qualquer outra natureza. Já o termo "legítimos" "serão tanto os interesses decorrentes de norma jurídica quanto aqueles não conflitantes com o sistema jurídico". Finalmente, o termo "injustificado" deve ser interpretado como distinto do simplesmente razoável: "Pode-se admitir, por exemplo, uma certa perda de receita em favor de outros objetivos da lei nacional, mas se a lesão for considerável, há que instituir alguma forma de compensação" (Barbosa, 2010:1950).

Assim, cabe distinguir o que seriam prejuízos financeiros e prejuízos de outra natureza. As perdas financeiras seriam injustificáveis se a engenharia reversa resultasse na cópia servil de um programa, levando à ocorrência de atos de concorrência desleal suscetíveis de impor prejuízos econômicos ao titular do programa original. Para além dos prejuízos financeiros, poder-se-ia cogitar, pelo menos em tese, da possibilidade de a engenharia reversa resultar em prejuízos morais às pessoas físicas autoras da redação do código fonte.[56; 57]

---

56 Cumpre-nos ressaltar que os direitos morais do autor foram limitados pelo art. 2º, § 1º, da Lei do Software, ao direito de reivindicar a paternidade do programa de computador e ao direito de se opor a alterações não autorizadas, quando estas impliquem deformação, mutilação ou outra modificação do programa de computador, suscetíveis de prejudicar sua honra ou sua reputação.

57 Esse entendimento parece estar em linha com a decisão do Painel do OSC da OMC no caso US – Section 110 (5) Copyright Act: "*The ordinary meaning of the term 'interests' may encompass a legal right or title to a property or to use or benefit of a property (including intellectual property). It may also refer to a concern about a potential detriment or advantage, and more generally to something that is of some importance to a natural or legal person. Accordingly, the notion of 'interests' is not necessarily limited to actual or potential economic advantage or detriment*". WT/DS160/R, para. 6.223.

De qualquer modo, nos parece mais viável a aplicação do teste para avaliar em que medida a engenharia reversa resultou em cópia de linhas de código de modo a possibilitar que situações de concorrência parasitária venham a causar perdas financeiras ao titular do programa. Se esse for o caso, a descompilação será considerada ilícita, cabendo ao infrator o dever de indenizar o titular do programa por perdas e danos. Por outro lado, caso o programa desenvolvido como resultado da engenharia reversa tenha aproveitado apenas as ideias e funcionalidades do programa original, eventuais perdas financeiras do titular do direito autoral serão decorrentes do processo natural de concorrência no mercado (pela inovação ou superação), e não de atos de concorrência desleal decorrentes da mera cópia servil do programa.

Conclusões

Embora se trate de um tema bastante polêmico em matéria de direitos autorais de programas de computador, a engenharia reversa, nas suas diversas técnicas e procedimentos, cumpre um papel importante na promoção da inovação e da livre concorrência, permitindo o desenvolvimento de novos produtos a contribuir com o progresso técnico e científico, bem como garantir a interoperabilidade entre diferentes programas, em benefício de usuários e desenvolvedores. Por outro lado, caso utilizada de maneira abusiva, a engenharia reversa é suscetível de infringir os direitos autorais do respectivo titular do programa em questão, o que poderia colocar em risco o sistema de incentivos da propriedade intelectual.

Se, por um lado, a análise *black box* não gera maiores discussões do ponto de vista do direito autoral, uma vez que consiste apenas na análise do funcionamento de programas legalmente adquiridos, por outro lado as técnicas de descompilação e desassemblagem sempre foram objeto de intensa discussão e de litígios por envolverem atos de reprodução total ou parcial do *software*. Contudo, na medida em que tais técnicas forem empregadas apenas para a extração de ideias, princípios e funcionalidades, que constituem elementos não abrangidos pela proteção autoral, não haveria que se falar em contrafação.

De fato, caso a engenharia reversa fosse proibida, haveria o risco de a proteção autoral do *software* resultar em uma espécie de monopólio sobre as ideias e funcionalidades do programa, conferindo ao titular do direito exclusivo um grau de proteção semelhante ao das patentes. Em outras palavras, uma eventual proibição da engenharia reversa poderia resultar em proteção excessiva ao titular dos direitos autorais, contrariando o necessário equilíbrio do sistema de proteção autoral.

Assim, a engenharia reversa deve ser vislumbrada no contexto das limitações e exceções à proteção autoral dos programas de computador. Ainda que o art. 6º, incisos I a IV, da Lei do Software não preveja expressamente a engenharia reversa no rol das limitações e exceções, o STJ já reconheceu, em caso que versava sobre a Lei de Direitos Autorais, que a interpretação dessas limitações e exceções deve ser extensiva, de modo a englobar outras formas de reprodução que não estejam expressamente previstas em lei. Deve-se ponderar, portanto, os direitos de autor e os direitos legítimos de terceiros, considerando a função social dos direitos autorais, de modo a garantir o necessário equilíbrio entre interesses públicos e privados, inerente ao sistema de propriedade intelectual. Nessa perspectiva, ao ponderar os preceitos constitucionais destacados, é possível concluir que a engenharia reversa pode cumprir um papel fundamental para a inovação, pesquisa, desenvolvimento tecnológico e para a livre concorrência, possibilitando o surgimento de novos programas úteis em benefício da coletividade e do bem-estar econômico e social.

É inegável, contudo, que a prática de engenharia reversa também pode facilitar a cópia servil e contrafação de programas de computador caso utilizada de maneira abusiva e em desconformidade com as finalidades legítimas razoavelmente esperadas daquele que a realiza. Assim, ainda que seja válido o reconhecimento da engenharia reversa no contexto das limitações e exceções à proteção autoral do *software*, é imprescindível estabelecer limites para sua realização, de modo a evitar que seja utilizada de maneira indevida, em prejuízo aos direitos exclusivos dos titulares de programas.

É nesse contexto que a aplicação da regra dos três passos pode facilitar a análise da licitude da engenharia reversa no caso concreto. O STJ reconheceu que a regra dos três passos deve ser utilizada na interpretação de limitações e exceções não previstas no rol do art. 46 e seguintes da Lei de Direitos Autorais, entendimento totalmente aplicável às limitações e exceções previstas na Lei do Software.

Desse modo, para avaliar se determinada prática de engenharia reversa, em especial por meio de descompilação ou desassemblagem, é lícita, deve-se avaliar, no caso concreto, em que medida esta prática se deu: (1) em certos casos especiais, (2) sem afetar a exploração normal do programa e (3) sem causar prejuízo injustificado aos interesses legítimos do autor.

Na análise do primeiro elemento do teste – "casos especiais" – deve-se avaliar se a engenharia reversa é praticada apenas em casos excepcionais em que: (1) as informações não protegidas por direitos autorais (ideias e funcionalidades) não estão disponíveis de outra forma; e (2) as informações são necessárias para uma finalidade legítima, por exemplo, para o desenvolvimento de programas funcionalmente similares, para facilitar a interoperabilidade entre programas ou para a correção de erros.

O segundo elemento do teste – "não afetar a exploração normal do programa pelo seu titular" – deve ser interpretado no sentido de permitir que a propriedade intelectual cumpra sua função essencial de impedir a concorrência pela cópia ou imitação, sem, contudo, impedir ou restringir a concorrência pela inovação ou superação. Assim, a interpretação do termo "exploração normal" jamais poderia ser no sentido de permitir que o titular do direito exclusivo se aproprie de um monopólio sobre as ideias, impedindo que terceiros concorram com programas originais funcionalmente semelhantes. Por outro lado, havendo cópia de linhas de código, certamente haverá conflito com a exploração normal do programa pelo seu titular, constituindo, portanto, infração autoral.

Em relação ao terceiro elemento do teste – "não resultar em prejuízo injustificado aos interesses legítimos do autor" –, deve-se avaliar em que medida a engenharia reversa resulta em cópia de linhas de código e, portanto, em situações de concorrência desleal suscetíveis de causar perdas financeiras ao titular do programa. Se for esse o caso, a engenharia reversa será considerada ilícita, cabendo ao infrator o dever de indenizar o titular do programa por perdas e danos. Se, por outro lado, não houve cópia servil e a engenharia reversa foi aplicada apenas para se extrair as ideias e funcionalidades do programa, eventuais perdas financeiras do titular do direito autoral serão decorrentes do processo natural de concorrência no mercado, e não de concorrência parasitária, não havendo que se falar em contrafação.

Finalmente, na hipótese de determinada prática de engenharia reversa ser considerada legítima, eventuais restrições ou proibições à prática por meio de cláusulas constantes de contratos de licenciamento poderão ser consideradas nulas de pleno direito, nos termos do art. 10, § 1º, inciso I, da Lei do Software, ou até mesmo abusivas, dada a incompatibilidade dessas cláusulas restritivas com o desejado equilíbrio do sistema de propriedade intelectual e da função social da proteção autoral dos programas de computador.

Referências

ABBOTT, John. Reverse engineering of software: copyright and interoperability. *Journal of Law, Information and Science*, 2003. Disponível em: <http://classic.austlii.edu.au/au/journals/JlLawInfoSci/2003/2.html#fn80>. Acesso em: 3 jan. 2019.

ANAWALT, Howard A. Using digital locks in invention development. *Santa Clara Computer & High Technology Journal*, v. 15, n. 2, p. 363-378, 1999.

ASCENSÃO, José de Oliveira. *Direito autoral*. 2. ed. rev. e ampl. Rio de Janeiro: Renovar, 1997.

BARBOSA, Cláudio R. *Propriedade intelectual*: introdução à propriedade intelectual como informação. Rio de Janeiro: Campus Jurídico, 2008.

BARBOSA, Denis Borges. A criação de um ambiente competitivo no campo da propriedade intelectual: o caso sul-americano. *Centre for Trade and Sustainable Development*, nov. 2005. Disponível em: <http://www.iprsonline.org/unctadictsd/docs/Barbosa%20FINAL%20formatado.pdf>. Acesso em: maio 2022.

____. *Tratado de propriedade intelectual*. Rio de Janeiro: Lumen Juris, 2010. t. III.

BASSO, Maristela. As exceções e limitações aos direitos de autor e a observância da regra dos três passos. *Revista da Faculdade de Direito da Universidade de São Paulo (RFDUSP)*, v. 102, jan./dez. 2007.

COHEN, Julie E.; LEMLEY, Mark. Patent scope and innovation in the software industry. *California Law Review*, v. 89, n. 1, p. 1-57, 2001. Disponível em: <https://scholarship.law.georgetownedu/cgi/viewcontent.cgi?article=1345&context=facpub>. Acesso em: 3 jan. 2019.

DIZ, Caroline Borges. *A jurisprudência brasileira sobre engenharia reversa de software*. Monografia (especialização em direito e tecnologia da informação) – Escola Politécnica da USP, São Paulo, 2019.

DORENKAMP, Theodore. Copyright misuse or a right to compete? A critique of Alcatel USA v. DGI Technologies. *Texas Intellectual Property Law Journal*, v. 9, p. 269, 2001.

FITZGERALD, Brian et al. Innovation, software, and reverse engineering. *Santa Clara High Technology Law Journal*, v. 18, n. 1, p. 121-159, 2001.

FRAGOSO, João Henrique da Rocha. *Direito autoral*: da Antiguidade à internet. São Paulo: Quartier Latin, 2009.

GUILLOU, Céline M. The reverse engineering of computer software in Europe and the United States: a comparative approach. *Columbia – VLA Journal of Law & the Arts*, v. 22, p. 533-539, 1998.

KATZ, Michael L.; SCHAPIRO, Carl. Network externalities, competition, and compatibility. *The American Economic Review*, v. 75, n. 3, p. 424-440, jun. 1985.

LEMLEY, Mark. Intellectual property and shrinkwrap licenses. *Southern California Law Review*, v. 68, p. 1239-1294, 1995.

______. Property, intellectual property, and free riding. Stanford Law School, John M. Olin Program in Law and Economics. *Working Paper n. 291*, ago. 2004.

______; MCGOWAN, David. Legal implications of network economic effects. *California Law Review*, v. 86, p. 479, 1998.

LILLA, Paulo Eduardo. *Propriedade intelectual e direito da concorrência*: uma abordagem sob a perspectiva do Acordo TRIPS. São Paulo: Quartier Latin, 2013.

MOTTA, Octavio. Limitações ao direito do autor na lei brasileira, cópia privada e engenharia reversa de software. *Direito Net*, 4 fev. 2004. Disponível em: <www.direitonet.com.br/artigos/exibir/1908/Limitacoes-ao-direito-do-autor-na-lei-brasileira-copia-privada-e-engenharia-reversa-de-software>. Acesso em: 15 jan. 2019.

RICE, David A. Sega and beyond: A beacon for fair use analysis... at least as far as it goes. *University of Dayton Law Review*, v. 19, p. 1131, 1994.

SAMUELSON, Pamela; SCOTCHMER, Suzanne. The law and economics of reverse engineering. *Yale Law Journal*, v. 111, n. 7, 9. 1575-1663, maio 2002. Disponível em: <www.yalelawjournal.org/article/the-law-and-economics-of-reverse-engineering>. Acesso em: 15 dez. 2018.

SANTOS, Manoel J. Pereira dos. *A proteção autoral de programas de computador*. Rio de Janeiro: Lumen Juris, 2008.

SCHIRRU, Luca. *A viabilidade legal da engenharia reversa de programas de computador no Brasil sob a legislação autoral e o seu potencial como fonte de inovação*. Dissertação (mestrado) – Programa de Pós-Graduação em Políticas Públicas, Estratégias e Desenvolvimento, Instituto de Economia, UFRJ, Rio de Janeiro, 2015.

SOUZA, Marcos Rogério. Nem tanto ao mar nem tanto à terra: Regra dos Três Passos e as limitações aos direitos autorais. *Revista Jurídica ESMP-SP*, v. 3, p. 211-227, 2013.

VAZ, Isabel. *Direito econômico das propriedades*. Rio de Janeiro: Forense, 1992.

VIEIRA, José Alberto. *A proteção dos programas de computador pelo direito de autor*. Lisboa: Lex, 2005.

WEICHSELBAUM, M. J. The EEC Directive on the legal protection of computer programs and U.S. Copyright Law: Should Copyright Law permit reverse engineering of computer programs?' *Fordham International Law Journal*, v. 14, n. 4, p. 1025-1067, 1991.

ZIEMINSKI, Craig. Game over for reverse engineering: how the DMCA and Contracts have affected innovation. *Journal of Technology Law and Policy*, v. 13, p. 289, 2008.

19. Liberdade de expressão, privacidade e biografias não autorizadas: uma contribuição*

José Roberto d'Affonseca Gusmão
Laetitia Maria Alice Pablo d'Hanens

Introdução

O conflito entre os direitos fundamentais de liberdade de expressão e preservação da privacidade, ambos consagrados na Constituição Federal de 1988, aqueceu os debates jurídicos ao longo desta década, particularmente no que se refere ao tema das biografias não autorizadas.

Artistas como Caetano Veloso, Chico Buarque, Djavan, Gilberto Gil, Milton Nascimento, Erasmo Carlos e Roberto Carlos, do movimento denominado "Procure Saber", chegaram a se manifestar pública e contrariamente à publicação e à comercialização de biografias sem prévia autorização do retratado ou de suas famílias. Tratava-se de reação ao Projeto de Lei nº 393/2011,[1] que buscava a alteração do art. 20 do Código Civil (Lei nº 10.406/2002),[2] cuja redação sujeita, de forma geral, "a divulgação de escritos, a transmissão da palavra, ou a pu-

* Este capítulo contou com a colaboração de Michelle Kallas Franco de Campos, advogada em São Paulo.

1 Tal projeto de lei havia sido apresentado à Câmara dos Deputados em 15/02/2011 pelo deputado Newton Lima Neto (PT/SP), prevendo a inclusão de um parágrafo no referido artigo para dispor que "a mera ausência de autorização não impede a divulgação de imagens, escritos e informações com finalidade biográfica de pessoa cuja trajetória pessoal, artística ou profissional tenha dimensão pública ou esteja inserida em acontecimentos de interesse da coletividade". A justificativa do autor do projeto era de que o art. 20 do Código Civil estabelecia uma forma de censura privada. Na época, o PL nº 393/2011, aprovado pela Comissão de Constituição e Justiça, não seguiu ao Senado devido a um recurso apresentado pelo deputado Marcos Rogério (PDT/RO), levando o debate sobre o texto para o plenário da Câmara dos Deputados.

2 "Art. 20. Salvo se autorizadas, ou se necessárias à administração da justiça ou à manutenção da ordem pública, a divulgação de escritos, a transmissão da palavra, ou a publicação, a exposição ou a utilização da imagem de uma pessoa poderão ser proibidas, a seu requerimento e sem prejuízo da indenização que couber, se lhe atingirem a honra, a boa fama ou a respeitabilidade, ou se se destinarem a fins comerciais. Parágrafo único. Em se tratando de morto ou de ausente, são partes legítimas para requerer essa proteção o cônjuge, os ascendentes ou os descendentes."

blicação, a exposição ou a utilização da imagem de uma pessoa" a autorização prévia, como se examinará adiante.

A discussão chegou ao Supremo Tribunal Federal com a Ação Direta de Inconstitucionalidade (ADI) nº 4.815, proposta pela Associação Nacional dos Editores de Livros (Anel), acompanhada posteriormente por diversas outras associações, com pertinência temática, admitidas no processo na condição de *amicus curiae*. A ação visava "a declaração da inconstitucionalidade parcial, sem redução de texto" dos arts. 20 e 21 do Código Civil de 2002.[3]

Argumentava a autora que, por força da ampla e abrangente interpretação que vinha sendo dada pelo Poder Judiciário aos referidos dispositivos, "a publicação e a veiculação de obras biográficas, literárias, ou audiovisuais, tem sido proibida em razão da ausência de prévia autorização dos biografados ou de pessoas retratadas como coadjuvantes (ou de seus familiares, em caso de pessoas falecidas)".

De fato, até aquele momento, o histórico de decisões judiciais ora determinando a retirada de circulação, ora proibindo a divulgação de biografias fora extenso, tendo sido o público brasileiro privado, temporária ou definitivamente, do acesso a uma série de obras dessa natureza, versando sobre personagens de interesse histórico e cultural, ícones da memória coletiva. Entre eles, os emblemáticos e polêmicos debates que levaram à clausura as biografias de Garrincha,[4] Roberto Carlos,[5] Lampião,[6]

---

[3] Ver nota 2 para o art. 20. "Art. 21. A vida privada da pessoa natural é inviolável, e o juiz, a requerimento do interessado, adotará as providências necessárias para impedir ou fazer cessar ato contrário a esta norma."

[4] A circulação da obra foi proibida em decisão liminar (TJRJ, MS nº 221/96, rel. desembargador Humberto Paschoal Perri, j. em 26/06/1996). Tal decisão foi reformada, mas o autor da obra foi condenado a indenizar as filhas do jogador biografado por danos morais (TJRJ, EI 2002.005.00058, rel. desembargador Sérgio Cavaliere Filho, j. em 15/05/2002). Vide também STJ, REsp nº 521.697/RJ, rel. ministro Cesar Asfor Rocha, Quarta Turma, j. em 16/02/2006. A respeito dessa polêmica, Luiz Schwarcz, editor da Companhia das Letras, escreveu emblemático artigo em *O Globo* (disponível em: <http://oglobo.globo.com/cultura/um-editor-de-biografias-10394191>).

[5] Por força da ação judicial movida por Roberto Carlos (TJRJ, Processo nº 0006890-06.2007.8.19.0001), Paulo César Araújo, autor da biografia *Roberto Carlos em detalhes*, acabou por firmar um acordo com o cantor, e a obra até hoje não está disponível ao público. O mesmo biógrafo declarou em artigo publicado na *Folha de S.Paulo* que a defesa da autorização prévia do biografado e do pagamento de parcela a título de direitos autorais pelos artistas do "Procure Saber" seria uma "Lei Fio Maravilha", em alusão ao jogador de futebol que processou Jorge Ben Jor após ser homenageado em letra de música. Seu texto veio rebater as declarações de Paula Lavigne, ex-mulher de Caetano, porta-voz do "Procure Saber", que alegou não ser justo que só os biógrafos e os editores lucrem com as biografias, e nunca os biografados e suas famílias (disponível em: <www1.folha.uol.com.br/opiniao/2013/10/1358980-paulo-cesar--de-araujo-lei-fio-maravilha.shtml>).

[6] O lançamento e a venda da obra *Lampião – o mata sete*, de autoria de Pedro Morais, foram proibidos em 2011 (Processo nº 0038627-20.2011.8.25.0001, 7ª Vara Cível de Aracaju, juiz Aldo Albuquerque de Mello, j. em 10/04/2012), tendo sido tal decisão revertida apenas em 2014 pelo tribunal.

Guimarães Rosa[7] e Paulo Leminski,[8] e até uma telenovela sobre o ex-presidente Fernando Collor,[9] produzida pela extinta Rede Manchete na década de 1990.

Sustentou a Anel que tais decisões ofendiam as liberdades de expressão e de informação protegidas pela Constituição Federal e que

> *pessoas cuja trajetória* pessoal, profissional, artística, esportiva ou política, *haja tomado dimensão pública, gozam de uma esfera de privacidade e intimidade naturalmente mais estreita. Sua história de vida passa a confundir-se com a história coletiva*, na medida da sua inserção em eventos de interesse público. Daí que exigir a *prévia autorização* do biografado (ou de seus familiares, em caso de pessoa falecida) importa consagrar uma *verdadeira censura privada* à liberdade de expressão dos autores, historiadores e artistas em geral, e ao direito à informação de todos os cidadãos [ADI nº 4.815, grifos nossos].

Houve audiência pública em 21 novembro de 2013 para debater o tema, ocasião em que escritores, editoras e pessoas ligadas ao mercado cultural e editorial puderam ser ouvidas e se manifestarem oficial e publicamente sobre o objeto da ação.[10] Além

---

7 A circulação da obra *Sinfonia de Minas Gerais: a vida e a literatura de João Guimarães Rosa*, de Alaor Barbosa dos Santos, foi impedida por cinco anos por força de decisão liminar (TJRJ, Processo nº 0180270-36.2008.8.19.0001). Depois de revertida a decisão, a filha do célebre escritor, que tinha dado declarações ofensivas à honra do biógrafo em jornais de grande circulação, foi ainda condenada a indenizar o biógrafo, tendo sido, ainda, majorado o valor da condenação por danos morais em grau de recurso (Ap. Cível nº 90800-46.2010.8.09.0051, TJGO, 4ª Câmara Cível, rel. dr. Sebastião Luiz Fleury, j. em 21/05/2015).

8 Curioso este caso em que as herdeiras do grande poeta insurgiram-se não só contra a obra *O bandido que sabia latim*, de Toninho Vaz, em sua quarta edição que traria atualização supostamente inconveniente, mas também contra a obra *Passeando por Paulo Leminski*, encomendada por elas ao amigo do biografado, o autor Domingos Pellegrini (disponível em: <https://cultura.estadao.com.br/noticias/geral,autores-domingos-pellegrini-e-toninho-vaz-sao-execrados-pela-familia-de-paulo-leminski,1161544>).

9 TJRJ, AC nº 1994.001.01380, rel. desembargador Perlingeiro Lovisi, j. em 07/06/1994.

10 Manifestaram-se favoravelmente à revisão da interpretação dada àqueles dispositivos do Código Civil quando aplicáveis a obras biográficas a Academia Brasileira de Letras, a Associação Brasileira dos Constitucionalistas Democratas, a União Brasileira dos Escritores, a Universidade Federal do Rio de Janeiro, a Associação Brasileira de Produtoras Independentes de Televisão, a Comissão de Direito Autoral da OAB/SP, o Instituto Palavra Aberta, o deputado Newton Lima (autor do PL nº 393, já referido), o Sindicato Interestadual da Indústria Audiovisual, o Sindicato Nacional dos Editores de Livros, o Conselho de Comunicação Social do Congresso Nacional, a Associação Paulista de Imprensa e a OAB. Em sentido contrário, o deputado federal Ronaldo Caiado, o deputado federal Marcos Rogério e a Associação Eduardo Banks.

disso, expoentes da academia[11] e do jornalismo[12] fomentaram o debate, fazendo com que ao longo dos anos que se seguiram o assunto estivesse em efervescência.

O embate culminou com o histórico julgamento, em 10 de junho de 2015, da ADI nº 4.815, tendo como relatora a ministra Cármen Lúcia, em cuidadoso e fundamentado voto e manifestação do ministro Luís Roberto Barroso, que solicitou juntada de voto para discorrer adicionalmente sobre as razões de decidir.

Passados mais de quatro anos daquela decisão, as discussões sobre o respeito à liberdade de expressão e a censura voltaram ao centro das atenções. Um filme publicitário do Banco do Brasil, em que uma das personagens é transexual e aparecem jovens tatuados e com cabelos coloridos, foi retirado do ar, tendo sido o diretor de marketing do banco estatal demitido.[13] O governo federal também anunciou que a Agência Nacional de Cinema (Ancine) poderia ser privatizada ou extinta caso não fosse possível "usar filtros" na produção audiovisual nacional, tendo sido criticado abertamente o patrocínio daquela agência ao filme *Bruna Surfistinha*.[14]

Novamente, vê-se o Supremo Tribunal Federal chamado a debater a questão. O partido Rede Sustentabilidade propôs uma Arguição de Descumprimento de Preceito Fundamental – a ADPF nº 614 – solicitando que seja anulado o recente Decreto nº 9.919/2019, que altera a estrutura e transfere o Conselho Superior de Cinema para o Ministério da Casa Civil, e também a anulação da portaria do Ministério da Cidadania, que suspendeu o edital de chamamento da Ancine para a produção de conteúdo para as televisões públicas, estimulando a destinação de recursos para o audiovisual nacional. A ADPF nº 614 conta

---

11 O historiador e professor da Universidade Federal Fluminense Ronaldo Vainfas declarou recentemente em entrevista à *Revista de História* que considera inaceitável que o biografado ou sua família interfira no trabalho do biógrafo para construir uma autoimagem que lhe convenha (disponível em: <www.revistadehistoria.com.br/secao/reportagem/o-interesse-publico-no-privado>).

12 Roberto DaMatta manifestou sua surpresa em ver os artistas da geração "É proibido proibir" proibindo biografias (disponível em: <www.estadao.com.br/noticias/impresso,paradoxos-,1086291,0.htm>).

13 Vide <https://g1.globo.com/jornal-nacional/noticia/2019/04/27/bolsonaro-volta-a-defender-veto-a-propaganda-do-banco-do-brasil.ghtml>.

14 Conforme noticiado, o presidente da República teria declarado em entrevista: "Mudou o governo, chama-se Jair Bolsonaro. De direita, família, respeito às religiões. E quando você fala em Ancine, de uma forma ou de outra, tem dinheiro público lá. E aí você vai fazer um filme da Bruna Surfistinha? Eu não estou censurando. Mas esse tipo de filme eu não quero. Quer insistir? A gente extingue a Ancine. A primeira medida, tem o decreto, vem para Brasília a Ancine. Tirar do Rio? Qual o problema? Vai ficar na nossa asa aqui" (vide matéria reportada em: <https://entretenimento.uol.com.br/noticias/redacao/2019/08/05/bolsonaro-ataca-ancine-e-filme-de-bruna-surfistinha-esse-tipo-eu-nao-quero.htm>).

com relatoria da ministra Cármen Lúcia e, em 4 de novembro de 2019, nossa Corte máxima recebeu cineastas, artistas e atores em nova audiência pública sobre "Liberdades Públicas de Expressão Artística, Cultural, de Comunicação e Direito à Informação".[15]

Este estudo vem revisitar a paradigmática decisão de 2015, para explorar os fundamentos pelos quais, no aparente conflito entre direitos fundamentais, a liberdade de expressão encontra uma posição não de hierarquia, mas de primazia, pois, como expresso no voto do ministro Luís Roberto Barroso, "em uma sociedade democrática, é preferível arcar com os custos sociais que decorrem de eventuais danos causados pela expressão do que o risco de sua supressão". A pertinência do tema salta aos olhos, na poética e brilhante relatoria da ministra Cármen Lúcia: "Sendo a liberdade objeto de permanentes lutas porque de constantes ameaças, importante não se permitir sequer a ocorrência de lesão a bem tão imprescindível. [...] Liberdade não é direito acabado. É peleja sem fim".

O direito fundamental à livre expressão e suas facetas

Na história da humanidade, a liberdade de pensamento e o direito à sua livre expressão encontram resguardo nos mais paradigmáticos textos normativos, pilares da construção do que hoje se entende por estado democrático de direito: a Declaração dos Direitos do Homem e do Cidadão (1789), a Declaração Universal dos Direitos Humanos da ONU (1948), o Pacto Internacional dos Direitos Civis e Políticos da ONU (1966), além das previsões em tratados regionais, como a Convenção Americana de Direitos Humanos (1969) e a Carta dos Direitos Fundamentais da União Europeia (2000).

Se a consagração desse direito, no plano internacional, acompanhou a estruturação geopolítica das nações ocidentais contemporâneas, no Brasil, a liberdade de expressão como direito fundamental passeou, por vezes, na corda bamba ao longo das sucessivas constituições, alimentando-se de "esperança equilibrista" em alguns momentos mais acidentados de nossa construção democrática.[16]

15 Disponível em: <www.stf.jus.br/portal/cms/verNoticiaDetalhe.asp?idConteudo=428829>.

16 Censura e limitações à liberdade de expressão ostentavam-se nas Constituições de 1934 (art. 113, 9), de 1946 (em seu art. 141, § 5º, depois modificado pelo art. 12 do AI nº 2, de 1965), depois substituída pela Emenda nº 1, de 1969, sobreposta pela aplicação do AI nº 5 (1968).

Independentemente de sua tortuosa trajetória, é de se notar que a liberdade de expressão se fez presente, com ou sem amarras, como direito fundamental em todas as Constituições da República.

A Constituição Federal de 1988, fruto dessa história de embates e da chamada "redemocratização", mostrou-se generosa na almejada consagração desse direito, por meio de diversos dispositivos que resguardam cada uma de suas dimensões.

Em uma *dimensão individual*, a liberdade de expressão encontra amparo no art. 5º, em seus incisos IV e IX, assegurando a cada indivíduo a possibilidade de manifestar seu pensamento ou os frutos de sua atividade criativa, artística, científica ou comunicativa:

> Art. 5º. Todos são iguais perante a lei, sem distinção de qualquer natureza, garantindo-se aos brasileiros e aos estrangeiros residentes no País a inviolabilidade do direito à vida, à liberdade, à igualdade, à segurança e à propriedade, nos termos seguintes: [...]
> IV - é livre a manifestação do pensamento, sendo vedado o anonimato; [...]
> IX - é livre a expressão da atividade intelectual, artística, científica e de comunicação, independentemente de censura ou licença; [...]

Por outro lado, a liberdade de expressão também pode ser interpretada sob uma *dimensão social*, consistente no direito de busca, recebimento e difusão de informações sobre qualquer tema, independentemente de censura ou licença, como se pode observar no próprio inciso IX e também no inciso XIV ao mesmo art. 5º:

> IX - é livre a expressão da atividade intelectual, artística, científica e de comunicação, independentemente de censura ou licença; [...]
> XIV - é assegurado a todos o acesso à informação e resguardado o sigilo da fonte, quando necessário ao exercício profissional; [...]

Trata-se de proteger constitucionalmente a livre informação, sobre quaisquer assuntos ou matérias, ainda que possam resvalar sobre particulares, desde que tenham expressão ou efeitos coletivos. Em outras palavras, cuida-se da liberdade de informar e de ser informado.

Todos esses comandos encontram reforço no art. 220 da Carta Magna, que veda a censura ou quaisquer formas de restrição às liberdades fundamentais:

> Art. 220. A manifestação do pensamento, a criação, a expressão e a informação, sob qualquer forma, processo ou veículo não sofrerão qualquer restrição, observado o disposto nesta Constituição.
> § 1º. Nenhuma lei conterá dispositivo que possa constituir embaraço à plena liberdade de informação jornalística em qualquer veículo de comunicação social, observado o disposto no art. 5º, IV, V, X, XIII e XIV.
> § 2º. É vedada toda e qualquer censura de natureza política, ideológica e artística.

A vedação à censura, portanto, destaca-se como princípio orientador, guardião para a interpretação dos demais dispositivos e base da garantia constitucional à liberdade de pensamento e manifestação. Note-se que a amplitude redacional do art. 220 não dá margem a dúvidas: a proibição à censura e/ou a qualquer limitação ao pleno exercício do direito fundamental ao livre pensamento e à sua expressão não atinge só as atividades públicas do Estado (em qualquer de seus poderes – Legislativo, Executivo ou Judiciário), mas também se estende à esfera privada, impondo-se sobre as relações entre particulares.

Esta vedação absoluta consagra-se como imperativo, na preservação do estado democrático e de suas ferramentas edificantes – o pluralismo e o livre debate – que a censura destrói:

> Desde há muito que a doutrina constitucional proclama a função constitutiva e estabilizadora da livre formação individual e coletiva através de uma esfera de discurso público aberta e pluralista. Os fundamentos dessa proclamação têm sido discernidos na procura da verdade e do conhecimento na expressão e autonomia individuais, na defesa do Estado de direito democrático, *na livre concorrência de ideias, no desenvolvimento normativo, na libertação de tensões sociais, na proteção da diversidade de opiniões, na acomodação de interesses, na transformação pacífica da sociedade.* A liberdade de expressão permite assegurar a continuidade do debate intelectual e do confronto de opiniões, num compromisso crítico permanente [grifo no original].[17]

Ou ainda, no voto da ministra relatora da ADI nº 4.815, "Censura é repressão e opressão [...] Democracia deveria escrever censura com "s" no início: semsura...".

17 J. J. Gomes Canotilho, citado no voto da ministra Cármen Lúcia, relatora da ADI nº 4.815 (Canotilho e Machado, 2014:128-129).

Direito e responsabilidade

Conquanto consagrado como fundamental, o direito à liberdade de expressão não se sustenta sem o contraponto de todo e qualquer direito: a responsabilidade daquele que, ao exercê-lo, comete abusos, dando ensejo ao dever de indenizar. Na esfera social, direito e dever conjugam-se vinculados para responsabilizar aquele que, no convívio cidadão e no exercício de liberdades, excede-se e causa danos a outrem. Esta conjugação inseparável entre direitos e deveres sustenta o modelo de convivência social democrática.

Para garantir o equilíbrio deste modelo, a própria Constituição elevou à mesma ordem dos direitos fundamentais a responsabilidade contrapeso de toda e qualquer liberdade, nos termos do inciso V ao art. 5º já citado:

> V - é assegurado o direito de resposta, proporcional ao agravo, além da indenização por dano material, moral ou à imagem; [...]

Cumpre destacar que, nesse dispositivo, "imagem" compreende não apenas a representação física de um indivíduo (seu retrato suportado por qualquer meio de registro) mas também sua reputação ou honra objetiva, vale dizer, a exteriorização social de sua personalidade, a maneira como é visto pelo seu meio de convívio (imagem atributo). Nesse ângulo, considera-se imagem a dignidade ou consideração de uma pessoa de acordo com seus concidadãos.

Esse equilíbrio sistêmico entre direito e dever permite que liberdade de expressão não se constitua em muleta para amparar aquele que, sob o pretexto de exercer um direito fundamental, extrapola limites em sua conduta e invade a esfera de proteção de outrem em seu direito igualmente fundamental de preservação de sua imagem:

> Não há, no direito, espaço para a imunidade absoluta do agir no exercício de direitos com interferência danosa a direitos de outrem. Ação livre é ação responsável. Responde aquele que atua, ainda que sob o título de exercício de direito próprio.[18]

---

[18] Voto da ministra Cármen Lúcia na ADI nº 4.815/DF, p. 93.

Neste ponto, cabe examinar o conteúdo e a amplitude do resguardo constitucional à intimidade e à privacidade para, em seguida, compreender como a paradigmática decisão de 2015 contrapôs e sopesou tal direito em relação à liberdade de expressão, no caso das obras biográficas.

A proteção à intimidade, à privacidade e à honra

Enquanto o direito à liberdade de expressão tem raízes que penetram os primeiros textos normativos pós-Revolução Francesa, a preservação à intimidade e à privacidade positivou-se como direito no tecido jurídico das nações ocidentais de maneira relativamente recente.

No Brasil, até a Constituição de 1988, sua tutela construiu-se na legislação infraconstitucional, por meio da tipificação dos crimes contra a honra e na preservação civilista dos direitos da personalidade. A doutrina tradicionalmente classifica os direitos da personalidade em dois grupos: (1) direitos à integridade física (direito à vida, direito ao próprio corpo e direito ao cadáver) e (2) direitos à integridade moral (direitos à honra, à liberdade, à vida privada, à intimidade, à imagem, ao nome e o direito moral do autor, entre outros).

Para fins deste estudo, interessam mais diretamente alguns direitos do segundo grupo, em especial, os direitos à intimidade, privacidade e à honra. Hoje, o texto do inciso X do art. 5º da Carta Magna não dá margem a dúvidas quanto à sua alçada de proteção, entre os direitos fundamentais:

> Art. 5º. Todos são iguais perante a lei, sem distinção de qualquer natureza, garantindo-se aos brasileiros e aos estrangeiros residentes no País a inviolabilidade do direito à vida, à liberdade, à igualdade, à segurança e à propriedade, nos termos seguintes: [...] X - são invioláveis a intimidade, a vida privada, a honra e a imagem das pessoas, assegurado o direito a indenização pelo dano material ou moral decorrente de sua violação; [...]

Carlos Alberto Bittar (2003) esclarece que o *direito à intimidade* destina-se a resguardar a privacidade em seus múltiplos aspectos: pessoais, familiares e negociais. Em outras palavras, tal direito estrutura-se em mecanismos de defesa da personalidade humana contra injunções, indiscrições ou intromissões alheias.

Entende este autor que, em relação à intimidade, devem ser resguardadas as confidências, informes de ordem pessoal (dados pessoais); recordações pessoais, memórias, diários, relações familiares, lembranças de família, sepultura, vida amorosa ou conjugal, saúde (física e mental), afeições; entretenimentos, costumes domésticos e atividades negociais, desde que reservados pela pessoa para si e para seus familiares (ou pequeno circuito de amizade) e, portanto, afastados da curiosidade pública (Bittar, 2003:135).

José Afonso da Silva (2008), por sua vez, considera que o texto constitucional distingue o direito à intimidade do *direito à privacidade*:

> [...] a intimidade foi considerada um direito diverso dos direitos à vida privada, à honra e à imagem das pessoas, quando a doutrina os reputava, com outros, manifestação daquela. De fato, a terminologia não é precisa... Toma-se, pois, a privacidade como "o conjunto de informação acerca do indivíduo que ele pode decidir manter sob seu exclusivo controle, ou comunicar, decidindo a quem, quando, onde e em que condições, sem a isso poder ser legalmente sujeito".[19]

Já o *direito à honra* seria a proteção da reputação, ou a consideração social a cada pessoa devida, a fim de se assegurar a paz no convívio coletivo e a própria preservação da dignidade humana. Tal direito acompanha a pessoa desde o nascimento, por toda a vida e mesmo depois da morte. É o que leciona Bittar (2003:135):

> O direito não é ilimitado, sofrendo alguns temperamentos, de que se sobressaem: a possibilidade de denominada "exceptio veritatis" (oponibilidade da verdade ao interesse do lesado); o constrangimento derivado de ordem judicial (como no caso de exclusão de sucessão, de associação, de empresa); a decretação de falência e outras situações como tais. Também se admite a distorção humorística da personalidade, desde que nos limites da comicidade e não ofenda a pessoa visada (prospera, a propósito, a noção de que o "animus jocandi" exclui a ilicitude da ação).

De fato, a necessidade de proteção à honra decorre, essencialmente, da inafastável curiosidade mórbida, presente na vida social e inerente à natureza

[19] Silva (2008:100), citado pela ministra Cármen Lúcia na íntegra de seu voto na ADI nº 4.815.

humana de conhecer o outro, comparar-se, conhecer os limites da psique e do comportamento, mas também do trágico e do chocante, que alimenta e mantém tantos e tantos canais de comunicação. Cabe, portanto, ao sistema jurídico parametrizar limites e refrear os instintos de tal curiosidade voraz sobre os escândalos e notícias negativas sobre terceiros, causando-lhes dor e gerando profundas cicatrizes.

As linhas divisórias entre os conceitos de intimidade, privacidade e honra são tênues e, algumas vezes, interpenetráveis. Assim foi traçado na ADI nº 4.815:

> A Constituição da República [...] também garante a inviolabilidade da intimidade (a essência resguardada de cada um), da privacidade (o que não se pretende viver senão no espaço mais recolhido daqueles com quem recai a escolha), da honra (que se projeta a partir da formação moral e dos valores que determinam as ações de cada um e fazem a pessoa reconhecida, para o que se precisa da liberdade) e da imagem (construída a partir da livre escolha do que se quer ser).[20]

Independentemente de se traçar uma fronteira rígida entre intimidade, privacidade, honra e imagem como bens juridicamente tutelados, é inegável sua tutela em nosso ordenamento. Também se mostram comuns a todos eles duas características: a primeira delas é que tais direitos, atribuídos a todo ser humano e reconhecidos pelos textos constitucionais modernos em geral, são oponíveis a toda a coletividade e também ao Estado; a segunda é que a violação dos direitos de personalidade não enseja tão somente uma reparação econômica ou material, mas, igualmente, formas alternativas de reparação, como o "direito de resposta", a divulgação de desmentidos de caráter geral, e/ou a indenização pelo dano não patrimonial – ou moral, como se convencionou denominar (Barroso, 2001).

A tensão entre direito e dever, liberdade e responsabilidade, no conflito entre livre expressão e proteção à intimidade, à privacidade, à honra e à imagem, mostra-se ainda mais pulsante no contexto de obras biográficas. Agravava-se essa situação à luz da normatização civil de tutela aos direitos da personalidade, até a decisão do Supremo Tribunal Federal, sobre esta específica questão, em 2015.

---

20 Antecipação ao voto da ministra Cármen Lúcia na ADI nº 4.815/DF, p. 23.

Interpretação dos arts. 20 e 21 do Código Civil até a ADI nº 4.815, de 2015

Se na ordem constitucional tais direitos fundamentais aparentavam conflito, até o advento da ADI nº 4.815 a questão encontrava outra barreira, à luz dos arts. 20 e 21 do Código Civil, cuja interpretação direta e imediata poderia induzir a restrição a um direito fundamental por norma infraconstitucional, sujeitando ao consentimento dos biografados e/ou de pessoas coadjuvantes (ou seus respectivos familiares, no caso de pessoas falecidas) a publicação e divulgação de obras de natureza biográfica:

> Art. 20. *Salvo se autorizadas*, ou se necessárias à administração da justiça ou à manutenção da ordem pública, a divulgação de escritos, a transmissão da palavra, ou a publicação, a exposição ou a utilização da imagem de uma pessoa poderão ser proibidas, a seu requerimento e sem prejuízo da indenização que couber, se lhe atingirem a honra, a boa fama ou a respeitabilidade, ou se se destinarem a fins comerciais. Parágrafo único. Em se tratando de morto ou de ausente, são partes legítimas para requerer essa proteção o cônjuge, os ascendentes ou os descendentes.
>
> Art. 21. A vida privada da pessoa natural é inviolável, e o juiz, a requerimento do interessado, adotará as providências necessárias para impedir ou fazer cessar ato contrário a esta norma [grifo nosso].

Interpretando-se literalmente o referido dispositivo, entendia-se que a exposição ou a utilização da imagem de terceiros, ou a divulgação de fatos sobre determinada pessoa, em circunstâncias capazes de lhe atingir a honra, a boa fama ou a respeitabilidade, podem ser proibidas pelo interessado. As exceções ao preceito limitavam-se a: (1) a autorização da pessoa envolvida ou a circunstância de a exibição ser necessária para (2) a administração da justiça ou (3) a manutenção da ordem pública.

Em outras palavras, a interpretação dos referidos dispositivos conduzia à proibição de publicação de tudo o que não tivesse sido autorizado ou não fosse necessário à administração da justiça ou à manutenção da ordem pública.

Tais dispositivos vinham sendo bastante criticados pela doutrina, à luz dos imperativos constitucionais de liberdade de expressão e vedação à censura:

> *O artigo 20 do novo Código Civil*, que representa uma ponderação de interesses por parte do legislador, *é desarrazoado, porque valora bens constitucionais de modo contrário aos valores subjacentes à Constituição. A opção do legislador*, tomada de modo apriorístico e desconsiderando o bem constitucional da liberdade de informação, *pode e deve ser afastada pela interpretação constitucional* [Carvalho, 2002:15, grifos nossos].

Diversos casos envolvendo a publicação de biografias foram julgados pelos nossos tribunais. Algumas decisões avaliavam a controvérsia sob o aspecto constitucional e discutiam o conflito entre os direitos fundamentais (liberdade de expressão e informação *vs.* direito à personalidade, principalmente honra e intimidade). Outros julgadores privilegiavam os preceitos infraconstitucionais que regem a matéria, especialmente o art. 20 do Código Civil, como já citado introdutoriamente.

Frente a esse panorama, em novembro de 2006 foi publicado o Enunciado nº 279 do Conselho de Justiça Federal elaborado durante a Jornada de Direito Civil, promovida pelo Conselho da Justiça Federal, *in verbis*:

> 279 – Artigo 20. A proteção à imagem deve ser ponderada com outros interesses constitucionalmente tutelados, especialmente em face do direito de amplo acesso à informação e da liberdade de imprensa. Em caso de colisão, levar-se-á em conta a notoriedade do retratado e dos fatos abordados, bem como a veracidade destes e, ainda, as características de sua utilização (comercial, informativa, biográfica), privilegiando-se medidas que não restrinjam a divulgação de informações.

De fato, o entendimento contido no Enunciado nº 279 já atribuía ao art. 20 uma interpretação bastante mais consentânea com o espírito da Constituição Federal, harmonizando a coexistência dos direitos de personalidade com o relativo à livre expressão e acesso à informação, propondo limitações adequadas.

Não obstante, depois desse advento, os conflitos sobre o tema ainda suscitaram muitas controvérsias. Entre elas, o paradigmático caso do cantor Roberto Carlos, que propôs uma ação judicial visando impedir a publicação, não autorizada, da sua biografia *Roberto Carlos em detalhes*. A tutela foi deferida, de pronto, pelo meritíssimo magistrado de primeiro grau, dr. Mauricio Chaves de Souza Lima, prestigiando a norma infraconstitucional, nos seguintes termos:

> *O artigo 20*, caput, do Código Civil/02, *é claro ao afirmar que a publicação* de obra concernente a fatos da intimidade da pessoa *deve ser precedida da sua autorização*, podendo, na sua falta, ser proibida se tiver idoneidade para causar prejuízo à sua honra, boa fama ou respeitabilidade.
>
> Registre-se, nesse ponto, *não se desconhecer a existência de princípio constitucional afirmando ser livre a expressão* da atividade intelectual e artística, independentemente de censura ou licença (inciso IX do mesmo artigo 5º). Todavia, entrecruzados estes princípios, *há de prevalecer o primeiro, isto é, aquele que tutela os direitos da personalidade*, que garante à pessoa a sua inviolabilidade moral e de sua imagem.[21]

O caso não passou por revisão da segunda instância, visto que as partes firmaram um acordo e Roberto Carlos desistiu da demanda.

Em 2005, o deputado federal Ronaldo Caiado havia proposto ação judicial visando ao recolhimento da obra biográfica *Na toca dos leões – a história da W/Brasil* (sobre os fundadores da agência de publicidade W/Brasil – Washington Olivetto, Javier Llussá Ciuret e Gabriel Zellmeister) e condenação por danos morais sob o argumento de violação da sua honra. A obra citava suposta declaração que o deputado teria dado ao sócio da agência, relatada ao biógrafo, no sentido de que a solução para os problemas de superpopulação de nordestinos no país seria a esterilização de mulheres. Em 2012, o Tribunal de Justiça de Goiânia, apesar de baixar o valor da indenização arbitrada em primeira instância, manteve a condenação com base nos seguintes fundamentos:

> [...] não se trata de crítica pura a uma figura política, um homem público, existindo também a figura da ofensa à honra.
>
> À luz do Direito Penal, destacam-se os crimes contra a honra, sendo eles a calúnia, a difamação e a injúria.
>
> [...] *do confronto entre a liberdade de expressão do autor da obra literária, segundo apelante, e a dignidade da pessoa humana do apelado, esta última deve sobrepujar* a primeira, pelo critério da ponderação dos valores, assim, deve o apelado ser indenizado pela dor moral que lhe foi causada, não havendo falar-se em culpa exclusiva da vítima quanto a repercussão das agressões contidas no texto publicado.[22]

---

21 Processo nº 2007.001.006607-2, juiz de direito Maurício Chaves de Souza Lima, 20ª Vara Cível da Comarca do Rio de Janeiro, *DJ*, 22 fev. 2007, grifos nossos.

22 Apelação nº 92377-35.2005.8.09.0051, rel. desembargador Gilberto Marques Filho, Quarta Turma Julgadora da Quarta Câmara Cível, *DJ*, 26 abr. 2012, grifos nossos.

Nesse contexto, a Ação Direta de Inconstitucionalidade nº 4.815, proposta em julho de 2012, tinha como objeto discutir a validade constitucional da interpretação que vinha sendo dada aos dispositivos do Código Civil, os quais, como relatado no caso, produziriam

> efeito censório, silenciador e distorcivo sobre a historiografia social, a construção da memória coletiva e a produção da cultura nacional, ao desestimular o trabalho de historiadores e autores em geral [...] e criar um monopólio de biografias autorizadas ou "chapa-branca" em que a história passaria a ser contada apenas pelos seus protagonistas, com a corrente omissão de fatos menos abonadores.[23]

Tratava-se de compatibilizar os arts. 20 e 21 com os princípios constitucionais em ponderação no que se refere às obras biográficas. Para tanto, fazia-se necessário compreender a natureza desta expressão artística e literária, como se verá a seguir.

Ponderação entre direitos fundamentais e biografias não autorizadas: o racional da ADI nº 4.815

Biografia como documento histórico

A compreensão da natureza da obra biográfica (por qualquer dos meios de expressão artística) tem papel fundamental no racional de ponderação entre os direitos fundamentais ora entendidos como conflitantes. Assim relatou-se esse ponto na paradigmática demanda:

> Para o deslinde da questão posta a exame na presente ação, não se pode deixar de enfatizar o direito à informação, constitucionalmente assegurado como fundamental, e que se refere à proteção a obter e divulgar informação sobre dados, qualidades, fatos de interesse da coletividade, *ainda que sejam assuntos particulares, porém com expressão ou de efeitos coletivos.*[24]

---

23 Voto do ministro Luís Roberto Barroso, ADI nº 4.815/DF, p. 155.

24 Voto da ministra Cármen Lúcia, ADI nº 4.815/DF, p. 86, grifo nosso.

As biografias destinam-se a relatar fatos e informações da vida de personalidades de maior ou menor destaque na expressão da vida social, permitindo conhecer hábitos, modos, referências, contextos, poderes e inter-relações de toda ordem, relativos não só ao sujeito biografado como também ao momento histórico e cultural da sociedade em que se insere.

Essa dimensão historiográfica das obras desta natureza reproporciona a individualidade face ao coletivo, considerando o sujeito de direitos como parte de um todo, plural, formado pela somatória de experiências particulares, no tecido da vivência social.

Com efeito, o gênero biográfico ganhou novo fôlego a partir da década de 1960, como fonte histórica. Nesse sentido, as palavras do historiador François Dosse (2009:11): "A biografia pode ser um elemento privilegiado na reconstituição de uma época, com seus sonhos e angústias". Também esta foi a premissa adotada no julgamento da ADI nº 4.815: "Pela biografia não se escreve apenas a vida do indivíduo, mas o relato de um povo, os caminhos da sociedade".[25]

No âmbito dos direitos constitucionais, a obra biográfica repousa sobre dois pilares: sua elaboração constitui exercício da liberdade artística de criação e manifestação dos autores biógrafos, independentemente de censura (conforme os já examinados inciso IX ao art. 5º e art. 220 da Constituição Federal), ao passo que sua divulgação ampara-se no direito à informação de que toda a sociedade é titular (nos termos do inciso XIV ao mesmo art. 5º), na construção e preservação de sua historiografia e memória.

Critérios para a ponderação do conflito até a decisão do STF

Pois bem. Ao se tratar de biografias a respeito de terceiros, é inevitável o confronto, se não o conflito, entre direitos fundamentais: de um lado, a liberdade de expressão e, de outro, os direitos à intimidade e à honra das pessoas retratadas na obra (principalmente o biografado).

O atual ministro Luís Roberto Barroso (2003: 97-98), em artigo publicado quando ainda em sua atividade como jurista e acadêmico, já propunha um conjunto de parâmetros que se destinam a mapear o caminho a ser percorrido pelo intérprete, diante de cada caso específico de conflito:

---

25 Voto da ministra Cármen Lúcia, ADI nº 4.815/DF, p. 135.

- *Veracidade do fato*. A informação que goza de proteção constitucional é a informação verdadeira. Nesse sentido, o autor de uma biografia tem o dever de apurar, com boa-fé, e dentro de critérios de razoabilidade, a veracidade do fato ao qual dará publicidade.
- *Local do fato*. Os fatos ocorridos em local reservado [como o domicílio do retratado] teriam proteção mais ampla e, como regra, não seriam passíveis de divulgação contra a vontade dos envolvidos. Mas se ocorrerem na rua, em praça pública ou mesmo em lugar de acesso ao público, como um restaurante ou o saguão de um hotel, em princípio, seriam fatos noticiáveis.
- *Existência de interesse público na divulgação dos fatos*. O interesse público na divulgação de qualquer fato verdadeiro se presume, como regra geral. Caberá ao interessado na não divulgação demonstrar que, em determinada hipótese, existe um interesse privado excepcional que se sobreponha ao interesse público, de liberdade de expressão e de informação.[26]
- *Licitude do meio empregado na obtenção da informação*. O conhecimento acerca do fato que se pretende divulgar tem de ter sido obtido por meios admitidos pelo direito.
- *Personalidade pública ou estritamente privada da pessoa objeto da notícia*. As pessoas que ocupam cargos públicos, ou as pessoas notórias (como artistas, atletas, modelos e pessoas do mundo do entretenimento) têm seu direito de privacidade tutelado em intensidade mais branda.

No mesmo artigo, publicado em 2003 na *Revista Trimestral de Direito Civil* (p. 97-98), o então jurista afirmava que, para livrar o dispositivo do Código Civil do risco da inconstitucionalidade, o mecanismo da proibição prévia de divulgações poderia ser admitido pelo intérprete, no caso concreto, ponderando os interesses colidentes, mas como uma

26 "Pois bem. Se examinarmos a natureza desse direito à informação verdadeira, vamos concluir que se trata de um direito 'transindividual', 'indivisível', cujos titulares são 'pessoas indeterminadas e ligadas por circunstâncias de fato'. Transindividual e indivisível porque a informação jornalística é destinada a todas as pessoas que se disponham a recebê-la, sem que se possa individualizar e dividir qual informação será difundida para este indivíduo e qual para aquele. Todos são igualmente titulares desse direito de receber informação e é inegável que todos os titulares estão ligados pela circunstância de fato de serem leitores do mesmo jornal, ouvintes do mesmo rádio ou espectadores da mesma emissora de televisão" (Carvalho, 1994:64 apud Barroso, 2001, nota 75).

> providência inteiramente excepcional. Seu emprego só será admitido quando seja possível afastar, por motivo grave e insuperável, a presunção constitucional de interesse público que sempre acompanha a liberdade de informação e de expressão especialmente quando atribuída aos meios de comunicação.

Dois critérios entre os acima propostos merecem observações adicionais.

Quanto ao local do fato, é conveniente considerar paralelamente a este um parâmetro adicional para o intérprete ou julgador: a esfera em que se encontra disponível a informação, sua fonte e origem, ultrapassando o ambiente físico do fato para alcançar a dimensão eventualmente pública que hospeda a informação. A esse respeito, comenta Rabindranath Capelo de Sousa em consolidada lição:

> também são lícitos os resumos biográficos e as próprias biografias de pessoas da história contemporânea, feitos a partir de documentos de acesso público, de declarações públicas do biografado e das pessoas que com ele privaram ou contraditaram, de factos ocorridos publicamente e mesmo de acontecimentos e de circunstâncias privadas [Sousa, 1995:342, nota 860].

Quanto ao grau de publicidade assumido pela personalidade biografada, último critério, Edilson de Farias (1996:116), citando de Cupis, assinala que o direito à intimidade oferece uma maior proteção aos cidadãos comuns do que aos homens públicos ou pessoas célebres, porquanto estes voluntariamente se expõem ao público, tendo que abdicar em parte de sua intimidade como preço da fama ou prestígio granjeados. Todavia, ressalta o autor que as pessoas públicas sofrem uma limitação e não uma supressão de sua intimidade. Subsiste proteção e amparo jurídicos naquelas hipóteses em que a divulgação adentra na esfera mais íntima da vida privada.

Nas palavras do próprio Adriano de Cupis (1961:146):

> *As pessoas de certa notoriedade não podem opor-se* à difusão da própria imagem, igualmente não podem opor-se *à divulgação dos acontecimentos de sua vida*. O interesse público sobreleva, nesses casos, o interesse privado; o povo, assim como tem interesse em conhecer a imagem dos homens célebres, também aspira conhecer o curso e os passos de sua vida, as suas acções e as suas conquistas; e, de facto, só através de tal conhecimento pode formar-se um juízo sobre o seu valor [grifos nossos].

Nesse sentido, são as decisões que já vinham sendo colecionadas por nossos tribunais ao tratar de personalidades públicas. Em ação movida pelas herdeiras de Juscelino Kubitschek contra a editora de uma importante revista semanal que publicou, sem autorização, trechos do diário do ex-presidente, assim decidiu o Tribunal de Justiça de São Paulo:

> DIREITOS AUTORAIS – Inindenizabilidade de divulgação de fatos íntimos relativos ao ex-Presidente falecido, bem assim, de seus familiares, não só porque já eram do conhecimento público, não injuriosos quanto à autora – Fatos que cercaram a vida do ex-Presidente, por ele relatados, de interesse histórico evidente – Relativismo da preservação do direito a intimidade de personalidades históricas – Danos morais, não só quanto à autora, como também, quanto a imagem do ex-Presidente afastados – Recurso não provido quanto a esta parte.
>
> [...] Observo que *na vida das pessoas públicas e que são e serão personalidades da história, como o ex-Presidente da República, a preservação do direito à intimidade é bastante atenuado*. Não podem impedir, seus herdeiros e sua ex-mulher, a divulgação de fatos verdadeiros. Da mesma forma, é inequívoco o interesse histórico sobre todos os atos e fatos que compõem vidas ilustres, como as do autor do diário e de outros ex-Presidentes da República.[27]

O mesmo entendimento foi adotado em caso análogo. Em ação proposta por Leda Maria de Mello Coimbra contra o espólio de Pedro Affonso Collor de Mello e Distribuidora Record de Serviços de Imprensa S/A, objetivando indenização por danos morais causados em decorrência da publicação do livro *Passando a limpo: a trajetória de um farsante*, o Tribunal entendeu que o direito à informação deve prevalecer sobre o direito à inviolabilidade da intimidade, principalmente tratando-se de pessoa de certa notoriedade:

> *[...] o direito de informação inserido no artigo 5º da Carta Magna constitui um dever, um direito-dever de bem informar* o leitor, em especial quando em confronto com o direito à inviolabilidade da intimidade, à vida privada, à honra e a imagem das pessoas.

27 Apelação Cível nº 95.250-4, TJSP, 3ª Câmara de Direito Privado, rel. desembargador Alfredo Migliore, 06/06/2000, v.u., grifo nosso.

> [...] as pessoas de certa notoriedade, não podem opor-se à difusão da própria imagem, igualmente não podem opor-se à divulgação dos acontecimentos de sua vida. *O interesse público sobreleva, nesses casos, o interesse privado*; o povo, assim como tem interesse em conhecer a imagem dos homens célebres, também, aspira a conhecer o curso e os passos de sua vida.[28]

Observa-se, portanto, uma construção doutrinária e jurisprudencial sobre a ponderação entre direitos fundamentais, pautada em determinados critérios, na irrestrita vigência interpretativa dos arts. 20 e 21 do Código Civil.

Tal era o contexto acerca do tema quando o Supremo Tribunal Federal debruçou-se sobre a demanda proposta pela Anel.

O racional decisório da ADI nº 4.815

Com primorosa pesquisa e rica fundamentação, o alegado conflito entre os direitos fundamentais à liberdade de expressão, de um lado, e, de outro, à intimidade, à privacidade, à honra e à imagem, foi examinado pela Corte tanto no plano unicamente constitucional quanto no plano que contrapõe os comandos do art. 5º da Constituição e os já citados artigos da legislação infraconstitucional.

Unicamente sob a ótica constitucional, entenderam, tanto a ministra relatora como o ministro Luís Roberto Barroso, que solicitou juntada de voto, pela inexistência de conflito, considerando a interpretação integrada dos dispositivos da Carta Magna.

Entendeu-se que, embora não haja hierarquia entre os direitos fundamentais, o direito à liberdade de expressão, conjugado com o imperativo de vedação à censura, como instrumentos de preservação do pluralismo, da manifestação e da investigação históricas, artísticas e culturais, inerentes ao Estado democrático de direito, gozam de posição de primazia em relação aos direitos da personalidade. Se estes últimos estão expostos ao inerente risco de violação, pelo exercício da liberdade em questão, encontram na própria Constituição critério de acomodação do aparente conflito, ao prever, também como direito fundamental, a reparação indenizatória (conforme inciso V ao art. 5º, já citado).

---

28 Apelação nº 260.256-1/9, TJSP, 7ª Câmara de Direito Privado, rel. desembargador Júlio Vidal, *DJ*, 26 ago. 1998, v.u., grifos nossos.

Em outras palavras, nosso constituinte procedeu a um sopesamento de riscos: o risco de ferir em seu coração a liberdade do pensamento como pilar democrático e o risco de dano àquele que viu sua intimidade e privacidade desnudas pela expressão artística ou literária de outrem.

A decisão da ADI nº 4.815 dedica cuidadosa atenção a esta ponderação de riscos:

> Tal opção não ignora o perigo de que o exercício das liberdades comunicativas seja abusivo e produza danos injustos. No entanto, ela decorre do reconhecimento, historicamente comprovado, da impossibilidade de eliminar *a priori* os riscos de abusos sem comprometer a própria democracia e os demais valores essenciais tutelados, como a dignidade humana, a busca da verdade e a preservação da cultura e memória coletivas. *Em uma sociedade democrática, é preferível arcar com os custos sociais que decorrem de eventuais danos causados pela expressão do que o risco de sua supressão.* Disso resulta a necessidade de conferir à liberdade de expressão uma maior margem de tolerância e imunidade e de estabelecer a vedação à censura.[29]

Em trecho precedente, a ministra relatora cita Ingo Sarlet, acrescentando que a própria pretensão indenizatória daquele que alega dano deve ser ponderada com cautela pelo julgador, para que a construção jurisprudencial não funcione como ferramenta de inibição e indireta censura:

> [...] em sentido amplo, a previsão no artigo 5º, V, da CF, juntamente com o direito de resposta, de um direito à "indenização por dano material, moral ou à imagem" opera como um limite à liberdade de expressão, embora não impeça o seu exercício. A fixação, na esfera de demandas judiciais, de valores altos a título de indenização poderá não apenas inibir a liberdade de expressão como mesmo levar, em situações-limite, à sua inviabilidade, de tal sorte que também nessa esfera há que se respeitar os critérios de proporcionalidade e razoabilidade.[30]

Por sua vez, o voto do ministro Luís Roberto Barroso destaca com clareza os fundamentos para o privilégio à liberdade de expressão em relação aos demais direitos fundamentais:

---

29 Voto do ministro Luís Roberto Barroso, ADI nº 4.815/DF, p. 162-163, grifo nosso.

30 Sarlet (2014:466-467), citado no voto da ministra Cármen Lúcia na ADI nº 4.815/DF, p. 92.

> Como é sabido, por força do princípio da unidade da Constituição, inexiste hierarquia jurídica ou formal entre as normas constitucionais. [...] *a impossibilidade de hierarquização dos direitos fundamentais não obsta que o sistema constitucional atribua uma posição privilegiada a alguns bens jurídicos* e estabeleça posições de preferência *prima facie* em relação a determinados princípios ou valores dotados de elevado valor axiológico. Este é precisamente o caso da liberdade de expressão.
>
> A Carta de 88 incorporou um sistema de proteção reforçado às liberdades de expressão, informação e imprensa, reconhecendo uma prioridade *prima facie* destas liberdades públicas na colisão com outros interesses juridicamente tutelados, inclusive com os direitos da personalidade. [31]

O ministro aponta cinco "fundamentos filosóficos ou teóricos" para este lugar privilegiado alçado pela liberdade de expressão no regime da Constituição de 1988:[32]

- a função essencial que a liberdade de expressão desempenha para a *preservação da democracia*, argumentado que "o amplo fluxo de informações e a formação de um debate público robusto e irrestrito constituem pré-requisitos indispensáveis para a tomada de decisões pela coletividade e para o autogoverno democrático";
- a *proteção à própria dignidade humana*, considerando que o direito à livre manifestação do próprio pensamento e o direito de acesso ao pensamento expresso pelos demais mostra-se "essencial ao livre desenvolvimento da personalidade, à autonomia e à realização existencial dos indivíduos, consistindo, assim em uma emanação de sua dignidade";
- a garantia ao "*processo coletivo de busca da verdade*", considerando que o silenciamento às manifestações e opiniões prejudica a construção histórica, pois "é na colisão com opiniões erradas que é possível reconhecer a 'verdade' ou as melhores posições";
- a *função instrumental* [da liberdade de expressão] para o exercício e o pleno gozo dos demais direitos fundamentais; e

---

31 Voto do ministro Luís Roberto Barroso, ADI nº 4.815/DF, p. 157 e segs., grifo nosso.

32 Voto do ministro Luís Roberto Barroso, ADI nº 4.815/DF, p. 160 e segs., grifos nossos.

- a *preservação da cultura e da história da sociedade*, que só pode ocorrer se asseguradas as liberdades comunicativas.

Somam-se a esses fundamentos, e não com menor importância no contexto decisório da ADI nº 4.815, a consagração máxima do imperativo guardião de vedação à censura, pública ou privada, conforme amplamente tutelado pela Constituição Federal, conforme já exposto.

Nas palavras da ministra Cármen Lúcia: "Conjugada com o direito à liberdade de expressão, a vedação a qualquer forma de censura exsurge como corolário lógico e imperativo".[33]

Do mesmo modo conclui o ministro Luís Roberto Barroso:

> Tal vedação foi textualmente acolhida pela Constituição de 1988, em seus artigos 5º, inciso IX, e 220, § 2º. O regime constitucional adotado em matéria de liberdade de expressão é, portanto, o de responsabilização posterior, e não o de interdição prévia.[34]

Ora, se na ponderação entre direitos fundamentais à luz tão somente dos dispositivos constitucionais concluiu-se pela posição privilegiada da liberdade de expressão, outra não poderia ser a conclusão quando sopesado este direito fundamental com a previsão dos dispositivos infraconstitucionais.

A apreciação do aparente conflito de normas solicitada ao Supremo Tribunal Federal não se destinava a traçar uma solução única para todos os potenciais conflitos que possam surgir no contexto da elaboração de biografias, mas sim a averiguar se a lei civil tem a prerrogativa de predeterminar, em abstrato, a prevalência dos direitos à honra, à intimidade e à imagem, em detrimento da liberdade de expressão, ao subjugar as biografias à autorização das pessoas nela retratadas.

Com efeito, a norma infraconstitucional, ao atribuir aos biografados, coadjuvantes ou seus familiares o direito potestativo de autorização prévia, arbitraria antecipadamente o potencial conflito de direitos fundamentais constitucionais em favor dos direitos de personalidade, o que não se sustenta do ponto de vista sistêmico.

---

33 Voto da ministra Cármen Lúcia na ADI nº 4.815/DF, p. 73.

34 Voto do ministro Luís Roberto Barroso na ADI nº 4.815/DF, p. 163, grifo nosso.

Deste modo, considerando como alicerces

a) os direitos fundamentais à liberdade de pensamento e de sua expressão;
b) o direito de acesso à informação (desdobrado no direito de informar e de ser informado), no contexto do qual as biografias constituem fonte documental histórica;
c) a proibição da censura, pelo Estado ou por particular;
d) a definição constitucional do dever de reparação àquele que viola a intimidade, a privacidade, a honra e a dignidade da pessoa, protegidos também como direitos fundamentais; e
e) o pressuposto de que norma infraconstitucional não pode cercear ou restringir direitos fundamentais consagrados...

...o Supremo Tribunal Federal julgou procedente a ADI nº 4.815 para dar interpretação constitucional aos arts. 20 e 21 do Código Civil, sem redução de texto, declarando inexigível para a publicação de obras biográficas o consentimento de pessoa biografada, de pessoas retratadas como coadjuvantes ou de seus familiares (no caso de pessoas falecidas), reafirmando, contudo o direito à inviolabilidade da intimidade, da privacidade, da honra e da imagem da pessoa, conforme previsto no inciso X ao art. 5º da Constituição.

Conclusão

Analisou-se neste capítulo o evidente conflito de direitos fundamentais que envolve a divulgação de fatos sobre a vida de terceiros, considerando-se, de um lado, a liberdade de expressão do autor da obra literária, assim como o direito à informação da sociedade; de outro, os direitos à intimidade e à honra do biografado (e demais pessoas retratadas na obra).

Foram examinados os fundamentos jurídicos que levaram à decisão de 2015, no sentido de compatibilizar a interpretação dos artigos do Código Civil aos imperativos constitucionais.

Estamos agora diante de um cenário no qual haveria carta branca para toda e qualquer obra? Foram privados os particulares de instrumentos jurídicos para impedir a circulação de obras que, ao cometerem excessos, lhes causem danos insuportáveis? E no caso de obras biográficas sobre pessoas sem qualquer exposição pública?

Não parece que a decisão da ADI nº 4.815 constitua um salvo-conduto para todo e qualquer caso. Ainda se exigirá do julgador a ponderação entre direitos fundamentais de acordo com cada caso concreto. Nesse sentido, a própria ressalva na antecipação de voto da ministra relatora, para reafirmar a proteção constitucional prevista no inciso X ao art. 5º. E é saudável que assim o seja. O direito busca dinâmica que acompanhe o próprio movimento da história e dos comportamentos sociais.

Paradigmática e vital, contudo, é a consagração das liberdades por uma decisão da Corte máxima num país em que estes ventos encontram sempre obstáculos.

Referências

BARROSO, Luís Roberto. Colisão entre liberdade de expressão e direitos da personalidade: critérios de ponderação. Interpretação constitucionalmente adequada do Código Civil e da Lei de Imprensa. *Migalhas*, 2001. Disponível em: <www.migalhas.com.br/arquivo_artigo/art_03-10-01.htm>. Acesso em: maio 2022.

____. Colisão entre liberdade de expressão, critérios de ponderação: interpretação constitucionalmente adequada do Código Civil e da Lei de Imprensa. *Revista Trimestral de Direito Civil*, Rio de Janeiro, v. 10, p. 97-98, 2003.

BITTAR, Carlos Alberto. *Os direitos da personalidade*. 6. ed. São Paulo: Forense, 2003.

CANOTILHO, J. J. Gomes; MACHADO, Jónatas E. M. Constituição e Código Civil brasileiro: âmbito de proteção de biografias não autorizadas. In: GAIO JÚNIOR, Antonio Pereira; SANTOS, Márcio Gil Tostes dos. *Constituição Brasileira de 1988*: reflexões em comemoração ao seu 25º aniversário. Curitiba: Juruá, 2014.

CARVALHO, Luís Gustavo Grandinetti Castanho de. *Liberdade de informação e direito difuso à informação verdadeira*. Rio de Janeiro: Renovar, 1994.

____. Direito à informação × direito à privacidade: o conflito de direitos fundamentais. *Fórum – Debates sobre a Justiça e Cidadania*: revista da Amaerj, Rio de Janeiro, n. 5, 2002.

CUPIS, Adriano de. *Os direitos de personalidade.* Trad. Adriano Vera Jardim e Antonio Miguel Caeiro. Lisboa: Livraria Morais, 1961.

DOSSE, F. *O desafio biográfico*: escrever uma vida. São Paulo: Edusp, 2009.

FARIAS, Edilson Pereira de. *Colisão de direitos*: a honra, a intimidade, a vida privada e a imagem versus a liberdade de expressão e informação. Porto Alegre: Sérgio Antonio Fabris, 1996.

SARLET, Ingo Wolfgang. Direitos fundamentais em espécie. In: ____. MARINONI, Luiz Guilherme; MITIDIERO, Daniel. *Curso de direito constitucional*. 3. ed. São Paulo: Revista dos Tribunais, 2014.

SILVA, José Afonso. *Comentário contextual à Constituição*. 5. ed. São Paulo: Malheiros, 2008.

SOUSA, Rabindranath Valentino Aleixo Capelo de. *O direito geral de personalidade*. Coimbra: Ed. Coimbra, 1995.

20. Guerra, paz e poder no século XXI

Maristela Basso

Ao meu melhor amigo, Fabio Lilla, que me ensinou a ir além das leis, dos códigos e dos regulamentos em minhas reflexões sobre o direito.

O medo pode ser um produto de transformação, mas a prudência também o é, e cada sensação é transmitida dos lobos frontais para o sistema límbico por hormônios ou neurotransmissores.

Quando os hormônios ou estimulantes apropriados são aplicados ao sistema límbico, eles produzem um comportamento mais agressivo; no entanto, ainda nenhuma pesquisa seguiu o processamento de sensações recebidas em toda a sua complexidade até o resultado da transmissão final.

Nós simplesmente não sabemos, portanto, como o sistema límbico responde aos lobos frontais e não podemos afirmar se, por analogia com os animais, o homem é mais racional do que instintivo ou se ocorre o oposto. As razões neurológicas da agressividade ainda não foram aclaradas [Keegan, 2001:21, trad. livre].

A minha história do que aconteceu em Ruanda é uma história de traição, fracasso, ingenuidade, indiferença, ódio, genocídio, guerra, inumanidade e mal. Ainda que fortes relações tenham sido construídas e comportamentos morais, éticos e corajosos tenham sido, por muitas vezes, mostrados, eles foram ofuscados por um dos mais rápidos, mais eficientes e mais evidentes genocídios da história contemporânea. Em somente cem dias, mais de 800.000 homens, mulheres e crianças inocentes de Ruanda foram brutalmente assassinados, enquanto o mundo desenvolvido, insensível e aparentemente não preocupado, estava sentado observando o desdobramento do apocalipse ou, simplesmente, mudava de canal. Quase cinquenta anos do dia em que meu pai e meu sogro ajudaram a libertar a Europa – quando campos de concentração foram descobertos e quando, a uma só voz, a humanidade disse, "nunca mais" – nós uma vez mais, sentados, permitíamos esse inenarrável horror acontecer. Nós não conseguíamos achar a vontade política ou os recursos para barrá-lo. Desde então muito foi escrito, discutido, debatido, argumentado e filmado sobre Ruanda. No entanto o meu sentimento é de que essa recente catástrofe já foi esquecida e que suas lições submergiram à ignorância e à apatia.

O genocídio em Ruanda foi um fracasso da humanidade que poderia facilmente acontecer novamente [General Roméo Dallaire, que chefiou a missão de paz em Ruanda. 2003:xxiv, xxv, trad. livre].

O século XX e a "Era dos Extremos", da "barbárie" e da "crueza"

O século XX foi descrito como a "Era dos Extremos", por Eric Hobsbawm (1994), ou a era dos grandes conflitos mundiais, dos genocídios e assassinatos em massa de civis e inocentes. Nesse século, tivemos duas guerras mundiais, muitas revoluções, conflitos coloniais e anticoloniais e muitas catástrofes. Todos com grande número de não combatentes civis mortos, milhares de feridos, milhões de desterrados de suas casas, cidades e países. Os crimes, na grande maioria das vezes, foram perpetrados com o patrocínio dos Estados ou oficialmente sancionados por eles. Foi um século no qual vimos emergir o "Estado criminoso" que, soberana e legalmente, mata ou permite que se mate em seu território.

Desde o início do século XX, o mundo não teve paz. Primeiro foi a era das grandes guerras mundiais – de 1914 a 1945. Depois veio a era do adensamento das tensões e do confronto entre as grandes potências, chamada de Guerra Fria – de 1945 a 1989. E, na sequência, quando se esperavam tempos melhores, veio o fim do sistema clássico de poder e o surgimento de novas guerras no sudeste da Europa, Oriente Médio e no norte e centro da África, entre outros lugares, antecipando uma era de instabilidade política e social e na qual as guerras entre nações deram lugar aos conflitos dentro dos próprios países. Portanto, o mundo não teve paz desde 1914 até agora.

O que vimos no transcurso do século XX foi que o preço das guerras deslocou-se, a passos largos, das Forças Armadas para a população civil por duas razões fundamentais: (1) civis inocentes, crianças, mulheres e homens, não envolvidos nos conflitos, passaram a ser as vítimas e os alvos dos ataques e mortes; (2) a população civil passou a ser capitaneada para as operações militares ou político-militares por governos despóticos e autoritários e/ou por facções rebeldes dentro do próprio país. Civis tornaram-se vítimas e, ao mesmo tempo, autores dos crimes contra seus nacionais e iguais.

Os números são alarmantes.

Durante a Primeira Guerra Mundial, 5% das mortes foram de civis. Na Segunda Guerra Mundial, o número aumentou para 66%. Atualmente, 80% a 90% das pessoas afetadas e mortas são civis.[1] Certamente, a primeira justificativa é a alta tecnologia no setor de armamentos, mas é demasiadamente simplista. A ela associa-se o enfraquecimento da distinção entre objetivos militares e civis e, consequentemente, entre combatentes e não combatentes. Às mortes acresce-se o número nunca antes visto de "refugiados" – pessoas que se deslocam de um país a outro na expectativa de sobrevida, e dentro de seu próprio país, de uma região a outra. Sob os auspícios do desenvolvimento tecnológico ficou mais fácil destruir o outro pela simples razão de que é "outro". A inovação, que deveria salvar o outro, incrementou as possibilidades de morte e extinção.

Até o século XX, os conflitos ocorriam, com raras exceções, entre países soberanos, ou, se ocorressem dentro de um mesmo país, eram entre partes opositoras suficientemente bem organizadas que, por essa razão, eram intituladas, pelo direito internacional, de "beligerantes" e eram até reconhecidas pela comunidade internacional. Havia, portanto, uma distinção clara entre "paz" e "guerra", que tinha início como uma "declaração de guerra ao inimigo" e terminava com um "tratado de paz ou de armistício". Os combatentes, nas operações militares, se distinguiam claramente dos não combatentes (civis) pelos seus uniformes, ou outros sinais das Forças Armadas organizadas. Contudo, durante o século XX essas distinções desapareceram ou ficaram menos claras. Já não se sabe mais qual a linha que separa os "conflitos entre países" e aqueles "conflitos no interior dos países", ou seja, ficou confusa a distinção entre "guerra", "revolução", "desmembramento" e "anexação". Daí a dificuldade de se distinguirem os estados de paz e guerra e entre "exército" e "polícia" como garantidores da ordem pública.

O mundo tornou-se demasiadamente grande, complexo e plural (Hobsbawm, 2007:29), e nenhuma potência soberana, nem mesmo os Estados Unidos da América, conseguiu implantar um sistema duradouro e efetivo de "paz" e "segurança" internacionais. A ONU, com seus diversos órgãos e organismos especializados, tem tentado, por meio da consolidação do princípio internacional

1 Segundo dados apresentados por Eric Hobsbawm (2007:24).

da "intervenção armada externa" por motivos humanitários, e do incentivo à criação do Tribunal Penal Internacional, criar uma estratégia de operação que possa controlar e resolver os conflitos. Todavia, as decisões sobre as intervenções armadas têm sido improvisadas e não há, no plano internacional, um efetivo sistema de solução de controvérsias, ou um país ou grupo de países que tenham assumido a posição de intermediários, negociadores e conciliadores internacionais, que possam agir sem a autorização do Conselho de Segurança da ONU.

É bem verdade que o princípio da intervenção armada, cuja aplicação e interpretação ficam a critério dos países soberanos, especialmente dos Estados Unidos da América e demais membros do Conselho de Segurança da ONU (França, Reino Unido, China e Rússia), tem sido usado mais por interesses propagandísticos, lobistas, ideológicos e econômicos do que realmente humanitários. Razão pela qual Eric Hobsbawm (2007:15) afirma que "a crueza e a barbárie constituem a herança do século XX".

Dos crimes armados internacionais aos crimes generalizados contra a humanidade

A Declaração dos Países Aliados, de 24 de maio de 1915, em plena Primeira Guerra Mundial, cunhou a expressão e a definição de "*crimes contra a humanidade e a civilização*". Logo após, no final da guerra, a Conferência de Paz de Paris, em 1919, acrescentou as expressões: "ofensas graves aos direitos da humanidade" e "crimes contra as leis da humanidade".

Mas qual a diferença entre os já então conhecidos "crimes de guerra" e os "crimes contra a humanidade"?

Os "crimes de guerra" são aqueles atos que ofendem as leis e os costumes de guerra, praticados nos conflitos internacionais entre nações, quando o inimigo é outro país (vizinho ou não). Os crimes de guerra são definidos por acordos internacionais, entre os quais as Convenções de Genebra e, mais recentemente, o Estatuto de Roma do Tribunal Penal Internacional, de 1998 (artigo 8). Em termos gerais, um ato é considerado crime de guerra a partir do momento em que um dos países-partes no conflito ataca de forma voluntária alvos (tanto humanos como materiais) não militares. Um objetivo não militar compreende civis, prisioneiros de guerra e feridos. Ademais, violar direitos humanos, ao torturar prisioneiros, submetê-los a tratamento cruel ou degradante, expô-los a perigos etc., implica prática de crimes de guerra.

Os "crimes contra a humanidade ou contra a civilização" são aqueles praticados fora do marco de um conflito internacional armado entre países/nações. São aqueles levados a efeito contra a população interna – nacional do próprio território – pelas Forças Armadas das autoridades governamentais ou com seu consentimento ou complacência.

Nos "crimes de guerra" o inimigo é externo, isto é, o governo, o Exército e/ou os cidadãos do país com o qual está em curso uma guerra armada. Nos "crimes contra a humanidade", o inimigo é interno, ou seja, do seu próprio país, seu vizinho de casa, de rua, de bairro, de região – não necessariamente o Exército local/nacional ou as Forças Armadas. São, via de regra, o cidadão comum, os civis ou os não combatentes.

Até o final da Segunda Guerra Mundial (1944-1945), o direito internacional ocupava-se em definir e regulamentar os "crimes de guerra", haja vista a experiência da primeira parte do século XX. Contudo, o pós-Segunda Guerra, frente à violência e aos horrores perpetrados durante os conflitos armados, trouxe consigo o conceito de "genocídio" – como "crime contra a humanidade", isto é, como novo fenômeno mundial, como se vê na Convenção da ONU para a Prevenção e a Repressão do Crime de Genocídio, em 1948. O mesmo conceito já estava presente na "Carta do Tribunal de Nuremberg", de 1945, que julgou os crimes cometidos durante a Segunda Guerra Mundial da seguinte forma:

> Artigo 6 (c)
> São crimes contra a Humanidade, a saber: homicídio, extermínio, escravidão, deportação e outros atos desumanos cometidos contra qualquer população civil, antes ou durante a guerra, ou perseguições por razão racial ou religiosa, motivos políticos em execução ou em conexão com qualquer crime da competência do Tribunal, ou não, em violação do direito interno do país onde perpetrado.
> Dirigentes, organizadores, instigadores, cúmplices e participantes na formulação e execução de um plano comum ou conspiração para cometer qualquer dos crimes antecedentes são responsáveis por todos os atos praticados por qualquer pessoa na execução de tal plano.

De forma ainda mais criteriosa e abrangente, o Estatuto de Roma do Tribunal Penal Internacional, de 1998, definiu os crimes contra a humanidade da seguinte forma:

> Artigo 7
> Crimes contra a humanidade
> 1. Para efeitos do presente Estatuto, "crimes contra a humanidade" são os seguintes atos cometidos como parte de um ataque generalizado ou sistemático contra qualquer população civil, com conhecimento do ataque:
> a) Assassinato;
> b) Extermínio;
> c) Escravidão;
> d) Deportação ou transferência forçada de população;
> e) Prisão ou outra privação grave da liberdade física, em violação das normas fundamentais do direito internacional;
> f) Tortura;
> g) Violação, escravatura sexual, prostituição forçada, gravidez forçada, esterilização forçada e outras formas de violência sexual de gravidade comparável;
> h) Perseguição contra qualquer grupo ou coletividade identificável por razões políticas, raciais, nacionais, étnicas, culturais, de gênero, religiosas, tal como definido no nº 3, ou outros motivos que são universalmente reconhecidos como inaceitáveis no direito internacional em conexão com qualquer ato referido neste parágrafo ou com qualquer crime da competência do Tribunal;
> i) Os desaparecimentos forçados;
> j) Os crimes de *apartheid*;
> k) Outros atos desumanos de caráter semelhante que causem intencionalmente grande sofrimento ou lesões graves ao corpo ou à saúde física ou mental.

Genocídio, portanto, é um dos tipos de crimes contra a humanidade e a civilização e implica o assassinato deliberado de pessoas motivado por diferenças étnicas, nacionais, raciais, religiosas e políticas. Daí por que este capítulo não é dedicado apenas ao estudo do genocídio. Seu escopo é maior. Parte-se da definição de "crimes contra a humanidade", como formulada no artigo 7º do Tribunal Penal Internacional, já referido, no qual o genocídio é uma das modalidades, entre tantas outras.

Vale a pena observar a evolução e sedimentação da definição e tipificação das condutas que caracterizam, hoje, crimes contra a humanidade:

Carta do Tribunal de Nuremberg Artigo 6 – C (1945)	**Estatuto do Tribunal Penal Internacional para a Antiga Iugoslávia – Artigo 5 (1993)**	**Estatuto do Tribunal Penal Internacional para Ruanda – Artigo 3 (1994)**	**Estatuto de Roma do Tribunal Penal Internacional Artigo 7 (1998)**
Crimes contra a humanidade, a saber: homicídio, extermínio, escravidão, deportação e outros atos desumanos cometidos contra qualquer população civil, antes ou durante a guerra, ou perseguição, racial ou religiosa, por motivos políticos em execução ou em conexão com qualquer crime da competência do Tribunal, ou não, em violação do direito interno do país onde perpetrado. Dirigentes, organizadores, instigadores, cúmplices e participantes na formulação e execução de um plano comum ou conspiração para cometer qualquer dos crimes antecedentes são responsáveis por todos os atos praticados por qualquer pessoa na execução de tal plano.	Crimes contra a humanidade – O Tribunal Penal Internacional tem competência para julgar as pessoas responsáveis pelos crimes seguintes, quando cometidos durante um conflito armado, seja internacional ou interno, e dirigido contra qualquer população civil: 1) Assassinato; 2) Extermínio; 3) Escravidão; 4) Deportação; 5) Prisão; 6) Tortura; 7) Estupro; 8) Perseguições, racial e religiosa ou por motivos políticos; 9) Outros atos desumanos.	O Tribunal Internacional para Ruanda tem competência para julgar as pessoas responsáveis pelos seguintes crimes cometidos como parte de um ataque generalizado e sistemático dirigido contra uma população civil, que seja por causa de sua nacionalidade, etnia, raça ou religião ou motivos políticos: 1) Assassinato; 2) Extermínio; 3) Escravidão; 4) Expulsão; 5) Prisão; 6) Tortura; 7) Estupro.	Crimes contra a humanidade. Para efeitos do presente Estatuto, entendem-se por "crime contra a humanidade" os seguintes atos cometidos como parte de um ataque generalizado ou sistemático contra qualquer população civil, com conhecimento do ataque: 1) Assassinato; 2) Extermínio; 3) Escravidão; 4) Deportação ou transferência forçada de população; 5) Prisão ou outra privação grave da liberdade física, em violação das normas fundamentais do direito internacional; 6) Tortura; 7) Violação, escravatura sexual, prostituição forçada, gravidez forçada, esterilização forçada e outras formas de violência sexual de gravidade comparável; 8) Perseguição contra qualquer grupo ou coletividade identificável por razões políticas, raciais, nacionais, étnicas, culturais, de gênero, religiosas, tal como definido no nº 3, ou outros motivos que são universalmente reconhecidos como inaceitáveis no direito internacional em conexão com qualquer ato referido neste parágrafo ou com qualquer crime da competência do Tribunal; 9) Os desaparecimentos forçados; 10) Crimes de *apartheid*; 11) Outros atos desumanos de caráter semelhante que causem intencionalmente grande sofrimento ou lesões graves ao corpo ou à saúde física ou mental.

Entre a Carta de Nuremberg e o Estatuto de Roma do Tribunal Penal Internacional foram celebrados muitos outros instrumentos legais internacionais com o objetivo de prevenir, eliminar e punir os crimes contra a humanidade, descritos anteriormente, bem como declarar a sua imprescritibilidade, como se vê a seguir:

Diplomas legais internacionais
1. Estatuto ou Carta do Tribunal de Nuremberg –1945: art. 6º.
2. Estatuto de Roma do Tribunal Penal Internacional – 1998: art. 5º.
3. Convenção para a Prevenção e a Repressão do Crime de Genocídio – 1948.
4. Convenção sobre a Eliminação e a Repressão do Crime de *Apartheid* – 1973, art. 1º.
5. Convenção Internacional para a Proteção de Todas as Pessoas contra os Desaparecimentos Forçados – 2006.
6. Convenções de Haia de 1899 e de 1907.
7. Resolution 3 (I) da Assembleia Général da ONU.
8. Resolution 95 (I) da Assembleia Général da ONU.
9. Convenção sobre a Imprescritibilidade dos Crimes de Guerra e dos Crimes Contra a Humanidade da ONU – 1968.
10. Convenção Europeia sobre a Imprescritibilidade dos Crimes Contra a Humanidade e dos Crimes de Guerra (de Estrasburgo) – 1974.
11. Estatuto do Tribunal Penal Internacional para a Antiga Iugoslávia – 1993, art. 3º.
12. Estatuto do Tribunal Penal Internacional para Ruanda – 1994, art. 3º.
13. Estatuto do Tribunal Penal Especial para Serra Leoa – 2000, art. 2.

Com a criação do Tribunal Penal Internacional, muitos julgamentos foram realizados com vistas a investigar, prender e condenar chefes de Estados e de governos (e seus comandados) responsáveis pela prática de tais crimes.

Entretanto, mesmo diante do número expressivo de instrumentos internacionais de prevenção e punição desses crimes, assim como das prisões e condenações de muitos de seus responsáveis, o século XX ficou marcado como aquele das atrocidades, dos massacres, dos extermínios e dos assassinatos de inocentes.

A década de 1990 e os primeiros anos do século XXI foram plenos de conflitos militares (formais e informais) na Europa, na África, Oriente Médio e na Ásia ocidental e central. Graças ao avanço da legislação internacional, como visto, e da consolidação da importância dos trabalhos dos Tribunais Internacionais Especiais (*ad hoc*), desde aquele de Nuremberg e, mais recentemente, do já instaurado Tribunal Penal Internacional (TPI), muitos criminosos foram e estão sendo julgados e sentenciados, mas muito ainda resta a ser feito no que diz respeito à punição e prevenção dos crimes contra a humanidade.

O desempenho do Tribunal Penal Internacional (TPI)

A partir das experiências dos Tribunais Internacionais *ad hoc*, examinados anteriormente, tornou-se imperativa a criação de um tribunal internacional especializado e permanente, capaz de julgar crimes praticados contra a sociedade internacional. Do anseio à realidade, o tribunal foi concebido e seu estatuto aprovado em 1998, em conferência que reuniu 148 países, obtendo 120 votos favoráveis, 21 abstenções e sete contrários. Em 11 de abril de 2002 o Estatuto de Roma já alcançava mais do que o número mínimo de ratificações necessárias para entrar em vigor. Dessa forma foi preenchida uma lacuna na evolução do direito penal internacional e dos direitos humanos e, por esse meio, sepultou-se a institucionalização de tribunais transitórios para esta matéria.

O Brasil não apenas assinou e ratificou o tratado/estatuto constitutivo do Tribunal Penal Internacional como emendou a Constituição Federal para incluir em seu art. 5º (Dos Direitos e Garantias Fundamentais) o § 4º: "O Brasil se submete à jurisdição do Tribunal Penal Internacional a cuja criação tenha manifestado adesão" (Emenda Constitucional nº 45/2004).

O TPI foi institucionalizado como organização internacional, tendo, portanto, personalidade jurídica de direito internacional. Com sede em Haia, na Holanda, apresenta jurisdição complementar às jurisdições penais nacionais sobre pessoas responsáveis pelos crimes de maior gravidade com alcance internacional. Ressalta-se que é uma organização independente do sistema da ONU – nasceu graças aos auspícios dela, mas é independente.

O Tribunal se divide em:

a) Presidência: exercida por juiz especialmente eleito;
b) Seção de Julgamentos: dividida em
   – Seção de Instrução;
   – Seção de Julgamento em Primeira Instância;
   – Seção de Recursos;
c) Gabinete do procurador;
d) Secretaria: responsável pelos aspectos não judiciais do funcionamento do tribunal.

O Estatuto de Roma atribuiu competência ao TPI para julgar os crimes mais graves que afetarem a comunidade internacional em todo o seu conjunto, podendo processar e julgar os responsáveis. Assim, é de competência do TPI julgar crimes como genocídio, crimes contra a humanidade, de guerra, de agressão etc., sendo todos imprescritíveis. Ressalta-se, também, que a atividade do TPI não é retroativa, podendo apenas recair sobre casos posteriores à sua institucionalização (início dos anos 2000).

Nos casos julgados e processados pelo TPI, o direito aplicável tem como fonte o Estatuto de Roma, tratados, princípios e normas de direito internacional e até princípios gerais do direito que o tribunal retira dos sistemas jurídicos internos/nacionais existentes, desde que não sejam incompatíveis com o direito internacional.

O Estatuto de Roma para o Tribunal Penal Internacional, em seu artigo 7º, especifica quais são considerados, hoje, crimes contra a humanidade: homicídio; extermínio; escravidão; deportação ou transferência forçada de uma população; prisão ou outra forma de privação da liberdade física grave; tortura; agressão sexual; perseguição contra qualquer grupo que possa ser identificado por motivos raciais, políticos, nacionais, étnicos, culturais, de gênero, religiosos etc.; desaparecimentos forçados; crimes de *apartheid*; outros atos desumanos de caráter semelhante que causem intencionalmente grande sofrimento ou lesões graves ao corpo ou à saúde física ou mental.

O processo se instaura a partir do procurador, detentor do poder de iniciativa processual e abertura de inquérito. O procurador pode pedir que se instaure a investigação baseado em pedidos de Estados-membros ou do Conselho de Segurança da ONU, ou mesmo por iniciativa própria, caso receba informação de crimes de jurisdição da Corte. Admitida a acusação, segue-se um rito clássico de amplo contraditório e defesa em matéria penal.

A sentença deverá ser fundamentada com base apenas na apreciação das provas e do processo. As penas suscetíveis de aplicação podem ser:

a) Restritivas de liberdade: podendo ser prisão por um período determinado, até o limite máximo de 30 anos; ou perpétua, quando o grau de ilicitude do fato e condições pessoais do condenado forem de grau elevado, justificando sua adoção. A pena de prisão perpétua deverá ser cumprida em um Estado escolhido pelo tribunal em uma lista daqueles que tiverem manifestado disponibilidade para receber condenados.

b) De natureza pecuniária: como multa ou perda de produtos, bens e haveres provenientes do crime de maneira direta ou indireta, não podendo, no entanto, prejudicar terceiros que tenham agido de boa-fé.

É possível o recurso da sentença condenatória. O procurador poderá recorrer quando houver vício processual, erro de fato ou de direito; já o condenado tem o direito de ajuizar recurso, além das possíveis situações apresentadas, ao procurador quando houver qualquer outro motivo suscetível de afetar a equidade ou regularidade tanto do processo como um todo como da sentença em si.

Ao todo, foram trazidos perante o TPI 21 casos em nove situações.

Até os dias de hoje (outubro de 2014), apenas quatro Estados-membros trouxeram ao TPI situações ocorridas em seus próprios territórios. São eles: Uganda, República Democrática do Congo, República Centro-Africana e Mali. O Conselho de Segurança, por sua vez, trouxe situações em Darfur, Sudão, Líbia – sendo que ambos não são Estados-membros. Após análise de informações disponíveis, o procurador instaurou investigações em todos esses casos. Além desses, em 31 de março de 2010 um prejulgamento garantiu ao procurador a autorização para instaurar investigação por iniciativa própria sobre a situação no Quênia, e, em outubro de 2011, outro prejulgamento deferiu o pedido do procurador para investigar a situação na Costa do Marfim.

Examinemos um pouco mais o que aconteceu no interior desses países.

Crimes cometidos em Uganda. Acusados: Joseph Kony, Vincent Otti, Okot Odhiambo e Dominic Ongwen

Trata-se de caso corrente na Câmara II do TPI. Foram emitidos cinco mandados de prisão contra cinco dos membros principais do Exército de Resistência do Senhor (Lord Resistance Army – LRA). Os processos contra Lukwiya (um dos cabeças do grupo) foram extintos em razão de sua morte, tendo continuidade, no entanto, contra os outros quatro membros do grupo. Ressalta-se que os quatro suspeitos ainda estão foragidos (outubro de 2014).

O LRA é um grupo sectário cristão e militar do norte de Uganda, formado em 1987. Atualmente está envolvido em uma revolta armada contra o governo, sendo acusado de violações generalizadas dos direitos humanos, incluindo assassinatos, raptos, mutilações, escravidão sexual de crianças e mulheres.

Joseph Kony, tido como o comandante-chefe do LRA, supostamente é responsável criminalmente por 33 fatos de responsabilidade criminal individual (artigo 25, 3, "a" e "b" do TPI), entre os quais:

- 12 casos de crimes contra a humanidade: homicídio (artigo 7, 1, "a"); escravidão (artigo 7, 1, "c"); escravidão sexual (artigo 7, 1, "g"); estupro (artigo 7, 1, "g"); atos desumanos (artigo 7, 1, "k");
- 21 casos de crimes de guerra: homicídio (artigo 8, 2, "c", "i"); tratamento cruel de civis (artigo 8, 2, "c", "i"); dirigir ataques à população civil em geral intencionalmente (artigo 8, 2, "e", "i"); saquear aglomerado populacional ou um local, mesmo quando tomado de assalto (artigo 8, 2, "e", "v"); estupro induzido (artigo 8, 2, "e", "vi"); alistamento forçado de crianças (artigo 8, 2, "e", "vii") – todos artigos referidos são do Estatuto do TPI.

Vincent Otti, considerado vice-presidente e segundo em comando do LRA, é supostamente responsável por 32 fatos de responsabilidade criminal individual (artigo 25, 3, "b" do TPI), entre os quais:

- 11 casos de crimes contra a humanidade: homicídio (artigo 7, 1, "a"); escravidão sexual (artigo 7, 1, "g"); atos desumanos (artigo 7, 1, "k");
- 21 casos de crimes de guerra: estupro induzido (artigo 8, 2, "e", "vi"), dirigir ataques à população civil intencionalmente (artigo 8, 2, "e", "i"); alistamento forçado de crianças (artigo 8, 2, "e", "vii"); tratamento cruel a civis (artigo 8, 2, "c", "i"); saquear aglomerado populacional ou um local, mesmo quando tomado de assalto (artigo 8, 2, "e", "v"); assassinato (artigo 8, 2, "c", "i") – todos artigos citados são do Estatuto do TPI.

Okot Odhiambo, vice-comandante do exército e comandante da Brigada de Trinkle and Stockree do LRA (braço ainda mais cruel), é supostamente responsável por 10 fatos de responsabilidade criminal individual (artigo 25, 3, "b"), entre os quais:

- dois casos de crime contra a humanidade: homicídio (artigo 7, 1, "a"), escravidão (artigo 7, 1, "c");
- oito casos de crimes de guerra: homicídio (artigo 8, 2, "c"); dirigir ataques à população civil intencionalmente (artigo 8, 2, "e", "i"); saquear aglomerado populacional ou um local, mesmo quando tomado de assalto (artigo 8, 2, "e", "v"); alistamento forçado de crianças (artigo 8, 2, "e", "vii") – todos artigos referidos são do Estatuto do TPI.

Dominic Ongwen, comandante da Brigada da Sinia do LRA (outro tentáculo do grupo), é acusado por sete fatos de responsabilidade criminal individual (artigo 25, 3, "b"), entre os quais:

- três casos de crime contra a humanidade: homicídio (artigo 7, 1, "a"); escravidão (artigo 7, 1, "c"); atos desumanos (artigo 7, 1, "k");
- quatro casos de crimes de guerra: homicídio (artigo 8, 2, "c"); tratamento cruel a civis (artigo 8, 2, "c", "i"); dirigir ataques à população civil intencionalmente (artigo 8, 2, "e", "i"); saquear aglomerado populacional ou um local, mesmo quando tomado de assalto (artigo 8, 2, "e", "v") – todos artigos referidos são do Estatuto do TPI.

Crimes cometidos na República Democrática do Congo

Cinco casos foram trazidos perante as câmaras do TPI. Examinemos quais:

- *Caso: Procurador × Thomas Lubanga Dyilo (em custódia do TPI)*
  A Câmara I condenou Dyilo em 14/03/2012. O processo começou em 26/01/2009. Em 10 de julho de 2012, ele foi sentenciado a prisão por 14 anos, deduzido o período que ficou sob custódia do TPI. Em 07/08/2012, a Câmara de Julgamento I emitiu decisão sobre o processo a ser instaurado para reparações às vítimas.

  Thomas Lubanga Dyilo foi condenado como coautor dos seguintes crimes:
  – Crimes de guerra: recrutamento e alistamento de crianças menores de 15 anos nas Forces Patriotiques pour la Libération du Congo (FPLC) e

utilizá-las para participar ativamente nas hostilidades no contexto de um conflito armado não internacional, de setembro de 2002 a agosto de 2003 (artigo 8, 2, "e", vii) – todos artigos citados do Estatuto do TPI.

O veredicto do TPI foi unânime, dado pela Câmara de Julgamento I, composta pelo juiz Adrian Fulford, como juiz-presidente, juíza Elizabeth Odio Benito e juiz René Blattmann.

Dyilo está encarcerado no Centro de Detenção em Haia, na Holanda – sede do TPI.

- *Caso: Procurador × Bosco Ntaganda (em custódia do TPI)*
Em 22/03/2013, Bosco se entregou voluntariamente e desde então permanece em custódia do TPI. Sua audiência inicial se deu perante a Câmara de Pré-Julgamento II em 26/03/2013. A confirmação das acusações deu-se, recentemente, entre os dias 10 e 14 de fevereiro de 2014. Em 09/06/2014, a câmara, por unanimidade, confirmou as acusações.

Bosco Ntaganda foi vice-chefe do Estado e comandante de operações da FPLC e acabou condenado pelos seguintes crimes:
– crimes de guerra: homicídio e tentativa de homicídio; ataque a civis; estupro; escravidão sexual de civis; saque; deslocamento de civis; ataque a objetos protegidos; destruição de propriedade de inimigo; alistamento e recrutamento de crianças, usando-as para participar ativamente de hostilidades;
– crimes contra a humanidade: homicídio e tentativa de homicídio; estupro; escravidão sexual; perseguição; deslocamento forçado da população.

Os crimes cometidos por seus subordinados, quando obedecendo suas ordens, também foram imputados a Ntaganda, o que merece destaque, haja vista que começam a aparecer condenações por atos praticados por outrem a mando de alguém que, por si só, já responde pelos seus próprios crimes.

Ntaganda, atualmente, está sob a custódia do TPI – em sua sede em Haia (Holanda).

- *Caso: Procurador × Germain Katanga (em custódia do TPI) e Mathieu Ngudjolo Chui*
Este julgamento teve início em 24/11/2009. As declarações finais foram ouvidas entre os dias 15 e 23 de maio de 2012. Em 21 de novembro de 2012, a Câmara de Julgamento II decidiu retirar as acusações contra

Mathieu e Katanda. Em 18 de dezembro de 2012, Mathieu foi absolvido dos crimes de guerra e contra a humanidade e, em 21 de dezembro de 2012, foi liberado. O procurador interpôs recurso contra a decisão que absolveu Mathieu.

Em 07/03/2014, a Câmara de Julgamento II condenou Katanga pela subsunção do artigo 25, 3, "d", do Estatuto do TPI, por um crime contra a humanidade (homicídio) e quatro de guerra (homicídio, ataque à população civil, destruição de propriedade e saque), cometidos em 24 de fevereiro de 2003, durante o ataque a Vila de Bogoro, no distrito de Ituri. Dos outros crimes pelos quais respondia, Katanga foi absolvido.

Em 23/05/2014, a Câmara de Julgamento II sentenciou Katanga a um total de 12 anos de prisão, deduzido o período em que o réu esteve sob custódia (entre 18/09/2007 e 23/05/2014). Em 25/06/2014, tanto a defesa de Katanga como o procurador desistiram das apelações no julgamento, dando um fim ao processo. Decisões sobre possíveis reparações às vítimas estão sendo apuradas.

Germain Katanga foi comandante da Force de Résistance Patriotique em Ituri e acabou condenado pelos seguintes crimes:

– contribuição para prática ou tentativa de crime por um grupo de pessoas que tenham objetivo em comum (artigo 25, 3, "d");

– crime contra a humanidade: homicídio;

– crimes de guerra: homicídio; ataque à população civil; destruição de propriedade e saque.

Ele, atualmente, está sob custódia do TPI em Haia, na Holanda.

Mathieu Ngudjolo Chui, importante líder da Front des Nationalistes et Intégrationnistes (FNI), foi acusado de cometer, por meio de outras pessoas (artigo 25, 3, "a" do TPI), os seguintes crimes:

– crimes contra a humanidade: homicídio (artigo 7, 1, "a"); escravidão sexual e estupro (artigo 7, 1, "g");

– crimes de guerra: utilizar crianças menores de 15 anos para participar ativamente nas hostilidades (artigo 8, 2, "b", xxvi); dirigir intencionalmente ataques à população civil em geral ou civis (artigo 8, 2, "b", i); homicídio doloso (artigo 8, 2, "a", i); destruição de propriedade (artigo 8, 2, "b", xiii); saque (artigo 8, 2, "b", xvi); escravidão sexual e estupro (artigo 8, 2, "b", xxii).

Contudo, como dito, ele foi liberado da custódia em 21/12/2012, porém o escritório do procurador ingressou com recurso desta decisão.

- *Caso: Procurador × Calixte Mbarushimana (liberado)*
  A confirmação das acusações de Calixte se deu entre os dias 16 e 21 de setembro de 2011. Em 16/12/2011, a Câmara de Pré-Julgamento I decidiu, por maioria, declinar as acusações, liberando-o. Em 23/12/2011, Calixte foi solto.

  Calixte Mbarushimana era o secretário-executivo das Forces Démocratiques pour la Libération du Rwanda – Forces Combattantes Abacunguzi (FDLR – FCA, FDLR) e respondeu pelos seguintes atos:
  – crimes contra a humanidade: homicídio; tortura; estupro; atos desumanos e perseguição;
  – crimes de guerra: ataques contra população civil; homicídio; mutilação; tortura; estupro; tratamento desumano; destruição de propriedade e saque.

  Frente à falta de provas que confirmassem as acusações, Mbarushimana foi liberado da custódia do TPI e encontra-se livre.

- *Caso: Procurador × Sylvestre Mudacumura (foragido)*
  Sylvestre Mudacumura atuava como Comandante das Forces Démocratiques pour la Libération du Rwanda. Seu mandado de prisão foi emitido pela Câmara de Pré-Julgamento II em 13 de julho de 2012, para responder por crimes ocorridos entre 20/01/2009 e setembro de 2010, nos conflitos em Kivus. A ele são imputados os seguintes atos:
  – crimes de guerra: ataque a civis; homicídio; mutilação; tratamento cruel; estupro; tortura; destruição de propriedade; saque e ultrajes à dignidade pessoal.

Crimes cometidos em Darfur - Sudão

São ao todo cinco casos.

- *Caso: Procurador × Ahmad Muhammad Harun ("Ahmad Harun") e Ali Muhammad Ali Abd-Al-Rahman ("Ali Kushayb") – ambos foragidos.*

Ahmad Muhammad Harun foi Ministro de Estado do Interior e Ministro de Estado para Assuntos Humanitários e é processado por 42 crimes, entre os quais:
– crimes contra a humanidade: homicídio, perseguição, transferência forçada da população, estupro, atos desumanos, aprisionamento ou outra forma de privação da liberdade e tortura;
– crimes de guerra: homicídio, ataques contra população civil, destruição de propriedade, estupro, saque, ultrajes à dignidade da pessoa.

Ele, atualmente, está foragido.

Ali Muhammad Ali Abd-Al-Rahman era o líder da Militia/Janjaweed e é considerado responsável por 50 crimes cometidos, entre os quais:
– crimes contra a humanidade: homicídio, deportação ou transferência forçada da população, aprisionamento ou outra forma severa de privação da liberdade, tortura, perseguição e atos desumanos que causem intencionalmente grande sofrimento;
– crimes de guerra: violência à vida e à pessoa, ultrajes à dignidade pessoal, dirigir intencionalmente ataques à população civil, saques, estupro e destruição de propriedade.

Atualmente está foragido.

- *Caso: Procurador × Omar Hassan Ahmad Al Bashir – foragido*
Omar Hassan Ahmad Al Bashir foi presidente da República do Sudão tendo assumido o poder em 16/10/1993, por meio de um golpe de estado. Ele é acusado como coautor de 10 crimes, entre os quais:
– crimes contra a humanidade: homicídio, exterminação, transferência forçada, tortura, estupro;
– crimes de guerra: dirigir intencionalmente ataques à população civil bem como contra civis individualmente, saques;
– genocídio: genocídio por homicídio de membros do grupo (artigo 6, "a"), por ofensas graves à integridade física ou mental de membros do grupo (artigo 6, "b") e por sujeição intencional do grupo a condições de vida com vista a provocar sua destruição física, total ou parcial (artigo 6, "c") – todos artigos citados do Estatuto do TPI.

Mesmo tendo cometido todos esses crimes no país, Al Bashir foi reeleito como presidente do Sudão em 2006. Existem dois mandados de prisão contra ele expedidos pelo TPI, o qual não tem poder de polícia para buscá-lo em seu país e tirá-lo do poder. Ele deve ser entregue ao TPI pelas autoridades nacionais do Sudão, por livre e espontânea vontade. Se assim não for, o mandado de prisão poderá ser cumprido se e quando Al Bashir sair do Sudão em viagem e for capturado em outro país membro do TPI. Em outubro de 2014, o TPI teve notícias de que Al Bashir havia viajado para a Arábia Saudita. Imediatamente emitiu novo mandado de prisão e solicitou que a Arábia Saudita entregasse Al Bashir. Contudo, as autoridades sauditas alegaram não reconhecer a jurisdição do TPI e não entregaram o procurado.

- *Caso: Procurador × Bahar Idriss Abu Garda (liberado)*
Depois de ser intimado pelo TPI, Garda se entregou voluntariamente perante a câmara no dia 18/05/2009. Na audiência de confirmação de acusações, realizada em fevereiro de 2010, a Câmara de Pré-Julgamento I não confirmou as acusações por falta de provas e liberou o acusado.

Bahar Idriss Abu Garda foi presidente e coordenador das operações militares da United Resistance Front e acredita-se que seja coautor de crimes de guerra do tipo violência contra a vida, como homicídio, tanto consumado como em tentativa (artigo 8, 2, "c", i), dirigir intencionalmente ataques contra pessoas, instalações, unidades ou veículos participantes de missões de paz (artigo 8, 2, "e", iii) e saques (artigo 8, 2, "e", v) – todos do Estatuto do TPI.

Não obstante os indícios, o TPI não confirmou as acusações e liberou Abu Garda. Essa decisão não impede, todavia, que o procurador recorra, caso apareçam novas evidências.

- *Caso: Procurador × Abdallah Banda Abakaer Nourain (foragido) e seu colaborador direto, Jerbo*
Após duas intimações, Banda e Jerbo se entregaram voluntariamente no dia 17/06/2010. A audiência de confirmação das acusações aconteceu no dia 08/12/2010, e em 07/03/2011 a Câmara de Pré-Julgamento I confirmou as acusações de crimes de guerra, levando-os a julgamento. Em outubro de 2013, os processos contra Jerbo foram encerrados em razão de sua morte. Em 11/09/2014, foi emitido mandado de prisão contra Banda.

A câmara também adiou o julgamento, agendando para o dia 18/11/2014, e transmitiu novos mandados de prisão para qualquer Estado, inclusive Sudão, nos quais Banda possa ser encontrado. Ele está foragido.

Abdallah Banda Abakaer Nourain foi presidente do Justice and Equality Mouvement Collective-Leadership e membro atuante da United Resistance Front. Por seus atos, é acusado como coautor pelos crimes de violência contra a vida, tanto consumados quanto apenas tentados (artigo 8, 2, "c", i); dirigir intencionalmente ataques ao pessoal, instalações, material, unidades ou veículos que estejam em missão de manutenção da paz (artigo 8, 2, "e", iii) e saques (artigo 8, 2, "e", v).

- *Caso: Procurador × Abdel Raheem Muhammad Hussein (foragido)*
  Abdel Raheem Muhammad Hussein ainda se intitula ministro da Defesa Nacional e já foi ministro do Interior e ex-presidente da Special Representative (órgão legislativo) em Darfur.

  Como não se entregou ao TPI, está foragido com mandado de prisão expedido pela prática de cerca de 13 crimes, entre os quais:
  – crimes contra a humanidade: perseguição, homicídio, transferência forçada, estupro, atos desumanos, aprisionamento, tortura;
  – crimes de guerra: homicídio, ataques contra a população civil, destruição de propriedade, estupro, saques, ultrajes à dignidade da pessoa.

  Ele se encontra, legalmente, na mesma situação de Al Bashir, isto é, deve ser entregue pelas autoridades sudaneses voluntariamente ou ser capturado pelo TPI se viajar para outro país que concorde em entregá-lo.

Crimes cometidos na República Centro-Africana

A República Centro-Africana (CAR) ratificou o Estatuto de Roma em 3 de outubro de 2001, de forma que o TPI tem jurisdição para julgar os crimes cometidos no território CAR por nacionais e estrangeiros. A situação foi encaminhada para a Corte pelo governo da República Centro-Africana em dezembro de 2004, sendo instaurada investigação pelo procurador em maio de 2007.

- *Caso: Procurador × Jean-Pierre Bemba Gombo*

Jean-Pierre Bemba Gombo foi presidente do Mouvement de Libération du Congo (MLC) e comandante militar. Preso pelas autoridades belgas em 25/05/2008 quando estava em fuga em tentativa de evadir-se do mandado de prisão do TPI, é acusado de dois crimes contra a humanidade e três crimes de guerra, entre os quais:
– crimes contra a humanidade: homicídio (artigo 7, 1, "a") e estupro (artigo 7, 1, "g");
– crimes de guerra: homicídio (artigo 8, 2, "c", i); estupro (artigo 8, 2, "e", vi) e saque (artigo 8, 2, "e", v) – todos artigos do Estatuto do TPI.
Atualmente está detido no Centro de Detenção do TPI em Haia, na Holanda, e seu julgamento corre.

Em 20/11/2013, foram expedidos mandados de prisão também para Aimé Kilolo Musamba, Jean-Jacques Mangenda Kabongo, Fidèle Babala Wandu e Narcisse Arido, relativos a crimes contra a administração da justiça supostamente cometidos em conexão com o caso de Bemba Gombo. Em 25/11/2013 Babala Wandu e Aimé foram transferidos para o Centro de Detenção do TPI. Em 27/11/2013, Aimé, Babala Wandu e Bemba Gombo fizeram suas primeiras aparições perante o TPI e continuam presos. Kabongo (04/12/2013) e Narcisse (18/03/2014) também foram transferidos para o Centro de Detenção do TPI. A confirmação das acusações será feita, por escrito, no devido tempo.

No dia 24/09/2014, após um exame independente e preliminar, o procurador anunciou a abertura de uma segunda investigação na África-Central, referente aos crimes que supostamente foram cometidos desde 2012. As informações disponíveis ao TPI trazem razões suficientes para se acreditar que o Séléka e grupos anti-balaka cometeram crimes contra a humanidade e de guerra, como homicídios, estupro, deslocamento forçado, perseguição, saque, ataques contra missões humanitárias e uso de crianças em combate. Essa segunda investigação traz uma nova situação para análise do TPI, apartada daquela instaurada em 2004. No dia 30/05/2014, o procurador recebeu documento do governo centro-africano sobre os crimes supostamente ocorridos desde agosto de 2012. Novas investigações de crimes mais recentes foram, portanto, abertas e estão em curso.

Crimes cometidos na República do Quênia

Em 31/03/2010, a Câmara de Pré-Julgamento autorizou o procurador a instaurar investigação de ofício para apurar os atos ocorridos no Quênia, desde 2005.

Após intimações, em 08/03/2011 seis cidadãos se apresentaram voluntariamente perante o TPI.

- *Caso: Procurador × William Samoei Ruto e Joshua Arap Sang*
  A audiência de confirmação das acusações aconteceu no período de 1 a 8 de setembro de 2011. Na sequência, em 23/01/2012 os juízes rejeitaram as acusações feitas contra Henry Kiprono Kosgey e Mohammed Hussein Ali e confirmaram aquelas feitas a Samoei, Sang, Francis Kirimi Muthaura e Uhuru Kenyatta, levando-os a julgamento. Porém, em 18/03/2013, as acusações feitas a Francis também foram retiradas. O julgamento de Samoei e Arap foi iniciado em 10/09/2013 e ainda não terminou. Eles estão soltos e comparecem voluntariamente perante o TPI nas audiências, na medida em que existe um acordo de cooperação entre a Procuradoria do TPI e o governo do Quênia. Não se sabe, todavia, o que acontecerá se forem condenados, haja vista que têm cargos importantes no país.

  William Samoei Ruto, atual vice-presidente da República do Quênia, é acusado de ser criminalmente responsável como coautor de crimes contra a humanidade, como: homicídio, deportação ou transferência forçada de uma população e perseguição.

  Joshua Arap Sang, chefe de operações militares (Kass FM), é acusado de ter contribuído (artigo 25, 3, "d") para crimes contra a humanidade, como homicídio, deportação ou transferência forçada e perseguição.

- *Caso: Procurador × Uhuru Muigai Kenyatta*
  A audiência de confirmação das acusações aconteceu no período de 21 de setembro a 5 de outubro de 2011. Recentemente, em 19/09/2014, a Câmara de Julgamento V (b) postergou a data de início do julgamento do caso, que estava agendado para 07/10/2014. A câmara também convocou duas conferências públicas entre o procurador e o governo queniano para discutir a situação da cooperação entre a Procuradoria do TPI e o governo.

Uhuru Muigai Kenyatta é o atual presidente da República do Quênia, eleito em 2013. É considerado criminalmente responsável por atuar como coautor de crimes contra a humanidade, como: homicídio, deportação ou transferência forçada, estupro, perseguição e outros atos desumanos. Mesmo no poder, à frente da Presidência do Quênia, deve responder por seus crimes no TPI.

- *Caso: Walter Osapiri Barasa*
  Em 02/10/2013, a câmara expediu mandado de prisão contra Walter Osapiri Barasa, acusando-o de ser criminalmente responsável como autor direto ou por tentar cometer crimes (artigo 25, 3, "a" e "f") contra execução da justiça, como corrupção ou sua tentativa, influenciando testemunhas do TPI.

Crimes cometidos na Líbia

No dia 26/02/2011, o Conselho de Segurança da ONU decidiu trazer a situação da Líbia para o procurador do TPI, que resolveu, logo após, instaurar investigação.

Em 27/06/2011, a Câmara emitiu mandados de prisão para Muammar Mohammed Abu Minyar Gaddafi, Saif Al-Islam Gaddafi e Abdullah Al-Senussi, por crimes contra a humanidade (homicídio e perseguição) supostamente ocorridos entre 15 e 28 de fevereiro de 2011.

No dia 22/11/2011, a Câmara I encerrou o caso contra Muammar Gaddafi, em razão de sua morte. Os outros dois suspeitos não estão sob a custódia da Corte.

Em 31/05/2013, a câmara rejeitou o pedido da Líbia para admissão do caso contra Saif Al Islam Gaddafi e aproveitou o ensejo para lembrar o governo sobre a obrigação de entregar os suspeitos à Corte. Com base em recurso da decisão, em 21/05/2014 o caso contra Saif Al-Islam Gaddafi foi admitido.

No dia 11/10/2013, a câmara decidiu que o caso contra Abdullah Al-Senussi era inadmissível, uma vez que já estava em discussão internamente no país.

Saif Al-Islam Gaddafi: presidente honorário da Gaddafi International Charity and Development Foundation, foi também primeiro-ministro da Líbia. Mandado de prisão contra ele foi expedido em 27/06/2011, acusando-o de participar de crimes, indiretamente, entre os quais: crimes contra a humanidade – homicídio (artigo 7, 1, "a") e perseguição (artigo 7, 1, "h").

Muammar Mohammed Abu Minyar Gaddafi foi comandante das Forças Armadas da Líbia, líder da revolução e chefe do Estado da Líbia. Seu mandado de prisão foi expedido em 27/06/2011, contudo o caso foi encerrado em 22/11/2011 em razão de seu falecimento.

Abdullah Al-Senussi foi coronel das Forças Armadas da Líbia e chefe da inteligência militar. Seu mandado de prisão foi expedido no dia 27/06/2011. Entretanto os processos contra ele foram encerrados, em 24/07/2014, quando a Câmara de Recursos confirmou a decisão da Câmara de Julgamento, considerando o caso inadmissível.

Crimes cometidos na Costa do Marfim

Costa do Marfim apenas aceitou a jurisdição do TPI em abril de 2003, confirmando esta posição em 2010 e 2011. Em 15/02/2013 o país ratificou seu estatuto.

No dia 03/10/2011, a Câmara de Pré-Julgamento III concedeu autorização ao procurador para instaurar investigações de ofício referentes à situação na Costa do Marfim quanto a crimes cometidos a partir de 28/11/2010 – inclusive os presentes e futuros. Posteriormente, estendeu-se a jurisdição para atingir aqueles crimes cometidos anteriormente, desde setembro de 2002.

- *Caso: Procurador × Laurent Gbagbo*

  Em 23/11/2011, a câmara emitiu o mandado de prisão contra Gbagbo, acusando-o de quatro crimes contra a humanidade. O suspeito foi entregue e transferido, pelas autoridades nacionais da Costa do Marfim, para o Centro de Detenção em Haia, na Holanda.

  A audiência de confirmação das acusações aconteceu entre os dias 19 e 28 de fevereiro de 2013. Em julho de 2014, a Câmara I confirmou as quatro acusações de crimes contra a humanidade (homicídio e tentativa de homicídio, estupro, atos desumanos, perseguição) contra Laurent e o levou a julgamento, que ainda não terminou.

  Sabe-se que Laurent Gbagbo foi o responsável individualmente por crimes contra a humanidade: homicídio, estupro, outros atos desumanos, tentativa de homicídio, perseguição, cometidos no período de 16 a 19 de dezembro de 2010.

- *Casos: Simone Gbagbo e Charles Blé Goudé*
Em novembro de 2012, a câmara expediu mandado de prisão contra Simone Gbagbo por crimes contra a humanidade, tais como: homicídio, estupro e outros tipos de violência sexual, perseguição, outros atos desumanos. Todos supostamente cometidos no contexto violento após eleições da Costa do Marfim entre 16/12/2010 e 12/04/2011. Atualmente, Simone se encontra em liberdade.

  Já Charles Blé Goudé, ex-presidente da Costa do Marfim, encontra-se sob a custódia do TPI. No dia 30/09/2013, a Câmara de Pré-Julgamento I expediu mandado de prisão, por acusação de quatro crimes contra a humanidade, supostamente ocorridos entre 16/12/2010 e 12/04/2011. Em março de 2014, Goudé foi rendido pelo TPI, graças à ajuda de autoridades da Costa do Marfim. A audiência de abertura teve início em 2014 e o julgamento continua. Os crimes pelos quais responde são: crimes contra a humanidade em conjunto com outros membros do seu círculo e por meio de membros das forças pró-Gbagbo (artigo 25, 3, "a") ou, alternativamente, por ordenar e induzir a comissão a cometer crimes (artigo 25, 3, "b") ou, ainda, por contribuir de outras maneiras em crimes como homicídio, estupro, perseguição e outros atos desumanos (ou tentativa de homicídio). Também é acusado de ser responsável como coautor de homicídio, estupro e outras formas de violência sexual, atos desumanos, tentativa de homicídio, perseguição – supostamente cometidos em decorrência da violência pós-eleitoral no território da Costa do Marfim, entre 16/12/2010 e 12/04/2011.

Crimes ocorridos no Mali

A situação no Mali foi levada ao TPI pelo seu governo em 13/07/2012. Pouco depois, em 16/01/2013, o procurador instaurou investigação sobre crimes, supostamente, ocorridos no Mali desde janeiro de 2012. Essa decisão decorreu de exames preliminares da situação no território realizados desde julho de 2012.

Segundo o procurador, desde o começo do conflito armado, em janeiro de 2012, a população do país vive em temor, e durante todo o conflito diversos grupos causaram sofrimentos e destruição por meio de atos de extrema violência. Desde então, o escritório do procurador identificou diversos casos em potencial com gravidade para processar no TPI.

Há razões suficientes para se acreditar que crimes como homicídio, mutilação, tratamento cruel e tortura, ataques intencionais contra objetos protegidos, saques, estupro, entre outros, foram cometidos no país.

Ainda não se tem registro de nomes de possíveis criminosos, ou casos instaurados, mas, baseando-se em informações recebidas pelo TPI, as investigações se concentrarão nas três regiões do norte do país. De lá devem sair, em breve, os nomes dos acusados.

Além das investigações e julgamentos analisados, é importante deixar registrado que existem muitos outros crimes, atualmente, em análise no TPI.

Fonte para continuar os estudos e atualizar-se: <www.icc-cpi.int/EN_Menus/icc/Pages/default.aspx>.

Perspectiva de uma nova era para o século XXI

O século XXI teve início sem alteração do quadro de mortes e violações de direitos humanos. Pelo contrário. O estado do mundo ainda ficou pior. Segundo Eric Hobsbawm (2007:23),

> no início do século XXI, encontramo-nos num mundo em que as operações armadas já não estão essencialmente nas mãos dos governos ou dos seus agentes autorizados, e as partes disputantes não têm características, status e objetivos em comum, exceto quanto à vontade de utilizar a violência.

Surpreende que tenha sido objeto de reconhecimento geral o fato de que, a partir dos anos 1960, as guerras internacionais – entre nações – diminuíram. Contudo, ainda não se reconheceu que desde então os conflitos internos – dentro dos países – aumentaram exponencialmente. Esses conflitos implicam fenômeno que não está restrito às áreas pobres e remotas do planeta; seus efeitos foram ampliados pela globalização econômica, política e cultural que trouxe consigo a dependência crescente do mundo relativamente ao fluxo constante de serviços, meios de comunicação e transporte, tecnologia, comércio, empréstimos, investimentos, suprimentos etc. – realidade agravada pela falta de uma autoridade global efetiva que possa controlar e resolver disputas armadas.

A globalização, sem dúvida, trouxe avanços em muitos aspectos: econômico, tecnológico, linguístico, por exemplo. Mas não fez avançar a paz e não concretizou uma verdadeira aproximação política entre os países. Existem quase 200 países no planeta, e apenas poucos deles de fato têm influência e ditam as regras a serem seguidas no comércio e no desenvolvimento. Um mundo demasiado plural é um lugar de caos.

Uma diferença importante entre o século XX e o XXI repousa no fato de que, nos últimos 30 anos, o Estado territorial perdeu o monopólio tradicional da força armada, que garantia, em grande parte, a estabilidade e o poder dos governantes (eleitos ou impostos), bem como contribuía para a conservação dos princípios da legitimidade e da aceitação deles. Não bastasse, a expansão e o acesso aos equipamentos e maquinário necessários às guerras estão amplamente disponíveis e acessíveis. Redes de entidades privadas hoje estão cronificadas mundo afora e mesmo, sob a luz do sol, financiam combatentes que lutam pelas razões mais fúteis.

O fim do reinado das grandes potências, que comandaram as relações internacionais por quase dois séculos, assim como a dissolução da União Soviética, também afetou profundamente a estrutura dos conflitos armados e seus métodos de resolução. Sem um comandante em chefe, admirado ou temido, a instabilidade ganhou terreno para se expandir. O aumento significativo da desigualdade econômica e social dentro dos países ou entre eles tem sido fator decisivo na redução das possibilidades de paz. Portanto, não há razão para duvidar de que as previsões para o século XXI não são otimistas e de que as principais vítimas das guerras e conflitos armados continuarão a ser os civis – não combatentes.

Por que pessoas comuns cometem crimes contra a humanidade? Qual a origem da crueldade humana?

Reflexões sobre as relações entre "direito e poder" constituem o ponto de partida dessas questões, e de imediato vem à lembrança a carta que Albert Einstein escreveu para Sigmund Freud, em 1938, na qual indagava a este conhecedor da alma humana "o que poderia ser feito para proteger a humanidade da maldição da violência, isto é, da guerra". A resposta de Freud pode ser considerada, até mesmo em nossos dias, um texto fundamental para entendermos a relação entre direito e poder, assim como as razões da violência e da crueldade humanas.

Freud, em sua carta-resposta a Einstein, substituiu a palavra "poder" por outra, segundo ele mais "nua e crua": *violência*. Para Freud, existe, pois, "um princípio geral de que os conflitos de interesse entre os homens sejam resolvidos pelo uso da violência. É isto o que se passa em todo o reino animal, do qual o homem não deve ser excluído".[2]

No caso do homem, ocorrem também conflitos de "opinião" que podem chegar a atingir as mais raras nuanças da abstração e que acabam por exigir alguma outra técnica para sua solução. Essa é, contudo, uma complicação a mais.

Matar o inimigo, segundo Freud, satisfaz uma (terrível) inclinação natural. No decorrer da história e no transcurso da evolução, o regime da força bruta foi substituído, ainda que não totalmente, pelo império do "direito" e da "lei". O caminho que conduziu a essa passagem foi o do reconhecimento do fato de que à força superior de um único indivíduo podia se contrapor a união de diversos indivíduos fracos. A violência podia ser derrotada pela união e o poder daqueles que se uniam: *l'union fait la force*. A lei e o direito passam a ser, portanto, a força motriz e organizadora de uma comunidade.

A comunidade deve manter-se permanentemente organizada, deve estabelecer regulamentos para evitar riscos de rebelião e deve instituir autoridades para fazer com que esses regulamentos – as leis – sejam respeitados e para evitar atos de violência.

Não há dúvida de que o reconhecimento de uma comunidade de interesses, como os relatados, levou ao surgimento, como afirmou Freud, de vínculos emocionais entre os membros de um grupo de pessoas unidas: sentimentos comuns, que são a verdadeira fonte de sua força. Ademais, a pulsão de morte e o instinto de violência são (ou devem ser) controlados pelo princípio da realidade – que torna possível a vida em sociedade.[3]

---

2 Os principais textos de Freud que servem de base às reflexões apresentadas estão reunidos em *Sigmund Freud: obras completas*, no volume 18 – *O mal-estar na civilização, Novas conferências introdutórias à psicanálise e outros textos (1930-1936)* – e no volume 14 – *História de uma neurose infantil (O homem dos lobos), Além do princípio do prazer e outros textos (1917-1920)*. São Paulo: Companhia das Letras, 2010 e 2009, respectivamente.

3 Ver referência sobre os textos de Freud mencionados na nota anterior, v. 14.

Raymond Aron (1968:161 e segs.), ao tratar da dialética da paz e da guerra, recorda que "um olhar rápido pela história da raça humana revela uma série infindável de conflitos entre cidades, províncias, raças, religiões, nações, impérios". Assim, as conquistas dos romanos deram aos países próximos ao Mediterrâneo a inestimável *pax romana*, e a ambição dos reis franceses de ampliarem seus domínios, criou uma França pacífica, unida e pujante.

É um paradoxo o fato de que a guerra e os conflitos armados podem ser um meio para se conseguir a paz e, ao mesmo tempo, no mais das vezes, seus resultados podem ser de curta duração.

Da *pax romana* à *pax britânica* e à *pax americana*, o questionamento de Einstein parece permanecer sem uma resposta definitiva.

Por que o direito (e muitas vezes o estado de direito) e o império da lei não conseguem evitar a violência? Por que o direito internacional (ou "direito das gentes") – com todas as suas fontes e instrumentos – ainda não conseguiu afastar a violência do homem assegurando sua convivência pacífica com outros homens? Por que o princípio da realidade, de que nos fala Freud, falha frequentemente?

O número de conflitos armados hoje no mundo e, consequentemente, dos crimes cometidos contra a humanidade faz com que não apenas os estudiosos do direito internacional, mas todos os homens do nosso tempo reflitam sobre os meios que a civilização utiliza para inibir sua agressividade inata, e como é possível torná-la inócua ou, talvez, livrar-se dela definitivamente. Em outras palavras, o que seria possível fazer para tornar inofensivo o desejo de agressão que impulsiona a luta da espécie humana pela vida, suas crenças e ideais?

Freud, em alguns de seus textos de cunho social-filosófico, principalmente em *O mal-estar na civilização* e também no *Além do princípio do prazer*,[4] nos diz que as fontes das grandes frustrações do homem e as razões de sua insatisfação e incompreensões mútuas estão justamente no que chamamos de "civilização".[5] Contudo, a civilização apenas consegue dominar (ou conter) o perigoso desejo de agressão do indivíduo enfraquecendo-o, desarmando-o, e estabelecendo no seu interior um agente para cuidar dele – como uma guarnição numa cidade conquistada. É o princípio da realidade.

---

[4] Ver referência sobre os textos de Freud na nota anterior, v. 14.

[5] Para Freud, a civilização pode ser vista como a "superação do estado primitivo ou bárbaro".

Ayn Rand (1961), filósofa norte-americana de origem judaico-russa, disse, já faz muito tempo, que vivemos na "era da inveja e do egoísmo", ou seja, da falta de virtudes, na qual é comum atacar as pessoas simplesmente por serem "outro", pelas suas habilidades, por seu trabalho, por suas diferenças. Ademais, sustentou que ninguém tem o direito de usar a força física para tomar dos outros o que lhes é valioso ou para impor suas ideias.

Não obstante tudo o que já se escreveu e se fez nos âmbitos da filosofia, da psicanálise e do direito internacional em defesa dos direitos humanos e do fortalecimento dos princípios humanitários, talvez tenhamos chegado ao momento de conduzir o homem para o centro de nossas atenções e preocupações. O homem, suas frustrações, necessidades e aspirações.

No que diz respeito ao direito internacional, a ideia de proteção da pessoa humana nunca deixou de estar presente, e fez-se sentir muito mais intensamente nos últimos anos, como se vê nas convenções citadas.

Em termos de política, não basta dizer que violência e poder não são, muitas vezes, a mesma coisa, e que guerra, paz e poder são, infelizmente, heranças do século XX. Certo é que a violência aparece onde o poder está em perigo. Resulta do desaparecimento do poder. Como sustenta Hannah Arendt, "a violência pode destruir o poder, mas é incapaz de criá-lo".[6] Ademais, ao refletir sobre a natureza do mal, no pós-Segunda Guerra, tendo como pano de fundo o nazismo e o julgamento de um dos grandes malfeitores da época, Adolf Eichmann,[7] Hannah Arendt viu, como ninguém mais, a banalidade do mal, expressa na figura de um zé-ninguém. Dito de outra forma: deparou-se apenas com um burocrata preocupado em cumprir ordens. Suas conclusões, tornadas públicas nos Estados Unidos, causaram um escândalo, em particular entre a comunidade judaica, como se ela estivesse absolvendo o réu e perdoando-o pelas suas monstruosidades. Hannah Arendt levou muito tempo para se recuperar da culpabilidade que tentaram infligir a ela por tentar entender os fatos e contribuir para sua não repetição – ainda que de forma não convencional para aqueles tempos.

---

6 Ver Arendt (2006:40, 2007, 1988).

7 Hannah Arendt acompanhou em Jerusalém o julgamento de Eichmann como correspondente da revista *New Yorker* e na expectativa de ver de perto o monstro assassino, em 1961. O livro publicado por Hannah Arendt intitula-se *Eichmann em Jerusalém* (1999).

Mais recentemente, o rabino Nilton Bonder (2013:13; 128), ao dissertar longamente sobre a natureza e fragilidade da alma humana, disse que "o ser humano é talvez a maior metáfora da própria evolução, cuja tarefa é transgredir algo estabelecido", e que a resolução dos conflitos está em seu reconhecimento e no estabelecimento de relações entre homens que aceitem essas tensões como inerentes à própria vida. Ao final, Bonder reconhece que o mundo ideal do futuro, do século XXI, será um mundo também de tensões, mas que não deveriam ser projetadas sobre o outro.

O mal-estar, a insatisfação e a violência, portanto, parecem ser os legados deixados pelo século XX, que as pessoas comuns e estudiosos de todos os matizes procuram entender, explicar e, acima de tudo, para os quais buscam alternativas. Grande parte dos problemas – o mal-estar, a insatisfação e a violência – passa, indubitavelmente, pelo direito internacional, na medida em que poderá contribuir fortemente para a instauração de uma nova ordem internacional mais justa e equilibrada, na qual os homens encontrem menos fontes de insatisfações, frustrações e injustiças – caldo de cultura no qual a violência parece ser a saída mais rápida, e a guerra e os crimes contra a humanidade, além do terrorismo, as primeiras alternativas.

A obrigação de repensar as razões que levam à violência e à crueldade

Com o início do século XXI, muitos estudiosos se debruçaram sobre as razões do aumento da violência interna nos países e na contumácia da prática de atos de crueldade contra seus próprios nacionais, dentro de um mesmo território, por motivos políticos, religiosos, étnicos, tribais etc. Entre eles, merecem destaque Robert Gellately e Ben Kiernan, para quem "'os modelos' que temos usado para explicar o comportamento dos criminosos devem ser, atualmente, repensados" (Gellately e Kiernan apud Bonder, 2013:12 e segs.). Nos crimes ocorridos no passado, entre eles, mas não exclusivamente, o Holocausto, havia um interesse coletivo a justificar a atuação perversa e cruel das forças, como as nazistas. Estas eram preparadas e doutrinadas para práticas de atos criminosos e para estimular certo comportamento coletivo, cuja ideologia era a de que todos ganhariam – a coletividade alemã/nacional se fortaleceria. Ademais, situações como o extermínio de judeus eram excepcionais, haja vista que suas consequências repercutiam e causavam repúdio na comunidade internacional.

Hoje, todavia, os estudos sugerem que pessoas comuns se transformam em criminosos cruéis e assassinos em massa pelos motivos mais fúteis e banais. Como se isso não bastasse, os crimes são frequentes e seus efeitos já não comovem a comunidade internacional, como outrora. Passamos a conviver com o mal como se ele não pudesse ser evitado e afastado.

Pesquisas recentes evidenciam que os perpetradores dos crimes contra as pessoas, hoje, não apenas querem praticar suas transgressões como também eliminar da face da Terra a história, a cultura e até mesmo a linguagem de suas vítimas. Ademais, praticam seus crimes com extrema maldade física e psíquica.[8] Comunidades inteiras existentes por séculos são eliminadas como se nunca tivessem existido. Sabe-se também que a grande maioria dos perpetradores é do sexo masculino, enquanto as vítimas são homens, mulheres e crianças.

Nos crimes contra a humanidade destacam-se termos que geralmente são, na prática, confundidos: "intenção" e "motivo". No direito penal internacional, o "motivo" do crime é irrelevante. O que realmente importa é que o ato tenha sido "intencional" e não "acidental".

Em razão da crueldade do ato praticado e de sua intenção de destruir e eliminar seres humanos da Terra por motivos de orientação moral, racial, intelectual, étnica, sexual, religiosa, política etc., os crimes contra a humanidade são considerados "agravados" e não precisam ser instruídos pelas vítimas (ou por quem fala em nome delas) com provas. Basta a propositura da ação criminal para o Tribunal Penal Internacional fazer sua própria investigação. Isto porque, frequentemente, a vítima não está mais entre nós e, quando está, teme pela sua vida, bem como pela vida daqueles que lhe estão próximos.

Outro aspecto que caracteriza a atrocidade dos crimes contra a humanidade é examinado e desenvolvido com profundidade por James Waller (2007), quando ele se refere à "desconstrução psicológica do outro". Os perpetradores querem a "morte social das vítimas", a "excomunhão" delas da moral comum da comunidade, e buscam também o desenvolvimento da "culpa" nas vítimas.

A *desumanização da vítima* é o objetivo dos perpetradores.

---

8 Ver Bormans e Massat (2005).

Não obstante os grandes progressos realizados no curso da história para abolir o feudalismo, o despotismo, a escravidão e a segregação racial, os crimes contra a humanidade, que infestaram o século XX e se acentuaram no século XXI, implicam as tendências mais repugnantes do etnocentrismo, da xenofobia e da intolerância às diferenças.

Repensar, portanto, as razões que fizeram e fazem os seres humanos mais violentos, nos séculos XX e XXI, nos põe frente a frente com um fenômeno que vem se desenvolvendo de forma galopante entre nós: o *moderno totalitarismo*, no qual o inato impulso de agressão do homem atinge características multiformes, e a crueldade/maldade torna-se a força mais poderosa sobre a Terra.

Já sabemos que a natureza humana é violenta. Também é sabido que a pulsão de vida e a pulsão de morte se digladiam dentro de nós. Daí se conclui que as alternativas são poucas fora da educação e de leis em favor da tolerância e do pluralismo. E, o mais importante, devemos ensinar nossas crianças a desobedecer e resistir à cultura da crueldade e da desconsideração (ou desumanização) do outro – razão pela qual o engajamento dos indivíduos em torno de mudanças fundamentais na educação (em todos os seus níveis e modalidades) é o primeiro passo, que deve ser concomitante ao reforço do conceito e da prática da responsabilidade internacional dos Estados.

Dos "crimes contra a humanidade" aos "crimes contra nós"

Para os estudiosos, como evidenciou Sévane Garibian, em sua substanciosa tese de doutorado defendida em Genebra, posteriormente publicada no livro *Le crime contre l'humanité au regard des principes fondateurs de l'Etat moderne: naissance et consécration d'un concept* (2009), crimes contra a humanidade são aqueles que acontecem além das fronteiras e das nacionalidades e dizem respeito "a todo mundo", "à humanidade inteira", "a todos nós".

"Humanidade" é, portanto, um sentimento que exprime bondade, sensibilidade, boa vontade e compaixão. Humanidade está associada ao homem, individual e coletivo, e à sua essência e natureza "humana".

Crimes contra a humanidade implicam, como já se disse aqui, violações aos direitos da pessoa, percebida na sua singularidade, individualidade e coletividade.

Daí por que os crimes contra a humanidade atingem a comunidade política no seu conjunto e unidade, seja na perspectiva do autor do ato, seja na da vítima. São atos que revoltam a consciência, despersonalizam, desumanizam e reduzem a vítima ao estado animal. São, portanto, "crimes contra nós todos" – enquanto comunidade política humana autônoma.

Quando fazemos referência aos crimes contra a humanidade, costumamos não nos incluir neles por duas razões: (1) o autor/alguém, um terceiro, praticou o ato e não eu, você ou nós e (2) a vítima não sou eu, ou as vítimas não são pessoas que conheço ou próximas de mim.

Dois brutais equívocos.

O "autor", mesmo um terceiro que não conheço, pertence à "família humana", é um de nós, é igual a mim, a você. A vítima (ou vítimas) também pertence à "família humana", logo é um de nós, é meu irmão/irmã.

Assim, este texto prefere a expressão "crimes contra nós" àquela tradicionalmente usada pelos estudiosos – "crimes contra a humanidade". Quando empregamos a primeira, estamos nos incluindo no ato praticado, isto é, um de nós levou a efeito ação deplorável, cruel, maldosa e desumana – um terceiro igual a mim (como eu não consegui evitar? Eu poderia ter evitado? Como minimizar os resultados? Como evitar que tais atos se repitam?). A vítima ou vítimas são membros da minha família (humana) expandida – mesmo que eu não a conheça.

Dito de outra forma, os crimes contra a humanidade têm a particularidade de atingir um dos mais importantes interesses protegidos – o "coletivo-individual" – e um dos mais significativos dos direitos humanos: a dignidade.

Do Estado protetor ao Estado criminoso: a ruptura do contrato social

Este texto examina os crimes contra nós e não os crimes de guerra, ou seja, as ações que não se justificam pela guerra (entre nações). Por essa razão, o conceito de crime contra nós (ou contra a humanidade) é revolucionário e parte da despersonalização do Estado enquanto ente soberano. Ademais, o conceito de crimes contra nós revoluciona completamente a teoria clássica da "responsabilidade internacional dos Estados", que decorre de uma transgressão à norma jurídica internacional, bem como a incidência de uma conduta de natureza dolosa ou culposa do autor/Estado, originando a discussão sobre a responsabilidade subjetiva e a objetiva do Estado (culpa ou dolo).

Parte-se aqui, portanto, do reconhecimento de uma nova disciplina no campo do direito e das relações internacionais: o "direito internacional da responsabilidade internacional", cujos princípios e fundamentos justificam e comandam as ações dos Estados soberanos em defesa daqueles que estão sofrendo violações de direitos humanos em seus países natais e de domicílio, a mando do governo instaurado ou sob a sua complacência.

Nos crimes contra nós (ou contra a humanidade) o Estado soberano é responsável independentemente de o ato ter sido praticado por algum de seus agentes ou por qualquer outra pessoa dentro do seu território, qualquer que seja o "motivo". Se o crime é praticado sob a complacência do Estado, este não cumpriu sua função de "proteger" e, ao permitir que o ato ocorresse em seu território por iniciativa e autoria de terceiro, falhou e rompeu o contrato social.[9]

Grande parte dos crimes examinados acontece com o patrocínio – direto ou indireto – do Estado (seus governantes e forças policiais e armadas). Em quase todos eles, as violações de direitos humanos e a prática de crimes como os descritos em páginas anteriores são frequentes. O Estado, que deve ser "protetor", assume o papel de "Estado criminoso", se coloca em posição diferente daquela da "comunidade humana" e perde totalmente a sua legitimidade.

Nesse momento não há mais contrato social, entendido como aquele acordo entre os membros da sociedade, por meio do qual reconhecem a autoridade de um governante igualmente sobre todos, bem como se submetem a um conjunto de regras e a um regime político. O contrato social somente se justifica no interesse racional do ser humano de abdicar da liberdade que possuía no "estado de natureza" para obter os benefícios da ordem política, calcada no respeito e na promoção da condição humana (individual e coletiva).

Quando um crime contra a humanidade é praticado dentro de um Estado (país/nação), o governo é responsável – e sua responsabilização é imediata. Rom-

[9] As teorias sobre o contrato social se difundiram entre os séculos XVI e XVIII como forma de explicar ou postular a origem legítima dos governos e, portanto, das obrigações políticas dos governados ou súditos. Thomas Hobbes (1651), John Locke (1689) e Jean-Jacques Rousseau (1762) são os mais famosos filósofos do contratualismo.

pido o contrato social, o governo é ilegítimo e novo contrato deve ser celebrado pelo povo e novos governantes. E até que isso ocorra o Estado está à deriva e o poder, de volta às mãos do povo.

Contudo, o que temos visto nos países examinados é a permanência do "governo-criminoso" no poder do Estado e a população refém da tirania, do medo, da exclusão, da crueldade e do extermínio.

Nesses casos, cabe a "nós" e aos Estados soberanos que nos representam (os outros iguais não atingidos direta e imediatamente pelos atos criminosos) (re)agir em defesa dos membros da (nossa) família humana que, subjugados, são tiranizados, encurralados, despersonalizados, desumanizados e brutalizados – caldo de cultura para o mal-estar e a violência.

Por que se tem feito muito pouco e as alternativas para o futuro

Os crimes contra a humanidade incluem, além dos fatores humanos, a combinação de danos ambientais, perda de terras agricultáveis, perda de fontes de alimento, água e energia, entre outros bens fundamentais à vida.

Contudo, infelizmente, nada ou muito pouco tem sido feito para evitar esses crimes e/ou atenuar seus efeitos.

Pela perspectiva individual, nos sentimos impotentes e sem os meios necessários para ajudar as pessoas que estão sofrendo em outros países ou regiões. Há ainda aqueles (entre nós) que não se importam. É o fenômeno da banalização da violência e da separação entre o "eu" e o "outro". O que acontece com o "outro" não é "comigo", não me diz respeito.

Pela perspectiva coletiva, os demais países (a comunidade internacional) nada fazem, ou atuam muito pouco, porque alegam o "interesse nacional" e o "respeito aos assuntos internos" do país onde os crimes são perpetrados.

Disfarçados em argumentos que fazem sentido na política e nas relações internacionais, a prevalência do interesse nacional e o respeito aos assuntos internos de outro país implicam, de um lado, o adensamento da noção de "Estado criminoso", e, de outro, uma enorme tensão entre assuntos internos de um país e assuntos de todos os países – de todas as gentes, onde quer que estejam.

Quando o ato criminoso é praticado, o Estado que deveria proteger transforma-se em "Estado criminoso". Deu-se o rompimento do contrato social. Na medida em que nenhum outro país (ou a comunidade internacional) sai em defesa das vítimas, todos devem ser considerados "Estados criminosos". A família humana é uma só.

Por outro lado, quando se trata de proteger membros da família humana, todos os países têm a mesma obrigação e responsabilidade. Matar, extinguir, tiranizar, destruir, despersonalizar, desumanizar não são assuntos internos deste ou daquele país.

Na verdade, sabemos que "interesse nacional" significa: "não quero gastar dinheiro e despender forças com questões que não me beneficiam diretamente". Respeito aos "assuntos internos" de um país significa deixar que pessoas (iguais a nós) morram porque nossa orientação moral e humanitária é distorcida, e que toda a construção secular do respeito e promoção aos direitos humanos não passa de uma ficção a ser usada de acordo com os interesses dos governantes de plantão.

Dessa forma, o imperativo moral de que "a justiça tem que ser feita" deve estar na agenda de qualquer discussão sobre o mau/mal estado do mundo hoje. Caso contrário estar-se-á sufragando o Estado da barbárie.

Daí a importância do reconhecimento do direito internacional da responsabilidade internacional como o guardião e promotor da defesa dos direitos humanos.

Referências

ARENDT, Hannah. *Da revolução*. São Paulo: Ática; Brasília: Ed. UnB, 1988.

_____. *Eichmann em Jerusalém*. São Paulo: Companhia das Letras, 1999.

_____. *Origens do totalitarismo*. São Paulo: Companhia das Letras, 2006.

_____. *A condição humana*. Rio de Janeiro: Forense Universitária, 2007.

ARON, Raymond. *Paix et guerre entre les nations*. 6. ed. rev. e corrig. Paris: Calmann-Lévy, 1968.

BONDER, Nilton. *A alma imoral*. Rio de Janeiro: Rocco, 2013.

BORMANS, Christophe; MASSAT, Be Guy (Org.). *Psychologie de la violence*. Paris: Studyrama, 2005. (Col. Principes – Culture Génèrale).

DALLAIRE, Roméo. *Shake hands with the devil*: the failure of humanity in Rwanda. Cambridge: Da Capo Press, 2003.

FREUD, Sigmund. *Obras completas:* História de uma neurose infantil (O homem dos lobos), Além do princípio do prazer e outros textos (1917-1920). São Paulo: Companhia das Letras, 2009. v. 14.

____. *Obras completas:* O mal-estar na civilização, novas conferências introdutórias à psicanálise e outros textos (1930-1936). São Paulo: Companhia das Letras, 2010. v. 18.

GARIBIAN, Sévane. *Le crime contre l'humanité au regard des principes fondateurs de l'Etat modern*: naissance et consécration d'un concept. Urich: Schulthess Éditions Romandes, 2009.

GELLATELY, Robert; KIERNAN, Ben. *The specter of genocide*: mass murder in historical perspective. Cambridge: Cambridge University Press, 2003.

HOBSBAWM, Eric. *The age of extremes*: a history of the world – 1914-1991. Nova York, 1994.

____. *Globalização, democracia e terrorismo*. São Paulo: Companhia das Letras, 2007.

KEEGAN, John. *War and our world.* Nova York: Vintage Books, 2001.

RAND, Ayn. *The virtue of selfishness*: a new concept of egoism. Nova York: Penguin Books, 1961. (Com artigos adicionais de Nathaniel Branden).

WALLER, James. *How ordinary people commit genocide and mass killing*: becoming evil. 2. ed. Oxford: Oxford University Press, 2007.

Autores

Bruno Robert. Graduado, mestre e doutor em direito societário pela Universidade de São Paulo (USP). Mestre em regulação do mercado de capitais pela School of Law da Georgetown University. Pós-graduado em economia pela Escola de Economia de São Paulo da Fundação Getulio Vargas (FGV EESP). Trabalhou na Comissão de Valores Mobiliários (CVM) e na Securities and Exchange Commission (SEC), em Washington, DC. Autor de livros e artigos, e professor nas áreas de mercado de capitais e direito societário. Advogado, sócio de HRSA – Sociedade de Advogados.

Carolina Lilla. Advogada pela Pontifícia Universidade Católica de São Paulo (PUC-SP) e administradora de empresas pela Escola de Administração de Empresas de São Paulo da Fundação Getulio Vargas (FGV Eaesp), com LL.M pela Columbia University (Nova York). Sobrinha, afilhada (e princesinha da família) do dr. Fabio Lilla, sócia da Lilla Sociedade Individual de Advocacia e *head wealth planner* de *multi family office* internacional.

Cristiano de Sousa Zanetti. Professor associado da Faculdade de Direito da Universidade de São Paulo (USP). Mestre, doutor e livre-docente pela Faculdade de Direito da USP. Mestre pela Università degli Studi di Roma Tor Vergata. Vice-presidente da Comissão de Mediação e Arbitragem da Câmara de Comércio Internacional (CCI) no Brasil. Foi presidente do Instituto de Direito Privado (Idip). Foi vice-reitor executivo adjunto de administração da USP. Advogado. Sócio-fundador de Cristiano Zanetti Advogados.

Diego Billi Falcão. Advogado. Sócio-coordenador da área de direito empresarial e M&A do escritório Huck Otranto Camargo. Mestre em direito comercial pelo Largo de São Francisco, Faculdade de Direito da Universidade de São Paulo (USP). Especialista em avaliação de empresas pelo Insper. Conselheiro certificado pelo Instituto Brasileiro de Governança Corporativa (IBGC).

Edgard Silveira Bueno F.º. Foi juiz do TRF da 3a Região. Professor assistente. Mestre em direito constitucional pela Pontifícia Universidade Católica de São Paulo (PUC-SP). É advogado sócio de Lima Gonçalves, Jambor, Rotenberg & Silveira Bueno – Advogados. Vice-presidente do Instituto dos Advogados de São Paulo (Iasp).

Eduardo Secchi Munhoz. Professor da Faculdade de Direito da Universidade de São Paulo (USP). Advogado.

Ferdinando Lunardi. Graduado e mestre pela Faculdade de Direito da Universidade de São Paulo (USP). Mestre (LL.M.) pela Yale Law School. Professor do Insper. Advogado.

Isabel Garcia Calich da Fonseca. Possui LL.M (*Master of Laws*) e PhD (*Doctor of Philosophy*) em direito tributário pela London School of Economics and Political Science (LSE). É professora do curso de especialização em direito tributário internacional e professora colaboradora do mestrado profissional, ambos do Instituto Brasileiro de Direito Tributário (IBDT). É sócia na área de direito tributário do escritório HRSA, com sede em São Paulo.

José Artur Lima Gonçalves. Bacharel, mestre e doutor em direito tributário pela Faculdade de Direito da Pontifícia Universidade Católica de São Paulo (PUC-SP). Professor aposentado de direito tributário nos cursos de pós-graduação e especialização da Faculdade de Direito da PUC-SP. Ex-professor da Faculdade de Direito da Universidade de São Paulo (USP), lotado na Escola de Economia e Administração da USP. Programa de Instrução para Advogados, Faculdade de Direito da Universidade de Harvard. Autor dos livros *Princípio da isonomia em matéria tributária* e *Imposto sobre a renda: pressupostos constitucionais*, além de dezenas de artigos técnicos publicados em revistas especializadas em matéria jurídica, no Brasil e no exterior. Sócio-fundador de Lima Gonçalves, Jambor, Rotenberg & Silveira Bueno – Advogados.

José Carlos de Magalhães. Professor sênior da Faculdade de Direito da Universidade de São Paulo (USP). Autor de sete livros e 76 artigos sobre direito internacional, direito comercial e arbitragem.

José Roberto d'Affonseca Gusmão. Bacharel pela Faculdade de Direito da Pontifícia Universidade Católica de São Paulo (PUC-SP), mestre e doutor em direito pela Université Robert Schuman (Estrasburgo). Professor aposentado de direito comercial nos cursos de pós-graduação e especialização da Faculdade de Direito da PUC-SP. Autor do livro *L'Acquisition du droit sur la marque au Brésil* e de dezenas de artigos técnicos publicados em revistas especializadas em matéria jurídica, no Brasil e no exterior. Ex-presidente do Instituto Nacional da Propriedade Industrial (Inpi). Sócio-fundador de Gusmão & Labrunie Advogados.

Juliana Krueger Pela. Professora doutora de direito comercial da Faculdade de Direito da Universidade de São Paulo (USP). Advogada em São Paulo.

Laetitia Maria Alice Pablo d'Hanens. Mestre em direito comparado pela Université Libre de Bruxelles (Bélgica). Bacharel em direito pela Faculdade de Direito da Universidade de São Paulo (USP). Sócia de Gusmão & Labrunie Advogados. Professora convidada da Escola Superior de Advocacia (ESA) da OAB/SP. Professora convidada e conselheira da Associação Brasileira dos Agentes da Propriedade Industrial (Abapi). Diretora-editora e membro do comitê executivo da Associação Brasileira da Propriedade Intelectual (ABPI, 2022-2023). Membro do Unfair Competition Committee da International Trademark Association (INTA) e do Famous and Well Known Marks Team do Marques.

Ligia Maura Costa. Professora titular na Escola de Administração de Empresas de São Paulo da Fundação Getulio Vargas (FGV Eaesp). Livre-docente e bacharel em direito pelo Largo de São Francisco, Faculdade de Direito da Universidade de São Paulo (USP). Doutoramento e mestrado pela Université de Paris. Pós-doc pela Sciences Po (Paris). Advogada. Sócia de Ligia Maura Costa, Advocacia. Conselheira estadual da OAB/SP (2022-2024).

Lucas Carneiro Gorgulho Mendes Barros. Graduado pela Universidade de São Paulo (USP), com extensão universitária na EBS Universität für Wirtschaft und Recht, em Wiesbaden (Alemanha). Mestre em direito societário e mercado de capitais pela USP. Advogado, sócio de HRSA – Sociedade de Advogados.

Luís Gustavo Haddad. Bacharel em direito pela Universidade de São Paulo (USP). Mestre e doutor em direito civil pela mesma faculdade. Professor do Insper. Sócio de HRSA – Sociedade de Advogados.

Maristela Basso. Advogada. Professora de direito internacional da Faculdade de Direito da Universidade de São Paulo (Largo de São Francisco, USP), doutora em direito internacional (Ph.D) e livre-docente (pós-doutora-post-Ph.D) em direito internacional pela USP. Desde 1996, é psicanalista pelo Centro de Estudos Psicanalíticos (CEP/SP).

Mauricio de Carvalho Silveira Bueno. Especialista em direito tributário pela Pontifícia Universidade Católica de São Paulo (PUC-SP). Juiz do Tribunal de Impostos e Taxas de São Paulo entre 2010 e 2015. Advogado. Sócio de HRSA – Sociedade de Advogados.

Paulo Eduardo Lilla. Doutor e mestre em direito internacional pela Universidade de São Paulo (USP). Especialista em direito e tecnologia da informação pelo Programa de Educação Continuada da Escola Politécnica (Pece/Poli) da USP. Advogado em São Paulo. Sócio responsável pela área de tecnologia e proteção de dados no Lefosse Advogados. Data Protection Officer (DPO) certificado pelo European Centre of Privacy and Cybersecurity (ECPC) da Universidade de Maastricht, na Holanda (EPC-B Professional DPO).

Paulo Penteado de Faria e Silva Neto. LL.M. *Taxation* pela Harvard Law School. Mestre em filosofia pela Universidade de Brasília (UnB). Bacharel em direito e MBA em finanças & controladoria pela Universidade de São Paulo (USP). Bacharel em administração de empresas pela Escola de Administração de Empresas de São Paulo da Fundação Getulio Vargas (FGV Eaesp). Sócio de B/Luz Advogados. Admitido no New York State Bar. Conselheiro fiscal do Harvard Alumni Club of Brazil (2021-2023).

Roberto França de Vasconcellos. Professor da Escola de Administração de Empresas de São Paulo da Fundação Getulio Vargas (FGV Eaesp). Professor do Programa de Pós-Graduação *Lato Sensu* e do Programa de Mestrado Profissional da FGV Direito SP. Mestre em direito tributário internacional (LL.M.) pela Ludwig Maximillian Universität München (Alemanha). Doutor em direito pela Faculdade de Direito da Universidade de São Paulo (USP). Advogado e sócio do Escritório Vieira, Drigo, Vasconcellos e Paiva Gomes.

Rodolfo da Costa Manso Real Amadeo. Doutor e mestre pela Faculdade de Direito da Universidade de São Paulo (USP). Advogado. Professor nos cursos de pós-graduação da Fundação Getulio Vargas (FGV) e da USP.

Rodrigo da Costa Marques. Bacharel em direito pela Faculdade de Direito do Largo São Francisco da Universidade de São Paulo (USP). Mestrando em direito civil pela USP. Advogado. Sócio de HRSA Advogados. Membro da Comissão Especial de Direito Empresarial da OAB/SP.

Este livro foi impresso nas oficinas gráficas da Editora Vozes Ltda.,
Rua Frei Luís, 100 – Petrópolis, RJ.